15: Sirmium presupposes Anti-Marcellan, treishypostatic theology of Eusebius of Caesarea.

53 - Nike forbids the use of μία ὑπόστασις.

73 - analysis of Meletius's sermon on Proverbs 8:22.

90 - distinction between οὐσία and ὑπόστασις arose in homoean circles, not in homoeousian.

BEITRÄGE ZUR HISTORISCHEN THEOLOGIE

Herausgegeben von Johannes Wallmann

73

Studien zur Geschichte der Homöer

Der Osten bis zum Ende der homöischen Reichskirche

von

Hanns Christof Brennecke

J. C. B. Mohr (Paul Siebeck) Tübingen

Als Habilitationsschrift auf Empfehlung der Evangelisch-Theologischen Fakultät der Eberhard-Karls-Universität Tübingen gedruckt mit Unterstützung der Deutschen Forschungsgemeinschaft

CIP-Titelaufnahme der Deutschen Bibliothek

Brennecke, Hanns Christof:
Studien zur Geschichte der Homöer: d. Osten bis zum Ende d. homöischen Reichskirche / von Hanns Christof Brennecke. – Tübingen: Mohr, 1988
  (Beiträge zur historischen Theologie; 73)
  ISBN 3-16-145246-1
  ISSN 0340-6741
NE: GT

© 1988 J. C. B. Mohr (Paul Siebeck) Tübingen.

Satz und Druck von Gulde-Druck GmbH in Tübingen. Einband von Heinrich Koch in Tübingen.

Printed in Germany.

LUISE ABRAMOWSKI
zum 8. Juli 1988

Vorwort

Die vorliegenden Untersuchungen über die theologischen Entwicklungen und vielfältigen Differenzierungen bei der Suche nach einer Lösung des trinitarischen Problems und den daraus resultierenden kirchenpolitischen Gruppenbildungen vor dem Beginn der Herrschaft Kaiser Theodosius' des Großen und dem durch diesen Kaiser herbeigeführten kirchenpolitischen Sieg der sogenannten „neunizänischen Orthodoxie" wurden im Sommersemester 1986 von der Evangelisch-Theologischen Fakultät der Eberhard-Karls-Universität Tübingen als Habilitationsschrift angenommen. Für den Druck habe ich sie nur geringfügig bearbeitet.

Die nur wenig später abgeschlossene Bonner Dissertation von Winrich A. Löhr, ‚Die Entstehung der homöischen und homöusianischen Kirchenparteien – Studien zur Synodalgeschichte des 4. Jahrhunderts', die sich an manchen Punkten mit dieser Arbeit berührt, noch einzuarbeiten, habe ich mich nicht entschließen können, da beide Arbeiten im häufigen gemeinsamen Gespräch, an das ich gerne zurückdenke, nebeneinander entstanden sind.

Für mancherlei Rat danke ich Frau Professor Abramowski und Herrn Professor Raeder, beide in Tübingen, Herrn Professor Wallmann, Bochum, für die Aufnahme dieser Arbeit in die „Beiträge zur Historischen Theologie", ebenso der Deutschen Forschungsgemeinschaft, die den Druck finanziell ermöglicht hat. Herr Pflug vom Verlag Mohr-Siebeck hat das Manuskript verlagstechnisch betreut und mir dabei mit mancherlei Rat und Tat geholfen; Frau Dr. Beate Ego und Herr cand. theol. Jörg Ulrich M. A. haben Korrekturen gelesen und die Register angefertigt. Ihnen allen sei ganz herzlich gedankt.

Dieses Buch soll ein Gruß sein an meine Lehrerin, Frau Professor Luise Abramowski, zu ihrem sechzigsten Geburtstag als Dank für das in mehr als einem Jahrzehnt Empfangene.

Tübingen, am 21. April 1988   Hanns Christof Brennecke

Inhaltsverzeichnis

I. Teil

Die Reichssynode von Rimini, Seleukia und Konstantinopel als Glaubensgrundlage des homöischen Arianismus

II. Teil

Die Kirche der Märtyrer unter der Herrschaft Julians

Abkürzungen

Zu den Abkürzungen für Namen und Schriften der antiken Autoren vgl. den Index der antiken Autoren und Schriften; sonstige Abkürzungen nach SIEGFRIED SCHWERTNER, Abkürzungsverzeichnis der TRE, Berlin 1976. Zu ergänzen sind:

AAB	Abhandlungen der (k.) preußischen Akademie der Wissenschaften, Berlin
AB	Analecta Bollandiana
AS	Acta Santorum
BGL	Bibliothek der griechischen Literatur, ed. WIRTH/GESSEL
CCh	Corpus Christianorum
CPG	Clavis patrum Graecorum
Diz.Pat.	Dizionario Patristico e di Antichità Cristiane I/II, Rom 1983/84
DTC	Dictionnaire de Théologie Catholique
Fliche-Martin	Histoire de l'église depuis les origénes jusqu' à nos jours, ed. AUGUSTIN FLICHE et VICTOR MARTIN
GNO	Gregorii Nysseni opera, ed. JAEGER/LANGERBECK/DÖRRIE
PRLE	The Prosopographie of the Later Roman Empire
PW	Paulys Realenzyklopädie der classischen Altertumswissenschaft, Neue Bearbeitung begonnen von GEORG WISSOWA ...
SAW	Sitzungsberichte der Akademie der Wissenschaften in Wien
TAVO	Tübinger Atlas des Vorderen Orients

Einleitung

Die vorliegenden Untersuchungen wollen die Rolle des sogenannten homöischen Arianismus in dem Zeitraum der homöischen Reichskirche darstellen,
das heißt in dem Zeitraum, in dem die homöische Theologie offizielle Lehre der
Kirche war und die Glaubensformel der Synode von Konstantinopel (360) ihr
offizielles Bekenntnis, das auch die während dieser Zeit auf den Boden des
Römischen Reiches übertretenden Westgoten wie selbstverständlich übernah-
men und auch dann bewahrten, nachdem die Reichskirchenpolitik mit dem
Beginn der Herrschaft Theodosius' des Großen das Nizänum nun endgültig zur
Glaubensnorm gemacht hatte.

Es geht bei diesen Untersuchungen um den Zeitraum von der in Etappen in
Rimini, Seleukia und Konstantinopel tagenden Reichssynode von 359/60, die
die inzwischen eingetretene theologische Differenzierung innerhalb der Kirche
des Ostens deutlich machte und bis zum Tode des Kaisers Valens auf dem
Schlachtfeld vor Adrianopel im Jahre 378 zementierte.

Erst seit dem Abschluß der Reichssynode in Konstantinopel im Januar 360
kann man überhaupt von einer homöischen, oder besser: von einer homöisch
geprägten Kirche, die jetzt die offizielle Reichskirche ist, sprechen.

Mit dem Tode des Kaisers Valens ist ein historischer Einschnitt gegeben, der
auch für die vorliegende Darstellung eine Zäsur nahelegte. Offenbar haben so
schon die Zeitgenossen empfunden, und nicht nur die christlichen. Mit dem
Tode des Valens enden das große spätantike Geschichtswerk des Ammianus
Marcellinus, die Euseb fortsetzende Chronik des Hieronymus und vermutlich
die als ganze verlorengegangene anonyme homöische Chronik, die trotz ihres
eindeutig homöischen Charakters fast die gesamte orthodoxe Kirchengeschichtsschreibung vom späten vierten Jahrhundert bis weit in byzantinische
Zeit beeinflußt hat.

Die geographische Begrenzung auf die orientalische Präfektur ist ebenfalls
naheliegend. Im Abendland hat es zwar durch die ganze zweite Hälfte des vierten
und das fünfte Jahrhundert hindurch Homöer gegeben, die gegen Ende des
vierten und im fünften Jahrhundert auch literarisch fruchtbar gewesen sind, aber
die Kirche des Abendlandes war in dem Sinne nie homöisch geprägt. Die zweite
sessio der Synode von Rimini hatte zwar mit einem scheinbar eindeutigen Sieg
der Homöer um Valens von Mursa geendet, aber die politischen Verhältnisse des
Westens ließen das Entstehen einer abendländischen homöischen Reichskirche
nicht zu, die wohl auch nie im Abendland wirklich hätte Fuß fassen können. Die

Usurpation Julians, fast gleichzeitig mit dem Abschluß der Reichssynode in Konstantinopel, beendete die Herrschaft des Konstantius über das Abendland. Die Beschlüsse von Rimini erlangten so hier nie Geltung. In der orientalischen Präfektur dagegen konnten die Beschlüsse von Konstantinopel fast problemlos durchgesetzt werden und scheinen dort auch weithin Anerkennung gefunden zu haben. Die vorliegenden Untersuchungen beschränken sich bewußt auf die Klärung der kirchengeschichtlichen Zusammenhänge. Die kirchenhistoriographische Tradition ist orthodox-nizänisch geprägt und hat ehemals vorhandene homöische Traditionen ganz verdrängt und verschüttet. Die Homöer sind für diese Kirchengeschichtsschreibung Ketzer und werden der Ketzerpolemik gemäß auch als in jeder Hinsicht unmoralisch und verdorben dargestellt. Die Kirche des Ostens zeigt sich so für diesen Zeitraum als eine von Ketzern beherrschte und unterdrückte Kirche. Daneben haben sich nun – auch bei der orthodoxen Kirchengeschichtsschreibung – so viele diesem Bild widersprechende Überlieferungen über das Leben der Kirche erhalten, wenn auch oft nur fragmentarisch, daß es lohnend erscheint, das vor allem von den orthodoxen Kirchenhistorikern des fünften Jahrhunderts geprägte Bild der Kirche der zweiten Hälfte des vierten Jahrhunderts, die für sie bereits Vergangenheit war, genauer zu analysieren.

Die theologische Basis der homöischen Kirche waren – auch nach dem Selbstverständnis der Homöer – die Bekenntnisse von Nike/Rimini/Konstantinopel, weshalb diese Texte ausführlicher analysiert werden. Anhand dieser Analyse wird die theologische Herkunft der Homöer aus der origenistisch-eusebianischen theologischen Tradition deutlich. Theologisch sind also auch die Homöer, an denen allein der Name „*Arianer*" haften geblieben ist, nur als Antiarianer zu begreifen. Die sowohl in der athanasianischen als auch der homöusianischen Tradition vollzogene und zum Teil bis heute von der Forschung aufgenommene Identifizierung der Homöer mit den Anhomöern erweist sich so als Polemik.

Für die Zeit der homöischen Reichskirche ergeben sich zwei inhaltlich durchlaufende Entwicklungsstränge, die in den drei chronologisch gegliederten Teilen dieser Arbeit je ihren Platz haben:

1. Die theologische und kirchenpolitische Auseinandersetzung der homöischen Reichskirche mit Aetius, Eunomius und deren Anhängern.

2. Die Entstehung der neunizänischen Orthodoxie im Schoße dieser homöisch geprägten Reichskirche.

Außerdem scheint noch besonders wichtig zu sein das Entstehen einer homöischen Märtyrertradition aus der Zeit der Herrschaft Julians. Diese homöische Märtyrertradition konnte später weitgehend problemlos von der orthodoxnizänischen Tradition übernommen werden, hat aber für die Homöer vermutlich auch eine wichtige Rolle bei dem hier nicht mehr behandelten, aber für sie folgenschweren Wechsel von einer die Kirche des Ostens beherrschenden Partei hin zur offiziell für häretisch erklärten homöischen Sonderkirche gespielt.

Homöische theologische Texte bleiben, abgesehen von den „*Gründungsurkun-*

den" von Rimini/Nike und Konstantinopel hier außer Betracht. Schon die Auswertung der Texte der Reichssynode und des anonymen homöischen Historikers zeigen einige Eigentümlichkeiten homöisch verstandenen christlichen Glaubens: Verzicht auf theologische Spekulation, schlichter Biblizismus und zum Teil sogar rabiater Eifer gegen alles Heidentum scheinen typisch für homöisches Christentum gewesen zu sein.

Theologie und kirchliches Leben der Homöer, wie sie sich unter den Bedingungen einer häretischen Sonderkirche nach 378 entfalteten, sollen in einer die vorliegenden Studien fortsetzenden Untersuchung zusammen mit den abendländischen homöischen Traditionen behandelt werden.

Der ursprüngliche Plan für die hier vorgelegten Studien war, die Geschichte der Kirche im Ostgotenreich Theoderichs des Großen darzustellen. Im Gegensatz zu der nun bald ein Jahrhundert alten Arbeit von *Georg Pfeilschifter,* die in Einzelfragen natürlich sowieso weitgehend überholt ist, sollte der Akzent stärker auf der Darstellung der homöischen ostgotischen Kirche und ihrer theologischen Auseinandersetzung mit der orthodox-nizänischen Kirche des Ostens und Westens liegen. Spuren dieser theologischen Auseinandersetzung, von der es keine direkten Zeugnisse gibt, finden sich in der aus der Zeit des Ostgotenreiches stammenden handschriftlichen Überlieferung der antiarianischen Literatur des vierten Jahrhunderts.

Nach den wenigen erhaltenen Quellen erwies sich die ostgotische Kirche so eng mit der lateinischen und griechischen homöischen Tradition verbunden, daß angesichts der schlechten Quellenlage für das Ostgotenreich sich ein Rückgriff auf diese Traditionen als notwendig erwies.

Über die abendländischen Homöer und ihre in wenigen Fragmenten auf uns gekommene Literatur liegen inzwischen verschiedene Untersuchungen vor allem von *Simonetti, Meslin* und *Gryson* vor. Die homöische Tradition des Ostens dagegen erwies sich – zu meiner eigenen großen Überraschung – als kaum bearbeitet. Noch immer muß hier *Gwatkins* in der ersten Auflage nun schon über einhundert Jahre alte Arbeit als (natürlich weithin überholtes) Standardwerk gelten. *Simonettis* große Monographie von 1975 über den gesamten arianischen Streit behandelt die Quellen gerade zu diesem Zeitabschnitt weithin unkritisch und folgt dem von den altkirchlichen Historikern und Athanasius gezeichneten Bild. Die Gesamtdarstellungen zur Geschichte der alten Kirche, noch mehr die Dogmengeschichten, sind naturgemäß nicht in dem Maße an einem historisch dann bald überlebten Phänomen der Kirchengeschichte interessiert.

Die homöische Kirche scheint mir aber für eine immer wieder aktuelle Form von Kirchlichkeit geradezu paradigmatisch zu sein, so daß die Beschäftigung mit ihr, ganz abgesehen von den wichtigen Entwicklungen der Reichskirche in diesen Jahrzehnten, dennoch lohnend und wichtig erscheint.

So kamen die oben skizzierten vorliegenden Untersuchungen zustande. Nach der Herausarbeitung des theologischen Standortes der westlichen und östlichen Homöer der Zeit nach Theodosius soll der zweite Schwerpunkt der geplanten

Fortsetzung auf der ostgotischen Kirche liegen. In der Mitte des fünften Jahrhunderts nahmen die Ostgoten in Pannonien diesen homöischen Glauben an, der für Römer und Griechen inzwischen der Glaube einer verfolgten Minderheit war, bei den im Reich lebenden Germanen aber geduldet wurde. Mit der germanisch-homöischen Tradition der Westgoten (zu denen sie allerdings auf dem Boden des Reiches keinen Kontakt mehr gehabt haben können) übernehmen die Ostgoten in dieser Situation auch die lateinische und griechische homöische Tradition und pflegen sie weiter.

Da das Material für diesen zweiten Teil weitgehend vor der Arbeit an den nun vorliegenden Untersuchungen zusammengestellt und ausgewertet wurde, hoffe ich, die Fortsetzungen dieser Studien in nicht allzuferner Zeit vorlegen zu können.

I. Teil

Die Reichssynode von Rimini, Seleukia und Konstantinopel als Glaubensgrundlage des homöischen Arianismus

1. Kapitel

Die theologische Vorbereitung der Synode durch die IV. sirmische Formel vom 22. Mai 359

Seit durch den endgültigen Sieg über Magnentius im Jahre 353 Konstantius – wie einst sein Vater und wie nach ihm nur noch einmal Theodosius der Große – das Imperium Romanum allein regierte, war er bestrebt, das seit der so unglücklich ausgegangenen Reichssynode von Serdika (342) anhaltende Schisma[1] der Kirche in Ost und West sowohl theologisch als auch kirchenpolitisch zu überwinden.

Der kompromißlose Gegner der Kirchenpolitik dieses Kaisers und mächtige Inhaber des Bischofsstuhles der ägyptischen Metropole Alexandrien, Athanasius, war 355 auf der Synode von Mailand[2] abgesetzt worden. Seine wenigen unbeugsamen abendländischen Anhänger hatten den Weg in die Verbannung antreten müssen. Athanasius selbst hatte sich der Verhaftung entziehen können und lebte in irgendeinem Versteck in der Wüste Ägyptens bei den ihm treu ergebenen Mönchen und war damit, so meinte wenigstens Konstantius, aufs erste unschädlich[3].

Jetzt konnte Konstantius an die Aufgabe herangehen, an der sein Vater schließlich gescheitert war: die Kirche wieder zu einen, die im Streit um das trinitarische Dogma durch die einander entgegengesetzte Kirchenpolitik des Konstantius im Osten und seines Bruders Konstans im Westen seit nunmehr eineinhalb Jahrzehnten getrennt war.

In der Nachfolge seines Vaters, des großen Konstantin, mußte er dabei zu den Mitteln greifen, die ihm als Kaiser allein zur Verfügung standen, mit denen allerdings schon sein Vater hatte erfolglos bleiben müssen, und die sich auch

---

[1] BRENNECKE, (1984) 46 ff.
[2] Zur Synode von Mailand vgl. BRENNECKE, (1984) 147–195.
[3] Vgl. TETZ, TRE IV 333–349; bes. 339–341.

seither nicht sonderlich bewährt hatten: die Einberufung einer ökumenischen oder Reichssynode[4].

Die Vorbereitungen zu dieser Synode, die am Ende ebenfalls und noch viel gründlicher als alle früheren vom Kaiser einberufenen Synoden an ihrer Aufgabe scheitern sollte und so die Fragwürdigkeit dieser Form kaiserlichen Kirchenregiments eigentlich vor aller Augen hätte führen können und müssen, lassen sich in allen noch erkennbaren Phasen nur als der Versuch verstehen, die Fehler von Nizäa und ganz besonders Serdika nicht zu wiederholen. Streckenweise muten sie wie ein direkter Kommentar zur gescheiterten Synode von Serdika an[5]. Aber ebensowenig wie einst sein Vater in Nizäa und wie er selbst eineinhalb Jahrzehnte zuvor gemeinsam mit dem Bruder konnte der Alleinherrscher Konstantius die Kirche durch eine auf seinen Befehl hin zusammengetretene Synode einen. Auch die gründliche Vorbereitung einer theologischen Vermittlungsformel durch einige Bischöfe seines Vertrauens[6], die man dann mit mehr oder weniger Überzeugungskraft durchzusetzen versuchte[7], konnte letztlich keinen Erfolg bringen.

Auf den ersten Blick hatte die Synode scheinbar Erfolg; die Einheit der Kirchen von Ost und West und der kirchliche Friede schienen wiederhergestellt, als Konstantius am 15. Februar 360 inmitten von Bischöfen die Enkainien der schon von seinem Vater begonnenen großen Kirche in Konstantinopel feierte[8].

In Wirklichkeit war seit der Doppelsynode von Rimini/Seleukia, die in Konstantinopel mit den Enkainien der großen Kirche ihren prächtigen Abschluß fand, die Kirche in nunmehr eigentlich fünf Gruppen oder Parteien geteilt[9], von denen drei fortan konsequent den Weg zur eigenen Kirchenbildung beschritten. Sie wurden am Ende zu Sekten, die dann bald verschwinden sollten. Die Einigung der Mehrheitsgruppen der Kirchen des Morgen- und Abendlandes,

---

[4] Zur Entstehung der kaiserlichen Synodalgewalt vgl. GIRARDET, (1975) 6–51; zum Begriff der *Ökumenischen Synode* vgl. KRETSCHMAR, (1961) 13–74; MAROT, (1962) 23–51; CAMELOT, (1962) 53–87; CONGAR, (1962) 89–130; CHADWICK, JThSt 23 (1972) 132–135; SIEBEN, (1979) 25 ff.; 198 ff.

[5] Vgl. unten S. 9 ff. Auch Nizäa hatte nur scheinbar die mit Person und Lehre des Arius zusammenhängenden Probleme gelöst. Zu den Fehlern von Serdika, wo es schon vor Beginn der eigentlichen Synode zur Spaltung kam, vgl. BRENNECKE, (1984) 29 ff.

[6] Vgl. unten S. 10 ff.

[7] Vgl. unten S. 56 ff.

[8] Vgl. MOMMSEN, chron. min. I 239; SEECK, (1919) 207 (MOMMSEN hat den Text der *Consularia Constantinopolitana* mit den Parallelen des *Chronicon paschale* abgedruckt; der vollständige Text des *Chronicon paschale* PG 92, 736 f.). Zur Synode von Konstantinopel vgl. unten S. 48 ff.

[9] Erst seit der Synode von Konstantinopel sind die verschiedenen kirchlichen Parteien eindeutig voneinander geschieden; vgl. unten S. 56 ff. Das antiochenische Schisma gibt ein Bild der nach der Doppelsynode von Rimini/Seleukia existierenden kirchlichen Gruppen. Neben den Homöern unter Bischof Euzoius gibt es in Antiochien die um den von Konstantius abgesetzten Meletius gescharten Meletianer, die Eustathianer um Paulinus, Apollinaristen und eine eunomianische Sondergemeinde mit eigenem Bischof; zum älteren Forschungsstand vgl. CAVALLERA, (1905); jetzt zusammenfassend DREWERY, TRE III 109–111 und unten S. 66 ff.

die Einigung eines Teils der morgenländischen Homöusianer und der von den Homöern abgespalteten Meletianer mit den abendländischen Homousianern (Nizänern) erfolgte nicht durch die Beschlüsse von Reichssynoden auf der Basis irgendwelcher Kompromißpapiere, sondern allmählich auf dem Weg der theologischen Verständigung und Annäherung. Die diese theologische Entwicklung nicht mitvollzogen – Homöer, Eunomianer, Makedonianer; im Abendland auch die kleine Gruppe der Luciferianer – sollten dann mit der Zeit, einige sehr bald, aus der Kirchengeschichte verschwinden; die weitere theologische Entwicklung haben sie nicht mehr mitbestimmen können[10].

Allein die Homöer, an denen von nun an – und nur an ihnen – der Schimpfname „Arianer" haften sollte[11], schienen zunächst als die Sieger der Synode von Rimini/Seleukia[12]. Ihnen gehörte die Gunst des Kaisers; sie besetzten alle wichtigen Bischofsstühle, zumindest im Osten. In Rimini (Nike), Seleukia und Konstantinopel formulierten sie ihren Glauben in Abgrenzung zu den Beschlüssen der ersten ökumenischen Synode von Nizäa; in Abgrenzung zu den abendländischen Homousianern und orientalischen Homöusianern, aber auch in deutlicher Abgrenzung zu den radikalen Thesen des Aetius und seines Schülers Eunomius[13].

Vor allem die theologische und kirchenpolitische Trennung von den nun so genannten Homöusianern, scheint für beide Seiten recht schmerzlich gewesen zu sein, wie die z. T. haßerfüllten gegenseitigen Reaktionen zeigen[14]. Mit ihnen hatten sie bisher gemeinsam, beide von der Theologie besonders des Euseb von Caesarea herkommend, auf den vielen Synoden seit den zwanziger und dreißiger Jahren des vierten Jahrhunderts bis in die Mitte der fünfziger Jahre gegen Athanasius und die Theologie Markells und seines Schülers Photin gekämpft.

Das Bekenntnis der Homöer blieb in seiner endgültig in Konstantinopel formulierten Gestalt auch später, als die kaiserliche Gunst ihnen nicht mehr leuchtete und sie – seit dem Machtantritt Theodosius d. Gr. im Osten unterdrückt und verfolgt – langsam zur immer bedeutungsloseren Sekte wurden[15], die Grundlage ihres Glaubens, die es auch für die ins Reich kommenden und hier

---

[10] Zu den Eunomianern vgl. RITTER, TRE X 525–528; KOPECEK, (1979); zu den Makedonianern MEINHOLD, PW XXI 1, 1066–1078; HAUSCHILD, (1967); zu den Luciferianern KRÜGER, (1886); AMANN, DTC IX 1, 1032–1044.

[11] Bei Sokrates ab h. e. II 35; Soz., h. e. IV 28; Thdt., h. e. II 30; vgl. CTh XVI 5,6. 8. 11. 12. 13 (aus der Zeit zwischen 381 und 384). Sachlich ist die Bezeichnung „Arianer" für die homöischen Theologen und Kirchenmänner falsch. Sie selbst haben sich immer – und durchaus mit Recht – als Gegner des Arius und seiner Theologie wie auch des Aetius und Eunomius verstanden, freilich als antinizänische Gegner des Arianismus.

[12] Vgl. unten S. 53 ff.

[13] Zu den Formeln von Sirmium, Rimini/Nike, Seleukia und Konstantinopel als Abgrenzung nach „*links*" und „*rechts*" vgl. unten S. 13 ff.; 23 ff.; 40 ff.

[14] Vgl. unten S. 56 ff.

[15] RITTER, TRE III 713–16; LE BACHELET, DTC II 1838–49; GRYSON, (1980[1]) 101 ff.

den christlichen Glauben annehmenden Germanen wurde[16] und in den germanischen Staaten auf einst römischem Reichsgebiet bis in die zweite Hälfte des 6. Jh. blieb, um dann, wie im Falle der Vandalen und Ostgoten, zusammen mit diesen Völkern aus der Geschichte zu verschwinden, oder wie z. B. bei Westgoten und Sueven, gegen Ende des 6. Jh. dem schließlich siegreichen Katholizismus Platz zu machen[17].

Von der Doppelsynode von Rimini und Seleukia, die Anfang 360 ihren Abschluß am Hof in Konstantinopel fand[18], sind etliche Dokumente direkt erhalten[19] und wegen der enormen Folgen, die diese Synode für die weitere Differenzierung der verschiedenen theologischen Strömungen haben sollte, sind eine größere Anzahl zeitgenössischer und etwas späterer Darstellungen der verschiedenen mit dieser Synode verbundenen Ereignisse überliefert[20], die ein ungefähres Bild zu rekonstruieren erlauben. Trotzdem bleibt vieles unklar, besonders was die Ereignisse in Rimini betrifft. Seit den Untersuchungen von *Duval* kann die Existenz von Synodalakten für Rimini als erwiesen gelten; die von Tachygraphen mitstenographierten Verhandlungen der Synode von Seleukia hatte Sabinus für seine Synodalsammlung zur Verfügung[21]. Die homöisch redigierten Akten von Rimini müssen sogar ziemlich weit verbreitet gewesen sein[22].

Die aus den verschiedenen theologischen Lagern stammenden Berichte des vierten und fünften Jahrhunderts widersprechen sich zum Teil völlig, da sie jeweils die kirchenpolitischen und theologischen Anschauungen oder Tendenzen ihrer Verfasser bzw. ihrer Quellen wiedergeben. Die moderne Forschung ist nur allzuoft einfach den Berichten des einen oder anderen der antiken Berichter-

---

[16] SCHÄFERDIEK, RAC X 492–548.

[17] SCHÄFERDIEK, (1967); ders. RAC X 527–31.

[18] Vgl. unten S. 48 ff.

[19] Ath. syn. 8–11; 29 f; 55; Thdt., h. e. II 19–21; 27 f.; Hil., Coll. antiar. Paris. A V, VI, VIII, IX; B VIII; vgl. auch Sok., h. e. II 37; Soz., h. e. IV 17–19; Epiph., haer. 73,22 ff; vgl. die von DUVAL, (1972) 7 ff. edierten Stücke aus Cod. Paris. lat. 2341 und 2076.

[20] Die wichtigsten Berichte bei Sok., h. e. II 37; 39; Soz., h. e. IV 17–19; Thdt., h. e. II 19 ff.; Ath., ep. Afr. 3 f.; Ruf., h. e. X 22; coll. Avell. II 13 ff.; Hil., c. Const. 12 ff. (nur über die Synode von Seleukia); Sulp. Sev., chron. II 42 ff. (nur über Rimini); Hier., Lucif. 17–19 (nur über die zweite sessio von Rimini). Die späteren lateinischen Chronisten sind von den wenigen Bemerkungen bei Hier., chron. [HELM, 241 f.] abhängig. Athanasius' Schrift *de synodis* und der aus den Coll. antiar. Paris. zu rekonstruierende *liber secundus Valentem et Ursacium* des Hilarius von Poitiers wurden direkt als Reaktion auf die Ergebnisse der Doppelsynode von Rimini/Seleukia verfaßt; vgl. OPITZ, Athanasius, 231, den vollständigen Titel der Schrift des Athanasius: τοῦ αὐτοῦ ἐπιστολὴ περὶ τῶν γενομένων ἐν τῇ Ἀριμίνῳ τῆς Ἰταλίας καὶ ἐν Σελευκείᾳ τῆς Ἰσαυρίας συνόδων; dazu die Note p. 231. Zur Schrift des Hilarius zuletzt BRENNECKE, (1984) 352 ff.

[21] Sok., h. e. II 39,8; DUVAL, (1969) passim.

[22] DUVAL, (1969) 82 f. und öfter.

statter gefolgt, je nach Einschätzung der Glaubwürdigkeit der Quellen, ohne sie im einzelnen auf ihre Tendenzen und Absichten hin zu untersuchen[23].

Völlige Unklarheit herrscht schon bei den Quellen des vierten und fünften Jahrhunderts und demgemäß auch in der modernen Forschung darüber, welche kirchenpolitische Gruppierung oder welche Person als treibende Kraft hinter den Vorbereitungen zu dieser Reichssynode anzusehen ist, die schon Sozomenus nur der von Nizäa meinte vergleichen zu können[24].

Zweifellos bestand für Konstantius eine Notwendigkeit, die immer unübersichtlicher werdenden kirchlichen Zustände zu klären. Angesichts der Größe der Probleme kam für ihn dafür nur eine Reichssynode in Frage, so wie sich das Synodalwesen seit Nizäa entwickelt hatte. Daß Konstantius überhaupt kirchliche Probleme gern und oft selbst in die Hand nahm und mit einem Kreis ausgesuchter Bischöfe seines Vertrauens zu diskutieren und – auf seine Weise – zu lösen versuchte, hat schon sein zeitgenössischer Kritiker Ammianus Marcellinus mit Tadel vermerkt[25].

Das für den Kaiser drängendste aller kirchlichen Probleme zwar zweifellos die seit Serdika andauernde Kirchenspaltung zwischen Ost und West, auf deren Überwindung durch ein Reichskonzil und namentlich durch das Eingreifen des Kaisers zum Beispiel Hilarius von Poitiers große Hoffnungen gesetzt hatte[26].

Im Orient gab es außerdem das Problem des wiedererstandenen Arianismus der Theologen um Aetius, der mitsamt seinen Schülern von den Inhabern der wichtigsten östlichen Bischofsstühle, Eudoxius von Antiochien und Georg von Alexandrien, unterstützt und gefördert wurde[27]. Außerdem waren einige problematische Personalfälle anhängig[28].

Da im Sommer 358 in Sirmium am Kaiserhof Basilius von Ankyra und seine theologischen Freunde gegen alle neuarianischen Tendenzen des Aetius und dessen Protektoren die Gunst des Kaisers hatte erringen können, scheint es sicher, daß Basilius und die Homöusianer zu den treibenden Kräften bei den Vorbereitungen zu der geplanten Reichssynode zählten[29]. Die Ereignisse im

---

[23] Aus neuester Zeit und als besonders eklatantes Beispiel dieser Art von Geschichtsschreibung vgl. die Augsburger theologische Dissertation von GLÄSER, (1978), bes. p. 39 ff.

[24] Soz., h. e. III 19.

[25] Amm., hist. XXI 16,18.

[26] Hil., syn. 78; vgl. BRENNECKE, (1984) 344 f.

[27] Zum Fall des Aetius vgl. Sok., h. e. II 37.6–11; Soz., h. e. III 19,7; IV 16,1. 21 f.; Philost., h. e. IV 4; vgl. unten S. 48 ff.

[28] In erster Linie der Disziplinarfall des Kyrill von Jerusalem; vgl. Soz., h. e. IV 17,1 und unten S. 43 ff.; 200 f.

[29] Soz., h. e. IV 16 (nach Sabinus). Der Brief des Hilarius an Basilius und die anderen homöusianischen Führer aus der Phase der Vorbereitung der Synode bestätigt das (Hil., syn. 78–91); vgl. HARNACK, (1980, II) 252 ff.; KELLY, (1971) 285; SCHWARTZ, (1960) 32 ff.; TIETZE, (1976) 42 ff. Nach Ath., syn. 1, dem Thdt., h. e. II 18,1 und Coll. Avell. II 13 im Prinzip folgen, sind die Hofbischöfe um Valens, Ursacius und Germinius sowie Acacius und Aetius die treibenden Kräfte, so auch OPITZ, Athanasius, 231 Note; HEFELE, (1873) 697 ff. Diese Auffassung von der führenden Rolle der Hofbischöfe bei der Vorbereitung der Reichssynode kann mit

Sommer 358 in Sirmium, wo sich auch Valens, Ursacius, Germinius und andere Abendländer ebenso wie vor allen auch der Kaiser von der Theologie des Basilius zunächst hatten überzeugen lassen, schienen für eine theologische Einigung eine gute Ausgangsbasis zu sein[30].

Auf der Grundlage der homöusianischen Theologie, wie sie in Ankyra formuliert worden war, und von der man annehmen konnte, daß sie auch im Westen positive Aufnahme finden könnte[31], sollte nach dem Willen des Kaisers unter ausdrücklichem Ausschluß der Neuarianer um Aetius[32] die Einheit der Kirche im Reich wiederhergestellt werden.

Die Planung der Synode scheint in erster Linie in der Hand des Basilius von Ankyra gelegen zu haben[33]. Obwohl manches dafür spricht, ist nicht ganz klar, ob zunächst nicht eine Gesamtsynode vorgesehen war, wie Sokrates und Sozomenus wohl doch aus derselben Quelle annehmen[34]. Daß Konstantius die Synode dann getrennt für die beiden Reichshälften einberief, hat man bald Valens, Ursacius und Germinius angelastet aufgrund der negativen Ergebnisse beider Teilsynoden und der Tatsache, daß die Gruppe, die im Westen von Valens, Ursacius und Germinius, im Osten in erster Linie von Acacius von Caesarea repräsentiert wurde, am Ende Vorteile aus dieser Trennung in zwei Teilsynoden hatte ziehen können. Aus Angst vor einem eventuellen Zusammengehen von Abendländern und morgenländischen Homöusianern hätten sie bei Kaiser Konstantius die Teilung der Synode betrieben, um eine Verurteilung des Aetius und seiner Theologie zu verhindern. Diese besonders durch Athanasius verbreitete und faktisch von der gesamten neueren Forschung übernommene Deutung[35], die sich aber charakteristischerweise bei Hilarius von Poitiers nicht findet[36], der

---

Tietze, (1976) 42, nur als vaticinium ex eventu gedeutet werden. Gwatkin, (1900) 167, weist auf das Interesse aller Parteien an dieser Synode hin. Allein Philost., h. e. IV 10, nimmt an, daß die Synode wegen des Gewaltregimes des Basilius versammelt wurde.

[30] Soz., h. e. IV 16,1 (aus Sabinus) [Bidez-Hansen, 158,32 f.]: Ἐν μὲν οὖν τῷ Σιρμίῳ ταῦτα ἐγεγόνει, καὶ ἐδόκει τότε διὰ τὸν τοῦ βασιλέως φόβον ἀνατολὴ καὶ δύσις ὁμοφρονεῖν περὶ τὸ δόγμα; vgl. Brennecke, (1984) 337 ff.

[31] Vgl. die Stellung des Hilarius in seiner Schrift *de synodis* im Unterschied zur Stellung des Athanasius in seiner gleichnamigen Schrift; dazu Brennecke, (1984) 335–352. Wie sich in Rimini aber zeigen sollte, repräsentierte der Hilarius von *de synodis* das Abendland theologisch in keiner Weise; vgl. unten S. 23 ff.

[32] Aetius und seine theologischen Freunde waren zu keiner Zeit an den Vorbereitungen beteiligt. Gegen sie war Basilius seit 358 hart vorgegangen; vgl. Philost., h. e. IV 8–10. Nach Sok., h. e. III 19,7; IV 16,1, gab die Häresie des Aetius den Grund, die Synode zu versammeln.

[33] Soz., h. e. IV 16,2.

[34] Sok., h. e. II 37,1; Soz., h. e. IV 16,1; vgl. damit Thdt., h. e. II 18,1, der offensichtlich an eine Gesamtsynode in Rimini denkt und die Synode von Seleukia (h. e. II 26–29) nicht in Zusammenhang mit der Synode von Rimini sieht.

[35] Ath., syn. 2; vgl. Soz., h. e. IV 16,21 f.; 17,1 (schon h. e. IV 16,17 aber spricht Sozomenus ganz nebenbei von den Delegationen zweier Synoden). So auch Duchesne, Hefele, Bardy, Amann, Gummerus, Loofs, Schwartz, Kelly.

[36] Hilarius geht syn. 8 völlig selbstverständlich von einer für Rimini und Ankyra geplanten Doppelsynode aus und sieht darin keinerlei Machenschaften der Hofbischöfe.

während der Vorbereitung zu dieser Synode seine Schrift *de synodis* verfaßte, geht an folgenden Tatsachen vorbei:

1. Valens, Ursacius und Germinius können keineswegs als Vertreter oder auch nur Sympathisanten der anhomöischen Theologie gelten.

2. Die Trennung in zwei für sich tagende Synoden des Orients und des Occidents war schon vor Abfassung von Hilarius' Schrift *de synodis* beschlossen. Aus dieser Zeit vor Abfassung von *de synodis* durch Hilarius sind noch keine theologischen Vermittlungen zwischen Abendländern und der Gruppe um Basilius von Ankyra bekannt. Die Kontakte des Hilarius scheinen erst aus dieser Zeit zu stammen.

3. Die Teilung erhielt für Valens und seine Parteigänger erst ex eventu einen positiven Sinn: nämlich nach dem für Valens katastrophalen Verlauf der ersten sessio der Synode von Rimini (ebenso wie dem von Seleukia), durch die Ereignisse in Nike, dann in Rimini bei der zweiten sessio und endlich in Konstantinopel[37].

4. Der Teilungsplan war in erster Linie aus der Sicht des Kaisers sinnvoll und praktisch[38].

Ganz abgesehen von den organisatorischen Vorteilen einer geteilten Reichssynode dürfte Konstantius hier die so kläglich gescheiterte Synode von Serdika vor Augen gestanden haben, die, als Gesamtsynode gedacht, in zwei sich gegenseitig exkommunizierenden Einzelsynoden getagt hatte[39]. Um die Gefahr einer derartigen Konfrontation von vornherein auszuschließen, die sich ja bekanntlich vor dem eigentlichen Beginn der Synode abgespielt hatte, sollten zunächst zwei getrennte Synoden tagen, denen folgerichtig vom Kaiser auch strikt verboten wurde, sich mit den Angelegenheiten der jeweils anderen Synode auch nur zu befassen. Daß Konstantius dies den in Rimini versammelten Abendländern gleich mehrmals einschärfte, kann nach den Ereignissen von Serdika nicht mehr erstaunen und ist wohl auch nur von daher zu verstehen[40].

Als Tagungsort für die Synode der Abendländer scheint bald das verkehrsgünstig zu Lande und zu Wasser erreichbare Rimini festgelegt zu haben[41].

Problematischer war es, für die Synode im Osten des Reiches einen geeigneten Tagungsort zu finden. Anfangs scheint Konstantius an das nahe der Hauptstadt

---

[37] Vgl. unten S. 23 ff.; 40 ff.

[38] So Sok., h. e. II 37,2f.; polemisch aufgenommen als besondere Ruchlosigkeit des Valens von Soz., h. e. IV 17,1.

[39] RITTER, TRE III 708, dazu ausführlich BRENNECKE, (1984) 17–64.

[40] Vgl. den Brief des Kaisers vom 27. Mai 359 an die in Rimini versammelten Bischöfe bei Hil., Coll. antiar. Paris. A VIII 2 [FEDER, 94,9–11, 17–20]: *non enim de Orientalibus episcopis in concilio uestro patitur ratio aliquid definiri. . . . , aduersus Orientales nihil statuere uos oportet. aut si aliquid uolueritis contra eosdem praedictis absentibus definire, id quod fuerit usurpatum, inrito euanescet effectu.* Vgl. unten S. 24.

[41] Hil., syn. 8; Sok., h. e. II 37,2f.; anders Soz., h. e. IV 17,1, der überhaupt die Teilung der Synode für eine spätere Entscheidung des Kaisers hält.

gelegene Nizäa gedacht zu haben[42], dann wurde die mit der besseren Infrastruktur ausgerüstete Residenzstadt Nikomedien gewählt.

Nachdem Nikomedien am 28. August 358[43] durch ein offenbar sehr schweres Erdbeben zerstört worden war, das die Kirche der Residenzstadt in Trümmer gelegt hatte und dem auch ihr Bischof zum Opfer gefallen war, scheinen verschiedene Städte für die Synode im Gespräch gewesen zu sein[44]. Da ganz Bithynien von diesem Erdbeben in Mitleidenschaft gezogen war, entschied der Kaiser nach mehrfachen Beratungen mit Basilius von Ankyra, die Synode der Orientalen nach der besonders über den Seeweg gut erreichbaren Hafenstadt Seleukia in Isaurien einzuladen[45].

Basilius von Ankyra, der bei allen bisherigen Vorbereitungen für die Synode als die rechte Hand des Kaisers erscheint, hatte sich seit der zweiten Hälfte des Jahres 358 unter den Bischöfen des Orients zunehmend unbeliebt gemacht, weil er nach seinem Triumph in Sirmium im Sommer 358 mit unnachgiebiger Härte gegen theologische Anhänger und Sympathisanten des Aetius vorangegangen war. Philostorgius berichtet von siebzig auf Befehl des Basilius exilierten Bischöfen. Auch scheint sich Basilius bei der Durchführung seiner Maßnahmen gegen die auf verschiedene Weise mißliebigen Amtskollegen des staatlichen Armes ziemlich skrupellos bedient zu haben[46]. Jedenfalls liefen bei Konstantius allem Anschein nach zahlreiche Klagen der von Basilius Gemaßregelten ein. Die beiden greisen Bischöfe Patrophilus von Skythopolis und Narziss von Neronias machten sich selbst nach Sirmium auf, um am Hof über Basilius Klage zu führen. Das Ergebnis war, daß Konstantius einen Teil der von Basilius verhängten Exilierungen wieder aufhob[47]. Bei dieser Gelegenheit mögen ihm Zweifel gekommen sein, ob dieser zwar theologisch hoch gebildete, aber in seinen kirchenpolitischen Maßnahmen rücksichtslose und

---

[42] Soz., h. e. IV 16,1. Da Konstantius ganz offensichtlich daran dachte, diese Synode zu einem neuen (und besseren) Nizäa werden zu lassen, ist es durchaus denkbar, daß er in Erinnerung an diese erste große von seinem Vater einberufene Synode eine große Reichssynode ebenfalls nach Nizäa einberufen wollte. Daß Basilius nun gerade wegen der Erinnerung an die nizänische Synode von 325 dem Kaiser abgeraten hätte, diese Synode in Nizäa zu versammeln, wie Soz., h. e. IV 16,2 annimmt, ist eine wenig geschickte Interpretation der Verlegung der Synode nach Nikomedien durch Sozomenus selbst (vgl. h. e. IV 16,15f.), der die moderne Forschung dennoch häufig gefolgt ist; vgl. z. B. BARDY in dem weit verbreiteten Standardwerk von FLICHE-MARTIN III 161.

[43] Amm., hist. XVII 7,2; Cons. Const. und Chron. Pasch. [MOMMSEN I 239]; vgl. SEECK, (1919) 205.

[44] Zur Zerstörung der Bischofskirche von Nikomedien und zum Tode des Bischofs Cecropius vgl. Soz., h. e. IV 16,3ff. und Chron. Pasch. [PG 92, 736A]. Nach Soz., h. e. IV 16,15f. (vgl. oben Anm. 42) war auf Betreiben des Basilius nun nach dem Erdbeben doch wieder Nizäa im Gespräch, aber auch Ankyra und Tarsus, bis dann Basilius selbst (Thdt., II 26,4) Seleukia in Isaurien vorschlug.

[45] Vgl. unten S. 40, Anm. 1.

[46] Philost., h. e. IV 8–10; vgl. GWATKIN, (1900) 167, Anm. 2.

[47] Philost., h. e. IV 10; GWATKIN, 1.c.

ungeschickte Basilius gerade der geeignete Mann war, die zerteilte Kirche wieder zu einen.

Zur theologischen Vorbereitung der Synode trafen im Mai 359 eine Reihe von Bischöfen samt Presbytern und Diakonen am Hof in Sirmium ein. In Gegenwart und unter tatkräftiger Mitwirkung des theologisch interessierten und engagierten Kaisers entstand hier in offenbar schwierigen Verhandlungen eine theologische Deklaration, die beiden Teilsynoden als Arbeitsgrundlage für die theologische Debatte an die Hand gegeben werden sollte. Diese theologische Formel, wegen des ihr beigegebenen Datums der Abfassung seit Athanasius mit ironischem Unterton *„datiertes Credo"*, in der Forschung allgemeiner als *„vierte sirmische Formel"* bezeichnet[48], zeigt nun, wie sehr es Konstantius auf einen theologischen Kompromiß zwischen den verschiedenen theologischen Lagern ankam, und wie dieser Kompromiß von vornherein auch die Gefahr seines Scheiterns deutlich an sich trägt[49]. Eine wirkliche theologische Einigung, die mehr als ein Kompromiß gewesen wäre, lag offenbar noch nicht im Bereich des Möglichen; nicht weil bei den in Sirmium Beteiligten die theologischen Positionen so grundsätzlich verschieden gewesen wären, sondern weil die jeweiligen Blickrichtungen in Hinsicht auf die beiden vorzubereitenden Teilsynoden differierten. Dieser Kompromiß kam nach hartem Ringen in der Nacht zum Pfingstfest zustande[50], so daß Bischöfe und Kaiser im Pfingstgottesdienst dankbar der Gabe des Heiligen Geistes gedenken konnten, der diesen Kompromiß möglich gemacht hatte, und das Bekenntnis für die Einheit der Kirche proklamieren konnten. An dem Kompromiß von Sirmium waren die für Konstantius maßgeblichen theologischen und kirchenpolitischen Kräfte beteiligt: auf der einen Seite Basilius von Ankyra mit einigen theologischen Weggefährten als Vertreter der Homöusianer; auf der anderen Seite Valens, Ursacius und Germinius, ebenfalls Vertraute des Kaisers, die, wie die Homöusianer ursprünglich von der origenistisch-eusebianischen Theologie herkommend, für den Kaiser das Abendland vertraten. Auch der anstelle des Athanasius in Alexandrien eingesetzte Georg, der Aetius bisher gefördert hatte, war gerade am Hofe anwesend[51]. Direkte Parteigänger des Aetius, gegen den und seine Theologie Konstantius regelrechte Abscheu empfand, waren in Sirmium nicht dabei; ebensowenig abendländische

---

[48] Ath., syn. 3f. Nach Athanasius erweist schon die Datierung der Formel ihre Häresie und zeigt sie als (häretische) Neuerung gegenüber dem Bekenntnis von Nizäa. Selbstverständlich waren aber alle im Zusammenhang mit Synoden aufgestellten theologischen Erklärungen irgendwie datiert.

[49] Vgl. die bei Epiph., haer. 73,22 berichtete Auseinandersetzung zwischen Valens und Basilius um die Unterschrift unter die Formel; dazu unten S. 21f.

[50] Germinius von Sirmium bei Hil., Coll. antiar. Paris. B VI 3.

[51] Hil., Coll. antiar. Paris. B VI 3. Nach Tumulten am 29. August 358 in Alexandrien hatte Georg am 2. Oktober aus Alexandrien fliehen müssen und konnte erst am 26. November 361 zurückkehren (Hist. Ath. 2,3.7; vgl. Seeck, (1919) 205; 209). Wahrscheinlich war er nach seiner Flucht aus Alexandrien an den Hof gekommen; vgl. die verschiedenen Versuche der Regierung, ihn wieder einzusetzen (Hist. Ath. 2,1ff.).

Homousianer, oder besser: Vertreter der serdicensischen Einhypostasentheologie, wie sie im Abendland wohl allenthalben verbreitet war. In wahrscheinlich falscher Einschätzung der theologischen Lage des Abendlandes, wo es in diesem Sinn noch keine organisierte theologische oder kirchenpolitische Partei gab, hatte man die Vertreter des Abendlandes, abgesehen von den Hofbischöfen, nicht zu den Vorbereitungen der Synode nach Sirmium hinzugezogen. Noch verfügte das homousianisch/serdicensische Abendland über keinen Sprecher. In Rom war die Lage zwischen Felix und dem gerade aus dem Exil zurückgekehrten Liberius noch unklar[52]. Auch war die theologische Stellung des abendländischen Episkopats, nachdem zum Beispiel unseres Wissens nur eine gallische Synode gegen die von den Hofbischöfen ausgearbeitete zweite sirmische Formel von 357 protestiert hatte[53], keineswegs als so deutlich profiliert zu erwarten, wie sie sich dann tatsächlich zur nicht geringen Überraschung des Kaisers und seiner theologischen Ratgeber zeigen sollte. Aus der Sicht des Kaisers vom Frühjahr 359 konnten Valens, Ursacius und Germinius als die legitimen Vertreter der Kirchen des Abendlandes erscheinen[54]. Nach der theologischen Debatte zwischen Basilius, dem Verfasser des Synodalschreibens von Ankyra, auf der einen und Valens und den anderen Verfassern der zweiten sirmischen Formel[55] auf der anderen Seite wurde der Syrer Markus von Arethusa[56] mit der Redaktion einer Deklaration anhand des gefundenen theologischen Kompromisses beauftragt. Als Textgrundlage könnte er ein in der Umgebung von Antiochien übliches Bekenntnis benutzt haben[57], worüber aber Sicherheit nicht zu erlangen ist. Nach Sokrates wurde die Deklaration in Sirmium ursprünglich in lateinischer Sprache konzipiert und formuliert, wogegen aber neben der Person des Redaktors und der Mehrheit der anwesenden Bischöfe auch die Diktion der Deklaration spricht. Erhalten ist nur der griechische Text[58].

[52] Am 2. August 358 war Liberius nach Rom zurückgekehrt, vgl. SEECK, (1919) 205.

[53] Vgl. Hil., syn. 2; 28; dazu BRENNECKE, (1984) 324–26; 333–37.

[54] Da, abgesehen von der nicht sicher für das Abendland als Ganzes nicht repräsentativen Synode gallischer Bischöfe von Ostern 358, sich gegen die Kirchenpolitik des Konstantius bisher keine Opposition gezeigt hatte und Ossius und Liberius ihr ausdrücklich mit ihrer Unterzeichnung der zweiten sirmischen Formel zugestimmt hatten, galt in den Augen des Kaisers das Abendland wahrscheinlich als kirchenpolitisch für den Moment befriedet. In seinem Brief (oben S. 11 Anm. 40) ermahnt Konstantius die in Rimini versammelten Bischöfe nur, sich nicht in die nach Meinung des Kaisers viel problematischeren Angelegenheiten des Ostens einzumischen.

[55] Das Synodalschreiben von Ankyra bei Epiph., haer. 73,2–11; die zweite sirmische Formel bei Hil., syn. 11; vgl. BRENNECKE, (1984) 312–15; 338f.

[56] Germinius von Sirmium bei Hil., Coll. antiar. Paris. B VI 3.

[57] KELLY, (1971) 184; 287f., vermutet Verwandtschaft zu dem bei Cassian, c. Nest. 6,3, zitierten antiochenischen Bekenntnis. Zu Beziehungen der vierten sirmischen Formel zur zweiten und vierten antiochenischen Formel vgl. unten S. 15ff.

[58] Ath., syn. 8,3–7 [OPITZ, 235,21–236,15 = HAHN, 204f.]; nach Ath. Sok., h.e. II 37,18–24; ein Regest bei Epiph., haer. 73,24 (der Text nach Ath. im Anhang I, S. 243). Zur ursprünglich lateinischen Abfassung vgl. Sok., h.e. II 37,17; ihm folgt KELLY, (1971) 285. GUMMERUS, (1900) 118, Anm. 2, ist mit überzeugenden Argumenten für die ursprünglich griechische Fassung der Formel eingetreten.

Die dann auf den beiden Teilsynoden später tatsächlich stattgefundenen Debatten zeigen, soweit noch erkennbar, daß die Deklaration von Sirmium tatsächlich als Diskussionsgrundlage angesehen wurde, an deren wesentliche In-
halte sich beide Teilsynoden wohl zu halten hatten, deren Form aber im einzelnen variabel war und der jeweiligen Tradition angepaßt werden konnte[59]. Dieser
Zweck der Ekthesis, als Diskussionsgrundlage zu dienen, scheint mir auch der
Grund zu sein, warum ihr keine Anathematismen angefügt waren. Anathematismen konnten erst nach einer Beschlußfassung durch eine Synode formuliert
werden[60].

Zur Beurteilung und theologischen Einordnung dieser Ekthesis, die als Kompromiß zwischen der von Valens vertretenen und der im Synodalbrief von
Ankyra formulierten Theologie des Basilius von Akyra und Georgs von Laodicea, um nur die wichtigsten Vertreter dieser Richtung zu nennen, erscheint, sind
folgende Überlegungen notwendig:

1. Für die Vorbereitung einer gemeinsamen Ekthesis war wichtig, daß die
Vertreter der beiden in Sirmium vertretenen theologischen Richtungen eine
gemeinsame theologische Herkunft hatten. Beide kamen sie von der gegen
Markell von Ankyra auf der einen und Arius auf der anderen Seite gerichteten
eusebianischen Theologie der drei trinitarischen Hypostasen her, die in der
zweiten antiochenischen Formel von 341 ihren klassischen theologischen Ausdruck gefunden hatte und in der sogenannten vierten antiochenischen Formel
zum festen Ausdruck des Glaubens der Orientalen geworden war[61].

2. Von dieser Theologie kamen ursprünglich auch Acacius und Eudoxius her,
die durch ihre Unterstützung des Aetius die neuen Auseinandersetzungen innerhalb des eusebianischen Lagers verschuldet hatten[62].

3. Bei der Formulierung der vierten sirmischen Formel ist zu beachten, daß
Basilius und die Homöusianer sich in Seleukia in erster Linie mit der neuariani-

---

[59] Vgl. das Angebot des Valens in Rimini zur Modifizierung der Formel im Brief der Synode
an den Kaiser bei Hil., Coll. antiar. Paris. A V 2,3 [FEDER, 82,5–7]: *at uero cum uideretur displicere,
quod offerebant publice in concilio* (scil. die vierte sirmische Formel), *putauerunt aliter esse conscriben-
dum;* vgl. auch die gegenüber der vierten sirmischen Formel durch Angleichung an die zweite
antiochenische Formel stark veränderte Form, die Acacius in Seleukia vorlegte; dazu unten
S. 44 ff. (der Text der Formel des Acacius im Anhang III S. 244 f.).

[60] Das Fehlen von Anathematismen soll nicht etwa die antiarianischen Beschlüsse und
Anathematismen von Nizäa aufheben! Die von Synoden beschlossenen Formeln von Nike,
Seleukia und Konstantinopel haben dann auch Anathematismen; vgl. unten S. 244 ff. In der
zweiten sessio von Rimini wurden dann noch ausdrücklich antiarianische Anathematismen der
in Nike modifizierten sirmischen Formel angehängt; vgl. unten S. 37 f.

[61] Die vierte antiochenische Formel, im Zuge der Vorbereitungen der Reichssynode von
Serdika 341/42 entstanden (dazu BRENNECKE, (1984) 17–25), bildete die Basis der seither
formulierten orientalischen Synodalbekenntnisse in Serdika, Sirmium (351) und der *formula
macrostichos* (die Texte bei HAHN, 190–99); vgl. auch den Synodalbrief der Synode von Ankyra
bei Epiph., haer. 73,2–11.

[62] Soz., h. e. IV 12,3–5; Thdt., h. e. II 25 f.; Philost., h. e. IV 4–6. Zur Synode von Ankyra
(Ostern 358) als Reaktion auf diese Unterstützung des Aetius vgl. BRENNECKE, (1984) 335 ff.

schen Theologie des Aetius auseinanderzusetzen hatten[63]; Valens dagegen im Abendland mit der einst in Serdika formulierten, von Markell von Ankyra beeinflußten Einhypostasentheologie konfrontiert war, die sich als alleinige und wahre Interpretation der Beschlüsse von Nizäa ansah[64].

Auf diesem Hintergrund muß die Auseinandersetzung zwischen Valens und Basilius gesehen werden[65], die sich in verschiedenen Zusätzen beider zur Unterschrift unter die vierte sirmische Formel manifestiert. Es geht also noch nicht so sehr um grundsätzlich einander ausschließende theologische Positionen, sondern um verschiedene Sichtweisen der Gefahren, die der wahren Lehre drohen! Im Sommer 358, also kein ganzes Jahr, bevor man zur Vorbereitung der Reichssynode wieder in Sirmium zusammentraf, hatte Basilius sich mit den abendländischen Bischöfen aus der Umgebung des Kaisers in der sogenannten dritten sirmischen Formel auf die Bekenntnisse von Antiochien (zweite Formel von 341) und Sirmium (erste Formel von 351 gegen Photin) als Grundlage des gemeinsamen Glaubens geeinigt[66]. Gemeinsam war ihnen somit die Ablehnung der Theologie Markells und seines Schülers Photin und natürlich des nizänischen Stichwortes ὁμοούσιος; aber auch des eigentlichen Arianismus, wie die ständige Betonung der antiarianischen Anathematismen in den genannten Formeln zeigt. Auch in Sirmium hatte man seinen Antiarianismus noch einmal gemeinsam in der Übernahme der antiarianischen Anathematismen in die dritte sirmische Formel deutlich gemacht[67].

Wie verhält sich nun die sirmische Formel vom 22. Mai 359 zu dieser knapp ein Jahr vorher ebenfalls am Hof in Sirmium erzielten theologischen Einigung? Die Ekthesis vom 22. Mai 359 ist nach dem üblichen Schema einer orientalischen ἔκθεσις πίστεως aufgebaut. Die etwas ungewöhnliche Formulierung des 1. Artikels . . . εἰς ἕνα τὸν μόνον καὶ ἀληθινὸν θεόν könnte u. U. nach Syrien weisen, wo bekanntlich der Redaktor Markus von Arethusa beheimatet war[68].

---

[63] KOPECEK, (1979) 199 ff.

[64] Vgl. den Brief von Ossius und Protogenes an Julius von Rom, TURNER, EOMIA I 644; dazu BRENNECKE, (1984) 41, Anm. 114.

[65] Epiph., haer. 73,22.

[66] DINSEN, (1976) 140–42.

[67] In Sirmium wurden zwölf der Hil., syn. 13–26, mitgeteilten neunzehn Anathematismen von Ankyra übernommen, außerdem die Anathematismen der sirmischen Formel von 351 und die zweite antiochenische Formel von 341. Da die Anathematismen gegen Photin nicht ausdrücklich das ὁμοούσιος betrafen, wurde die Verurteilung des Paulus von Samosata in die Beschlüsse mit aufgenommen. Zur angeblichen Verurteilung des ὁμοούσιος im Zusammenhang der Verurteilung des Paulus von Samosata vgl. BRENNECKE, ZNW 75 (1984) 170–190.

[68] Vgl. das Fragment des angeblich antiochenischen Symbols bei HAHN, 141 f., und die von Cassian mitgeteilte lateinische Fassung, HAHN, 142 f. Diese Formulierung findet sich öfter in Bekenntnissen syrischer Herkunft (Laodicea, HAHN, 143; Apost. Const., HAHN, 139), aber auch im Bekenntnis des Kappadokiers Auxentius (HAHN, 149), des Eudoxius (HAHN, 261 f.), des Germinius von Sirmium (HAHN, 262) und des Basilius von Caesarea (HAHN, 269). Der syrische Hintergrund ist also nicht so ausgeprägt, wie KELLY, (1971) 184, meint. Wichtiger erscheint, daß diese die Einzigkeit Gottes betonende Formulierung stark im homöischen Milieu

Gegenüber der zweiten antiochenischen Formel fehlt in Sirm. IV, darin Ant. IV gleich – und das scheint besonders auffällig – die Betonung der drei Hypostasen der Trinität. Mit Sicherheit kann man sowohl Valens als auch Basilius und alle anderen in Sirmium anwesenden Theologen auch weiterhin als Vertreter der Dreihypostasentheologie ansehen; auf die ausdrückliche Betonung aber der drei je für sich bestehenden göttlichen Hypostasen in der Trinität wird in dieser Ekthesis verzichtet, wie auch auf jede ausdrückliche Subordinationsaussage, die in der zweiten sirmischen Formel so stark hervorgehoben worden waren[69]. Ebenso fehlt die origenistische Abbild-Typologie, die die Theologen aus der origenistisch eusebianischen Tradition bisher für die Bezeichnung des Verhältnisses von Vater und Sohn in der Trinität benutzt hatten[70].

Die Erklärung zu diesen Auslassungen gegenüber der eigenen Tradition bietet sich dar, wenn man die Aufgabe jeder der beiden geplanten Teilsynoden genauer ansieht.

Die Eikon- und Dreihypostasentheologie war in der Auseinandersetzung mit Aetius und seiner theologischen Schule kein Streitpunkt. Ganz anders sah es dagegen im Westen aus. Jede ausdrückliche Betonung von drei getrennten göttlichen Hypostasen und jede deutliche Subordinationsaussage über den Sohn hätte die Verständigung mit der wahrscheinlichen Mehrheit des abendländischen Episkopats von vornherein unmöglich gemacht, wie man in Serdika einst erfahren hatte und wie sich dann in Rimini auch wieder zeigen sollte. So hatte man schon bei den Vorbereitungen zur Synode von Serdika in der für die Diskussion mit dem Westen bestimmten und entsprechend formulierten vierten antiochenischen Formel auf die Betonung der drei göttlichen Hypostasen und die Eikon-Typologie verzichtet[71], um mit dem Abendland leichter ins Gespräch zu kommen.

---

verbreitet gewesen zu sein scheint (Auxentius, Eudoxius, Germinius, Const. Apost; zum homöischen Milieu des kappadokischen Caesarea bis in die Mitte der sechziger Jahre des vierten Jahrhunderts vgl. unten S. 60).

[69] Hil., syn. 11 [HAHN, 200]: *Nulla ambiguitas est, majorem esse Patrem: nulli potest dubium esse, Patrem honore, dignitate, claritate, majestate et ipso nomine Patris majorem esse Filio, ...* Zu den Subordinationsaussagen in der zweiten sirmischen Formel vgl. BRENNECKE, (1984) 312–25.

[70] Vgl. in der zweiten antiochenischen Formel, Ath., syn. 23,3 [OPITZ, 249,17f. = HAHN, 185]: τῆς θεότητος οὐσίας τε καὶ βουλῆς καὶ δυνάμεως καὶ δόξης τοῦ πατρὸς ἀπαράλλακτον εἰκόνα, ...; form. macr. V, Ath. syn 26 [OPITZ 252,37 = HAHN, 194]: δὲ αὐτὸν καὶ υἱὸν τοῦ θεοῦ καὶ μεσίτην καὶ εἰκόνα τοῦ θεοῦ εἶναι πρὸ αἰώνων θέλοντας, ...; CAnc ep. syn., Epiph. haer. 73,7,6f. [HOLL III 277,21–24]: φανερὸν ⟨ὅτι⟩ καὶ ἡ „εἰκὼν" οὐκ ἐν πάθει*, ἀλλ' ἀντὶ τοῦ „ἐγὼ ἡ σοφία" παρείληπται, καὶ ὡς ἡ σοφία τοῦ σοφοῦ υἱός, οὐσία οὐσίας, οὕτως ἡ εἰκὼν οὐσίας ὁμοία ἐστί διὸ καὶ „εἰκὼν" ἐνοήθη „τοῦ θεοῦ ἀοράτου". ⟨ἡ σοφία⟩ ὅς ἐστιν υἱός. Zum Gebrauch der Eikon-Terminologie bei Euseb in Auseinandersetzung mit Markell vgl. das Register s. v. εἰκών bei KLOSTERMANN, Eusebius IV, LAMPE, (1961) εἰκών IV C/D, S. 415f.; vgl. auch DINSEN, (1976) 64, Anm. 13,69, Anm. 12. Zum Gebrauch der biblischen Abbild-Aussagen zur Interpretation des ὅμοιος als biblisch vgl. Anhang III, unten S. 245, 23–25.

[71] BRENNECKE, (1984) 17–25.

Wichtiger aber als die Auslassungen gegenüber der eigenen Tradition sind die Bestimmungen, die in dieser Ekthesis neu erscheinen. In allen orientalischen Formeln seit Nizäa war gegen die arianische Lehre von der Schöpfung des göttlichen Logos die in jeder Hinsicht vorzeitige Zeugung des Logos aus dem Vater betont worden, schon um den vom Abendland regelmäßig erhobenen Vorwurf des Arianismus widerlegen zu können. In keiner früheren östlichen Ekthesis wird die absolute und zeitlose Vorzeitigkeit des μονογενής υἱὸς derartig betont wie in Sirm IV! Der Sohn ist gezeugt πρὸ πάντων τῶν αἰώνων[72], das heißt aber nicht nur vor den von Gott erschaffenen Äonen, sondern auch πρὸ πάσης ἀρχῆς. Das wird, um jedes Mißverständnis oder jede Mißdeutung, die den Sohn in irgendeiner Weise auf die Seite der κτίσματα setzen will, noch einmal interpretiert: καὶ πρὸ παντὸς ἐπινοουμένου χρόνου καὶ πρὸ πάσης καταληπτῆς οὐσίας. Diese Formulierungen, die in ihrer Dichte und Dringlichkeit in diesem Zusammenhang meines Wissens einmalig sind, können nur gegen die durch den betonten Gegensatz ἀγέννητος-γεννητὸς den Sohn vom Vater trennenden und zu den Geschöpfen zählenden Theologen um Aetius gerichtet sein[73]. Ebenfalls ist die in der Forschung bisher zwar nicht übersehene, aber völlig vernachlässigte Formulierung über die Zeugung des Sohnes ἀπαθῶς als gegen Aetius und Eunomius anzusehen, um so die Interpretation der Zeugung des Sohnes als *„aus dem Willen des Vaters"* auszuschießen[74].

Als wichtigste Aussage der vierten sirmischen Formel gilt seit jeher, daß sie

---

[72] Ant. I, Ath. syn. 22 [OPITZ, 249,1 f.]: καὶ εἰς ἕνα υἱὸν τοῦ θεοῦ μονογενῆ, πρὸ πάντων αἰώνων ὑπάρχοντα καὶ συνόντα τῷ γεγεννηκότι αὐτὸν πατρί. Ant. II, Ath. syn. 23,3 [OPITZ, 249,14 = HAHN, 184]: τὸν γεννηθέντα πρὸ τῶν αἰώνων ἐκ τοῦ πατρός. Ant. III, Ath. syn. 24,3 [OPITZ, 250,11 = HAHN, 186]: τὸν γεννηθέντα ἐκ τοῦ πατρὸς πρὸ τῶν αἰώνων; Ant. IV, Ath. syn. 25,3 [OPITZ, 251,3 f. = HAHN, 187]: τὸν πρὸ πάντων τῶν αἰώνων ἐκ τοῦ πατρὸς γεννηθέντα.

[73] Zum *Arianismus* des Aetius und Eunomius vgl. die Monographie von KOPECEK, (1979); ABRAMOWSKI, RAC VI 936 ff.; RITTER, TRE X 525–28; DINSEN, (1976) 112–114. οὐ τὴν γένησιν[!] οὐδεὶς ἐπίσταται ... (Anhang I) scheint auch gegen die von Eunomius behauptete Erklärbarkeit der Herkunft des Sohnes aus dem Vater (dazu ABRAMOWSKI, RAC VI 946; RITTER, TRE X 712) gerichtet gewesen zu sein; vgl. CAnc., ep. syn., bei Epiph., haer. 73,6,5 f. (vgl. Anm. 74).

[74] Anhang I: γεγεννημένον ἀπαθῶς ἐκ τοῦ θεοῦ. Zum antiaetianischen/antieunomianischen Charakter des „ἀπαθῶς" vgl. CAnc., ep. syn. bei Epiph., haer. 73,6,5 f. [HOLL III 276,3–13]: οὐδὲ ἀποκρίνεται πῶς ὁ πατὴρ ἀπαθῶς γεννᾷ τὸν υἱόν, ἵνα μὴ κενωθῇ τὸ μυστήριον τῆς ἐκ πατρὸς υἱότητος τοῦ μονογενοῦς, ἀλλὰ μωραινομένη τὴν σοφίαν τῶν συνετῶν ⟨καθὰ γέγραπται „ποῦ σοφός, ποῦ γραμματεύς, ποῦ συζητητὴς τοῦ αἰῶνος τούτου;"⟩ ἐλέγχων, οὐκ ἐν σοφίᾳ λόγου, ἵνα μὴ διὰ τὰ ἐκ λογισμῶν ὑποπτευόμενα κενωθῇ ⟨τὸ μυστήριον⟩, φημὶ ⟨δὲ ἡ⟩ εὐσεβὴς ἔννοια ἡ περὶ πατρὸς καὶ υἱοῦ, ἀλλ’ ἀπαθῶς πατέρα καὶ υἱόν, πατέρα μὲν ἐξ ἑαυτοῦ γεγεννηκότα ἄνευ ἀπορροίας καὶ πάθους τὸν υἱόν, υἱὸν δὲ ὅμοιον [καὶ] κατ’ οὐσίαν ἐκ τοῦ πατρός, τέλειον ἐκ τελείου, μονογενῆ ὑποστάντα, ⟨πιστευόμενα⟩ τοῖς πιστοῖς ἢ ὑποπτευόμενα ⟨τοῖς ἀπίστοις⟩ ἀσυλλογίστως κηρύττει. Ebenda, Anath. 11, Epiph., haer. 73,1 [HOLL III 282,10–16]: Καὶ εἴ τις τὸ „ἔκτισέ με" καὶ τὸ „γεννᾷ" με" παρ’ αὐτοῦ ἀκούων, το „γεννᾷ με" μὴ ἐπὶ τοῦ αὐτοῦ καὶ κατ’ οὐσίαν ἐννοεῖ, ἀλλὰ ταὐτὸν λέγοι τὸ „γεννᾷ με" τῷ „ἔκτισέ με", ὡς μὴ λέγων τὸν υἱὸν τὸν ἀπαθῶς τέλειον ἐκ τῶν δύο ὀνομάτων ⟨συμαίνεσθαι υἱόν, ἀλλὰ διὰ τῶν δύο ὀνομάτων⟩, τοῦ „ἔκτισέ με"

den μονογενὴς υἱὸς τοῦ θεοῦ als ὅμοιον τῷ γεννήσαντι αὐτὸν πατρί, κατὰ τὰς γραφὰς bezeichnete und dies im Schlußsatz noch einmal befestigte, wodurch die Wichtigkeit dieser Aussage für die Ekthesis in der Tat noch unterstrichen wird: ὅμοιον δὲ λέγομεν τὸν υἱὸν τῷ πατρὶ κατὰ πάντα, ὡς καὶ αἱ ἅγιαι γραφαὶ λέγουσί τε καὶ διδάσκουσιν[75].

Von dem Begriff ὅμοιος, der hier in einer Synodalekthesis erstmals für die Beschreibung der Relation von Vater und Sohn in der Trinität auftaucht, hat die Gruppe, die sich auch später zu dieser Ekthesis und ihren Derivaten bekannte, in der modernen Forschung den Namen *„Homöer"* bekommen – historisch ist seit Athanasius und Hilarius an ihnen – darauf wurde bereits hingewiesen – der hier eher in die Irre führende Name des Arius hängengeblieben[76]. In der theologischen Literatur des vierten Jahrhunderts war ‚ὅμοιος' als biblischer Begriff zur Beschreibung der Relation von Vater und Sohn in der Trinität längst bekannt und eigentlich bei allen theologischen Richtungen der Zeit nach Nizäa gängig[77].

Um das mißverständliche ὁμοούσιος zu umgehen, hatte auch Athanasius ὅμοιος in seinen früheren theologischen Schriften in diesem Sinne gebraucht, hatte aber seit der Mitte der fünfziger Jahre und der Neubesinnung auf Nizäa auf das ehemalige nizänische Stichwort ὁμοούσιος zurückgegriffen[78]. In der Auseinandersetzung mit der neuarianischen Theologie des Aetius hatte die Synode von Ankyra das Verhältnis von Vater und Sohn in der Trinität vielfältig als ὅμοιος κατ' οὐσίαν (bzw. ὁμοιούσιος – so wohl 358 in Sirmium) erklärt[79]. Diese Präzisierung des zwar biblischen aber etwas unscharfen Begriffes ὅμοιος war gegen die wohl aetianische Formel ὅμοιος κατὰ βούλησιν notwendig geworden[80]. Der jetzt von Athanasius und den Abendländern stärker in den Vordergrund gebrachte Begriff ὁμοούσιος wurde wegen seines sabellianischen Klanges

---

καὶ τοῦ „γεννᾷ με", κτίσμα μόνον ὁμολογῶν καὶ μηκέτι υἱόν, ὡς παραδέδωκεν ἡ σοφία ἐκ τῶν δύο εὐσεβῶς τὴν ἔννοιαν, α. ε.; vgl. ebenda 11,6 und schon form. macr. VII.

[75] Anhang I, S. 243, 29f.

[76] Vgl. oben S. 7 Anm. 11 und RITTER, TRE III 712,16f.

[77] Einen Überblick über die Benutzung von ὅμοιος in Aussagen über den Sohn in seinem Verhältnis zum Vater bei Lampe, 954f., zur Benutzung bei Euseb vgl. DINSEN, (1976) 64, Anm. 8, mit zahlreichen Belegen und 116ff.

[78] DINSEN, (1976) 115, Anm. 7. Zum späten Gebrauch des ὁμοούσιος DINSEN, (1976) 116ff.

[79] CAnc. ep. Syn., bei Epiph., haer. 73,2–11, passim. Die Vokabel ὁμοιούσιος taucht in dem Synodalbrief von Ankyra selbst noch nicht auf, ist aber wenig später für Hilarius in *de synodis* nach den Ereignissen des Jahres 358 in Sirmium das entscheidende Stichwort; vgl. Hil., syn. 72–77, und den Brief des Hilarius an die Führer der Homöusianer, Hil., syn. 78–91; vgl. DINSEN, (1976) 136–45; BRENNECKE, ZNW 75 (1984) 270ff.

[80] Sok., h. e. II 40,31, schreibt diese Formel in Seleukia Acacius selbst zu. Gegen die anhomöische Deutung des ὅμοιος κατὰ βούλησιν schon Geo. Laod., ep. dogm. (Epiphan. Haer. 73,13–15, 22); dazu KOPECEK, (1979) 171ff. Gegen GUMMERUS, (1900) 117, Anm. 3, dem DINSEN, (1976) 142, folgt, gibt es keinen Beweis dafür, daß Valens, Ursacius und Germinius ὅμοιος κατὰ βούλησιν καὶ ἐνέργειαν theologisch vertreten hätten.

und der dahinterstehenden Einhypostasentheologie vom Osten weiterhin abgelehnt[81].

Valens von Mursa und seine theologischen Weggenossen, unter denen in erster Linie hier Ursacius und Germinius zu nennen sind, hatten 357 in ihrer damaligen, inzwischen mit Stillschweigen übergangenen theologischen Ekthesis die Vokabeln ὁμοούσιος und ὁμοιούσιος schlicht als nicht schriftgemäß verbieten wollen[82], dann aber zumindest in der Abwehr der Theologie des Aetius zunächst der homöusianischen Formel zugestimmt, wobei man ihnen allerdings wird unterstellen können, daß die theologische Abwehr des Aetius, zu dessen Theologie sie sicher kein besonders enges Verhältnis hatten, ihnen nicht gerade Herzenssache war; ihnen als Abendländern ging es vielmehr um die Bekämpfung der seit Serdika im Abendland verbreiteten, von Markell von Ankyra geprägten Einhypostasentheologie. Mit der Theologie des Aetius hatten sie als Abendländer sowieso kaum oder gar keine Berührung und sahen deren Bekämpfung schon von daher nicht als vorrangig an.

In der Tatsache, daß die vierte sirmische Formel die Relation von Vater und Sohn in der Trinität nur als ὅμοιος κατὰ τὰς γραφάς und am Schluß als ὅμοιος κατὰ πάντα beschreibt (wobei das κατὰ πάντα von Basilius auf ausdrücklichen Wunsch des Kaisers und gegen den erklärten Willen des Valens in der Nachtsitzung vor Pfingstsonntag durchgesetzt wurde[83]), und daß sie verbot, den Begriff οὐσία überhaupt zu benutzen, hat man, den Schriftstellern des vierten und fünften Jahrhunderts folgend, einen Triumph des Valens und damit des Arianismus und eine Niederlage des Basilius und der Homöusianer sehen wollen, was dann auch der weitere Verlauf der Reichssynode und besonders deren letzte Phase in Konstantinopel für Basilius jedenfalls zu bestätigen schien[84].

Dieser bis heute weitgehend herrschenden Meinung wird man aber nur bedingt zustimmen können. Sicher ist es richtig, daß in die sirmische Formel vom 22. Mai 359 weder ὅμοιος κατ' οὐσίαν, noch der dasselbe besagende Ausdruck ὁμοιούσιος aufgenommen wurde, wie er wohl von Basilius in der Ausein-

---

[81] CAnc., Anath. bei Epiph., haer. 73,11,10 [Holl III 284,4f.]: Καὶ εἴ τις ἐξουσίᾳ καὶ οὐσίᾳ λέγων τὸν πατέρα πατέρα τοῦ υἱοῦ, ὁμοούσιον δὲ ἢ ταὐτοούσιον λέγοι τὸν υἱὸν τῷ πατρί, α.ε.; vgl. Hil., syn. 81ff.; dazu Dinsen, (1976) 136–45; Brennecke, ZNW 75 (1984) 275–90.

[82] Hil., syn. 11 [PL X 488 A]: *Quod vero quosdam aut multos movebat de substantia, quae graece usia appellatur, id est (ut expressius intelligatur), homousion, aut quod dicitur homoeusion, nullam omnino fieri oportere mentionem; nec quemquam praedicare ea de causa et ratione quod nec in divinis Scripturis contineatur, . . .; vgl.* Brennecke, (1984) 312ff.

[83] Geo. Laod., ep. dogm., bei Epiph., haer. 73,22,6; das Datum bei Germinius von Sirmium bei Hil., Coll. antiar. Paris. B VI 3.

[84] Zu den späteren Verhandlungen und zur Diskussion um das Verbot, den Begriff οὐσία zu benutzen, vgl. unten S. 53 (zu ὑπόστασις). Das Verbot der Vokabel οὐσία in der vierten sirmischen Formel wird allgemein nach Soz., h.e. IV 16,20f., als Sieg des Valens und des Arianismus und als Niederlage des Basilius gedeutet; so Kelly, Hefele, Harnack, Schwartz, Lietzmann, Gummerus, Gwatkin (mit Einschränkungen), Dinsen; eine abgewogene Einschätzung der vierten sirmischen Formel als Kompromiß bei Kopecek, (1979) 179.

andersetzung mit der Theologie des Aetius geprägt worden war, sondern durch den allgemeineren Ausdruck ὅμοιος ersetzt wurde[85]. Dies geschah nun aber nicht, um dieses ὅμοιος bei nächster passender Gelegenheit im Sinne des Aetius *„arianisch"* gegen die Homöusianer zu modifizieren, wie von den eigenen Zeitgenossen an bis hin zu *Frauke Dinsen* vor allem Valens in erstaunlicher Einmütigkeit unterstellt wird[86].

Was an theologischen Äußerungen des Valens und seiner Parteigänger erhalten ist, gibt keinerlei Anlaß zu dieser Vermutung, ebensowenig was sonst an homöischen theologischen Aussagen bis hin ins sechste Jahrhundert überliefert ist.

Valens beharrt auf dem ὅμοιος κατὰ τὰς γραφὰς für die Beschreibung der Relation von Gott und Logos, um gegenüber den Vertretern einer Theologie, wie sie in Serdika von den Abendländern (mit Formulierungshilfe des orientalischen Bischofs Markell von Ankyra) formuliert und dann ganz offensichtlich tatsächlich noch in Rimini siebzehn Jahre später von der Mehrheit der dort versammelten abendländischen Bischöfe vertreten worden ist[87], an der Eigenhypostase des Logos/Sohnes festhalten zu können. Ὅμοιος κατ' οὐσίαν oder gar ὁμοιούσιος mit seiner fatalen Ähnlichkeit zu dem heftig abgelehnten ὁμοούσιος hätte die Möglichkeit gegeben, die sirmische Formel im Sinne der abendländischen Formel von Serdika zu verstehen. Auf der anderen Seite mußte Basilius in seiner Auseinandersetzung mit der Theologie des Aetius auf einer Präzisierung des ὅμοιος bestehen, weil Aetius das Verhältnis von Vater und Sohn in der Trinität als ὅμοιος κατὰ βούλησιν καὶ ἐνέργειαν, aber ἀνόμοιος κατ' οὐσίαν beschrieb[88].

Der mit Hilfe des Kaisers gefundene Kompromiß, den Sohn als ὅμοιος κατὰ πάντα zu beschreiben, gab zwar Basilus eine – wenn auch schwächere – theologische Waffe in der Auseinandersetzung mit Aetius in die Hand; für Valens war diese Formulierung dagegen in seiner Frontstellung gegen die Einhypostasentheologie völlig ungeeignet, wie sein heftiger Widerstand gegen diese vom Kaiser selbst eingebrachte theologische Formel zeigt[89]. Man wird in der Durch-

---

[85] Vgl. oben S. 19 Anm. 77.

[86] Vgl. oben S. 19 Anm. 80. Daß Valens ὅμοιος letztlich im anhomöischen Sinne als ὅμοιος κατὰ βούλησιν καὶ ἐνέργειαν deuten wollte, meinen Loofs, RE II 35, Gummerus, (1900) 116 ff.; bes. 117, Anm. 3, die beide die Forschung des 20. Jahrhunderts in dieser Frage weitgehend bestimmt haben. Mit ausdrücklicher Berufung auf Gummerus auch Dinsen, (1976) 142. Die daraus resultierende Identifikation von Homöern und Anhomöern oder gar deren Verwechslung bis in die moderne Forschung ist dazu angetan, die teilweise in den Quellen schon herrschende Verwirrung noch zu erhöhen, vgl. z. B. Gwatkin, (1900) 168. Die Identifizierung von Homöern und Anhomöern in der nizänischen und homöusianischen Überlieferung (vgl. Ath., syn.; Soz., h. e. IV 15,20 u. ö.) kommt allein aus der Polemik.

[87] Vgl. unten S. 23 ff.

[88] Zur anhomöischen Interpretation des ὅμοιος als κατὰ βούλησιν vgl. oben Anm. 80; zum ἀνόμοιος κατ' οὐσίαν vgl. Abramowski, RAC VI 942–46; Ritter, TRE III 712 f.; X 526 f.; Kopecek, (1979) passim; Dinsen, (1976) 112–15.

[89] CAnc., ep. syn., Epiph., haer. 73,22,6 [Holl III 295,11–19]. Ὅμοιος κατὰ πάντα war

setzung der Formel ὅμοιος κατὰ πάντα von daher keine Niederlage des Basilius bei den Verhandlungen in Sirmium sehen können und schon gar keinen Sieg des Arianismus, wie das die Forschung bis heute ziemlich einmütig tut[90]. Basilius hatte mit der vierten sirmischen Formel vom 22. Mai 359 eine theologische Erklärung in der Hand, die im Kampf gegen die Häresie des Aetius durchaus brauchbar war. Sie enthielt eine deutliche Ablehnung wesentlicher theologischer Aussagen des Aetius, wenn auch nicht ganz so pointiert, wie sie Basilius ohne Rücksicht auf andere Interessen in der theologischen Deklaration von Ankyra formuliert hatte[91].

Bei seiner Unterschrift unter das für Rimini bestimmte Exemplar machte er deutlich, wie er das κατὰ πάντα verstanden wissen wollte:

Βασίλειος ἐπίσκοπος Ἀγκύρας· ⟨οὕτως⟩ πιστεύω καὶ συνευδοκῶ τοῖς προγε-γραμμένοις, ὅμοιον ὁμολογῶν τὸν υἱὸν τῷ πατρὶ κατὰ πάντα· κατὰ πάντα δέ, οὐ μόνον κατὰ τὴν βούλησιν, ἀλλὰ κατὰ τὴν ὑπόστασιν καὶ κατὰ τὴν ὕπαρξιν καὶ κατὰ τὸ εἶναι ὡς υἱὸν κατὰ τὰς θείας γραφάς, πνεῦμα ἐκ πνεύματος, ζωὴν ἐκ ζωῆς, φῶς ἐκ φωτός, θεὸν ἐκ θεοῦ, ἀληθινὸν υἱὸν ἐξ ἀληθινοῦ ⟨πατρός⟩, σοφίαν υἱὸν ἐκ σοφοῦ θεοῦ καὶ πατρός, καὶ καθάπαξ κατὰ πάντα τὸν υἱὸν ὅμοιον τῷ πατρί, ὡς υἱὸν πατρί. καὶ εἴ τις κατά τι λέγει ὅμοιον, ὡς προγέγραπ-ται, ἀλλότριον εἶναι τῆς καθολικῆς ἐκκλησίας, ὡς μὴ κατὰ τὰς θείας γραφὰς ὅμοιον τὸν υἱὸν τῷ πατρὶ λέγοντα[92].

Die Ablehnung jeder Spekulation über die Usia Gottes, wie sie die vierte sirmische Formel aussagt, war natürlich ein Anliegen der Abendländer um Valens, in erster Linie aus der geringeren Vertrautheit mit der philosophischen Terminologie geboren, wie die Begründung ganz deutlich zeigt[93]. Diese strikte Ablehnung jeder Usien-Spekulation betraf nun aber – anders als bei der zweiten sirmischen Formel 357, wo man nur die Begriffe ὁμοούσιος und ὁμοιούσιος abgelehnt hatte – auch die Spekulationen des Aetius über die usia Gottes; sie eigentlich noch mehr als die Homöusianer[94]. Auch deshalb wird man Valens keine heimliche Sympathie für Aetius unterstellen dürfen.

Die vierte sirmische Formel vom 22. Mai 359 erweist sich so als ein theologi-sches Positionspapier, mit dem im Westen die sich jetzt wieder auf den Text des

---

natürlich auch im Sinne von ὅμοιος κατ' οὐσίαν zu verstehen und barg so aus der Sicht des Valens die Gefahr einer markellianischen Einhypostasentheologie, oder bot die Möglichkeit, das allein dem Vater vorbehaltene ἀγέννητος auf den Logos/Sohn zu beziehen; vgl. form. macr., Ath., syn. 26, III; IX; VI (ὅμοιος κατὰ πάντα).

[90] So die opinio communis mit Ausnahme von Kopecek, (1979) 178 f., der die vierte sirmische Formel ebenfalls als Kompromiß begreift.

[91] Zur theologischen Intention der Deklaration von Ankyra als Programmschrift der Ho-möusianer vgl. Gummerus, (1900) 66 ff.; Dinsen, (1976) 136–39; Kopecek, (1979) 155 ff.

[92] Geo. Laod., ep. dogm., Epiph., haer. 73,22,7 f. [Holl III 295,20–29].

[93] Vgl. Anhang I, S. 243,25 ff.; vgl. schon die zweite sirmische Formel, Hil., syn. 11 (oben Anm. 82).

[94] So im Prinzip auch Kopecek, (1979) 184 ff., der die vierte sirmische Formel auch als gegen Aetius und Eunomius gerichtet ansieht.

Nizänum besinnende Theologie von Serdika abgewehrt werden sollte, die das Nizänum im Sinne Serdikas interpretierte[95]. Im Osten sollte mit ihm die wieder aufgeflackerte arianische Häresie bekämpft werden, wie sie inzwischen von Aetius und seinen Freunden vertreten wurde.

Aus dem ehemals nach außen theologisch so einheitlich erscheinenden Lager der beiden Eusebe, das in sich wohl schon immer größere Differenzen aufzuweisen hatte, formieren sich in der Auseinandersetzung mit dem von Serdika her verstandenen Bekenntnis von Nizäa auf der einen und der Häresie des Aetius auf der anderen Seite zwei theologische und kirchenpolitische Gruppen, die, weil jede von ihnen (schon aus geographischen Gründen) *nur den für sie selbst wichtigen Gegner* im Blick hatte, von nun an getrennt gehen sollten, und die kirchenpolitisch dann sogar je mit dem theologischen Hauptgegner der anderen Gruppe begrenzte Koalitionen eingehen konnten[96].

Die vierte sirmische Formel zeigt noch die gemeinsame theologische Basis, deutet aber in den verschiedenen Interpretationsrichtungen der Teilnehmer den kommenden Bruch zwischen den theologischen Erben der beiden Eusebe bereits an.

2. Kapitel

Die Synode der Abendländer in Rimini (erste Sessio) und Nike – die Formel von Nike

Wahrscheinlich direkt von Sirmium aus waren die dort anwesenden Abendländer mit dem am Hof erarbeiteten theologischen Grundsatzdokument nach Rimini aufgebrochen. Unter dem Datum des 27. Mai 359, noch in der Woche nach Pfingsten, schickte Konstantius einen Brief[1] an die sich in Rimini versammelnde Synode, dem schon andere Briefe an den abendländischen Episkopat vorangegangen sein müssen[2]. In ihm schrieb er den zur Synode versammelten Bischöfen, wie es seit Konstantins Eingriff in den Donatistenstreit vor nahezu einem halben Jahrhundert üblich geworden war[3], genau vor, was zu verhandeln sei. Die kirchlichen Angelegenheiten, so der Kaiser, erforderten ein Einschreiten. Die alten Statuta reichten nicht mehr aus[4]. Über zwei Punkte habe man

---

[95] Vgl. unten S. 23 ff.

[96] Vgl. unten S. 40 ff.

[1] Ep. Constantii ad syn. Arim., Hil., Coll. antiar. Paris. A VIII; vgl. FEDER, (1910) 80; FLEMING, (1951) 240–44.

[2] Ebenda A VIII 2 [FEDER, 94,13 f.]: *ut prudentiae uestrae prioribus litteris intimauimus.*

[3] Vgl. GIRARDET, (1975) 6–51.

[4] Hil., Coll. antiar. Paris. A VIII 1,1 [FEDER, 93,21–94,4]: *Continent priora statuta, uenerabiles, sanctimoniam legis rebus ecclesiasticis niti. satis superque perspeximus litteris ad nostram prudentiam datis*

vornehmlich zu verhandeln: über den Glauben und die zerrissene Einheit der Kirche: *de fide atque unitate tractari debere cognoscat sinceritas vestra et operam dari, ut ecclesiasticis rebus ordo conpetens praebeatur*[5]. Mehrfach schärft er den abendländischen Synodalen ein, auf keinen Fall irgend etwas zu beschließen, was die orientalischen Bischöfe betreffe[6]. Etwaige, die östliche Kirche betreffenden Beschlüsse der abendländischen Bischöfe erklärt er von vornherein für ungültig[7]. Hinter diesem scharf formulierten Verbot gegenüber den Abendländern, sich auch nur irgendwie mit den Angelegenheiten des Ostens zu befassen, erkennt man unschwer die Erinnerung an Serdika, wo die Abendländer vor Beginn der eigentlichen Synode gegen Synodalbeschlüsse des Ostens im Fall des Athanasius und Markell bereits entschieden hatten und somit nicht nur eine gemeinsame Synode unmöglich gemacht, sondern auch jene Spaltung der Kirche heraufbeschworen hatten, die Konstantius jetzt nun endlich überwinden wollte. Die bei aller formalen Höflichkeit doch außerordentlich scharfe Note zeigt, wer in den Augen des Kaisers für die Kirchenspaltung verantwortlich war. Nach erzielter Einigung über die befohlenen Punkte der Tagesordnung sollte die Synode zehn Legaten auswählen und an den Hof nach Konstantinopel schicken, wo man sich dann mit den ebenfalls nach Konstantinopel befohlenen Legaten der orientalischen Synode über eventuell noch vorhandene Differenzen in der Glaubensfrage einigen sollte[8].

In Rimini hatten sich indessen etwa 400 auf kaiserliche Kosten angereiste und verpflegte Bischöfe versammelt[9]. Es muß sich um die bisher wohl größte Bischofsversammlung überhaupt gehandelt haben; und der Stolz, daß in Rimini mehr Bischöfe als in Nizäa waren, und der damit verbundene Anspruch, daß die Beschlüsse von Rimini deshalb über denen von Nizäa stünden, klingt noch bei den Homöern des fünften Jahrhunderts an[10]. Als Vertreter des Kaisers präsidierte

---

isdem oportere operam dare, cum profecto et episcoporum id officio congruat et salus omnium longe lateque populorum hoc fundamine roboretur. sed res admonuit statuta rursus existere. non enim aliquis definita geminari superfluum iudicabit, cum crebra consueuerit admonitio augere cumulum diligentiae.

[5] Ebenda, A VIII 1,2 [FEDER, 94,4–6].

[6] Ebenda, [FEDER, 94,9–11]: *non enim de Orientalibus episcopis in concilio uestro patitur ratio aliquid definiri;* [FEDER, 94,17 f.]: *. . ., aduersus Orientales nihil statuere uos oportet;* vgl. oben S. 11 Anm. 40.

[7] Ebenda, 94,18–21: *aut si aliquid uolueritis contra eosdem praedictis absentibus definire, id quod fuerit usurpatum, irrito euanescet effectu. non enim ullas uires habere poterit definitio, cui nostra statuta testantur iam nunc robor et copiam denegari;* vgl. oben S. 11.

[8] Ebenda, A VIII 2,1.

[9] Ath., syn. 8,1; Sulp. Sev., chron. II 41,2; Soz., h. e. IV 17,2. Zu anderen Angaben über die Teilnehmer in späteren Quellen vgl. GWATKIN, (1900) 174, Anm. 3. Zur staatlichen Finanzierung von Reise und Unterhalt der Bischöfe vgl. Sulp. Sev., chron. II 41,2. Die 41,3 berichtete Episode von der Verweigerung der staatlichen Spesen durch einige Bischöfe, die Sulpicius Severus *nostri* nennt, bezieht GLÄSER, (1978) 40, ohne zureichenden Grund auf die gallischen Bischöfe, die auf einer Synode zu Ostern 358 (die GLÄSER ohne Anhalt in den Quellen in Paris lokalisiert) die zweite sirmische Formel abgelehnt hatten. Zu der gallischen Synode BRENNECKE, (1984) 324–26.

[10] Aug., Coll. cum Maximino 2 [PL 42,710]: *Max. respondit: Si fidem meam postulas ego illam*

der Synode der Präfekt Taurus, der den Befehl hatte, die Bischöfe erst nach erlangter Einigung in der Glaubensfrage in ihre Diözesen zurückkehren zu lassen[11]. Wenn man Sulpicius Severus glauben darf, hatte Konstantius dem Taurus für die reibungslose Erledigung dieser Aufgabe den Konsulat versprochen[12]. Daß die Bischöfe auf Staatskosten anreisen, vom Staat den Unterhalt bezahlt bekommen, ein hoher staatlicher Beamter der Synode präsidiert und Tagesordnung, Verhandlungsgegenstände sowie modus procedendi vom Kaiser bis in die Einzelheiten vorgeschrieben werden, zeigt noch deutlicher als bei früheren Gelegenheiten, wie weit die Kirche inzwischen in das Gefüge des Staates eingebunden war. Um so erstaunlicher ist es, daß die Mehrheit der in Rimini versammelten Bischöfe sich dann so ganz anders verhielt, als Konstantius und seine theologischen Ratgeber erwartet hatten und eigentlich auch erwarten konnten. Dasselbe überraschende Bild dann etwas später in Seleukia: wieder verhält sich die Mehrheit ganz anders, als zu erwarten war.

Kein Zweifel kann daran bestehen, daß Konstantius in der Zustimmung zur sirmischen Deklaration vom 22. Mai in ihren Grundzügen das Mittel sah, die Einheit der Kirche wiederherzustellen[13]. Aber als Valens und Ursacius die Formel in Rimini vorlegten und wissen ließen, daß zwar für marginale Änderungen Spielraum bestünde[14], inhaltlich die Formel aber vom Kaiser sanktioniert und deshalb anzunehmen sei, und alle früheren Synodalbekenntnisse keine Geltung mehr hätten[15], wurde diese vom Kaiser mitformulierte und sanktionierte Formel von der Mehrheit der Bischöfe mit folgenden Begründungen abgelehnt:

Die Formel sei häretisch[16].

Eine neue Glaubensformel sei überhaupt überflüssig, da man sich an Nizäa und die dortigen Beschlüsse allein halten solle[17].

---

teneo fidem quae Arimini a trecentis et triginta episcopis, non solum exposita, sed etiam subscriptionibus firmata est.

[11] Sulp. Sev., chron. II 41,1; zu Taurus vgl. PLRE I 879f.

[12] Sulp. Sev., ebenda. Tatsächlich bekleidete Taurus 361 den Konsulat; vgl. PLRE I 879f.

[13] Ep. Constantii ad Syn. Arim., Hil., Coll. antiar. Paris. A VIII 1. Anders als Konstantin vor der Synode von Nizäa (vgl. OPITZ, Urkunde 17) hatte Konstantius erkannt, daß die Frage der Einheit eine Frage des Glaubens ist.

[14] Ep. syn. Arim., Hil., Coll. antiar. Paris. A V 1,2; vgl. oben S. 15 (Unter Umständen ist daraus die etwas seltsame Geschichte bei Sok., h. e. II 37,16f. entstanden).

[15] Soz., h. e. IV 17,3–5; Ath., syn. 8,2.

[16] Ep. syn. Arim., Hil., Coll. antiar. Paris. A V 1,2 [FEDER, 82,3–5]: *..., offerebatur nobis a supradictis turbatoribus ecclesiarum* (scil. Valens und Ursacius) *adsociato Germinio et Gaio nouum nescio quid considerandum, ⟨quod⟩ multa peruersae doctrinae continebat;* vgl. die damnatio haereticorum, ebenda A IX 3. Angesichts der Mitwirkung des Kaisers an der Formulierung der vierten sirmischen Formel ist die Formulierung *nouum nescio quid considerandum* eine deutliche Provokation.

[17] Ep. syn. Arim., Hil., Coll. antiar. Paris. A V 1,1 [FEDER, 79,1–80,3]: *dum enim omnes, qui recte sapimus, contractaremus, placuit fidem ab antiquitate perseuerantem, quam praedicauerunt prophetae, euangelia et apostoli per ipsum deum et dominum nostrum Iesum Christum, saluatorem imperii tui et largitorem salutis tuae, ⟨ut⟩, quam semper obtinuimus, teneamus. nefas enim duximus sanctorum aliquid mutilare et eorum, qui in Nicheno tractatu consederant una cum gloriosae memoriae Constantino patre*

Allgemein wird angenommen, daß es Phoebadius von Agennum war, der die Synode in diesem Sinne beeinflußte, wie denn die Beschlüsse der Synode überhaupt seine Handschrift erkennen lassen[18].

Da die Mehrheit, so schrieb die Synode anschließend dem Kaiser, das von Valens mitgebrachte Papier[19] als häretisch erkannt hätte, habe man Valens und Ursacius, die ja schon einmal wegen der von ihnen vertretenen arianischen Häresien verurteilt worden waren, dann aber Buße getan hatten[20], als Anhänger des Arius auf der Synode als Bischöfe abgesetzt und exkommuniziert[21]. Im übrigen bestehe die Synode darauf, daß allein Nizäa den wahren Glauben verkörpere, allein Nizäa den Kampf gegen die Häresie des Arius ermögliche[22]. Damit hielt die Synode den ihr vom Kaiser befohlenen Auftrag für erledigt und bat um Genehmigung zur Heimkehr[23].

Der Synodalbeschluß über die Verurteilung des Valens und seiner Parteigänger wegen Verwirrung der Kirche und des Versuches, Häresie einzuführen, außerdem wegen des Versuches, die Beschlüsse von Nizäa umzustoßen, ist

---

pietatis tuae; qui tractatus manifestatus est et insinuatus mentibus populorum et contra haeresim Arrianam tunc positus inuenitur, . . .; ebenda [FEDER, 82,8 f.]: *et ne frequentius ecclesiae perturbentur, placuit statuta uetera rata et inmutabilia seruari.* Ebenda [FEDER, 84,5–8]: *hoc etiam frequentius postulamus, ut nihil innouetur, nihil minuatur, sed maneant incorrupta, quae patris sanctae pietatis tuae temporibus et tuis religiosis saeculis permanserunt.* Vgl. den fast wörtlich in den Brief an den Kaiser aufgenommenen Synodalbeschluß *(definitio homousianorum)* bei Hilarius, ebenda, A IX 1, und die *damnatio haereticorum,* ebenda, A IX 3. Allerdings ist zu bedenken, daß die Beschlüsse von Nizäa im Abendland bis in die Mitte oder an das Ende der fünfziger Jahre faktisch unbekannt waren, namentlich das Nizänum selbst; vgl. Hil., syn. 91, dazu BRENNECKE, (1984) 81 u. ö. Die Beschlüsse von Serdika und besonders das Serdicense selbst galten als die legitime Interpretation des Nizänum. Zum angeblichen Festhalten der Abendländer am Nizänum von Anfang an vgl. auch Thdt., h. e. I 18,3; Ath., syn. 9; Soz., h. e. IV 17,7–10.

[18] Sulp. Sev., chron. II 44, bezeugt eine führende Rolle des Phoebadius auf der zweiten sessio des Synode; vgl. unten S. 35 ff. Zum vermuteten Einfluß des Phoebadius auf die Formulierungen der ersten sessio vgl. DUVAL, (1969) 104; GLÄSER, (1978) 39 ff., der allerdings die Bedeutung des Phoebadius als des angeblichen kirchlichen Führers des Abendlandes maßlos überschätzt; vgl. auch DUVAL, (1969) 77.

[19] Hil., Coll. antiar. Paris. A V 1,2 [FEDER, 82,5]: *multa peruersae doctrinae continebat;* vgl. die *damnatio haereticorum* vom 21. Juli 359, ebenda A IX 3.

[20] Ebenda [FEDER, 80 f.]. Diese Bemerkung bezieht sich auf die Verurteilung von Valens und Ursacius in Serdika und ihre Wiederaufnahme in die Kirche in Mailand 345; vgl. Hil., Coll. antiar. Paris. B II 2,3 [FEDER, 131]; B II 5–8 [FEDER, 140–45].

[21] Die Verurteilung von Valens, Ursacius und ihren Anhängern fehlt bei Hilarius und ist nur in der griechischen Rezension des Briefes, Ath., syn. 10,4, und den von Ath. abhängigen Überlieferungen Sok., h. e. II 37,66; Soz., h. e. IV 18,10; Thdt., h. e. II 19,9, überliefert. Zum Verhältnis der lateinischen zur griechischen Rezension vgl. OPITZ, z. St. Hilarius hat seine Urkunde aus abendländischer Quelle, u. U. aus den homöisch redigierten Aktensammlungen der Synode, deren Existenz DUVAL nachgewiesen hat; vgl. DUVAL, (1969) passim.

[22] Vgl. oben Anm. 17. Nicht ganz deutlich ist, ob *uetera statuta* wirklich in jedem Fall auf die Beschlüsse von Nizäa zu beziehen ist; A V 1,2 über die frühere Verurteilung von Valens und Ursacius weist jedenfalls auf die Beschlüsse von Serdika hin, vgl. oben Anm. 20.

[23] Ebenda [FEDER, 84,2–5].

erhalten[24], ebenso eine Entschließung der Synode, gegen die Schlußbestimmung der vierten sirmischen Formel an Sache und Begriff der *substantia* (= οὐσία) als an einem biblischen Begriff festzuhalten[25]. Besonders diese Entschließung scheint von Phoebadius formuliert oder zumindest von ihm abhängig zu sein[26]. Eine theologische Auseinandersetzung mit dem Inhalt der vierten sirmischen Formel läßt sich sonst in keinem der von der Synode von Rimini außerdem erhaltenen Dokumente feststellen.

Der Synodalbrief an den Kaiser und der bei Hilarius und Athanasius überlieferte Beschluß der Synode, Valens und seine Freunde abzusetzen und zu exkommunizieren, geben also als Grund für die Absetzung und Exkommunizierung dieser Vertreter der kaiserlichen Befriedungspolitik an, daß sie versucht hätten, gegen die Beschlüsse von Nizäa ein neues, als arianisch empfundenes Bekenntnis durchzusetzen[27].

Athanasius berichtet in seiner nur wenig späteren Schrift über diese Synode[28], daß Valens, Ursacius und deren theologische Weggenossen es abgelehnt hätten, die Lehren des Arius zu verurteilen und deshalb von der Synode abgesetzt und exkommuniziert worden seien. Diese Sicht haben von Athanasius die von ihm zum Teil abhängigen Kirchenhistoriker des fünften Jahrhunderts übernommen[29]. Keines der erhaltenen Dokumente von Rimini berichtet aber, daß man von Valens und seinen Parteigängern einfach gefordert hätte, die Lehre des Arius zu verdammen.

Da Valens und Ursacius in den vergangenen zwanzig Jahren als Teilnehmer

---

[24] Hil., Coll. antiar. Paris. A IX 3 [FEDER, 96 f.]; Ath., syn. 11; vgl. Ath., ep. ad Afr. 3; Sok., h. e. II 37,51; dazu FEDER, (1910) 81; FLEMING, (1951) 245–49. Ob Auxentius schon in Rimini verurteilt wurde, wie Athanasius gegen Hilarius annimmt, scheint eher unwahrscheinlich, vermutlich hat Athanasius eine spätere Verurteilung des Auxentius hier eingetragen, so auch OPITZ zu Ath. syn. 9. Demophil von Beröa, nach Ath., syn. 9, und Sok., h. e. II 37,51, als Anhänger des Valens ebenfalls in Rimini verurteilt, hatte eigentlich auf einer abendländischen Synode nichs zu suchen. da Thrakien zur orientalischen Präfektur gehörte. Hilarius weiß nichts von seiner Verurteilung in Rimini, ebenso die bei Ath., syn. 11, überlieferte damnatio.

[25] Hil., Coll. antiar. Paris. A IX 1 [FEDER, 96,1–5]: *placet ergo nihil nouum fieri, „substantiae" quoque nomen et rem, a multis sanctis scripturis insinuatum mentibus nostris, obtinere debere sui firmitatem. quam rem cum suo nomine ecclesia catholica cum doctrina deifica semper confiteri et profiteri consueuit;* vgl. FEDER, (1910) 80; FLEMING, (1951) 245 ff.

[26] Zu „*substantia*" als biblischem Begriff vgl. Phoeb., c. Ar. 7,3; vgl. DUVAL, (1969) 71, Anm. 104; GLÄSER, (1978) 39 ff., die Phoebadius für den Verfasser der Definitio (Hil., Coll. antiar. Paris. A IX 1) halten.

[27] Hil., Coll. antiar. Paris. A IX 3; Ath., syn. 10,4.

[28] Geschrieben nach dem Tode des Konstantius mit als Vorbereitung auf die alexandrinische Synode von 362; so OPITZ, 231; TETZ, TRE IV 344. Zur Synode von Alexandrien vgl. unten S. 108 f.

[29] Ath., syn. 9,1 [OPITZ, 236,16–19]: Τούτων ἀναγνωσθέντων οὐ μακρὰν ἐγνώσθη τῶν γραψάντων ἡ πανουργία. Τῶν γὰρ ἐπισκόπων προτεινάντων ἀναθεματισθῆναι τὴν ἀρειανὴν αἵρεσιν μετὰ καὶ τῶν ἄλλων αἱρέσεων πάντων τὲ ἐπὶ τούτῳ συνθεμένων Οὐρσάκιος καὶ Οὐάλης καὶ οἱ σὺν αὐτοῖς ἀνένευον. Vgl. Sok., h. e. II 37,51; Soz., h. e. IV 17,7; Coll. Avell. II 14.

und Unterzeichner vieler orientalischer Synoden immer auch die antiarianischen Anathematismen unterschrieben hatten, wäre es ihnen ein leichtes gewesen, ganz ehrlichen Herzens diese Forderung der Synode zu erfüllen[30]. Der das Bild von der Synode in Rimini bis auf den heutigen Tag prägende Bericht des Athanasius kann so nicht stimmen! Auf der anderen Seite steht durch die Dokumente der Synode selbst fest, daß Valens, Ursacius, (Auxentius) Gaius und Germinius wegen Arianismus verurteilt wurden und zwar wegen des Arianismus der aus Sirmium mitgebrachten theologischen Deklaration[31]. Die in Rimini versammelten Bischöfe des Abendlandes sahen die sich selbst als absolut antiarianisch verstehende Formel von Sirmium als arianisch an, obwohl in ihr kein genuin arianischer Gedanke steckte und gerade die Homöusianer um Basilius einen strikten Antiarianismus vertraten, den sie weitgehend auch in Sirmium hatten einbringen können. Der Synodalbrief aus Rimini an den Kaiser erinnert daran, daß Valens und Ursacius schon einmal wegen „Arianismus" verurteilt worden waren[32], nämlich in Serdika. Sonst wird Serdika in den Dokumenten von Rimini eigenartigerweise nicht erwähnt, das Bekenntnis der Abendländer von Serdika nicht nur verschwiegen, sondern mehrfach auf die von Anfang an feststehende Gültigkeit des Nizänum hingewiesen[33]. Es sei an dieser Stelle nochmals daran erinnert, daß für den Westen die Beschlüsse von Serdika, und das heißt die theologische Erklärung von Serdika, nur als Interpretation der Beschlüsse von Nizäa galt[34], und wir in der Zeit nach Serdika annehmen müssen, daß mit „Nizäa" in Wirklichkeit immer Serdika gemeint ist, bzw. daß man das Bekenntnis von Nizäa, wo man den Text nun endlich kannte und ihn auch benutzte, immer von Serdika her interpretierte, d. h. im Sinne der markellischen Einhypostasentheologie. Bei dieser serdizensischen Interpretation des Nizänum galten alle Theologen als Arianer, die in der Nachfolge des Origenes und Euseb eine Dreihypostasentheologie vertraten[35]. Die Vermutung liegt nahe, daß auch

---

[30] Vgl. die antiarianischen Anathematismen von der ersten antiochenischen bis zur dritten sirmischen Formel oben S. 16 Anm. 67. Zu den mit allergrößter Wahrscheinlichkeit von Valens formulierten antiarianischen Anathematismen der zweiten sessio von Rimini vgl. unten S. 37f. Es ist also kaum vorstellbar, daß Valens und seine Anhänger sich geweigert hätten, Arius zu verdammen und wegen dieser Weigerung die Synode hätten platzen lassen, an der dem Kaiser und ihnen so viel lag. Vgl. den ganz ähnlichen Bericht des Liberius bei Hil., Coll. antiar. Paris. A VII 4, über die angebliche Weigerung orientalischer Legaten, auf der Synode in Mailand 345 Arius zu verdammen und ihre daraufhin durch die abendländische Synode in Mailand ausgesprochene Exkommunikation; dazu Brennecke, (1984) 56f.

[31] Hil., Coll. antiar. Paris. A IX 3.

[32] Ebenda, A V 1,2; s. oben S. 26 Anm. 20.

[33] Ath., syn. 9, und oben, S. 26f. Athanasius hatte inzwischen bei seinen Bemühungen, sich mit den Meletianern theologisch und kirchenpolitisch zu verbinden, allerdings ein verständliches Interesse, die Synode von Serdika und vor allem die dort von den Abendländern angenommene theologische Formel zu verschweigen oder zu verharmlosen; vgl. auch Ath., tom. V.

[34] Ep. Oss. et Protog. ad Julium [Turner, EOMIA I 644] und oben S. 25ff.

[35] Ep. syn. Serd., Hil., Coll. antiar. Paris. B II 1,8 [Feder, 124,5–7]: *separantes enim filium et alienantes uerbum a patre separari ab ecclesia catholica oportet et alienos esse a nomine Christiano;* vgl.

in Rimini die *fides nicaena* in der Form vertreten wurde, die man ihr in der theologischen Erklärung von Serdika gegeben hatte, wie es im Abendland seit 342 anscheinend üblich geworden war. Valens und Ursacius hatten zwar den Antiarianismus des Nizänum, wie er in den Anathematismen formuliert war, immer anerkannt, nicht aber die Einhypostasentheologie des so interpretierten Nizänum, die in Serdika endgültig festgeschrieben worden war. Sie wurden jetzt als Vertreter einer Dreihypostasentheologie verurteilt, die den in Rimini versammelten Abendländern als Arianismus erschien, auch wenn in der vierten sirmischen Formel wörtlich nicht von verschiedenen Hypostasen die Rede war. Daß sie in der Sache auf eine Mehrhypostasentheologie hinauslief, liegt allerdings auf der Hand.

Von der Synode von Rimini sind in zwei Pariser Handschriften eine Reihe von Anathematismen erhalten, die die oben vorgetragenen Vermutungen im wesentlichen bestätigen[36].

1 *Et anathematizamus eos qui dicunt filium Dei nullis extantibus sed de alia substantia et non de Deo patre natum Deum uerum de Deo uero.*

2 *Et si quis Patrem et Filium duos deos hoc est non nata duo principia dixerit et non patris et filii unam deitatem profiteatur, anathema sit.*

3 *Si quis filium Dei creaturam uel facturam dixerit anathema sit.*

4 *Si quis Deum patrem ipsum de Maria natum eumdem patrem et filium dixerit, anathema sit.*

5 *Si quis filium Dei de Maria initium sumpsisse dixerit, uel fuisse tempus quando non erat filius anathema sit.*

6 *Si quis filium Dei non vere inenarrabiliter de Deo patre natum sed adoptivum filium dixerit anathema sit.*

7 *Si quis filium Dei aut temporalem aut hominem solum et non ante omnia saecula de Deo patre natum profiteatur, anathema sit.*

8 *Si quis patris et filii et spiritus sancti unam personam aut tres substantias diuisas dixerit et non perfectae trinitatis unam deitatem profiteatur, anathema sit.*

9 *Si quis filium Dei esse ante omnia quidem saecula et non ante omne omnino tempus ut ei tempus adsignet, anathema sit.*

10 *Si quis creata omnia non per Verbum sed sine eo uel ante eum facta dixerit, anathema sit.*

11 *Si quae autem aliae blasphemiae Arrii uel cuiuslibet repertae fuerint, similiter anathematizamus.*

---

damit das abendländische Bekenntnis von Serdika 3 [Loofs, 7,11 f.]: (Die Häretiker Valens und Ursacius behaupten) διαφόρους εἶναι τὰς ὑποστάσεις τοῦ πατρὸς καὶ τοῦ υἱοῦ καὶ τοῦ ἁγίου πνεύματος καὶ εἶναι κεχωρισμένας. Die Lehre von der μία ὑπόστασις als Gegenposition der Abendländer in Serdika vgl. ebenda 4; 8.

[36] Cod. Paris. lat. 2076 s. X und Cod. Paris. lat. 2341 s. IX. Le Fevre und Coustant hatten diese Stücke mit in ihre Edition der *fragmenta historica* des Hilarius von Poitiers aufgenommen (nachgedruckt PL X 698), eine kritische Edition gibt Duval, RBen 82 (1972) 7–25 (der Text selbst 11 f.). Zu den Überlieferungsproblemen vgl. Duval, ebenda und schon (1969) 69–71; zu Fragen der Textkritik Silvestre, RHE 68 (1973) 102–104.

Ob der in den beiden HSS überlieferte Text des Nizänum (RBen 82 (1972) 10 f.) ebenfalls aus den Akten der Synode von Rimini stammt, scheint mir gegen Duval höchst unsicher zu sein. Zu den dagegen mit Sicherheit der ersten sessio von Rimini zuzuschreibenden Anathematismen vgl. auch Meslin, (1967) 285 ff.

In erster Linie interessiert hier der 8. Anathematismus, der in der Tradition von Serdika jede Form von Mehrhypostasentheologie verwirft; auch sonst sind die Parallelen zur theologischen Deklaration von Serdika zahlreich. Allerdings in gewisser Korrektur zur Deklaration von Serdika wird den drei Hypostasen nicht das zu erwartende *una substantia,* sondern *una deitas* entgegengestellt (Nr. 3; 8)[37].

Phoebadius von Agennum, der in Rimini offensichtlich keine unwichtige Rolle gespielt hat, zeigt sich in seiner einzigen auf uns gekommenen Schrift *contra Arianos* als ein strikter Vertreter der serdizensischen Einhypostasentheologie[38].

Unklar ist, ob auf der Synode überhaupt inhaltlich über die sirmische Deklaration debattiert wurde[39]. Die Anathematismen jedenfalls zeigen keine Spur einer Auseinandersetzung mit dem sirmischen Papier. Sie beziehen gegen die in Serdika einst verurteilten Bischöfe Valens und Ursacius im Prinzip die theologische Position von Serdika und erneuern eigentlich nur das alte Urteil[40].

---

[37] Eine gewisse Nähe zu den nizänischen Anathematismen haben hier Nr. 1; 3; 7(?); 9, wobei diese Berührungen ziemlich unspezifisch sind, da die nizänischen Anathematismen auch von den Orientalen akzeptiert wurden; vgl. unten S. 37 f.

Zu Anath. 8 vgl. als wichtigste Parallele im Bekenntnis von Serdika [TURNER, 651,21–31] (= LOOFS, 7,12–8,3; der Deutlichkeit halber zitiere ich die lateinische Version des Cod. Veron. 60): *Nos autem hanc suscepimus et edocti sumus, hanc habemus catholicam et apostolicam traditionem et fidem et confessionem: unam esse substantiam, quam ipsi graeci usian appellant, Patris et Fili et Spiritus sancti; et si quaerit quis Fili substantiam, est pro certo haec quam solius Patris esse confitemur, neque Pater sine Filio umquam fuit, neque Filius sine Patre, [quod est Verbum, Spiritus]* (Glosse nach ABRAMOWSKI); vgl. das oben Anm. 35 gegebene Zitat aus dem Synodalbrief der Abendländer mit Serdika. In Anlehnung an die Formulierungen von Serdika richtet sich Anath. 8 gegen die (von Valens 357 mit formulierte) zweite sirmische Formel, gegen die auch Phoebadius seine Schrift *Contra Arianos* geschrieben hatte; vgl. Sirm. II [PL X 489 B]: *Integer, perfectus numerus Trinitatis est.*

Zu Anath. 2 vgl. Serd. [TURNER, 652,65 f.]: *confitemur Patris et Fili unam Deitatem.*

Zu Anath. 4 vgl. Serd. [TURNER, 652,46–49]: *non dicimus Patrem Filium esse, nec igitur Filium Patrem esse, sed Pater Pater est, et Filius Patris Filius* (gegen den von den Orientalen gegenüber den Abendländern immer erhobenen Vorwurf des Sabellianismus als Identifikationstheologie).

Zu Anath. 5. vgl. Serd. [TURNER, 651,29 f.]: *neque Pater sine Filio umquam fuit, neque Filius sine Patre, . . .* [TURNER, 653,88–92]: *semper sine principium sine fine hunc cum Patre regnare, ac nullum tempus habere nec minui regnum eius: quoniam quod semper est numquam accipit initium nec minui poterit* (Ablehnung eines von den Orientalen Markell zugeschriebenen Theologoumenons; vgl. auch ep. syn. Serd. bei Hil., Coll. antiar. Paris. B II 1,6).

[38] Phoeb., c. Ar. VII; VIII; XIII u. ö. Die Beziehungen zwischen Phoeb. c.Ar. und den Anathematismen der ersten sessio von Rimini sind zahlreich; vgl. c. Ar. 2, 4 (zu Anath. 2); 13 (zu Anath. 4 f.); 9 f. (zu Anath. 6); 7 f. 13 (zu Anath. 8).

[39] Vgl. Soz., h. e. IV 17,2 ff., bes. 7, wo von Vergleichen zwischen dem Nizänum und der vierten sirmischen Formel berichtet wird. Gegen den Bericht des Soz. scheint aber der Text des Nizänum selbst in Rimini keine Rolle gespielt zu haben, auch wenn man sich verbal (vgl. oben S. 25 ff.) immer wieder auf die Beschlüsse von Nizäa berief. Anders DUVAL, (1969) 70 f., der eine gründliche Debatte über die sirmischen Formel vermutet, von der sich dann allerdings in den Synodalakten kaum Spuren erhalten hätten. Allein die *definitio homousianorum* (Hil., Coll. antiar. Paris. A IX 1) zeigt in ihrem Festhalten an Sache und Begriff der *„substantia"* eine Auseinandersetzung mit dem sirmischen Papier.

[40] Wie der Synodalbrief an Konstantius zeigt, berufen sich die Synodalen zwar verbal auf

Die Mehrheit der Bischöfe in Rimini vertritt also nicht nur den Antiarianismus von Nizäa, sondern auch die im Nizänum angelegte Einhypostasentheologie Serdikas, die sich im Abendland seither offenbar weitgehend hatte durchsetzen können. Valens, Ursacius, Germinius (Auxentius) und Gaius werden also nicht verurteilt, weil sie sich geweigert hatten, die Theologie des Arius zu verdammen, wie Athanasius und alle nach ihm insinuieren[41], sondern weil sie sich aller Wahrscheinlichkeit nach weigerten, der von ihnen als sabellianische Ketzerei angesehenen Einhypostasenlehre von Serdika zuzustimmen, deren Bekämpfung ihr Einsatz in Sirmium gegolten hatte, und die sie für die eigentliche theologische Gefahr hielten[42].

Nach der Verurteilung der führenden abendländischen Gegner der Einhypostasentheologie, die in Gegenwart der Verurteilten, – also anders als in Serdika – in der noch gemeinsamen Versammlung stattfand[43], scheint die Synode sich gespalten zu haben[44], jedenfalls gehen zwei Delegationen zum Kaiser nach Konstantinopel[45]. Da Konstantius vorläufig verhindert war, und die orientalische Synode in Seleukia noch nicht einmal begonnen hatte[46], wird den Bischöfen befohlen, zunächst in Adrianopel, dann in Nike zu warten[47]. Daß die in Rimini

---

Nizäa (oben S. 25 Anm. 17), bei der erneuten Verurteilung von Valens und Ursacius aber auf das Urteil von Serdika über diese beiden Bischöfe; vgl. bei Hil., Coll. antiar. Paris. A V 1,2. Die in der griechischen Fassung des Briefes bei Ath. (Soz.; Thdt.) überlieferte Exkommunikation von Valens, Ursacius und ihren Anhängern ist dort im Grunde eine Wiederherstellung der Beschlüsse von Serdika: Ath., syn. 10,4 [OPITZ, 237,17–19]: ὅθεν Οὐρσάκιός τε καὶ Οὐάλης, ἐπειδὴ ἔκπαλαι μέτοχοί τε καὶ σύμφωνοι τοῦ ἀρειανοῦ δόγματος ἦσαν καθεστηκότες καὶ τῆς ἡμετέρας κοινωνίας χωρισθέντες ἀπεφάνθησαν,... (die Verurteilung in Serdika); Ath., syn. 10,8 [OPITZ, 238,7 f.]: βέβαιον ἐφάνη τὰ πάλαι διωρισμένα ἔννοια καὶ ἀμετακίνητα διαφυλάττειν, τοὺς δὲ προειρημένους τῆς ἡμετέρας κοινωνίας ἀποκεχωρίσθαι,... (die erneute Verurteilung in Rimini).

[41] Ath., syn. 9; vgl. oben S. 26 Anm. 21.

[42] Vgl. oben S. 22 f.

[43] Die offizielle *damnatio haereticorum* vom 21. Juli 359 bei Hil., Coll. antiar. Paris. A IX 3 [FEDER, 96 f.]; vgl. die griechische Fassung des Briefes an Konstantius, Ath., syn. 10,8 (Text in Anm. 40).

[44] Sulp. Sev., chron. II 41,5.

[45] Hil., Coll. antiar. Paris. A V 2; Sulp. Sev., chron. II 41,6 f.; Coll. Avell. II 14. Nach Soz., h. e. IV 17,11; 19,1 und Sok., h. e. II 37,52, sieht es so aus, als ob eine offizielle Delegation der Synode an den Hof nach Konstantinopel reiste und daneben Valens und Ursacius mit ihren Anhängern gleichsam illegitim. Von Sulp. Sev., chron. II 41,6 f., her ist die Notiz bei Soz., h. e. IV 18,1, von zwanzig Delegierten zu verstehen. Es waren zwei Delegationen mit je zehn Delegierten, die sich jeweils allein als die legitimen Vertreter der Synode ansahen. Nach Hil., Coll. antiar. Paris. A V 3, bestand die Delegation der Mehrheit von Rimini aus vierzehn Teilnehmern, von denen u. U. vier nicht voll stimmberechtigt waren. Zu den verschiedenen Deutungsversuchen vgl. FLEMING, (1951) 205 f.

[46] Die Synode von Seleukia begann erst am 27. September; vgl. SEECK, (1919) 206.

[47] Ath., syn. 55,3 (Brief des Konstantius an die Bischöfe in Rimini); Hil., Coll. antiar. Paris. A V 2; 3 (Die Ereignisse von Nike). Daß die Legaten der Mehrheit von Rimini hingehalten wurden, schließen Sok., h. e. II 37,77; Thdt., h. e. II 19,14 aus der langen Dauer wohl falsch. Konstantius ist erst am Ende des Jahres 359 wieder in Konstantinopel; vgl. SEECK, (1919) 207; GWATKIN, (1900) 175.

plötzlich so unerwartet unterlegene Gruppe um Valens ihre guten Beziehungen zum Hof und zum Kaiser in dieser Wartezeit auszunutzen versuchte, um die katastrophale Niederlage, die auch eine Niederlage für die in Sirmium so hochgemut begonnene Politik der kirchlichen Wiedervereinigung seitens des Kaisers und damit auch eine schwere persönliche Niederlage für Konstantius selbst war, versteht sich angesichts dessen, was wir über die dauernden Bemühungen einzelner Bischöfe oder kirchlicher Parteien um die Gunst des Kaisers wissen, gleichsam von selbst[48]. Ebenfalls wird man annehmen können, daß der Kaiser die Verurteilung der von ihm ganz persönlich mitgetragenen und mitformulierten theologischen Erklärung von Sirmium als Affront ansah[49]. Zumindest ist es in der Reichskirchengeschichte seit Konstantin ein einmaliger Vorgang, daß eine vom Kaiser einberufene so große Synode mit einer überwältigenden Mehrheit nicht nur dem Willen des Kaisers widersprach, sondern auch noch die vom Kaiser mitgetragene theologische Position als häretisch verurteilte. Der Ablauf der Ereignisse in Rimini zeigt aber auch, daß – jedenfalls bis zu diesem Zeitpunkt – die Staatsgewalt, repräsentiert durch Taurus, in keiner Weise in den Verlauf der Synode eingegriffen hatte. Das sollte dann aber bald anders werden.

Langsam ungeduldig über das lange Ausbleiben ihrer Legaten, hatte die Synode von Rimini in Konstantinopel nachfragen lassen. Der Herbst rückte näher, und man wollte nach Hause. In einem angesichts der Umstände einigermaßen freundlichen Schreiben[50] entschuldigt sich der Kaiser, daß er wegen außenpolitischer Geschäfte bisher noch nicht in der Lage gewesen sei, die Delegation zu empfangen, die in Adrianopel weiter auf ihn warten solle. Ebenso solle die Synode bis zur Rückkehr ihrer Legaten in Rimini versammelt bleiben[51]. Aus Rimini antworten darauf die Bischöfe, daß sie in jedem Fall bei dem Beschlossenen zu bleiben gedächten und baten nun dringend um die Erlaubnis, endlich heimkehren zu dürfen[52].

In Nike[53] bei Adrianopel, wo die beiden Delegationen auf die Möglichkeit warteten, dem Kaiser ihren unterschiedlichen Standpunkt darzulegen, muß es inzwischen zu einer großen Aktion des Valens gekommen sein, der die Delegation der Mehrheit von Rimini davon zu überzeugen wußte, daß ihr Absetzungs-

---

[48] Hil., Coll. antiar. Paris. A V 2, Sok., h. e. II 37,52, Soz., h. e. IV 17,11, behaupten, daß Valens mit den anderen in Rimini Abgesetzten direkt zu Konstantius eilten, was aber wegen der Abwesenheit des Kaisers von der Hauptstadt nicht möglich war.

[49] Der Thdt., h. e. II 21, berichtete Zorn des Kaisers ist im Brief an die Bischöfe in Rimini (Ath., syn. 55) nicht zu spüren.

[50] Der Brief (Ath., syn. 55,2f.) setzt Anfragen aus Rimini voraus.

[51] Ath., syn. 55,2f.

[52] Ath., syn. 55,4–7; nach Ath. bei Sok., h. e. II 37,83–87; Thdt., h. e. II 20, bietet eine andere Übersetzung des verlorenen lateinischen Originals; ein Regest bei Soz., h. e. IV 19,3.

[53] Falsch ist ganz sicher die von Sok., h. e. II 37,95f., und zuweilen bis heute (u. a. FLEMING, (1951) 205; GLÄSER, (1978) 48) vertretene und schon von Sozomenus (h. e. IV 19,7f.) bezweifelte Annahme, daß man Nike wegen des Gleichsklanges mit Nizäa als Aufenthaltsort für die Bischöfe bestimmte. Völlig unerfindlich ist, wer daran irgendein Interesse hätte haben können.

und Exkommunikationsbeschluß vom Juli sachlich unberechtigt war. Das Ergebnis dieser Initiative des Valens war, daß die Legaten der Mehrheit unter Führung von Restitutus von Karthago am 10. Oktober 359 einstimmig alle Beschlüsse von Rimini widerriefen, Valens und Ursacius wieder in die Gemeinschaft aufnahmen und eine modifizierte Form der Deklaration von Sirmium unterzeichneten[54].

Schon die Zeitgenossen und die Historiker und Kirchenhistoriker des fünften Jahrhunderts bis hin zu jenen der Gegenwart haben über die Motive dieses „Umfallens" gerätselt. Dummheit oder Naivität seitens der Legaten der Mehrheit[55], Gewalt oder Gewaltandrohung seitens des Valens und seiner Vertrauten[56], Betrug und manches andere ist erwogen worden[57]. Sicher hat Valens nicht versäumt, auf den Standpunkt des Kaisers in aller Deutlichkeit hinzuweisen. Die nur wenig späteren zeitgenössischen Schriftsteller haben immer darauf insistiert, es sei Valens durch Betrug gelungen, die Legaten umzustimmen, indem er ihnen gegenüber behauptete, auch die Orientalen hätten auf den Begriff οὐσία verzichtet[58]. Während der Debatte in Nike waren dagegen sicher noch keine Nachrichten aus Seleukia und den dortigen, ebenfalls anders als in Sirmium geplant verlaufenden Ereignissen vorhanden. Daß er bereits erhaltene Informationen aus Seleukia vorgespiegelt hätte, läßt sich aus den Quellen nicht erweisen. Wenn also Valens gegenüber den Legaten von Rimini beharrlich darauf hinwies, daß auch die Orientalen auf den Begriff οὐσία verzichtet hätten, so zeigt dies den Diskussionsstand von Ende Mai in Sirmium, wo auch die Homöusianer – und nur diese können hier mit „Orientalen" gemeint sein – unter Führung des Basilius von Ankyra – wenn auch ungern – auf den Begriff ‚οὐσία' verzichtet hatten. Der „Betrug" lag eigentlich nur darin, daß die Synode von Seleukia diesen Verzicht auf den Begriff „οὐσία" noch nicht bestätigt hatte. Im Grunde konnte Valens zu diesem Zeitpunkt an einer Bestätigung der sirmischen Beschlüsse durch die orientalische Synode in Seleukia kaum zweifeln, hatten ihnen doch die Führer der wahrscheinlichen Mehrheit des orientalischen Episkopats zugestimmt. Als die Dinge sich in

---

[54] Der Synodalbeschluß von Nike vom 10. Oktober 359 bei Hil., Coll. antiar. Paris. A V 3 [FEDER, 85 f.]. Das bei Hilarius im lateinischen Original verlorengegangene (vgl. ebenda, A V 4 [FEDER, 86,26 f.]) Bekenntnis von Nike in einer griechischen Version bei Thdt., h. e. II 21,3–7 (= Anhang IV; unten S. 246 f.). Im Apparat bei PARMENTIER-SCHEIDWEILER, 145, mit dem Bekenntnis von Konstantinopel (Ath., syn. 30; Sok., h. e. II 41,8) fälschlich als identisch angesehen, ebenso bei OPITZ, 258 (Note zu Ath., syn. 30) und HAHN, (1897) 205. Zu den Änderungen gegenüber der vierten sirmischen Formel vgl. unten S. 34 f. und zu den erneuten Modifikationen in Konstantinopel zu Anfang des Jahres 360 vgl. unten S. 50 ff.

[55] Sulp. Sev., chron. II 41,7; vgl. Thdt., h. e. II 18,2, Ruf., h. e. X 22 (in beiden Fällen auf Rimini bezogen).

[56] Sok., h. e. II 37,90; Soz., h. e. 19,8–10; Thdt., h. e. II 21,1 f.; Ath., ep. ad Afr. 4.

[57] Thdt., h. e. II 21,1 f.; vgl. DUVAL, (1969). Mit gewisser Distanz berichtet Soz., h. e. IV 19,5–8, über verschiedene umlaufende Thesen.

[58] Ep. syn. Paris (360/61) bei Hil., Coll. antiar. Paris. A I 1.

Seleukia dann doch ganz anders entwickelten[59], mußte Valens' Behauptung nachträglich allerdings als Betrug erscheinen.

Wichtiger aber scheint noch, daß es Valens, Ursacius, Germinius und Gaius[60] offenbar gelang, die Legaten von Rimini zu überzeugen, daß sie keine Arianer seien und auch keine arianische Theologie verträten. Das, so scheint es wenigstens[61], gab für die Legaten von Rimini den Ausschlag, auch die (antiarianisch interpretierte) vierte sirmische Formel zu unterschreiben.

Interessant und wenig beachtet sind die Unterschiede, die sich zur vierten sirmischen Formel in der seither so genannten ,Formel von Nike' finden[62]. Die wohl auf Basilius zurückgehende mehrfache Definition der zeitlosen und absolut vorzeitigen Zeugung des Logos, die sich in Sirm. IV gegen Aetius gerichtet hatte, wird vereinfacht: πρὸ πάντων τῶν αἰώνων καὶ πρὸ πάσης ἀρχῆς heißt es nur noch[63], ebenso wird das γεγεννημένον in Sirmium näher bestimmende und ebenfalls gegen Aetius gerichtete ἀπαθῶς fortgelassen[64]. Ganz besonders wichtig und von der Forschung bisher nicht beachtet worden ist nun aber, daß der der vierten sirmischen Formel an den dritten Artikel angehängte Zusatz über den zu vermeidenden Gebrauch des Begriffes οὐσία ergänzt wird durch das ausdrückliche Verbot, vom πρόσωπον des Vaters und des Sohnes und des heiligen Geistes als von μία ὑπόστασις zu reden: μήτε μὴν δεῖν ἐπὶ προσώπου πατρὸς καὶ υἱοῦ καὶ ἁγίου πνεύματος μίαν ὑπόστασιν ὀνομάζεσθαι[65].

Das heißt nun aber: nach den Debatten in Rimini und Nike wird die theologische Deklaration von Sirmium um eine Passage ergänzt, in der ausdrücklich die Einhypostasentheologie von Serdika verurteilt wird, die auch Phoebadius von

---

[59] Vgl. unten S. 40 ff.

[60] Hil., Coll. antiar. Paris. A V 3.

[61] Zur antiarianischen Interpretation dieser Formel durch die Anathematismen der zweiten sessio von Rimini vgl. unten S. 37 f. Daß alle unterschrieben, schließt m. E. wirklichen Zwang oder Ähnliches gerade aus! Unter Androhung von Gewaltmaßnahmen hätten einige Teilnehmer – gerade dieser so erstaunlich mutigen Synode – erhobenen Hauptes und stolz den Weg in die Verbannung angetreten. Die kirchliche Entwicklung der fünfziger und sechziger Jahre im Abendland, die die Entscheidung von Rimini wieder rückgängig machte und zur abendländischen nizänischen Orthodoxie führte, schließt ebenfalls Zwang bei der Entscheidung von Rimini aus. Offenbar haben das eben schon auch die Zeitgenossen empfunden und lieber von *Täuschung* gesprochen.

[62] Thdt., h. e. II 21,3–7 (Anhang IV; S. 246 f.); vgl. oben Anm. 54. Eine Kurzfassung bietet Hier., c. Lucif. 17 [PL 23,179 AB] (zusammengestellt bei HAHN, (1897) 208 (= Anhang V, S. 247).

[63] Sirm. IV (Anhang I)   Nike (Anhang IV)

τὸν πρὸ πάντων τῶν αἰώνων καὶ πρὸ   τὸν πρὸ πάντων αἰώνων καὶ πρὸ
πάσης ἀρχῆς καὶ πρὸ παντὸς ἐπινο-   πάσης ἀρχῆς . . .
ουμένου χρόνου καὶ πρὸ πάσης κατα-
ληπτῆς οὐσίας . . . Vgl. oben S. 18 f.

[64] Sirm. IV   Nike

γεγεννημένον ἀπαθῶς ἐκ τοῦ θεοῦ   γεννηθέντα ἐκ τοῦ θεοῦ
Vgl. oben S. 18, Anm. 74.

[65] Thdt., h. e. II 21,7 [PARMENTIER-SCHEIDWEILER, 146,7 f. = HAHN, (1897) 206].

Agennum, wahrscheinich eine der führenden Gestalten des abendländischen Episkopats in Rimini, in seiner wohl 358 gegen die zweite sirmische Formel von 357 gerichteten Schrift *contra Arianos* vertreten hatte[66]. Diese Präzisierung der vierten sirmischen Formel im Hinblick auf die Einhypostasentheologie erscheint aber nur sinnvoll, wenn in Rimini diese Theologie vertreten wurde, wie anhand der Anathematismen schon deutlich geworden war[67].

Nach dieser Einigung der beiden Delegationen auf der Basis der in Nike revidierten Formel von Sirmium bestand im Moment keine Notwendigkeit mehr, vor dem Kaiser zu erscheinen. Außerdem vertrat nun niemand in beiden Delegationen mehr die Auffassung der Mehrheit der noch immer in Rimini harrenden Bischöfe. Von Seleukia war noch keine Delegation nach Konstantinopel gekommen; also reiste man zunächst nach Rimini zurück.

Es wird inzwischen November geworden sein, als die beiden Delegationen zu den in Rimini langsam unruhig werdenden Bischöfen zurückkehrten[68].

Das offenbar zum Teil dramatische Geschehen auf der zweiten sessio der Synode in Rimini im November und Dezember sei hier nur angedeutet[69]. Nachdem die Synode zuerst die abtrünnig gewordenen Legaten von der Communio ausschließen wollte, gelang es Valens und seinen Freunden allmählich, die Bischöfe zur Annahme ihrer Formel zu bewegen. Auch ein zunächst noch standhaft bei den Beschlüssen vom Sommer bleibender Rest von zwanzig Bischöfen, zu dem nach dem Zeugnis des Sulpicius Severus auch Phoebadius von Agennum und Servatius von Tongern gehörten, gab schließlich nach und unterschrieb die Formel von Nike[70].

---

[66] Siehe oben S. 23 ff. ABRAMOWSKI (im Gutachten zu dieser Arbeit) möchte μίαν vor ὑπόστασις als falscher Folgerung aus dem einmal gesetzten πρόσωπον (Anh. IV, S. 247, Z. 29 f.) streichen.

[67] Siehe oben S. 29 ff. und besonders S. 30 mit Anm. 37. Die Formel von Nike ist also keine Verschärfung der sirmischen Formel im Sinne eines *Arianismus*. In Nike ging es Valens, Ursacius, Germinius und Gaius ausschließlich um die Abwehr einer in Rimini doch wohl vertretenen Einhypostasentheologie. Die gegen Aetius gerichteten Passagen der vierten sirmischen Formel spielten naturgemäß in dieser Situation bei den Debatten in Nike keine Rolle. Die Abendländer hatten keine Veranlassung, sich mit der Theologie des Aetius – von der sie kaum eine Vorstellung gehabt haben werden – auseinanderzusetzen.

[68] Sokrates und Sozomenus wissen nichts von einer zweiten sessio der Synode von Rimini. Nach ihrer Quelle (Sabinus?) hatte die Synode sich aufgelöst, nachdem auf den letzten Brief an Konstantius keine Antwort gekommen war; vgl. Sok., h. e. II 37,90; Soz., h. e. IV 19,4. Beide haben so Schwierigkeiten mit der Unterschrift der Synode unter eine häretische Formel. Nach der gemeinsamen Quelle wird Liberius das erste Opfer einer nun im Abendland einsetzenden Verfolgung. Liberius war aber seit 358 aus dem Exil zurück und hatte an der Synode überhaupt nicht teilgenommen. Allein Sulp. Sev., chron, II 43 f. (wahrscheinlich von Hilarius abhängig), und Hier., c. Lucif. 17–19, bezeugen eine zweite sessio; vgl. dazu vor allem DUVAL, (1969) und wenig überzeugend GLÄSER, (1978) 39 ff.

[69] Sulp. Sev., chron. II 43 f.

[70] Sulp. Sev., chron II 44,4. Das Bestreben des Sulpicius ist es allerdings, die Bischöfe so weit wie nur irgend möglich zu entschuldigen. Zu den im einzelnen nicht mehr ganz deutlichen Vorgängen vgl. DUVAL, (1969) passim, und GLÄSER, (1978) 39 ff., der in gewisser Hinsicht die

Dieses Nachgeben endlich aller[71] in Rimini versammelten Bischöfe gegenüber den Forderungen des Valens und ihre Unterschrift unter die Formel von Nike hat die Vertreter der *fides nicaena* zunächst in eine tiefe Krise gestürzt, aber dann ab 360 eine jahrzehntelang anhaltende fruchtbare theologische Auseinandersetzung mit der homöischen Theologie des Valens ermöglicht. In dieser Auseinandersetzung nach dem Schock von Rimini (und dem sich für die abendländischen Homousianer seit der Usurpation des Julian günstig gestaltenden politischen Klimas) waren eigentlich alle wichtigen abendländischen Theologen von Hilarius bis Ambrosius, und das heißt bis an das Ende des Jahrhunderts, engagiert[72]. Ihr verdankt das Abendland eine relativ schnelle Zurückdrängung des nun allgemein und für die Zukunft dauerhaft als *Arianismus* bezeichneten Homöertums und die Anerkennung der *fides nicaena* als *fides catholica*. In Oberitalien und besonders im Bereich der Donauprovinzen konnte sich dieser lateinische homöische Arianismus auch gegenüber einer nizänisch gewordenen Staatsmacht halten und im Laufe des fünften Jahrhunderts seine – allerdings vergleichsweise bescheidene – theologische und literarische Blüte erleben[73].

In Rimini scheint es Valens gelungen zu sein, die dort versammelten Bischöfe genauso wie schon die Legaten in Nike davon zu überzeugen, daß die Deklaration von Sirmium (nun in der leicht veränderten Form von Nike) nicht arianisch sei, und daß er, und seine theologischen Mitstreiter weder je Arianer gewesen noch jetzt seien[74]. Als Beweis für diese Behauptung diente eine Reihe von antiarianischen Anathematismen, die aller Wahrscheinlichkeit nach Valens zu

---

Tendenz des Sulpicius unkritisch aufnimmt: ihm geht es vor allem darum, daß Phoebadius keinerlei Fehlentscheidung gemacht haben kann.

[71] Sulp. Sev., chron, II 44,4; Coll. Avell. II 18; Hier., chron, ad. a. 359 [HELM, 241]; Hier., c. Lucif. 19; Ruf., h. e. X 22. In dieser Situation schickte die Synode den peinlichen, bei Hil., Coll. antiar. Paris. A VI, überlieferten Brief an den Kaiser.

[72] Auffällig ist, daß Phoebadius, den GLÄSER für den führenden antiarianischen Theologen des Abendlandes hält, an dieser theologischen Auseinandersetzung nicht mehr beteiligt war, obwohl er noch bis gegen Ende des Jahrhunderts gelebt hat; vgl. GLÄSER, (1978) 71–94; DEMEULENAERE, (1985) 5–16.

[73] Dazu MESLIN, (1967); SIMONETTI, (1967). GRYSON hat mit kritischen Editionen der lateinischen Homöer begonnen (SC 267; CCh 87 A); vgl. dazu GRYSONS seine Editionen begleitenden Arbeiten; GRYSON, (1978; 1980[1]; 1982[2]; 1981; 1982; 1982[2]; 1983) und die Einleitung zu SC 267.

[74] Hier., c. Lucif. 18 [PL 23,180 A]: . . . *Denique ipso in tempore, cum fraudem fuisse in expositione rumor populi ventilaret, Valens, Mursensis episcopus, qui eam conscripserat, praesente Tauro praetorii praefecto, qui ex jussu regis synodo aderat, professus est se A r i a n u m   n o n   e s s e, et penitus ab eorum blasphemiis abhorrere.* Damit stellt sich Valens ganz in die antiarianische und gleichzeitig antinizänische östliche Tradition; vgl. den Anfang der ersten antiochenischen Formel, Ath., syn. 22,3 [OPITZ, 248,29 = HAHN, (1897) 183]: Ἡμεῖς οὔτε ἀκόλουθοι ᾽Αρείου γεγόναμεν· πῶς γὰρ ἐπίσκοποι ὄντες ἀκολουθοῦμεν πρεσβυτέρῳ; . . . und die antiarianischen Anathematismen der zweiten antiochenischen Formel, Ath., syn. 23,8 f. [OPITZ, 249,35 ff. = HAHN, (1897) 185 f.], der vierten antiochenischen Formel, Ath., syn. 25,5 [OPITZ, 251,14–16 = HAHN, (1897) 188], der orientalischen Synode von Serdika, Hil., syn. 34 [PL X 507 BC = HAHN, (1897) 191], die *formula macrostichos*, Ath., syn. 26 [OPITZ, 251–54 = HAHN, (1897) 192–196], die Anathematismen der ersten sirmischen Formel, Ath., syn. 27 [OPITZ, 254–56 = HAHN, (1897) 197–99].

diesem Zwecke vortrug und die dann von der Synode offiziell und in Ergänzung zum Bekenntnis von Nike angenommen wurden:

1 Si quis negat Christum Dominum, Dei Filium, ante saecula ex Patre genitum, anathema sit.
2 Si quis negat Filium similem Patri secundum Scripturas, anathema sit.
3 Si quis Filium Dei non dixerit aeternum cum Patre, anathema sit.
4 Si quis dixerit creaturam Filium Dei, ut sunt caeterae creaturae, anathema sit.
5 Si quis dixerit de nullis exstantibus Filium, et non de Deo Patre, anathema sit.
6 Si quis dixerit, Erat tempus quando non erat Filius, anathema sit.
7 Si quis dixerit, Filium Dei esse quidem ante omnia saecula, sed non ante omne omnimo tempus, ut ei aliquid anteferat, anathema sit[75].

Die sieben Anathematismen haben die im Orient inzwischen traditionelle antiarianische Form und zeigen den nichtnizänischen oder sogar antinizänischen Antiarianismus der Orientalen bei strikter Ablehnung jeder Einhypostasentheologie, wie sie das Nizänum nahelegte und Serdika tatsächlich vertrat[76]. Zu den antiarianischen Anathematismen der ersten sessio, die von der trinitarischen Einhypostasentheologie von Serdika her formuliert waren, bestehen kaum Beziehungen[77], weshalb (gegen DUVAL und GLÄSER) wohl kaum Phoebadius als Verfasser dieser Anathematismen in Frage kommt[78]. Da die Anathematismen ganz aus der antiarianischen wie auch antinizänischen Tradition des Ostens kommen, kann als ihr Verfasser nur einer der Bischöfe auf dem Kreis um Valens und Ursacius in Frage kommen, u. U. Valens selbst, wie auch der Bericht des Hieronymus vermuten läßt[79].

---

[75] Hier., c. Lucif. 18 [PL 23,179–81]. Nach den Hieronymus vorliegenden Akten der Synode formulierte Valens die Anathematismen, anders Sulp. Sev., chron. II 44, der die Rolle des Phoebadius bei der Formulierung der antiarianischen Anathematismen stark betont, um auf diese Weise seinen gallischen Helden von der Unterschrift unter die Formel der Synode entlasten zu können; vgl. DUVAL, (1969) passim. Völlig unkritisch und allein auf den höheren Ruhm des Phoebadius bedacht, folgt GLÄSER, (1978) 50ff., Sulpicius, wobei er das von Hieronymus und Sulpicius Severus Berichtete sehr phantasievoll zugunsten des Phoebadius vermischt.

[76] Vgl. oben Anm. 74.

[77] Vgl. den 7. Anathematismus mit dem 9. der ersten sessio: Anath. 7 (2. sessio) *Si quis dixerit, Filium Dei esse quidem ante omnia saecula, sed non ante omne omnino tempus, ut ei aliquid anteferat, anathema sit.* Anath. 9 (1. sessio): *Si quis filium Dei esse ante omnia quidem saecula et non ante omne omnino tempus ut ei tempus adsignet, anathema sit.* Sonst gibt es keine direkten Berührungen, die nicht von den nizänischen Anathematismen her ableitbar wären. Anath. 5 hier in einer ganz typisch östlichen Formulierung; die westliche (Nizäa näherstehende) Formulierung dagegen im ersten Anathematismus der ersten sessio.

[78] Mit MESLIN, (1967) 288f., gegen DUVAL, (1969) passim, und GLÄSER, (1978) 39ff. Für GLÄSER, (1978) 52, werden diese Anathematismen und mit ihnen die Formel von Nike/Rimini gleichsam durch die Mitwirkung des Phoebadius orthodox-nizänisch. Die gewagten und historisch unhaltbaren Kombinationen, die GLÄSER anstellt, um Phoebadius zum Verfasser der Anathematismen zu machen und ihn dennoch von den Anath. zwei und vier zu entlasten, sollen hier nicht im einzelnen referiert werden; vgl. dazu auch DUVAL, (1969); MESLIN, (1967) 285ff.

[79] Vgl. oben Anm. 75.

Neben den traditionell antiarianischen Sätzen gibt der zweite Anathematismus darüber hinausgehend auch die klassische Formulierung der Formel von Nike wieder: *Si quis negat Filium similem Patri secundum Scripturas, anathema sit*[80]. Mit diesem Anathematismus wird nicht nur jede Hypostasen- und Usien-Spekulation in bezug auf das Verhältnis zwischen Vater und Sohn in der Trinität abgelehnt (wie schon in der inzwischen auch in Rimini angenommenen Formel selbst), sondern auch jede in der Tradition von Serdika stehende Einhypostasen-theologie für unmöglich erklärt. Offenbar hat Valens auch in Rimini behauptet, daß die Orientalen, von denen diese Begriffe schließlich herkamen, ihrerseits auf die Benutzung der Vokabel οὐσία verzichtet hätten, was zwar in Hinsicht auf die sirmische Deklaration vom 22. 5. immer noch stimmte, inzwischen aber durch die ebenfalls recht dramatisch und vor allem unvorhergesehen abgelaufene Synode in Seleukia überholt war[81]. Die sich später getäuscht fühlenden Synodalen von Rimini haben auch dies Valens dann als Betrug vorgeworfen, und als *Betrug des Valens* ist diese Behauptung, auch die Orientalen wollten in Zukunft den Begriff οὐσία vermeiden, in die Geschichtsschreibung eingegangen und hat dort bis zum heutigen Tag ihren festen Platz behalten[82].

In der Forschung spielt noch die Interpretation und Intention des vierten Anathematismus eine besondere Rolle: *Si quis dixerit creaturam Filium Dei, ut sunt caeterae creaturae, anathema sit*[83]. Spätestens seit Sulpicius Severus[84] gilt, daß Valens diesen in Wahrheit *arianischen* Satz untergeschoben hat, um Christus doch noch als Geschöpf im arianischen Sinne auszusagen[85]. Allgemein gilt das Unterschieben dieses Satzes als der *zweite Betrug des Valens* in Rimini[86]. Gegen eine solche Interpretation ist einzuwenden, daß diese Formulierung, obwohl sie einmal bei Arius selbst belegt ist, traditionell in die antiarianischen Formulierungen der Eusebianer gehört, allerdings im Westen als arianisch verdächtigt wurde[87]. Diese Formulierung richtet sich eindeutig gegen den Neuarianismus des

---

[80] Hier., c. Lucif. 18 [Pl 23,180 B].

[81] Vgl. Ep. syn. Paris., Hil., Coll. antiar. Paris. A I 1 [Feder, 43 f.]; zur Synode von Seleukia vgl. unten S. 40 ff.

[82] Sulp. Sev., chron. II 44,4; ep. syn. Paris., Hil., Coll. antiar. Paris. A I 1,4. Duval, (1969) 54 ff., hat das gesamte Material besonders auch aus der Zeit nach 360 zusammengestellt und eingehend analysiert.

[83] Hier., c. Lucif. 18 [PL 23, 180 B].

[84] Sulp. Sev., chron. II 44,7.

[85] Zur Auslegungsgeschichte vgl. Duval, (1969) 54 ff.

[86] So Gläser, (1978) 56 ff. Die Beteiligten haben offenbar diesen Betrug auch hinterher nicht bemerkt; vgl. den Brief der Pariser Synode (Hil., Coll. antiar. Paris. A I), die diesen Vorwurf gegen Valens gerade nicht erhebt.

[87] Arius im Brief an Alexander [Opitz, Urkunde 6, 12,9 f.]: κτίσμα τοῦ θεοῦ τέλειον, ἀλλ' οὐχ ὡς ἓν τῶν κτισμάτων, γέννημα, ἀλλ' οὐχ ὡς ἓν τῶν γεγεννημένων, . . .; vgl. Arius früher [Opitz, Urkunde 4b, 7,23]: εἷς μὲν τῶν ποιημάτων καὶ γενητῶν ἐστι, . . . Die theologisch versöhnlichere Formulierung im Brief an Alexander besagt für die Theologie des Arius selbst wenig, da Arius seinem Bischof hier entgegenkommen will. Für Arius selbst war entscheidend, daß der Logos/Sohn zu den Geschöpfen zählt; vgl. Lorenz, (1980) 38–47, Tabelle I und II.

Aetius und seiner theologischen Parteigänger – und nur das war der zur Zeit aktuelle Arianismus, wie Valens in Sirmium von Basilius hatte lernen müssen. Der 24. Anathematismus der sirmischen Formel von 351 zeigt, daß Christus nicht gleichsam durch eine „Hintertür" doch als κτίσμα oder ποίημα im arianischen Sinne interpretiert werden sollte, sondern daß die Zeugung des Sohnes nicht κατὰ βούλησιν wie bei allen anderen Geschöpfen geschehen war, sondern ἀπαθῶς, wie es die vierte sirmische Formel ausgedrückt hatte! Bei dem vierten Anathematismus der zweiten *sessio* von Rimini ging es also nicht darum, den Sohn im Sinne des Aetius doch noch und gar in betrügerischer Absicht als κτίσμα zu bezeichnen, wie man im nizänischen Lager seit den sechziger Jahren des vierten Jahrhunderts und seither bis auf den heutigen Tag in der Kirchengeschichtsschreibung angenommen hat[88], sondern darum, das ἀπαθῶς der Zeugung des Sohnes, wie es in Sirmium in Aufnahme der Diskussion von Ankyra gegen Aetius in der theologischen Deklaration festgeschrieben worden war, auch im Abendland und ohne die Begrifflichkeit philosophischer Spekulation über die Apatheia Gottes zu verankern.

His ita gestis, concilium solvitur, berichtet lakonisch und knapp Hieronymus[89]. Inzwischen war der Winter bedrohlich nahe gekommen[90], und die Mehrzahl der Bischöfe drängte, so schnell wie möglich in die Heimat zu kommen[91]. Dem ursprünglichen Befehl des Kaisers folgend, machten sich nun wieder Legaten der Synode, wahrscheinlich unter Valens' Führung, an

---

Dagegen gehört die Aussage, daß der Logos/Sohn kein Geschöpf wie die anderen sei, von Anfang an die orientalische antiarianische Polemik der Eusebianer: Eus., de eccl. theol. I 8,2 [KLOSTERMANN-HANSEN, 66,23]: γεγεννημένον, καὶ οὐχ ὁμοίως μὲν τοῖς λοιποῖς γεννντοῖς ὑποστάντα... Das ganze neunte Kapitel des ersten Buches steht unter der Überschrift: „ὅτι μὴ τοῖς πολλοῖς κτίμασιν ὁμοίως καὶ ὁ υἱὸς ὑπέστη" und richtet sich gegen das arianische „ἐξ οὐκ ὄντων": I 9,1 [KLOSTERMANN-HANSEN, 67,4f.]: ὅθεν εἰκότως ἄν τις μέμψαιτο τοῖς κτίσμα αὐτὸν φάναι τετολμηκόσιν, ἐξ οὐκ ὄντων ὁμοίως τοῖς λοιποῖς κτίσμασιν γενόμενον. Die Formulierung „μὴ τοῖς λοιποῖς κτίσμασιν ὁμοίως" gehört dann zum Grundbestand der antiarianischen östlichen Polemik; vgl. zweite ant. Formel, Ath., syn. 23,9 [OPITZ, 249,37f. = HAHN, (1897) 186]: καὶ εἴ τις λέγει τὸν υἱὸν κτίσμα ὡς ἓν τῶν κτισμάτων ἢ γέννημα ὡς ἓν τῶν γεννημάτων ἢ ποίημα ὡς ἓν τῶν ποιημάτων καὶ μὴ ὡς αἱ θεῖαι γραφαὶ παραδέδωκαν... α. ε. form macr. VIII, Ath., syn. 26 [OPITZ, 253,29f. = HAHN, (1897) 195]: οὐχ ὁμοίως αὐτὸν τοῖς δι' αὐτοῦ γενομένοις κτίσμασιν ἢ ποιήμασι γεγενῆσθαι νοοῦμεν; Sirm. I, Anath. 24, Ath., syn. 27 [OPITZ, 256,9f. = HAHN, (1897) 199]: Εἴ τις βουλήσει τοῦ θεοῦ ὡς ἓν τῶν ποιημάτων γεγονέναι λέγοι τὸν υἱὸν τοῦ θεοῦ, ἀνάθεμα ἔστω.

[88] Wenn ich recht sehe, haben diese bald nach der Synode von Rimini allgemein im Westen gültige Sicht erst in neuester Zeit MESLIN, (1967) 288f., und DUVAL, (1969) 96–98, teilweise korrigiert; GLÄSER, (1978) 60, hat dagegen das traditionelle Geschichtsklischee übernommen.

[89] C. Lucif. 19 [PL 23, 181 B].

[90] Nach Sulp. Sev., chron. II 44,1, hatten die Verhandlungen mehr als sechs Monate gedauert.

[91] GLÄSERS These, (1978) 61, von der vorzeitigen Abreise des Phoebadius und seiner gallischen Freunde hat keinerlei Anhalt in den Quellen und nur die Funktion, Phoebadius die Unterschrift auch unter den zweiten und vierten Anathematismus zu ersparen.

den Hof nach Konstantinopel auf, um dort mit den Legaten der östlichen Teilsynode endgültig das Schisma der Kirche zu beseitigen[92].

3. Kapitel

Die orientalische Synode in Seleukia – der endgültige Sieg der Homöer in Konstantinopel

Nach vielerlei Hin und Her über den Tagungsort war die orientalische Teilsynode der großen, von Konstantius geplanten und sorgfältig vorbereiteten Reichssynode nach Seleukia in Isaurien einberufen worden[1].

Für die Geschichte der Homöer und speziell für die Entwicklung der homöischen Theologie – gerade auch im Osten – spielt die Synode von Seleukia keine entscheidende Rolle; sie gehört vielmehr in die Geschichte der Homöusianer. Aus diesem Grunde sollen die für die Geschichte der Homöusianer außerordentlich wichtigen Ereignisse im isaurischen Seleukia im Herbst des Jahres 359 hier nur in der zum Verständnis der Entwicklung des homöischen Arianismus im Osten notwendigen Weise gestreift werden[2], da sie nämlich die direkte Ursache

---

[92] Sulp. Sev., chron. II 45,1; vgl. Hil., Coll. antiar. Paris. B VIII 1 f. den Brief der orientalischen an die abendländischen Legaten in Rimini und den Kommentar des Hilarius dazu.

[1] Vgl. oben S. 9 ff. Zur Vorgeschichte vgl. Sok., h. e. II 39,2–4; Soz., h. e. IV 16; Ath., syn. 1; Philost., h. e. IV 11. Seleukia bot sich als verkehrsgünstig gelegene Hafenstadt für eine solche Synode an; anders Gwatkin, (1900) 176, der Seleukia als für eine Synode höchst ungeeignet ansah und annahm, Konstantius habe die Synode wegen des dort stationierten Militärs nach Seleukia einberufen.

[2] Die Quellenlage scheint auf den ersten Blick günstig. Athanasius (syn. 12; 29 f.) und Hilarius (c. Const. 12–15) sind Zeitgenossen, Hilarius sogar Teilnehmer der Synode. Die Berichte von Sokrates (II 39) und Sozomenus (IV 22) gehen auf den aus Synodalakten benutzenden Sabinus zurück; Sulpicius Severus (chron. II 42) ist wahrscheinlich von Hilarius abhängig (u. U. von verlorengegangenen Teilen der nur in Fragmenten überlieferten Schrift *Adversus Valentem et Ursacium*); Theodoret (H. E. II 26) scheint außer Athanasius in erster Linie eine Kyrill-Tradition ausgewertet zu haben; Philostorgius (IV 11) stehen eigene eunomianische Traditionen zur Verfügung. Die Verhältnisse der überlieferten Quellen untereinander sind aber im einzelnen oft schwer zu bestimmen. In der modernen Forschung der letzten hundert Jahre (Gwatkin; Simonetti u. a.) wurden die Ereignisse von Seleukia in erster Linie nach Sabinus (Sok./Soz.) und dem als Teilnehmer der Synode besonders unverdächtig erscheinenden Zeugen Hilarius referiert und die Angaben der übrigen Quellen nach Belieben dazuaddiert, auch wenn sie im Grunde einander ausschlossen. Dieses additive Verfahren benutzt die Quellen dabei als problemlos einander ergänzend, ohne die sehr unterschiedlichen Tendenzen der verschiedenen Quellen zu beachten. Folgende Überlegungen scheinen notwendig:

a) Die kommentierte Aktensammlung des Sabinus war eine homöusianische Tendenzschrift, die die Rolle der Homöusianer und ihres Bekenntnisses der sechziger Jahre des vierten Jahrhunderts, der zweiten antiochenischen Formel, herausstellen wollte; vgl. Hauschild, (1970).

b) Bei Sokrates und Sozomenus finden sich gelegentlich gerade im Bericht über die Synode

bilden für das, was Ende 359 und Anfang 360 dann in Konstantinopel geschah und die Grundlage für die Entstehung einer eigenen homöischen Kirche wurde[3].

Am 27. September 359[4] versammeln sich etwa 160[5] orientalische Bischöfe auf Befehl des Kaisers[6] unter der Aufsicht des Comes Leonas und des Comes et Praeses Isauriae, Bassidius Lauricius[7], in Seleukia. Die Wahl der beiden Beamten, die für einen geordneten Ablauf der Synode zu sorgen hatten[8], macht deutlich, welchen Stellenwert die Synode für den Kaiser hatte[9]. Warum in Seleukia mit nur etwa 160 Teilnehmern im Verhältnis zu den kurz vorher in Rimini versammelten etwa 400 Bischöfen eine so kleine Synode zusammentrat, ist nicht zu klären. Auch keine der uns im Verhältnis reichlich überlieferten Quellen stellt diese Frage[10].

Neben der Glaubensfrage waren in Seleukia eine Reihe von Personalfällen zu behandeln, die entweder gar nichts mit der Glaubensfrage zu tun hatten oder sie nur sehr mittelbar berührten. So nahmen an dieser Synode etliche Bischöfe teil,

---

von Seleukia orthodox-nizänische Korrekturen ihrer homöusianischen Vorlage, die wahrscheinlich in erster Linie auf Athanasius zurückzuführen sind.

c) Athanasius verfaßte seine Schrift *de synodis* im Zusammenhang seiner Annäherungen an die Homöusianer bzw. Meletianer im Vorfeld der alexandrinischen Synode von 362. Er wollte mit dieser Schrift den Meletianern und Teilen der Homöusianer einen Weg zu einer möglichen Anerkennung des Nizänum weisen; vgl. zu syn. die Note von OPITZ, 231.

d) Philostorgius schreibt allein zur Verherrlichung von Aetius und Eunomius gegen Homöusianer und Homöer.

e) Besondere Probleme wirft der sehr dunkle Bericht des Teilnehmers der Synode, Hilarius von Poitiers auf. Das von seinen übrigen Schriften sich so kraß unterscheidende Pamphlet *contra Constantium* ist nach den Ereignissen in Konstantinopel für den gallischen Episkopat verfaßt und will Konstantius und die Homöer als Anhänger der Theologie des Aetius, Eunomius und letztlich Arius erweisen; vgl. BRENNECKE, (1984) 360–62. Zur Teilnahme des Hilarius an der Synode von Seleukia vgl. jetzt auch ROCHER, (1987) 22 f.

f) Epiphanius' Quellen sind nicht mehr deutlich.

[3] Vgl. unten S. 48 ff. und S. 56 ff.

[4] Sok., h. e. II 39,7, aus Sabinus, der nach Sok., h. e. II 39,8, die auch Soz., h. e. IV 22,27, bezeugten Akten benutzt hat. Woher Ath., syn. 12, das Datum des 14. 9. hat, ist unklar, die Synodalakten standen aber Athanasius offensichtlich nicht zur Verfügung.

[5] Ath., syn. 12; Sok., h. e. II 39,5; Soz., h. e. IV 22,1; nach Thdt., h. e. II 26,9: einhundertundfünfzig Teilnehmer; nach Hil., c. Const. 12: einhundertundfünf Homöusianer, neunzehn Anhomöer und etliche Homousianer. Zu den Zahlenverhältnissen vgl. GWATKIN, (1900) 176; HEFELE, (1873) 712 (der die Gruppen durcheinanderbringt), LOOFS, RE II 35–37, GUMMERUS, (1900) 138, SIMONETTI, (1975) 326 f.

[6] Sok., h. e. II 39,1: πρόσταγμα; vgl. Sulp. Sev., chron. II 42,1.

[7] Sok., h. e. II 39,5; Soz., h. e. IV 22,2; Epiph., haer. 73,25. Zu Leonas vgl. PLRE I 498 f.; zu Bassidius Lauricius PLRE I 497.

[8] Sok., h. e. II 39,6 [HUSSEY I 337]: . . . εἰ δεήσοι τοῖς ἐπισκόποις.

[9] Leonas muß zum Kreis der engsten Vertrauten des Kaisers gehört haben. Ihn sandte Konstantius 360 nach dem Putsch Julians in den Westen. Bassidius Lauricius hatte als comes et praeses Isauriae die zivile und militärische Regierungsgewalt in Isaurien inne und gehörte während der kurzen Herrschaft Julians zu den scharfen Kritikern des Usurpators; vgl. PLRE I 497 f.

[10] Vgl. SIMONETTI, (1975) 326 f. und die Spekulationen GWATKINS, (1900) 176.

gegen die im Moment Anklagen vorlagen, oder die bereits durch andere Synoden abgesetzt waren wie z. B. Kyrill von Jerusalem[11]. Vielleicht war deshalb auch der in Kleinasien nun schon im vierten Jahr im Exil lebende Hilarius von Poitiers anwesend, obwohl sein Fall uns nicht mehr als Verhandlungsgegenstand erkennbar ist[12]. Als Abendländer mußte er sich allerdings vor Beginn der Synode vom Verdacht des *Sabellianismus* reinigen, und das kann nur heißen, sich von der im Abendland herrschenden serdizensischen Theologie der μία ὑπόστασις in der Trinitätslehre zu distanzieren, die auch auf der ersten *sessio* der abendländischen Synode von Rimini in Anlehnung an Serdika eine Rolle gespielt hatte[13]. Offenbar war man in Seleukia bereits über die Ereignisse vom Mai in Rimini unterrichtet.

Wenn Sulpicius Severus in diesem Zusammenhang bemerkt, daß Hilarius sich

---

[11] Sok., h. e. II 39,11–15; Soz., h. e. IV 22,4. Neben Kyrill wird namentlich noch Eustathius von Sebaste als abgesetzt erwähnt (zu Eustathius von Sebaste vgl. HAUSCHILD, TRE X 547–50, und unten passim).

Ob gegen Makedonius von Konstantinopel und Basilius von Ankyra, die in den ersten Tagen noch abwesend waren, ebenfalls Anklagen vorlagen, ist unklar; ebenso die Stellung des Eudoxius, der von Konstantius 358 in Sirmium abgesetzt worden war und in der Liste der Unterschriften unter das von Acacius vorgelegte Bekenntnis (Epiph., haer. 73,26) nur als Εὐδόξιος ἐπίσκοπος ohne Sitz erscheint; vgl. LOOFS, RE V 577–80.

Der im Vordergrund der Personendebatte stehende Fall des Kyrill von Jerusalem, nach Thdt., h. e. II 26, das eigentliche Thema der Synode, hatte eigentlich keine theologischen Hintergründe. In der Auseinandersetzung zwischen Kyrill und seinem Metropoliten Acacius ging es ausschließlich um die Rangfolge zwischen der Metropolis Caesarea und dem kirchlich an sich eher unbedeutenden Bistum Jerusalem, dem can. 7 von Nizäa einen gewissen Ehrenvorrang eingeräumt hatte (so Thdt., h. e. II 26,8; Soz., h. e. IV 25, der allerdings auch theologische Motive der Auseinandersetzung annimmt). Als Metropolit war Acacius nicht willens, einen wie auch immer gearteten Ehrenprimats Jerusalems vor der Metropolis anzuerkennen. Der Soz., h. e. IV 25, angedeutete theologische Dissens hat bei der Absetzung Kyrills sicher noch keine Rolle gespielt. Zu Kyrill von Jerusalem vgl. LE BACHELET, DTC III 2,2527–77; BARDY, DSp II 2683–87; ders., DHGE XIII 1181–85; LEBON, RHE 20 (1924) 181–210; 357–86; YARNOLD, TRE VIII 261–66. Für die Synode war der Fall des Kyrill insofern problematisch, als die homöusianische Mehrheit den von einer palästinischen Synode abgesetzten Kyrill gegen seinen Metropoliten Acacius in die kirchliche Gemeinschaft aufgenommen und damit eine disziplinarische Entscheidung einer palästinischen Provinzialsynode ignoriert hatte. Dieser rechtlich problematische Schritt der homöusianischen Mehrheit in Seleukia führte gleich zu Anfang der Synode zur Spaltung (Thdt., h. e. II 26,9; Sok., h. e. II 39,15; Soz., h. e. IV 22,4) und zur Bildung einer eigenen Fraktion um Acacius. Insofern hatte dieser Disziplinarfall letztlich auch theologische Relevanz für die Entscheidung der Homöer im Osten.

[12] Hil., c. Const. 12–15; Sulp. Sev., chron. II 42; vgl. BRENNECKE, (1984) 353f. Nach Epiph., haer. 73,25,3, kann man Hilarius zu den dort von den Akakianern genannten abgesetzten Bischöfen zählen, die von den Homöusianern – nach Auffassung der Akakianer gegen die *canones* – in die Gemeinschaft aufgenommen worden waren. Da Konstantius die Abendländer strikt angewiesen hatte, nichts über orientalische Angelegenheiten zu beschließen; vgl. oben S. 11, ist eine geplante Verhandlung des Falles des aquitanischen Bischofs in Seleukia schwer vorstellbar.

[13] Sulp. Sev., chron. II 42,4f.; zur Einhypostasentheologie auf der Synode von Rimini vgl. oben S. 25ff.

dort zum nizänischen Glauben bekannte, muß das nicht heißen, daß er sich auf den Text des Nizänum und namentlich das von den Homöusianern scharf abgelehnte ὁμοούσιος berief, sondern auf den Antiarianismus der nizänischen Synode, wie er auch in den Formeln der Orientalen Ausdruck gefunden hatte. Jedenfalls wurde Hilarius von den Homöusianern in ihre Fraktion – und das heißt auch in ihre Kirchengemeinschaft – aufgenommen[14]. Eine führende Rolle in den theologischen Debatten, wie sie Sulpicius Severus zum höheren Ruhme seiner gallischen Heimat dem Bischof von Poitiers zuschreiben möchte, hat er sicher nicht gespielt[15].

Wie schon in Serdika, bildeten auch in Seleukia die Personalfälle, vor allem der Fall des von seinem Metropoliten Acacius abgesetzten Bischofs von Jerusalem, Kyrill, die schwierigsten Probleme. Am Streit um Kyrill, den die Homöusianer gegen einen durch Acacius herbeigeführten Synodalbeschluß schon vor Beginn der eigentlichen Synode in die Gemeinschaft aufgenommen hatten, drohte die Synode mehrmals zu zerbrechen, da Acacius – völlig zu Recht – den vorläufigen Ausschluß des Kyrill von den Verhandlungen bis zu einer Entscheidung in seinem Fall verlangte, die homöusianische Mehrheitsfraktion sich zu diesem Ausschluß vorläufig aber nicht bereitfinden konnte und wollte[16]. Die von Anfang an durchaus kontrovers geführten theologischen Debatten haben dagegen offensichtlich nicht eine Spaltung der Synode heraufbeschworen[17].

---

[14] Sulp. Sev., chron. II 42,4f. [HALM, 96,3–7]: *sed exposita fide sua iuxta ea, quae Nicaeae erant a patribus conscripta, Occidentalibus perhibuit testimonium. ita absolutis omnium animis, intra conscientiam communionis nec non etiam in societatem receptus concilioque ascitus est.* Undenkbar scheint allerdings, daß die Homöusianer Hilarius zu diesem Zeitpunkt – trotz seiner Schrift *de synodis* – aufgrund eines Bekenntnisses zum Nizänum in ihre Gemeinschaft aufgenommen hätten, dagegen spricht der weitere Verlauf der Synode und vor allem die Geschichte der Homöusianer in den folgenden Jahren. Gegen die Behauptung des Sulpicius Severus, daß Hilarius in Seleukia das Nizänum als alleinige Glaubensgrundlage bekannt habe, spricht außerdem das nur wenig später dem Kaiser in Konstantinopel von ihm selbst vorgelegte Bekenntnis, dem jeder Bezug zum Nizänum fehlt; vgl. Hil., ad Const. 11 [FEDER, 204,22–205,5]: *..., praedicari unum deum patrem, „ex quo omnia", et unum dominum Iesum Christum, „per quem omnia", natum ex deo, qui est „ante tempora aeterna" et erat „in principio apud deum", deus „uerbum", qui est imago dei inuisibilis, in quo habitat omnis plenitudo diuinitatis corporaliter, qui...* Während der Synode hat aller Wahrscheinlichkeit nach Hilarius mit den Homöusianern die zweite oder vierte antiochenische Formel unterschrieben. Undurchsichtig ist seine Stellung zu den c. Const. 12 erwähnten ägyptischen Homousianern. Stand er mit ihnen in Gemeinschaft oder bedeutete die geforderte Distanzierung von der Einhypostasenlehre auch eine Distanzierung von dieser Gruppe? Da von ihnen sonst in den Quellen nirgends die Rede ist, bleibt ebenfalls unklar, ob sie mit der homöusianischen Mehrheit in Gemeinschaft standen oder etwa als Sabellianer galten.

[15] Für Sulp. Sev., chron. II 42,4f. ist Hilarius geradezu die Hauptperson der ganzen Synode; vgl. BRENNECKE, (1984) 354, Anm. 95.

[16] Thdt., h.e. II 26,9; Sok., h.e. II 39,15; Soz., h.e. IV 22,4; Ath., syn. 12, lassen die Spaltung als Ergebnis einer dogmatischen Auseinandersetzung um die Gültigkeit des Nizänum erscheinen.

[17] Soz., h.e. IV 22,5–8. Sok., h.e. II 39,18, hat seine Quelle Sabinus nach Ath., syn. 12, dahingehend korrigiert, daß auch bei ihm die theologische Debatte um die Gültigkeit von Nizäa ging. Eine Spaltung der Synode wegen der Glaubensfrage kennt aber auch Sokrates nicht.

Allein der Comes Leonas – und hier wird die Funktion der kaiserlichen Beamten deutlich –, der in die verschiedenen Debatten nicht eingegriffen zu haben scheint, kann die immer wieder auseinanderbrechende Synode zusammenhalten, bis auch er endlich resigniert aufgibt[18].

Der eigentliche Anlaß zu dieser Synode, die Theologie des Aetius und dessen Unterstützung durch den unrechtmäßig auf den Bischofsstuhl von Antiochien gelangten Eudoxius, tritt bei allen erhaltenen Quellen weit hinter den Fall des Kyrill zurück[19].

Nach den von Sabinus benutzten, aber sicher auch redigierten Akten[20], spaltete sich die Synode gleich am ersten Tag, weil die homöusianische Mehrheit den von einer palästinischen Synode abgesetzten Kyrill in die communio aufgenommen hatte[21]. Offensichtlich war durch diesen Dissens in der Frage des Jerusalemer Bischofs Kyrill, hinter der im Grunde die Frage nach der gegenseitigen Rezeption von Synodalurteilen stand, auch die Glaubensfrage von Anfang an belastet. Neben den wenigen Anhomöern einerseits und ihren Verteidigern, die wie Eudoxius selbst eigentlich theologisch nicht zu den Anhomöern zu rechnen sind[22], entstand nun andererseits eine eigene Fraktion der Akakianer, die in ihrer Ablehnung des Vorgehens der homöusianischen Mehrheit mit Eudoxius und seinem Anhang einig und trotz eines theologischen Gegensatzes zum gemeinsamen Paktieren bereit waren. Der *theologische* Gegensatz zur Mehrheit war eigentlich gar nicht so groß[23].

Die von den Führern der Homöusianer in Sirmium mit formulierte und verantwortete theologische Formel, anscheinend von Acacius der Synode vorgelegt, fand bei der homöusianischen Mehrheit überraschenderweise keine Zustimmung[24]. In die in diesem Zusammenhang geführte Diskussion um die

---

Hilarius gibt, c. Const. 12–15, ein ziemlich undeutliches Bild von der theologischen Diskussion, weiß aber nichts von einer Spaltung der Synode aus dogmatischen Differenzen.

[18] Sok., h. e. II 40,35.

[19] Vgl. Sok., h. e. II 39,2–4, und besonders Thdt., h. e. II 26,4: die Synode als Gericht über Eudoxius. Davon ist dann bei der Darstellung Theodorets und der anderen Quellen nichts mehr zu merken. Der Fall des Eudoxius scheint in Seleukia überhaupt nicht verhandelt worden zu sein.

[20] HAUSCHILD, (1970) 109. 113f.

[21] Sok., h. e. II 39,15f.; Soz., h. e. IV 22,4; vgl. Thdt., h. e. II 26,9. Bei Sokrates, Sozomenus und Theodoret spaltet die Synode sich in zwei Gruppen: Homöusianer und Akakianer; für Philost., h. e. IV 11, sind die beiden Gruppen die Homöusianer (οἱ περὶ Βασίλειον) und Anhomöer (οἱ περὶ Εὐδόξιον καὶ Ἀέτιον); richtig dagegen Epiph., haer. 73,23. 27, der zwischen Akakianern und der Gruppe um Aetius und Eudoxius noch trennt, auch wenn es da Koalitionen gegen die Homöusianer gab. Nicht unterzubringen sind die Hil., c. Const. 12, genannten Homousianer; vgl. oben Anm. 14.

[22] Epiph., haer. 73,23. 27. Zur späteren Haltung des Eudoxius gegen die Anhomöer vgl. unten S. 107ff.

[23] Wie stark Acacius von der Theologie seines Vorgängers und Lehrers Euseb herkam, zeigen die bei Epiph., haer. 72,6–10, mitgeteilten Fragmente aus *contra Marcellum*, einer sonst verlorenen Schrift des Acacius.

[24] Soz., h. e. IV 22,5, aus Sabinus in Korrektur zu Sok., h. e. II 39,18, der von Ath., syn. 12,

sirmische Formel scheinen sich auch die Anhomöer eingeschaltet zu haben, wobei sich offensichtlich Acacius und seine Anhänger den Anhomöern annäherten, zumindest für Hilarius, der zwar inzwischen die theologische und kirchliche Lage des Orients einigermaßen überblickte, aber sicher kein intimer Kenner aller Feinheiten östlicher theologischer Diskussion und kirchenpolitischer Taktik war[25].

So geriet die im wesentlichen von homöusianischen Theologen formulierte vierte sirmische Formel, in Seleukia von Acacius wohl um den vom Kaiser durchgesetzten Zusatz κατὰ πάντα zur Erläuterung des ὅμοιος gekürzt[26], in den Verdacht, der Position des Aetius nahezustehen[27], besonders da Basilius von Ankyra, der in Sirmium im Mai eine wichtige Rolle bei der Formulierung der Ekthesis gespielt hatte, noch nicht anwesend war.

Nach der von Sokrates und Sozomenus übernommenen Darstellung des Sabinus, die zwar von den anderen Quellen nicht bestätigt wird, aber dennoch wahrscheinlich ist, beschloß die Mehrheitsfraktion, bei der Formel der Väter von Antiochien zu bleiben[28]. Allgemein gilt, daß damit die sogenannte zweite antiochenische Formel gemeint war, das eigentliche theologische Manifest der antiochenischen Kirchweihsynode von 341, wie auch Sabinus voraussetzt[29].

Die Reaktion des Acacius, der sich ausdrücklich auf die antiochenische Kirchweihsynode berief und der Rekurs der homöusianischen Mehrheit auf die Tradition, läßt zumindest die Möglichkeit zu, daß die Homöusianer sich auf die vierte antiochenische Formel berufen haben könnten[30].

---

abhängig ist. Nach Athanasius und Sokrates ging es bei der Debatte um das Nizänum, sonderlich auch um das ὁμοούσιον. Obwohl angesichts der Vorgeschichte nur Sozomenus das richtige haben kann, hat sich die Sicht von Athanasius/Sokrates weitgehend in der Forschung durchgesetzt; vgl. Hefele, (1873) 714; Gwatkin, (1900) 177, und in neuerer Zeit auch Simonetti, (1975) 327. Richtig dagegen schon Loofs, RE II 35; Kopecek, (1979) kombiniert Athanasius/ Sokrates mit Sabinus/Sozomenus. Nach Soz., h. e. IV 22,8, scheint Acacius die vierte sirmische Formel ohne das vom Kaiser in Sirmium durchgesetzte κατὰ πάντα (vgl. oben S. 20) vorgelegt zu haben; vgl. Gummerus, (1900) 141; Kopecek, (1979) 200.

[25] Hil., c. Const. 12–15. Zum taktischen Bündnis zwischen Akakianern und Anhomöern vgl. Kopecek, (1979) 199.

[26] Vgl. oben Anm. 24.

[27] In den Zusammenhang dieser theologischen Debatte scheint mir am ehesten (gegen Gummerus, (1900) 121 ff. und Kopecek, (1979) 183 ff.) das bei Epiph., haer. 73,12–22, überlieferte theologische Manifest des Georg von Laodicea zu passen, das als eines der wichtigsten theologischen Texte der Homöusianer hier nicht untersucht werden kann. Die seit Gummerus übliche Interpretation dieses Textes als Antwort auf die vierte sirmische Formel und vor allem als gegen Valens und Ursacius gerichtet, scheint mir zweifelhaft. Anders jetzt Löhr, (1986) 142 ff.

[28] Sok., h. e. II 39,19 (im Widerspruch zu II 39,18, wo Sok. mit Athanasius Sabinus korrigiert hatte; vgl. oben Anm. 24); Soz., h. e. IV 22,6. Hil., c. Const. 12, interpretiert die homöusianische Position homousianisch.

[29] Anders jetzt Löhr, (1986) 44 ff. Zur Bedeutung der zweiten antiochenischen Formel für Sabinus vgl. Hauschild, (1970).

[30] Zu Acacius' Berufung auf die Formel der Kirchweihsynode (2. ant. Formel) vgl. Anh. III,

Als die homöusianische Mehrheitsfraktion in eigener Sitzung die antiochenische Formel annimmt, protestiert Acacius energisch: interessanterweise aber
nicht gegen die Annahme der antiochenischen Formel, sondern dagegen, daß
man dies hinter verschlossenen Türen unter Ausschluß seiner Anhänger getan,
jedoch als Beschluß der ganzen Synode ausgegeben hatte[31]. Am dritten Tag,
inzwischen waren auch Basilius und Makedonius, die eigentlichen Führer der
Homöusianer erschienen, kann man sich endlich darauf verständigen, Kyrill
und die anderen Angeklagten beziehungsweise durch Synoden Abgesetzten
vorerst von den Debatten auszuschließen[32].

Um die augenscheinlich festgefahrene theologische Debatte zwischen Vertretern der vierten sirmischen Formel und der Mehrheit der Synode, die an der
antiochenischen Formel festhalten wollte, wieder in Bewegung zu bringen und
die starren Fronten aufzulösen, läßt Acacius am dritten Tag ein von ihm verfaß-
tes Bekenntnis von Leonas verlesen. Offensichtlich sollte dieses Bekenntnis
einen Kompromiß ermöglichen[33]. In der langen Praefatio[34], die noch einmal die
Situation der Synode beschreibt und die Verärgerung des Acacius und seiner
Anhänger über den bisherigen Ablauf der Synode – besonders in den Personal-
fragen – deutlich zeigt, wird die antiochenische Formel ausdrücklich als αὐθεν-
τικὴ πίστις anerkannt[35], die Begriffe „ὁμοούσιος" und „ὁμοιούσιος" wegen der
Verwirrung, die sie allenthalben angerichtet haben, abgelehnt; das aetianische
ἀνόμοιος dagegen ausdrücklich anathematisiert[36]. In Anlehnung an die vierte
sirmische Formel und unter ausdrücklicher Berufung auf die bei Acacius auch
sonst bezeugte Eikon-Theologie[37] wird der Sohn ὅμοιον τῷ πατρί genannt. Das
vom Kaiser selbst in Sirmium in das Bekenntnis geschriebene κατὰ πάντα fehlt
auch hier[38]. Die Ekthesis selbst enthält formal kaum noch Ähnlichkeit mit der
Formel von Sirmium[39], beruft sich aber am Ende ausdrücklich auf die theologi-

---

S. 245,16. Daß die Homöusianer sich in Seleukia gegen die Formel von Sirmium auf Ant. IV
berufen haben, vermutet HAHN, (1897) 206.

[31] Sok., h. e. II 40,1 = Soz., h. e. IV 22,10. Nach Sok., h. e. II 39,20 = Soz., h. e. IV 22,10,
hatten die Akakianer sich auf die Forderung hin, die antiochenische Formel zu unterschreiben,
zur Beratung zurückgezogen, die Forderung der Homöusianer jedenfalls nicht abgelehnt. Der
Protest des Acacius richtet sich gegen die Annahme der antiochenischen Formel durch die
homöusianische Mehrheit ohne Debatte und unter Ausschluß der akakianischen Minderheit.

[32] Sok., h. e. II 40,3–5; Soz., h. e. IV 22,11.

[33] Zur Situation Sok., h. e. II 40,2. 6f.; Soz., h. e. IV 22,13. Der Text mit Präfatio und
Unterschriftenliste bei Epiph., haer. 73,25f. (= Anhang III, S. 244–46) ohne Unterschriftenliste Sok., h. e. II 40,8–17; ohne Präfatio und Unterschriften Ath., syn. 29; ein Regest bei Soz.,
h. e. IV 22,14–18.

[34] Epiph., haer. 73,25,1–5; Sok., h. e. II 40,8–12 (= Anhang III, S. 244f.).

[35] Epiph., haer. 73,25,3 (= Anhang III, S. 244f.).

[36] Epiph., haer. 73,25,4 (= Anhang III, S. 245).

[37] Vgl. die Epiph., haer. 72,6–10, erhaltenen Fragmente aus *contra Marcellum*.

[38] Zu dem das ὅμοιος näher definierenden Zusatz κατὰ πάντα in Sirmium vgl. oben S. 20.

[39] Besonders der zweite Artikel läßt keinerlei Beziehung mehr zur vierten sirmischen Formel
erkennen; vgl. Anhang III, S. 245,26 ff. mit Anhang I S. 243.

sche Übereinstimmung mit ihr[40]. Deutlich ist, daß Acacius in stärkerer Anlehnung an die als orientalische Normalformel geltende vierte antiochenische Formel einen Konsens anstrebt[41]. Aber gerade in den auf der Synode nicht umstrittenen und daher auch nicht debattierten Artikeln 2b und 3 ist diese Ekthesis völlig selbständig; der besonders ausgeprägte ekklesiologische Aspekt des dritten Artikels ist auffällig[42].

Erhalten ist eine Liste mit neununddreißig Unterschriften unter dieses Bekenntnis[43]. Allem Anschein nach hatten sich auch die (nach Hilarius neunzehn) Verteidiger der Theologie des Aetius mit dieser Formel identifizieren können[44].

Um die Interpretation des ὅμοιος hat es im Anschuß an die Verlesung durch Leonas eine heftige Debatte gegeben, in der Acacius nach Sabinus das ὅμοιος als κατὰ βούλησιν und ausdrücklich als nicht κατ' οὐσίαν gedeutet haben soll[45].

---

[40] Epiph., haer. 73,25,10 (= Anhang III, S. 245,42 f.); fehlt bei Sok. und Ath.

[41] Im Aufbau lehnt sich das Bekenntnis von Seleukia eng an Ant. IV (Anhang II, S. 244) an, das durch die Vermeidung der Begriffe οὐσία und ὑπόστασις als Vorbild auch besonders geeignet war. Der Artikel II a ist ganz an die vierte antiochenische Formel angelehnt; vgl. Anhang III, S. 245,31 ff. mit Anhang II, S. 243; vgl. auch den Gebrauch der johanneischen Prädikationen. In Artikel II b betont das Seleukiense stärker als Ant. IV den soteriologischen Aspekt der Menschwerdung; vgl. Anhang III, S. 245. Σάρκα ἀνειληφέναι darf hier noch nicht in dem später bei den Homöern üblichen Sinn gedeutet werden, da es durch ἐνανθρωπήσαντα näher definiert wird. So besteht im Seleukiense noch kein Gegensatz zwischen ἐνανθρωπεῖν und σάρκα λαμβάνειν; anders dann schon Eudoxius, DIEKAMP, (1981²) 64 f.: σαρκωθέντα, οὐκ ἐνανθρωπήσαντα· οὔτε γὰρ ψυχὴν ἀνθρωπίνην ἀνείληφεν, ἀλλὰ σὰρξ γέγονεν. In der zweiten sirmischen Formel dagegen· wie im Seleukiense: *carnem vel corpus, id est, hominem suscepisse . . .* (Hil. syn. 11).

[42] Vgl. Anhang III, S. 245,35 ff. Ein derartiger Bezug auf die Taufe ist m. W. in den Synodalbekenntnissen der Zeit einmalig; der Taufbefehl wird zitiert in der zweiten antiochenischen und zweiten sirmischen Formel.

[43] Epiph., haer. 73,26,2–8 (= Anhang III, S. 245 f.). Die 73,26,10 genannte Summe von dreiundvierzig Unterschriften ergibt sich einfach aus der Addition mit den 73,26,1 genannten Namen (wobei Georg und Pankratius, da sie auch in der Liste noch einmal genannt sind, wieder abgezogen wurden). Sok., h. e. II 39,16 (40,18), kennt nur zweiunddreißig Unterschriften. Epiph., haer. 73,26,1 muß als eine anhand von 73,25,10 falsch in den Text geratene Glosse angesehen werden, die sich auf die 73,25,10 erwähnte vierte sirmische Formel beziehen muß; so auch GUMMERUS, (1900) 143 und PETAVIUS, PG 42,451, nota 62, der 73,26,1 zu 73,25,10 zieht und deshalb keine Glosse annehmen muß.

[44] Hil., c. Const. 12.

[45] Sok., h. e. II 40,31 [HUSSEY, I 349]: Ἐπεὶ γὰρ καὶ οἱ περὶ Ἀκάκιον ἐν τῇ ἀναγνωσθείσῃ πίστει ὅμοιον ἔφασαν τὸν υἱὸν τῷ πατρί, διεπυνθάνοντο ἀλλήλων, κατὰ τὶ ὅμοιος ἐστὶν ὁ υἱὸς τῷ πατρί· καὶ οἱ μὲν περὶ Ἀκάκιον ἔλεγον, κατὰ τὴν βούλησιν μόνον, οὐ μὴν κατὰ τὴν οὐσίαν ὅμοιον τῷ πατρι εἶναι τὸν υἱόν. Diese auch später von den Homöern nicht benutzte und für Acacius theologisch unmögliche Formulierung wird allgemein als Entgegenkommen des Acacius für den Verzicht der Anhomöer auf das ἀνόμοιος angesehen; so LOOFS, GUMMERUS, SIMONETTI, KOPECEK. Dagegen ist diese theologische Aussage im Munde des Acacius nur als polemische Erfindung des Sabinus denkbar, der allgemein theologisch die Homöer mit den Anhomöern identifiziert, wie auch Philostorgius Homöer, Homöusianer und Homousianer theologisch identifiziert; vgl. HAUSCHILD, (1970) 106 ff. Anhand anderer Aussagen des Acacius hat Sabinus die Ablehnung des κατ' οὐσίαν durch Acacius in polemisch zugespitzter Form wiedergegeben; vgl. z. B. c. Marcell. bei Epiph., haer. 72,7,8 [HOLL III

Als die Debatte sich festlief und die Synode sich erneut spaltete, wurde die Diskussion zunächst von Leonas beendet, obwohl die Personalfälle, namentlich der des Kyrill, noch nicht geklärt waren[46]. Der von der homöusianischen Mehrheitsfraktion angesetzten Debatte über Kyrill blieben die Akakianer und ihre Verbündeten fern und wurden deshalb, nicht aus dogmatischen Gründen, abgesetzt und exkommuniziert[47]. Anstelle des Eudoxius wird sogar der antiochenische Presbyter Anianus zum neuen antiochenischen Bischof ordiniert. Aber Leonas hatte offenbar Anweisung, derartig weitgehende Entscheidungen der Synode (bzw. einer Gruppe der Synode) zu unterbinden. Der neu gewählte Bischof von Antiochien wurde darum sofort verhaftet und ins Exil geschickt[48]. Nicht eine Delegation der gesamten Synode geht nach Konstantinopel, wie der Kaiser befohlen hatten, sondern, wie schon einige Monate vorher in Rimini, machen sich zwei Delegationen der beiden Fraktionen der Synode auf den Weg an den Hof[49].

Die Personalfrage, nicht eigentlich der theologische Dissens, so groß er auch war, hatte letztlich zur Spaltung der Synode und sogar zur Verurteilung der Minderheit durch die Mehrheit geführt.

Obwohl die Quellen über die Ereignisse vom Oktober/November 359 bis Februar 360 in Konstantinopel scheinbar reichlich fließen, ergeben sich bei ihrer Rekonstruktion doch große Probleme, denn die Überlieferung ist in sich so widersprüchlich, daß sie teilweise von völlig verschiedenen Dingen zu sprechen scheint[50]. Weithin unklar sind die Quellen der Kirchenhistoriker des fünften

---

262,10f.]: οὐσίας καὶ βουλῆς καὶ δυνάμεως καὶ δόξης εἰκόνα λέγομεν (ähnliche Aussagen öfter in dem kurzen Text).

Der in vieler Hinsicht unklare und sicher auch polemisch verzerrte Bericht Hil., c. Const. 13f., könnte unter Umständen zumindest eine Diskussion dieser Frage bestätigen.

[46] Sok., h. e. II 40,35.

[47] Sok., h. e. II 40,43–45; Soz., h. e. IV 22,25. Nach Hil., c. Const. 15, dem Sulp. Sev., chron. II 42,6, folgt, werden sie aus dogmatischen Gründen exkommuniziert; vgl. auch Ath., syn. 12.

[48] Sok., h. e. II 40,46; Soz., h. e. IV 22,26 (zu dem hier falsch überlieferten Namen vgl. den App. zur Stelle bei BIDEZ-HANSEN); Philost., h. e. IV 11.

[49] Sok., h. e. II 40,48; Soz., h. e. IV 23,1; Ath., syn. 12.

[50] Von den Ereignissen selbst ist erhalten:

1. Der bei Hil., Coll. antiar. Paris. B VIII 1, mit einem Kommentar (B VIII 2) überlieferte Brief der homöusianischen Legaten an die Legaten des Abendlandes aus der zweiten Dezemberhälfte 359.

2. Die in Konstantinopel angenommene, leicht veränderte Form des Bekenntnisses von Nike/Rimini, Ath., syn. 30 (danach Sok., h. e. II 41,8–16 = Anhang VI S. 248).

3. Der Brief der Synode von Konstantinopel vom Januar 360 an Georg von Alexandrien, Thdt., h. e. II 28.

Der ausführliche Bericht bei Thdt., h. e. II 27, betrifft nur die theologische Auseinandersetzung mit Aetius vor dem 31. 12. 359. Offenbar über dieselben Ereignisse berichtet aus anderer Perspektive und in erster Linie zum Ruhm seiner Haupthelden, Aetius und Eunomius, Philost., h. e. IV. Sok., h. e. II 41 f., berichtet vor allem über die Synode vom Januar 360, die Ereignisse vom Nov./Dez. 359 streift er nur kurz. Über Sok. hinaus bietet Soz.,

Jahrhunderts an dieser Stelle[51].

Wahrscheinlich gleich nach dem Ende der Synode von Seleukia waren die Legaten der Akakianer – wie man wohl annehmen kann entrüstet über die in Seleukia gegen sie ausgesprochenen Urteile – an den Hof nach Konstantinopel aufgebrochen, wohin inzwischen auch Konstantius ins Winterquartier gekommen war[52].

Dort scheinen sie sich bitter über ihre Behandlung durch die Mehrheit der Synode beklagt zu haben[53]. Als Vertreter der kaiserlichen Unionspolitik auf der Synode von Seleukia und der vom Kaiser favorisierten theologischen Formel konnte Acacius sich des kaiserlichen Wohlwollens einigermaßen sicher sein. Etwas problematischer lagen die Dinge allerdings für Eudoxius.

Einige Zeit nach den in Seleukia unterlegenen Akakianern – es muß inzwischen Mitte Dezember gewesen sein – kam die von Valens und Ursacius geführte Delegation der abendländischen Synode von Rimini getreu dem kaiserlichen Befehl in Konstantinopel an und brachte die in Nike formulierte und dann auch in Rimini bestätigte Fassung der in Sirmium im Mai beschlossenen theologischen Deklaration mit[54].

Zwischen den Abendländern einerseits und Acacius und seinen Anhängern

---

h. e. IV 23, noch Informationen über die Ereignisse Ende 359 in Konstantinopel, außerdem ausführlich h. e. IV 24–26 über die Januarsynode und ihre Folgen. Ergänzende Bemerkungen bei Hilarius (Coll. antiar. Paris B VIII 2; ad Const.; c. Const.), der die Dinge in Konstantinopel zum Teil miterlebt hatte; bei dem von ihm abhängigen Sulp. Sev., chron. II 45; Bas., c. Eun. I 2; ep. 51; 226,2; 251,2; 263,3; Greg.Nyss., c. Eun. I. Zur Quellenlage vgl. auch GUMMERUS, (1900) 145, Anm. 3, der aber die Tendenzen der einzelnen Quellen nicht berücksichtigt.

51 Unklar ist vor allem, was Sabinus hatte. Nach HANSEN, Sozomenus, LIX, der SCHOO, GEPPERT und BATIFFOL folgt, stammen die Berichte von Sok./Soz. aus Sabinus. Mit HAUSCHILD, (1970) 119, ist dagegen anzunehmen, daß Sabinus nicht über die Ereignisse in Konstantinopel berichtet hat. Eher haben Sokrates und Sozomenus die nach Philost., h. e. IV 12, von Acacius verfaßten Akten benutzt. Allerdings weichen Sokrates und Sozomenus nicht unbeträchtlich von Philost. ab. Die Quellen des Theodoret sind unklar. Der anonyme homöische Historiograph (vgl. unten S. 93–95) hat über die Ereignisse in Konstantinopel berichtet, wie das *chronicon paschale* zeigt (PG 92,736f.). Auch ihm müssen Akten zur Verfügung gestanden haben. Im ganzen läßt sich die Quellenfrage nicht befriedigend lösen.

52 Sok., h. e. II 41,2; Sulp. Sev., chron. II 42,6; 45,1; Thdt., h. e. II 26,11; 27,1; Hil., c. Const. 15. Philost., h. e. IV 12, sieht Acacius und Eudoxius in der Gruppe der Vertreter des ἑτεροούσιος unter der Führung von Aetius und Eunomius. Alle anderen Quellen lassen keinen Zweifel daran, daß Acacius in Konstantinopel die führende Gestalt der Minderheit von Seleukia war, der sich Aetius und Eunomius, Unterstützung erhoffend, angeschlossen hatten. Generell überzeichnet Philostorgius die Rolle seiner beiden Helden maßlos.

53 Thdt., h. e. II 27,1f.

54 Vor Mitte Dezember können die Legaten aus Rimini nicht in Konstantinopel angekommen sein. Daß sie vor den Homöusianern in Konstantinopel eintrafen, bezeugt Hil., Coll. antiar. Paris. B VIII 2,1.2. Soz., h. e. IV 23,3 erweckt den Eindruck, als ob Homöer und Homöusianer gleichzeitig in Konstantinopel angekommen wären. Die Abendländer werden bei Sok./Soz./Thdt./Philost. nicht erwähnt.

andererseits gab es keine theologischen Streitfragen. Beide Gruppen scheinen sich sofort miteinander verbündet zu haben[55]. Die Führer beider Delegationen, seit langem miteinander bekannt, hatten je auf ihrer Synode die vom Kaiser mitformulierte Formel von Sirmium vertreten und waren von der Mehrheit je ihrer Synode abgesetzt und exkommuniziert worden. Valens und Ursacius hatten dann in Rimini allerdings eine Wende zu ihren Gunsten herbeiführen können; die orientalische Synode von Seleukia war dagegen im Schisma auseinandergegangen. Die Gemeinschaft zwischen den Abendländern und den in Seleukia von der Mehrheit exkommunizierten Akakianern mußte beim Eintreffen der Delegierten der homöusianischen Mehrheit von Seleukia zum Problem werden, hatten die Abendländer doch durch die Gemeinschaft mit Acacius und Eudoxius das Urteil der Synode von Seleukia mißachtet.

Beide in Konstantinopel versammelten Delegationen einigten sich auf die in Nike zuerst von den abendländischen Delegierten der ersten sessio der Synode von Rimini angenommene Form der sirmischen Formel vom 29. Mai, die dann auch in Rimini durchgesetzt worden war, als gemeinsame theologische Erklärung.

Die Formel, die Acacius in Seleukia vorgelegt hatte, verschwand wieder aus der theologischen und synodalen Diskussion[56]. Als letzte Gruppe kamen die Legaten der homöusianischen Mehrheit der Synode von Seleukia unter Führung von Basilius von Ankyra und Eustathius von Sebaste in die Hauptstadt[57].

Allem Anschein nach – hier schweigen unsere Quellen – hatte Konstantius befohlen, erst das in Seleukia aufgebrochene Schisma zu beseitigen. Getreu dem Befehl des Kaisers, sich in innerorientalische Angelegenheiten nicht einzumischen, haben die Abendländer sich an den in den letzten Dezembertagen stattfindenden theologischen Debatten der Orientalen wohl nicht beteiligt, erscheinen jedenfalls in keiner der (allerdings sehr lückenhaften) Quellen[58].

Über den genauen Gegenstand der Debatten, die nach Sokrates und Sozomenus – beide schöpfen wahrscheinlich aus den Protokollen des Acacius[59] –, unter

---

[55] Hil., Coll. antiar. Paris. B VIII 2,1.

[56] In den Debatten zwischen Akakianern und Homöusianern geht es um die Annahme der Formel von Nike/Rimini; vgl. Soz., h. e. IV 23,6–8; Philost., h. e. IV 12; Sulp. Sev., chron. II 45,1; Ath., syn. 30. Nach Soz., h. e. IV 23,4ff., entschied man sich wegen der Häresie des Aetius auf Wunsch des Kaisers für die Formel der Abendländer.

[57] Hil., Coll. antiar. Paris. B VIII 2,1. Thdt., h. e. II 27,4, nennt als Führer: Eustathius, Basilius, Silvanus, Eleusius; Philost., h. e. IV 12: Basilius und Eustathius; ein Versuch, das späte Erscheinen der Legaten zu erklären, bei Sok., h. e. II 41,3f.

[58] Obwohl die Quellen über die Abendländer schweigen, müssen sie während der Debatten der Orientalen untereinander zur Überwindung des Schismas von Seleukia ebenfalls in Konstantinopel anwesend gewesen sein. In diesem Zeitraum muß der bei Hil., Coll. antiar. Paris. B VIII 1, überlieferte Brief der homöusianischen an die abendländische Delegation gehören, ebenso der Versuch des Hilarius, vor dem Kaiser eine Debatte über den Glauben zu führen, und seinen persönlichen Fall zur Sprache zu bringen; vgl. Hil., ad Const.; dazu BRENNECKE, (1984) 352ff.

[59] Philost., h. e. IV 12.

der Aufsicht des am 11. Dezember ernannten ersten Stadtpräfekten von Konstantinopel, Honoratus[60], stattfanden, berichten die Quellen kontrovers, so daß sich, entgegen dem Eindruck, den die modernen Darstellungen im allgemeinen erwecken[61], kein sicheres Bild gewinnen läßt. Sicher scheint nur, daß sich im Zusammenhang mit Bemühungen, das Schisma von Seleukia zu überwinden[62], die Diskussion in erster Linie um die Theologie des Aetius und seines Schülers Eunomius und um ihren Protektor, den antiochenischen Bischof Eudoxius, drehte, der wegen dieser Protektion von den Homöusianern angeklagt war[63].

Im Gefolge der Homöusianer befand sich auch der junge Diakon Basilius, der zehn Jahre später Bischof des kappadokischen Caesarea und der wichtigste literarische Gegner des Eunomius werden sollte. In die Diskussion in Konstantinopel scheint er aber nicht eingegriffen zu haben[64]. Nicht mehr deutlich ist auch die Rolle, die Eunomius auf der Synode spielte. Daß er sich auf der Seite des Aetius sonderlich hervorgetan haben sollte, ist angesichts seiner Weihe zum Bischof im Anschluß an die Synode nicht sehr wahrscheinlich[65].

Die theologischen Aussagen des Aetius, von denen sich jetzt vor allen anderen Eduoxius, aber auch Acacius und seine Anhänger eindeutig distanzieren müs-

---

[60] Sok., h. e. II 41; Soz., h. e. IV 23,3; SEECK, (1919) 207. Zur Karriere des Honoratus vgl. PLRE I 438f. (Honoratus 2). Daß Konstantius den Stadtpräfekten mit der Untersuchung des Aetiusfalles beauftragte, zeigt, wie wichtig ihm diese Angelegenheit war. Zur persönlichen Betroffenheit des Kaisers über die in seinen Augen häretische Theologie des Aetius vgl. Soz., h. e. IV 23,4–24,2; Philost., h. e. IV 12; Thdt., h. e. II 27,7. 12f. 18. 20.

[61] Vgl. HEFELE, (1873) 723–26; GWATKIN, (1900) 183–88; DUCHESNE, (1907) 302–12; GUMMERUS, (1900) 145ff.; LIETZMANN, GaK III 230–32; BARDY, in: FLICHE-MARTIN III 169–72; SIMONETTI, (1975) 334–38; KOPECEK, (1979) 299ff.

[62] Nach keiner der uns zur Verfügung stehenden Quellen wurde in Konstantinopel das Schisma von Seleukia angesprochen; vgl. den Versuch des Soz., h. e. IV 23,5, die Forderung nach Annahme der Formel von Rimini von der Häresie des Aetius her als notwendig zu erklären. Diese Forderung gilt natürlich der Überwindung des Schismas.

[63] Die Theologie des Aetius scheint in Seleukia nicht diskutiert worden zu sein; vgl. oben S. 40ff. Thdt., h. e. II 27, scheint am deutlichsten bewahrt zu haben: Acacius beschwert sich beim Kaiser über die Behandlung der Minderheit durch die Mehrheit in Seleukia und namentlich über die Erledigung des Kyrill-Falles. Die Homöusianer dagegen bringen die Theologie des Aetius und dessen Unterstützung durch Eudoxius (und Acacius) in die Diskussion und überzeugen den Kaiser, daß es hier nicht in erster Linie um eine Personalangelegenheit gehe, sondern um den Glauben. Philost., h. e. IV 12, hat daraus unter Verschiebung der Gewichte eine große Auseinandersetzung zwischen Basilius und Aetius gemacht, aus der natürlich Aetius als Sieger hervorgeht. Acacius und Eudoxius, die eigentlichen Gegner des Basilius, geraten dabei völlig in den Hintergrund. Soz., h. e. IV 23,3–5, hat richtig bewahrt, daß es in der Hauptsache um die Theologie des Aetius ging und hat dies etwas ungeschickt mit der Forderung der Homöusianer verknüpft, die Formel von Nike/Rimini anzunehmen. Bei Sokrates fehlt die Aetiusfrage ganz.

[64] Philost., h. e. IV 12; Greg. Nyss., c. Eun. I 78–82; vgl. GIET, JThSt 6 (1955) 94–99; HAUSCHILD, TRE V 303.

[65] Vgl. unten S. 63f. Sicher übertrieben hat die Rolle des Eunomius in Konstantinopel Philost., h. e. IV 12, dem KOPECEK hier weitgehend folgt. Unklar ist die Datierung des *Apologetikos* des Eunomius; vgl. unten S. 75 Anm. 81.

sen, erzürnen den Kaiser so sehr, daß Aetius auf der Stelle abgesetzt und in die Verbannung geschickt wird[66]. Während dieser Diskussion kommt es zwischen Basilius von Ankyra und dem Kaiser zum Eklat, der nur allzudeutlich zeigt, daß Basilius seinen einstigen Einfluß auf den Kaiser ganz verloren hatte, nachdem er nun auch noch von der in Sirmium mitverfaßten Formel, die er bei seinen homöusianischen Freunden nicht hatte durchsetzen können, abgerückt war. Anscheinend wurde er von den weiteren Debatten ausgeschlossen[67].

Acacius und Eudoxius, denen die kaiserliche Gunst noch nicht ganz so sicher war, wie unsere ja in jeder Hinsicht parteilichen Quellen glauben machen wollen[68], verlangen von den Homöusianern die Aufgabe des ὁμοιούσιος (= ὅμοιος κατ᾽ οὐσίαν) und – sicher in Übereinstimmung mit den Wünschen des Kaisers – die Annahme der abendländischen Formel von Nike/Rimini, auf die sie sich mit den Abendländern bereits vorher geeinigt hatten[69]. Kurze Zeit scheinen die Homöusianer noch an ihrer in Seleukia bezogenen Position festgehalten zu haben[70], aber in der Silvesternacht unterschrieben sie ohne Ausnahme die Formel von Nike/Rimini, die – vornehmlich stilistisch – geringfügig verändert worden war[71]. Eine gravierende Korrektur findet sich allerdings im Schlußsatz, vor dem sehr allgemeinen und summarischen[72] Anathematismus. In Nike hatte Valens das in Sirmium erlassene Verbot, den Begriff οὐσία überhaupt in der theologischen Debatte über die Trinität weiterhin zu verwenden, gegen die in Rimini vertretene abendländische Einhypostasenlehre um das Verbot ergänzt, in

---

[66] Thdt., h. e. II 27,12; vgl. 28,1; Philost., h. e. IV 12; V 2; dazu KOPECEK, (1979) 352 ff. Zur Distanzierung von Acacius und Eudoxius von Aetius vgl. Thdt., h. e. II 27,6–18; Soz., h. e. IV 23,5. Der Brief der Homöusianer an die abendländischen Legaten, Hil., Coll. antiar. Paris. B VIII 1, setzt zwar die Verurteilung des Aetius voraus, unterstellt aber Acacius und Eudoxius dennoch die theologische Haltung des Aetius, um so die Abendländer für sich gewinnen zu können; vgl. auch oben S. 40 ff.

[67] Thdt., h. e. II 27,5.

[68] Das zeigt Thdt., h. e. II 27; vgl. bes. II 27,20 (zwischen § 20 und § 21 liegt ein scharfer Bruch. § 20 bezieht sich auf die Ereignisse nach der Januarsynode und hat mit § 20 nichts zu tun); Sok., h. e. II 41,3.

[69] Philost., h. e. IV 12; Soz., h. e. IV 23,5–7; Thdt., h. e. II 27,16. 18 f. (die allein bei Thdt. hier bezeugte Lesart ὁμοούσιον muß ein Fehler sein, gemeint sein muß ὁμοιούσιον) [PARMEN-TIER-SCHEIDWEILER, 161,20; 162,1]; vgl. GUMMERUS, (1900) 149; KOPECEK, (1979) 352.

[70] Thdt., h. e. II 27,20.

[71] Soz., h. e. IV 23,8. Der Text bei Ath., syn. 30 (= Anhang VI, S. 248). Zu den geringfügigen Unterschieden zur Formel von Nike/Rimini vgl. die beiden Texte in Anhang IV und VI. Im Kommentar von OPITZ, 258 (zu syn. 30), der diesen Text als die Formel von Seleukia bezeichnet, kann es sich nur um einen Irrtum handeln.

[72] Ath., syn. 30,10 (Anhang VI, S. 248,25−28): πᾶσαι δὲ αἱ αἱρέσεις, αἵ τε ἤδη πρότερον κατεκρίθησαν, καὶ αἵτινες ἐὰν καινότεραι γένωνται, ἐναντία τυγχάνουσαι τῆς ἐκτεθείσης ταύτης γραφῆς, ἀνάθημα ἔστωσαν. Die in Rimini von Valens vorgetragenen und von der Synode angenommenen antiarianischen Anathematismen (s. oben S. 37) scheinen in Konstantinopel nicht mit verabschiedet worden zu sein; vgl. aber Thdt., h. e. II 27,17, die vom Kaiser befohlene Verurteilung der Begriffe ἐξ οὐκ ὄντων, κτίσμα, ἑτεροούσιον. Die wichtigen arianischen Stichwörter wurden also auch in Konstantinopel verurteilt.

der Trinität künftig von μία ὑπόστασις zu sprechen[73]. In Konstantinopel, wo die abendländische Ausprägung der markellischen Einhypostasenlehre in der Diskussion keine Rolle spielte, wird daraus das Verbot, in der Rede von der Trinität überhaupt künftig den Begriff ὑπόστασις zu verwenden: καὶ γὰρ οὐδὲ ὀφείλει ὑπόστασις περὶ πατρὸς καὶ υἱοῦ καὶ ἁγίου πνεύματος ὀνομάζεσθαι[74].

Mit dieser Korrektur der Formel von Nike/Rimini richten sich die in Konstantinopel mit den Abendländern um Valens verbündeten Akakianer gegen die von den Homöusianern gelehrte Dreihypostasentheologie, wie sie in der zweiten antiochenischen Formel von 341 ausdrücklich vertreten wurde[75]. Wenn die Homöer, wie man die Gruppe um Valens und Ursacius einerseits und Acacius und Eudoxius andererseits von nun ab nennt, ausdrücklich die Dreihypostasentheologie verwerfen, verlassen sie damit zumindest in der Terminologie die bisher mit den Homöusianern gemeinsame theologische Basis[76], die Theologie des Origenes und des caesariensischen Euseb. Sachlich halten sie an der Theologie der getrennten Hypostasen und vor allem an der Subordination des Logos unter Gott fest, wofür sie jetzt aber verstärkt biblische Begriffe gebrauchen.

Was die homöusianischen Bischöfe letztlich bewogen hat, ohne Ausnahme dieser Formel zuzustimmen, ist nicht mehr klar auszumachen. Sicher wird man nicht fehlgehen, wenn man der kaiserlichen Autorität bei dieser Entscheidung einen hohen Stellenwert einräumt[77].

Mit der Unterschrift der homöusianischen Mehrheit der Reichssynode von Seleukia unter die Formel von Nike/Rimini war nicht nur das so plötzlich aufgetretene Schisma von Seleukia beseitigt und die dem Kaiser besonders anstößige Häresie des Aetius aus der Kirche vertrieben; auch die Kirchen des Morgen- und Abendlandes standen nach fast zwei Jahrzehnten der Trennung in voller kirchlicher Gemeinschaft miteinander. Eine Glaubensformel einte die Kirche. Und das alles war zwar mit sanfter Nachhilfe des staatlichen Armes, aber doch ohne größere Gewaltmaßnahmen oder gar Schismen gelungen. Das Unglück, das die Synode von Serdika über die Kirche gebracht hatte, war aus der Sicht des Kaisers nun endlich beseitigt.

Als Konstantius am 1. Januar 360 sein zehntes Konsulat antrat[78], konnte er sich ganz als der Vollender der Kirchenpolitik seines großen Vaters fühlen, für den die Einheit der Kirche immer das wirklich allein wichtige Ziel seiner Kirchenpolitik gewesen war.

---

[73] Sirm. IV (Anhang I, S. 247,28 f.;), Nike (Anhang IV, S. 243,25 ff). Zu den Bedenken von ABRAMOWSKI vgl. oben S. 35.

[74] Der komplette Text Ath., syn. 30,8 f. (= Anhang VI, S. 248).

[75] Vgl. Ath., syn. 23,6. Belegstellen zur Dreihypostasentheologie bei LAMPE, (1961) 1454–61, s. v. ὑπόστασις, bes. II D 4, S. 1458.

[76] Valens und Ursacius wurden in Serdika zusammen mit späteren Homöusianern als Vertreter der Dreihypostasentheologie verurteilt; vgl. Thdt., h. e. II 8,38 (Bekenntnis der Occidentalen), und Hil., coll. antiar. Paris B II 1,8,2, (Synodalbrief der Abendländer); vgl. oben S. 25 ff.

[77] Soz., h. e. IV 23,7 f.

[78] SEECK, (1919) 207.

Acacius und Eudoxius sind jetzt die führenden Männer dieser Kirche, hinter denen auch die sonst unentbehrlichen abendländischen Berater des Kaisers, Valens und Ursacius, für den Moment zurücktreten müssen.

Um die Gunst der Stunde zu nutzen und vor allem noch anstehende Personalfälle zu regeln, beruft Acacius im Januar 360 eine Synode von vornehmlich bithynischen Bischöfen nach Konstantinopel ein. Nach der eigenen homöischen Überlieferung haben an dieser Synode zweiundsiebzig Bischöfe teilgenommen[79], unter ihnen befand sich auch Wulfila, der Bischof einer in Moesien siedelnden gotischen Gruppe, die von Konstantius in das Reich aufgenommen worden war. Wulfila selbst war einst von Euseb von Nikomedien, dem theologischen und kirchenpolitischen Berater des Kaisers, ordiniert worden und wird daher von Anfang an der antinizänischen eusebianischen theologischen Tradition zuzuordnen sein[80]. Die wahrscheinlich unter der Leitung von Maris von Chalkedon[81] tagende Synode bestätigte die Beschlüsse der Verhandlungen vom Dezember, besonders die Verurteilung des Aetius wegen seiner häretischen Schriften und das Bekenntnis von Nike, wie es in Konstantinopel in der Neujahrsnacht von den Legaten der Synode von Seleukia angenommen worden war, als einziges gültiges Bekenntnis im Reich, dessen Annahme durch kaiserliches Edikt befohlen wurde. Alle früheren Bekenntnisse wurden ausdrücklich für ungültig erklärt[82]. Die vom Kaiser sanktionierten Beschlüsse der Synode werden allen Kirchen der Ökumene mitgeteilt; erhalten ist der Brief der Synode an Georg von Alexandrien, den Gönner und Beschützer des Aetius, über die Absetzung und Exkommunikation dieses Häretikers[83].

Auf der Höhe ihrer Macht und ihres Einflusses beim Kaiser hatten Acacius und Eudoxius aber ihre schmähliche und demütigende Niederlage in Seleukia nicht vergessen: Alle führenden homöusianischen Bischöfe werden von der Synode abgesetzt und verbannt. Da sie ausnahmslos am 31. 12. die Formel von Nike/Rimini unterzeichnet hatten, geht man nun nicht aus dogmatischen, sondern ausschließlich aus disziplinarischen Gründen gegen sie vor[84].

---

[79] Chron. pasch. ad a. 360 [PG 92,736 BC–737 AB]; Sok., h. e. II 41,5–7; Soz., h. e. IV 24,1. Theodoret kennt zwar diese Synode nicht, überliefert aber h. e. II 28 ihren Brief an Georg von Alexandrien. Athanasius berichtet von dieser Synode nichts, teilt aber syn. 30 das Synodalbekenntnis mit, Philostorgius hat über diese Synode ebenfalls keine Nachrichten. Nach Sok./Soz. fünfzig Teilnehmer, nach Chron. pasch. zweiundsiebzig, von denen sechsundfünfzig namentlich aufgezählt werden.

[80] Sok., h. e. II 41,23; Soz., h. e. IV 24,1. Zu Wulfilas theologischer Herkunft SCHÄFERDIEK, (1979²) 253–292.

[81] Maris von Chalkedon wird in der Teilnehmerliste des Chron. pasch. als erster genannt, bei Sok., h. e. II 41,6f., und Soz., h. e. IV 24,1, ausdrücklich erwähnt. Die Initiative zu dieser Synode schreiben die Quellen Acacius zu; vgl. Sok., h. e. II 41,5; Soz., h. e. IV 24,1.

[82] Sok., h. e. II 41,6f.; Soz., h. e. IV 24,1. Nicht mehr feststellbar ist, ob die Veränderungen gegenüber der Formel von Nike/Rimini erst jetzt vorgenommen wurden, wie Sok., h. e. II 41,7, anzunehmen scheint, oder schon bei den Beratungen im Dezember.

[83] Thdt., h. e. II 28.

[84] Sok., h. e. II 42–45; Soz., h. e. IV 24f.; Philost., h. e. V 1–3; Thdt., h. e. II 27,21;

Auf den durch die Absetzung des Makedonius vakanten Stuhl der Hauptstadt, die eben durch die Bestellung eines eigenen Stadtpräfekten eine enorme Aufwertung erfahren hat und eigentlich Rom gleichgestellt worden ist[85], setzt die Synode Eudoxius. Am 27. Januar 360 kann er seinen Einzug als Bischof der Hauptstadt halten[86].

Die Synode vom Januar 360 in Konstantinopel zeigt die eigentlich gerade erst hier endgültig formierte Gruppe der Homöer gleich auf dem Höhepunkt ihrer kirchenpolitischen Macht. Mit der Januarsynode hatten auch die seit 357 immer deutlicher gewordenen theologischen Differenzierungen innerhalb des eusebianischen oder antinizänischen theologischen Lagers fürs erste ihren Abschluß gefunden. Homöer und Homöusianer, die im Mai 359 in Sirmium bei allen schon vorhandenen theologischen Differenzen noch grundsätzlich das gleiche Anliegen hatten, waren endgültig zu zwei verschiedenen, einander ausschließenden Gruppen geworden. Auf der anderen Seite war es den Homöern aber gelungen, und das scheint vor allem das Verdienst des Acacius gewesen zu sein, sich theologisch deutlich von Aetius und seinen Gefolgsleuten zu distanzieren und auch jede kirchenpolitische Koalition mit ihnen aufzugeben. Selbst wenn Eudoxius und Georg von Alexandrien diesen Schritt zunächst nur zögernd mitmachten, die eindeutige Haltung des Kaisers wird auch hier den Ausschlag gegeben haben. Die endgültige Trennung des Eudoxius von Eunomius sollte sehr bald erfolgen.

Das Bekenntnis von Konstantinopel, von Konstantius zum offiziellen Reichsbekenntnis erhoben wie einst das Nizänum von Konstantin, ist eigentlich *das homöische Bekenntnis* geworden, die abendländischen und orientalischen Traditionen der Homöer miteinander vereinend. Es sollte es auch bleiben, als die kaiserliche Gunst ihnen nicht mehr gewogen war. In seinem schlichten Biblizismus und seiner Ablehnung philosophischer Begriffe wie οὐσία oder ὑπόστασις mußte dieses Bekenntnis auch den im Reich lebenden christlichen Goten, auf der Synode durch ihren Bischof Wulfila vertreten, entgegenkommen[87].

Am 15. Februar 360 konnte Eudoxius in Gegenwart des Kaisers und der Synode die noch von Konstantin begonnene Sophienkirche als Hauptkirche der von Konstantin neu gegründeten Reichshauptstadt weihen[88].

Die feierliche Weihe der Kirche der heiligen Sophia, der göttlichen Weisheit,

---

GWATKIN, (1900) 185 f.; GUMMERUS, (1900) 158; SIMONETTI, (1975) 340 ff.; DAGRON, (1974) 442 ff.

[85] SEECK, (1919) 207; vgl. DAGRON, (1974) 436 ff.

[86] Chron. pasch. [PG 92,736 B].

[87] Vgl. unten S. 242, Anm. 133; vgl. S. 189.

[88] Sok., h. e. II 43,11; Soz., h. e. IV 26,1; Chron. Pasch. [PG 92,737 AB]. Der von Soz., h. e. IV 26,1, kolportierte angebliche Witz des Eudoxius bei der Predigt anläßlich seiner Ordination entspricht ganz seiner subordinatianischen Theologie; vgl. damit das wohl Eudoxius zurecht zugeschriebene Bekenntnis, HAHN, (1897) 261, ein besserer Text bei DIEKAMP, (1981²) 64,21–65,1: Πιστεύομεν εἰς ἕνα τὸν μόνον ἀληθινὸν θεὸν καὶ πατέρα, τὴν μόνην ἀρχὴν ἀγέννητον καὶ ἀπάτορα, ἀσεβῆ, ὅτι μηδένα σέβειν πέφυκεν ὡς ἐπαναβεβηκυῖα. καὶ εἰς

deren prachtvolle, vom Kaiser selbst gestiftete Ausstattung das chronicon paschale aufzählt[89], im Kreise der Bischöfe der vereinten Reichskirche, schien den
von Konstantin begonnenen Bau der Reichskirche zu vollenden. Wie morsch
das Fundament dieser im Moment so prächtig scheinenden Reichskirche war,
sollte sich nur allzuschnell zeigen.

4. Kapitel

Die homöische Reichskirche bis zum Tode des Konstantius

1. Der Ausbau der homöischen Position nach der Reichssynode von Konstantinopel

Zunächst schien es so, als hätte Konstantius im Jahre 360 endlich das Ziel
seiner Kirchenpolitik, die Einheit der Kirche, durchaus in theologischer Vielfalt,
aber unter dem schützenden Dach einer möglichst allgemein gehaltenen und nur
die theologischen Extreme zur Linken (Aetius und Eunomius) und Rechten
(Markell und Photin) ausschaltenden Formel, der beinahe alle Bischöfe zugestimmt hatten, erreicht.

Für die Kirchen des Abendlandes indessen sollte diese Formel von Konstantinopel, in die auch verschiedene Elemente abendländischer Theologie und Tradition eingegangen waren[1], keine Bedeutung mehr bekommen.

Im Februar hatte Julian in Paris den Purpur ergriffen[2]. Unter dem tatkräftigen
Einsatz in erster Linie des inzwischen aus Konstantinopel nach Gallien zurückgekehrten Hilarius von Poitiers und unter Protektion Julians wurden auf zahlreichen kleineren abendländischen Synoden die Beschlüsse von Rimini und Konstantinopel widerrufen und jetzt erst wirklich das Bekenntnis von Nizäa im
Abendland angenommen[3].

Die Vertreter der Beschlüsse von Rimini und Verfechter der Kirchenpolitik
des Konstantius und seiner Berater wurden bald zu einer verschwindenden
Minderheit im Abendland, auch wenn sie noch eine Zeitlang einige Bischofssitze

---

ἕνα κύριον Ἰησοῦν Χριστὸν τὸν υἱόν, εὐσεβῆ ἐκ τοῦ σέβειν ὀρθῶς τὸν πατέρα,...
vgl. Tetz, (1961) 314–323.

[89] Chron. Pasch. [PG 92,737 B]. Die konstantinische Sophienkirche ist archäologisch bisher
nicht nachgewiesen.

[1] Vgl. oben S. 52f. Für Konstantius war wichtig, daß Ost und West eine gemeinsame Formel
angenommen hatten.

[2] Seeck, (1919) 207. Zu den Einzelheiten vgl. Rosen, (1969) 121–49 (= Klein, (1978)
409–447); zu den kirchenpolitischen Aspekten für das Abendland Brennecke, (1984) 360–67.

[3] Ep. syn. Paris., Hil., Coll. antiar. Paris. A I; ep. Eus. Verc. ad Greg. Elv., ebenda, A II;
Ritter, (1982) 216–21.

behaupten konnten und nun auch begannen, als homöische Theologen stärker literarisch hervorzutreten[4]. Die Theologie der Formel von Rimini/Konstantinopel konnte, das hatte sich seit Serdika immer wieder gezeigt, mit ihrem Subordinatianismus nicht zur Theologie des Abendlandes werden. Trotz des Verzichtes auf typisch östliche Begrifflichkeit und spekulative Sprache war diese Theologie einfach durch ihre strikte Unterscheidung der göttlichen Personen im Abendland des Arianismus verdächtig. Die Formel von Rimini/Konstantinopel hatte dem Abendland nur mit Hilfe der kaiserlichen Autorität aufgenötigt werden können, auch wenn man den dabei angewandten Zwang sicher nicht überbetonen sollte[5]. Und jetzt gab es im Abendland Theologen, die den Widerspruch dieser Theologie zu den Beschlüssen von Nizäa aufzeigen und das Abendland theologisch nun wirklich zum Vorposten des Nizänum machen konnten. Darin kam den jetzt aus den östlichen Verbannungsorten heimkehrenden abendländischen Bischöfen, allen voran Hilarius von Poitiers und Euseb von Vercell, eine hervorragende Rolle zu. Sie brachten nicht nur Kenntnisse orientalischer Theologie mit in den Westen, sondern auch persönliche Kontakte zu den führenden Vertretern der inzwischen im Osten weithin von ihren Bischofsstühlen vertriebenen Homöusianer. Hieraus wurden in Gallien bald offizielle kirchliche Kontakte zwischen den abendländischen Nizänern und den morgenländischen Homöusianern. Sie spielten in der Zukunft noch eine wichtige Rolle, auch wenn die daran geknüpften Hoffnungen eines Hilarius sich dann doch nicht erfüllten[6].

Von all dem, was sich seit Jahresbeginn im Westen zugetragen hatte, wußte Konstantius noch nichts, als er – wohl im März – von Konstantinopel aus gegen die Perser aufbrach. Erst im kappadokischen Caesarea erfährt er dann im Laufe des Frühjahrs von Julians Usurpation[7].

Offensichtlich die Gefahr an der Ostgrenze des Reiches höher einschätzend als die Usurpation des jungen Julian, führt Konstantius zunächst durch das ganze Jahr 360 hindurch den Feldzug gegen die Perser und kehrt erst zum Jahresende ins Winterquartier nach Antiochien zurück[8].

Die kirchenpolitischen Ereignisse des Jahres 360 nach der Weihe der Sophienkirche in Konstantinopel fanden daher ohne direkte Eingriffe des Kaisers oder der kaiserlichen Administration statt.

Acacius von Caesarea war als die hervorragende Gestalt dieser nun scheinbar geeinten Reichskirche aus den theologischen und kirchenpolitischen Auseinan-

---

[4] Vgl. Meslin, (1967); Simonetti, (1967); ders., (1975) 379–99; 435–54; Gryson, (1980[1]) 101 ff.

[5] Vgl. oben S. 32 ff.

[6] Ritter, (1982) 216–21. Nach Klein, (1977) 101–105, wollten die abendländischen Homöusianer mit Hilfe der von ihren Stühlen vertriebenen Homöusianer einen Teil der orientalischen Kirche für Julian gewinnen. Die zur Verfügung stehenden Quellen liefern keinerlei Anhaltspunkt für solche Vermutungen; Julians spätere Kirchenpolitik bezeugt auch eher das Gegenteil; vgl. unten S. 83 Anm. 114 u. S. 87 ff.

[7] Seeck, (1919) 207.

[8] Seeck, (1919) 207 f.; vgl. Schultze, (1913) 52 f.; Seeck, PW IV 1093.

dersetzungen des vergangenen Jahres hervorgegangen[9]. Neben ihm nahm Eudoxius den zweiten Platz ein[10]. Diese Entwicklung ist um so erstaunlicher, als Eudoxius sich wegen seiner eigenmächtigen Inbesitznahme des nach Leontius' Tode verwaisten antiochenischen Bischofssitzes und wegen seines Eintretens für Aetius und Eunomius nicht gerade das Vertrauen des Kaisers erworben hatte. Auch Acacius dürfte ihm theologisch anfangs eher reserviert gegenübergestanden haben[11]. Wie sich Eudoxius das Vertrauen des Kaisers erworben hat, ist im einzelnen nicht mehr zu ermitteln. Daß dazu eine deutliche Distanzierung von Aetius unumgänglich war, deutet die Überlieferung an und wurde oben gezeigt[12].

Die Antipathie und der Haß, mit dem Philostorgius den neuen Bischof der Reichshauptstadt behandelt, ist wohl in erster Linie auf diese Distanzierung von Aetius und dann von Eunomius zurückzuführen[13].

Schon auf der Synode von Konstantinopel im Januar 360 waren die führenden Theologen der Homöusianer abgesetzt und dann zum Teil auch in die Verbannung geschickt worden.

Nach den vorliegenden und miteinander nicht ganz in Übereinstimmung zu bringenden Angaben bei Sokrates, Sozomenus, Philostorgius, Theodoret und der Historia Athanasii sind mit der wichtigen Ausnahme des Kyrill von Jerusalem fast ausschließlich kleinasiatische Bischöfe abgesetzt worden, auf jeden Fall weniger als zwanzig[14]. Soweit erkennbar, hatte keiner von ihnen wegen Verweigerung der Unterschrift unter die Beschlüsse von Konstantinopel sein Amt verloren, sondern sie wurden wegen verschiedenster disziplinarischer Verstöße und angeblicher zum Teil entsetzlicher Verbrechen abgesetzt[15]. Vor allem Basilius von Ankyra, dem Hauptgegner des Eudoxius, der in den vergangenen zwei Jahren seinen Einfluß beim Kaiser weidlich ausgenutzt hatte und mit ziemlicher Gewalt gegen Eudoxius, Aetius und deren Anhänger vorgegangen war, wird

---

[9] Obwohl die Synode von Konstantinopel nicht die Formel Acacius, sondern die von einer größeren Mehrheit bereits angenommene Formel von Nike/Rimini annimmt, erscheint er seit 360 als die führende Gestalt der östlichen Kirche. Dennoch ist die Bezeichnung *Akakianer* für die Homöer (so LE BACHELET, DTC I 290f.; ERMONI, DHGE I 249f.) unglücklich und irreführend. Acacius ist *der* theologische Führer der Homöer, *Akakianer* als eigene Gruppe hatte es nur auf der Synode von Seleukia gegeben, danach nicht mehr. Da Acacius wahrscheinlich schon 366 starb, konnte er auf Dauer für die Homöer nicht prägend werden.

[10] Zusammen werden Eudoxius und Acacius genannt Thdt., h. e. II 29,1; οἱ περὶ Εὐδόξιον καὶ Ἀκάκιον . . .; Soz., h. e. IV 28,3. 9; 29,1: οἱ ἀμφὶ Ἀκάκιον = οἱ (περὶ) ἀμφὶ Εὐδόξιον.

[11] Eudoxius erscheint erst seit seiner Rehabilitierung und Einsetzung zum Bischof von Konstantinopel als enger Verbündeter des Acacius.

[12] Vgl. oben S. 48ff.

[13] Vgl. das Namensregister in BIDEZ' Philostorgiusausgabe s. v. „Εὐδόξιος", S. 275. Zum Eudoxiusbild des Philostorgius und zur Sicht der Homöer als Hauptgegner des Philostorgius in seiner Kirchengeschichte vgl. BIDEZ, Philostorgius, CXXV und Thdt., h. e. II 29,10.

[14] Thdt., h. e. II 29,1; Sok., h. e. II 42f.; Soz., h. e. IV 24–30; Philost., h. e. V 1ff.; Hist. Ath. II 7; vgl. GUMMERUS, (1900) 153ff.; GWATKIN, (1900) 185ff; SIMONETTI, (1975) 339–41.

[15] Vgl. oben S. 54, Anm. 84.

eine stattliche Liste an Verbrechen zur Last gelegt[16]. Die Wahrheit all dieser Vorwürfe läßt sich in keinem Fall mehr überprüfen, Zweifel scheinen angesichts der sehr ähnlich klingenden Begründungen für Bischofsabsetzungen in den überlieferten Synodalbriefen fast aller Synoden der Zeit angebracht[17]. Einige Vorwürfe sind zumindest nachweisbar unwahrhaftig, aber auch darin unterscheidet sich diese Synode nicht von anderen[18]. Man wird in dieser Absetzungskampagne eher einen Racheakt für das harte kirchenpolitische Durchgreifen von Basilius und Makedonius während der vergangenen zwei Jahre und besonders für die Ereignisse in Seleukia sehen müssen als eine geplante Durchsetzung eines theologischen Programms[19].

Sokrates und Sozomenus berichten, daß Eudoxius und Acacius ein kaiserliches Edikt erbaten, das die Unterschrift aller Bischöfe des Reiches, d. h. des Ostreiches, zur Pflicht machte. Alle Verweigerer sollten ihren Bischofssitz verlieren und dann von den staatlichen Behörden ins Exil geschickt werden[20]. Über Sokrates hinaus berichtet Sozomenus, daß es in der Folge der Durchsetzung dieses Ediktes zu einer reichsweiten Verfolgung aller Anhänger des nizänischen Glaubens gekommen sei, die an Grausamkeit das Maß aller übrigen heidnischen Verfolgungen noch überstiegen habe. Alle rechtgläubigen Bischöfe in allen Provinzen, so Sozomenus, seien vertrieben worden. Ihre Anzahl sei so groß, daß er sie nicht einzeln aufzählen könne[21]. Leider kann er aber auch keine Einzelheiten dieser Verfolgung mitteilen, nicht einmal eines der angeblich zahllosen Opfer nennen, keinen Ort, an dem besondere Maßnahmen des Staates gegenüber rechtgläubigen Bischöfen stattgefunden hatten, unter denen nach Sozomenus Anhänger des nizänischen Glaubens verstanden werden müssen.

Daß die Beschlüsse von Konstantinopel im Osten zur Unterschrift umhergeschickt wurden, bezeugt einige Zeit später Basilius von Caesarea[22]. Ein gewisser Georg, in dem *Gummerus* mit gutem Grund Georg von Alexandrien vermutet hat[23], hatte die Beschlüsse von Konstantinopel nach Caesarea gebracht, wo sie

---

[16] Sok., h. e. II 42,5; Soz., h. e. IV 24,4–8.

[17] Vgl. die Synodalbriefe der beiden Teilsynoden von Serdika bei Hil., Coll. antiar. Paris. A IV 1 (Orientalen); B II 1 (Abendländer).

[18] Sok., h. e. II 42,6; 43,8. Drakontius von Pergamon wird z. B. abgesetzt, weil er sein Bistum gewechselt hatte, was zwar gegen can. 15 von Nizäa verstieß, seitens der Homöer selbst aber unentwegt praktiziert wurde wie gerade im Fall des Eudoxius.

[19] Vgl. oben S. 54 ff. Zur Machtpolitik des Basilius seit 358 vgl. BRENNECKE, (1984) 343.

[20] Sok., h. e. II 43,9; Soz., h. e. IV 26,1.

[21] Soz., h. e. IV 26,3–6.

[22] Bas., ep. 51,2. Ep. 51,1 wehrt Basilius sich gegen den Vorwurf, Dianius von Caesarea deswegen verurteilt zu haben. Die Erklärung, die Basilius, ep. 51,2, für die Unterschrift des Dianius unter die Beschlüsse von Konstantinopel gibt, und der COURTONNE (I 232, Anm. 3) folgt, ist aus der Sicht des *Nizäners* Basilius aus dem Anfang der siebziger Jahre formuliert und hat weder für den Dianus noch für den Basilius des Jahres 360 irgendwelche Bedeutung. 360 stand Basilius auf der Seite der Homöusianer und besonders auf der des Eustathius; vgl. oben S. 51 f.

[23] GUMMERUS, (1900) 157, Anm. 6, gegen GWATKIN, (1900) 185, der an Georg von Laodicea

der Bischof Dianius auch unterschrieb, ähnlich scheint es sich in Nazianz verhalten zu haben, wo Bischof Gregor der Ältere, der Vater des großen Theologen und Freundes des Basilius, die Beschlüsse von Konstantinopel ebenfalls unterschrieb und es deshalb zu Auseinandersetzungen mit den Mönchen von Nazianz kam, die ihrem Bischof die communio und den Gehorsam aufkündigten[24].

Zum Schisma der Mönche von Nazianz vgl. auch or. IV 10. Gegen *Wittig* (1981) 18, der das Schisma 361 schon für beendet hält, und die ältere Forschung, die es erst 362 beginnen läßt, vgl. *Bernardi,* (1983) 25–27. Das Schisma, das nach or. IV 10 noch nach Julians Tod andauerte, muß zumindest von 360 bis 364 gedauert haben. Aus or. VI und XVIII 18 geht eindeutig hervor, daß der jüngere Gregor während dieser Zeit an der Seite seines Vaters stand (so auch *Loofs,* RE VII 142). Für ihn sind (or. VI 11) die Mönche Schismatiker. Eine Unterschrift des jüngeren Gregor unter die Beschlüsse von Konstantinopel kam nicht in Frage, da er nicht Bischof war (*Loofs* hat das, RE VII 142, auch nicht behauptet, wie *Wittig,* (1981) 17, Anm. 56, falsch referiert). Wenn sich die Mönche von Nazianz wegen der Zustimmung ihres Bischofs zur Formel und zu den Beschlüssen von Konstantinopel von ihm separierten, so sicher nicht wegen ihrer Treue zum Nizänum, wie *Bernardi,* (1983) 26, anzunehmen scheint, sondern in erster Linie wohl wegen der Verurteilung des Eustathius in Konstantinopel, vielleicht auch der des Makedonius, zu deren Anhängern die Mönche von Nazianz gezählt werden müssen. Wenig sinnvoll erscheint es, in apologetischer Absicht über die Motive Gregors des Älteren für seine Unterschrift unter die Beschlüsse von Konstantinopel zu spekulieren; vgl. z. B. *Wittig,* (1981) 17, und schon das Monitum zu or. VI, PG 35, 719–22. Offenbar war die Formel von Konstantinopel im Jahre 360 für den älteren Gregor akzeptabel, und auch sein Sohn konnte diese Entscheidung nicht nur respektieren, sondern sicher bis 364 auch mittragen. Daß Gregor ein Jahrzehnt später, inzwischen einer der führenden nizänischen Theologen, unter der Regierung des Homöers Valens seines Vaters (und seine eigene) Zustimmung zu den Beschlüssen von Konstantinopel akzeptabel, und auch sein Sohn konnte diese Entscheidung nicht nur respektieren, sondern sicher bis 364 auch mittragen. Daß Gregor ein Jahrzehnt später, inzwischen einer der führenden nizänischen Theologen, unter der Regierung des Homöers Valens seines Vaters (und seine eigene) Zustimmung zu den Beschlüssen von Konstantinopel als Ergebnis einer Überlistung interpretierte (or. XVIII 18), ist aus den kirchenpolitischen Verhältnissen Mitte der siebziger Jahre zu erklären, besagt aber – ebenso wie bei Basilius – nichts für die Zeit von 360 bis 364.

Von einem Zwang zur Unterschrift, wie er aus den Aktionen gegen Athanasius einige Jahre früher bezeugt ist, reden die erhaltenen Quellen nicht.

Es ist aus den Historikern und den zeitgenössischen christlichen Schriftstellern kein Fall bekannt, in dem ein Bischof zur Unterschrift unter die Beschlüsse von Konstantinopel wirklich gezwungen worden wäre, ebenso kennen wir kein

---

denkt, von dem er annimmt, er sei zu den Homöern übergelaufen, der aber wahrscheinlich schon verstorben war; vgl. NAUTIN, DHGE f. 115, 629 f.; LOOFS, RE VI 540, denkt an den nur Bas., ep. 239,1, bezeugten Georg von Doara.

[24] Greg. Naz., or. VI.

Beispiel eines wegen Verweigerung seiner Unterschrift zu diesen Synodalbe-
schlüssen in irgendeiner Weise gemaßregelten, abgesetzten, exkommunizierten
oder gar in die Verbannung geschickten Bischofs. Die reichsweite Verfolgung
des Sozomenus ist somit Legende[25]. Außer in homöusianischen Kreisen, und
hier gerade im Mönchtum[26], scheint es gegen die Formel und gegen die übrigen
Beschlüsse von Konstantinopel keinerlei Widerstand gegeben zu haben. Sicher
war aber die Mehrheit des östlichen Episkopates durch die offenbar wider-
spruchslose Unterschrift unter die Beschlüsse von Konstantinopel noch lange
nicht als Vertreter der homöischen Theologie anzusehen! Auch die Homöusianer hatten letztlich dieser Formel zugestimmt. Sie war offensichtlich für die
übergroße Menge des östlichen Episkopats theologisch vertretbar, wie an vielen
nur wenig später uneingeschränkten Vertretern des Nizänum, z. B. Meletius,
Athanasius von Ankyra, Gregor von Nazianz der Ältere und Euseb von Samosata, um nur einige zu nennen, deutlich wird[27].

Für die enge Verbindung zwischen Homöusianern und Mönchtum zeugen Eustathius (vgl. *Hauschild,* TRE X 547–50) und Basilius von Caesarea, der 360 als
Verbündeter des Eustathius und als Gegner der Beschlüsse von Konstantinopel
erscheint; vgl. *Loofs,* (1898) 53 ff.; *Hauschild,* TRE V 301 ff. Zu den monastischen
Aktivitäten des Makedonius von Konstantinopel, dem seine Mönche offenbar zum
Teil in die Verbannung folgten, vgl. Sok., h. e. II 38; 42,3; 45; Soz., h. e. IV 20; 27;
leg. 4 (nach Cod. Hierosolym. Sab. 27 [*Franchi di Cavalieri,* 170, 21–23]): ἐξιόντος δὲ
τοῦ Μακεδονίου τῆς ἐκκλησίας, ἐπηκολούθησαν αὐτῶι πτωχοὶ πλείονες· ἦν

---

[25] Vgl. oben Anm. 21. Offenbar wurde Eunomius abgesetzt, weil er sich weigerte, die
Beschlüsse von Konstantinopel nun als Bischof auch zu unterschreiben; vgl. unten S. 63 f.
Eine Verfolgung, wie sie Soz., h. e. IV 26,3–6, berichtet, hätte nur auf persönliche Initiative
des Kaisers stattfinden können, der das ganze Jahr über aber durch den Perserkrieg im Osten
gebunden war. Kirchenpolitisch ist Konstantius, soweit wir wissen, nur noch in den Angelegenheiten des Eunomius und des Meletius (vgl. unten S. 66 ff.) aktiv geworden. In die Zeit nach
der Synode von Konstantinopel fallen allerdings Versuche des dux Aegypti, Artemius, Athanasius in der Wüste aufzuspüren, wobei es auch zur Folterung der Eudaemonis kam; vgl.
Kaphalaion zum Festbrief des Athanasius von 360 [Albert, 260 f.], dazu Dummer, (1971)
121–44. Diese Aktion des Artemius, auch wenn sie sicher die Zustimmung Georgs von
Alexandrien hatte – der allerdings seit 358 nicht mehr in Ägypten war (Hist. Ath. II 3 ff.) – kann
aber nicht als Folge der Beschlüsse von Konstantinopel angesehen werden. Für den Beamten
Artemius (über ihn vgl. unten S. 127–131) war Athanasius ein flüchtiger Verbrecher. Von
Aktionen gegen Anhänger des Athanasius in Alexandrien oder überhaupt in Ägypten dagegen
ist nichts bekannt. Die grausame Verfolgung von Athanasiusanhängern, die Georg nach seiner
Rückkehr nach Alexandrien nach Sok., h. e. II 47,17, durchgeführt haben soll, wird Hist. Ath.
II 6 nicht bestätigt und muß auf Bedenken stoßen, da Georg bereits vier Tage nach seiner
Rückkehr inhaftiert wurde; vgl. Hist. Ath. II 8 und unten S. 116–119.

[26] Vgl. Soz., h. e. IV 27 und oben Anm. 24.

[27] Zu Meletius vgl. unten S. 66 ff.; zu Athanasius von Ankyra Le Quien I, 461; Levenq,
DHGE IV 1351 f.; zu Gregor von Nazianz d. Ä. vgl. oben Anm. 24; zu Euseb von Samosata Le
Quien, II 933 f.; Loofs, RE V 620–22; Spanneut, DHGE XV 1473–75 und unten S. 234.

γάρ, φησίν, ὁ ἄνθρωπος φιλόπτωχος. ταύτηι οὖν τῆι ὑποθέσει Μακεδονιανοὶ ὠνομάσθησαν οἱ τῶι Πνεύματι τῶι ἁγίωι ναυαγοῦντες.

Πτωχοί müssen hier als Mönche oder Asketen, nicht als sozial „Arme" gedacht werden; vgl. damit Soz., h. e. IV 20,2 [Bidez-Hansen, 170, 4–5]: (über die Rolle des Marathonius als Presbyter des Makedonius)... καὶ σπουδαῖον ἐπίτροπον πτωχείων τε καὶ μοναχικῶν συνοικιῶν ἀνδρῶν τε καὶ γυναικῶν... Sok., h. e. II 38,4 [Hussey I 327,17–19]: (Marathonius) σπουδαῖος δὲ περὶ τὸ συστήσασθαι ἀνδρῶν τε καὶ γυναικῶν μοναστήρια. Bei Sokrates ist demnach μοναστήριον mit πτωχαίον bei Sozomenus identisch. Zum nicht ganz eindeutigen Sprachgebrauch vgl. Lampe, (1961) 1206 s. v. πτωχαίον. Die πτωχοί des Legendum wären dann als Bewohner jener πτωχαία als Mönche und Nonnen anzusehen. Das schließt natürlich keinesfalls die Betreuung sozial Armer aus, wie Soz., h. e. IV 27,5 zeigt. Anders Schultze, (1913) 49; Dagron, (1974) 440.

Zu φιλόπτωχος vgl. Franchi di Cavalieri, (1946) 149, Anm. 1. Liddell-Scott verzeichnet keinen Beleg, Lampe, (1961) 1480, gibt für die patristische Literatur drei Belege (die Stelle aus dem Legendum ist ihm entgangen), die alle in den asketisch-monastischen Bereich gehören:

1) Ps. Hipp. de consummatione mundi (CPG 1910) 42 [PG 10,944C = GCS 1,306,20f.]: Δεῦτε φιλόπτωχοι, φιλόξενοι. Δεῦτε οἱ τὴν ἀγάπην μου φυλάξαντας, καθὼς ἐγὼ ἀγάπη εἰμί.

2) Ath. vit. Ant. 30 [PG 26,888C–889A]: Τὸν Θεὸν ἄρα μόνον φοβεῖσθαι δεῖ˙ τούτων δὲ καταφρονεῖν, καὶ μηδ' ὅλως αὐτοὺς δεδιέναι. Ἀλλὰ καὶ μᾶλλον ὅσον ταῦτα ποιοῦσιν, ἐπιτείνωμεν ἡμεῖς τὴν ἄσκησιν κατ' αὐτῶν. Μέγα γὰρ ὅπλον ἐστὶ κατ' αὐτῶν βίος ὀρθὸς, καὶ ἡ πρὸς Θεὸν πίστις. Φοβοῦνται γοῦν τῶν ἀσκητῶν τὴν νηστείαν, τὴν ἀγρυπνίαν, τὰς εὐχὰς, τὸ πρᾶον, τὸ ἥσυχον, τὸ ἀφιλάργυρον, τὸ ἀκενόδοξον, τὴν ταπεινοφροσύνην, τὸ φιλόπτωχον, τὰς ἐλεημοσύνας, τὸ ἀόργητον, καὶ προηγουμένως τὴν εἰς τὸν Χριστὸν εὐσέβειαν.

3) Isid. Pelus. ep. 172 [PG 78 296 A]: Χάσμα μέγα ἐστήρικται μεταξὺ ἑαυτοῦ καὶ τοῦ πλουσίου τιμωρουμένου, ὃ Ἀβραὰμ ἀπεκρίνατο, τὴν τῶν δικαίων πρὸς τοὺς πταίοντας διαφορὰν ἐνδεικνύμενος. Ὁ μὲν γὰρ, φιλόξενος ἦν καὶ φιλόπτωχος, τοὺς μακρὰν ἀπῳκισμένους δεχόμενος...

τὸ φιλόπτωχος erscheint Ath., vit. Ant. 30, als asketische Tugend und ὁ φιλόπτωχος als asketischer Ehrentitel. Wenn Makedonius in leg. 4 φιλόπτωχος genannt wird, ist das in erster Linie als asketischer Ehrentitel zu verstehen. Telfer, (1950) 39f., will cap. 4 als hagiographischen Zusatz eines späteren Bearbeiters annehmen, weil die Hist. Ath., die dieselbe Quelle wie das Legendum benutzt, dazu keine Parallele bietet. Viel eher scheint jedoch wahrscheinlich, daß die Hist. Ath. dieses Stück aus seiner mit leg. gemeinsamen Quelle nicht aufgenommen hat, da die Historia Athanasii nicht gut eine positive Nachricht über den erklärten Athanasiusgegner Makedonius überliefern konnte oder wollte.

Von den Verfechtern des Nizänum hören wir in diesem Zusammenhang im Osten noch nichts[28].

---

[28] Von den angeblichen Nizänern in Seleukia (vgl. oben S. 40ff.) ist für die Zeit nach der Synode von Konstantinopel nichts überliefert. Athanasius selbst war 360/61 noch in einem Versteck und konnte erst nach dem Tode des Konstantius mit seiner Schrift de synodis wieder an

Im Jahre 360 hatten Acacius und Eudoxius nach ihrem triumphalen Sieg in Konstantinopel und angesichts des Vertrauens, das sie beim Kaiser genossen, die Möglichkeit, während der langen Abwesenheit des Konstantius von der Hauptstadt die Kirchenpolitik – und das heißt hier in erster Linie die Personalpolitik – durch Einsetzung von Bischöfen ihrer Wahl (anstelle der mehr aus persönlicher Rache denn aus theologischen Gründen abgesetzten Bischöfe) zu bestimmen.

Als besonders fragwürdig und sowohl theologisch als auch kirchenpolitisch inkonsequent galt seit jeher, daß Eudoxius, gemeinsam mit Maris von Chalkedon, Eunomius zum Bischof von Kyzikos machte, einen Schüler des Aetius, nachdem dieser den Weg in die Verbannung hatte antreten müssen[29]. Schon die alten Historiker sahen darin einen Beweis, daß Eudoxius theologisch in Wahrheit auf der Seite von Aetius und Eunomius stand[30]. Die Einsetzung des Eunomius zum Bischof von Kyzikos, die noch im Jahre 360 stattgefunden haben muß[31], wird man nicht in erster Linie als theologisches Bekenntnis des Eudoxius werten dürfen. Eudoxius war Eunomius in erster Linie persönlich und nicht durch gleiche theologische Anschauungen verbunden. Auch hatte sich Eunomius offenbar in Konstantinopel von der Theologie seines Lehrers Aetius vorerst distanziert[32]. Eine Unterschrift unter die Beschlüsse von Konstantinopel kam für ihn als Diakon zu diesem Zeitpunkt sowieso nicht in Frage.

Die strikt gegen jeden trinitarischen Anhomöismus gerichtete kirchliche Politik des Kaisers[33] und andere Schwierigkeiten, die Eunomius in Kyzikos aufgrund seiner Theologie offenbar sehr schnell bekam[34], haben bald zu seiner Entfernung aus Kyzikos geführt, seine Weigerung, Aetius zu verurteilen und – so wird man vermuten müssen – nunmehr als Bischof die Beschlüsse von

---

die Öffentlichkeit treten. Interessant wäre in diesem Zusammenhang die Rolle des Apollinaris, der in Laodicea seit 360 oder 361 in Konkurrenz zu Pelagius eine eigene nizänische Gemeinde leitete; vgl. Lietzmann, (1904) 1–6; Mühlenberg, TRE III 362f.

[29] Thdt., h. e. II 27,21–29,2; Philost., h. e. V 3; vgl. Abramowski, RAC VI 936f.; Ritter, TRE X 525f.

[30] Thdt., h. e. II 29,3ff. Nach Soz., h. e. VI 8,7f, setzt Eudoxius in Kyzikos Eunomius ein, weil er hoffte, durch dessen Beredsamkeit die Gemeinde von Kyzikos für sich gewinnen zu können; vgl. Spanneut, DHGE XV 1339. Gwatkin, (1900) 187, folgert aus der Ordination des Eunomius durch Eudoxius auf der einen und die Ordination des Meletius in Antiochien (durch Acacius?) auf der anderen Seite eine Spaltung der Homöer, wofür es aber keinerlei Hinweise gibt.

[31] So nach Theodoret und Philostorgius. Sokrates (h. e. IV 7) und Sozomenus (h. e. VI 8) haben die Ordination des Eunomius und die kurze Episode seines Episkopats falsch in die Geschichte des Eleusius von Kyzikos eingebaut, der ihnen als Vorgänger des Eunomius das Stichwort für ihre Darstellung gibt. Das Richtige schon bei Le Quien, I 750–52; vgl. Abramowski, RAC VI 936f.; Ritter, TRE X 525f., gegen Spanneut, DHGE XV 1400f., der dem chronologischen Ansatz von Sok./Soz. folgt.

[32] Thdt., h. e. II 29,1; vgl. oben S. 51.

[33] Thdt., h. e. II 29,2.

[34] Thdt., h. e. II 29,3ff.; Philost., h. e. VI 1.

Konstantinopel zu unterschreiben, hatten den endgültigen Bruch mit Eudoxius zur Folge[35].

Die Quellen berichten, daß die Einsetzung neuer Bischöfe in erster Linie durch die Aktivitäten des inzwischen nach Caesarea zurückgekehrten Acacius, aber in enger Verbindung mit Eudoxius[36], vorangetrieben wurden. Leider sind nur wenige Namen der von Acacius und Eudoxius Neuernannten bekannt, viel weniger als wir an Namen von abgesetzten Bischöfen kennen. In Nikomedien wurde als Nachfolger des bei dem Erdbeben im Jahre 358 getöteten Cecropius ein sonst nicht bekannter Onesimos eingesetzt[37]; auch über den anstelle des Silvanus von Tarsus auf den Bischofsstuhl der Metropolis der Provinz Cilicia prima berufenen Acacius ist nichts weiter bekannt[38]. In Ankyra wurde der Stuhl des vertriebenen Basilius mit Athanasius besetzt, der dann schon 363 auf der meletianischen Synode in Antiochien für das Nizänum eintrat[39]. Dasselbe gilt für Pelagius, der als Nachfolger des 360 oder 361 wahrscheinlich verstorbenen Georg[40] zum Bischof von Laodicea ordiniert wurde[41].

In Jerusalem wurde auf den Stuhl des einst von Acacius eingesetzten Kyrill ein gewisser Irenäus gesetzt[42].

---

[35] Thdt., h. e. II 29,10; Philost., h. e. VI 1; Sok., h. e. IV 13; vgl. Abramowski, RAC VI 936 f. und Ritter, TRE X 525 f.

[36] Die Initiative des Acacius hebt besonders Philost., h. e. V 1, hervor. Eudoxius und Acacius zeichnen als die Hauptakteure der Kirchenpolitik nach der Synode von Konstantinopel Thdt., h. e. II 29,1, und Soz., h. e. IV 26,1.

[37] Le Quien, I 587. Nach Sok., h. e. II 38,4, und Soz., h. e. IV 20,2, war nach dem Tode des Cecropius bei dem Erdbeben des Jahres 358 (vgl. oben S. 12) Marathonius, ein enger Vertrauter des Makedonius von Konstantinopel (vgl. oben S. 61 f.) als Bischof eingesetzt worden. Obwohl er bei den durch die Synode von Konstantinopel abgesetzten Bischöfen nicht genannt ist, wird er das Schicksal seines Lehrers Makedonius und seines ehemaligen Kollegen im Konstantinopolitaner Klerus, Eleusius, geteilt haben. Nach Philost., h. e. V 1, wird man nicht mit Le Quien, I 587, Onesimus als Homousianer ansehen können, da Philostorgius alle Nicht-Anhomöer als Homousianer zu bezeichnen pflegt; vgl. Bidez, Philostorgius, CXXIV. Schultze, (1922) 293, dreht den Sachverhalt um, wenn er Marathonius zum Nachfolger des Onesimus macht.

[38] Philost., h. e. V 1; vgl. Le Quien, II 872. Nach Acacius ist in Tarsus erst wieder Diodor bezeugt. Unklar ist, ob Acacius bis 378 (Beginn des Episkopat des Diodor) Bischof war. Für Schultzes, (1926) 277. 280, Vermutung, Acacius habe erst unter Valens wirklich eingesetzt werden können, besteht kein Anlaß. Bas., ep. 34 (nach Loofs, (1898) 50. 52, von 369) scheint anzudeuten, daß nach einer Vakanz wieder ein homöischer Bischof eingesetzt worden war; ep. 113 f. nach Tarsus, allgemein 372 datiert (Courtonne, II 16 f.) scheint wiederum eine Vakanz vorauszusetzen; anders Schultze, (1926) 280. Zu einer geplanten homöusianisch-meletianischen Synode in Tarsus vgl. unten S. 220; zur eventuellen Rolle dieses Acacius auf der antiochenischen Synode um 363; vgl. S. 173 ff.

[39] Philost., h. e. V 1; vgl. Le Quien, I 455; Schultze, (1926) 392–406. Auch unter Jovian konnte Basilius nicht zurückkehren. Während der Regierungszeit des Valens gilt Ankyra dann als arianisch, d. h. also homöisch; vgl. unten S. 194.

[40] Nautin, DHGE f. 115, 629 f.

[41] Philost., h. e. V 1; Le Quien, II 793 f.; vgl. S. 198.

[42] Le Quien, III 157–61.

Ob anstelle der anderen abgesetzten Bischöfe von Acacius und Eudoxius noch Nachfolger ernannt wurden, ist nicht bekannt, aber anzunehmen. Es fällt auf, daß unter den neuernannten Bischöfen jene, von denen wir überhaupt etwas wissen, theologisch nicht eigentlich als Homöer angesprochen werden können, sondern zu der breiten, im Osten zu dieser Zeit wohl noch die Mehrheit bildenden Gruppe der Vertreter eusebianischer Theologie gehörten, aber den Schritt zur homöusianischen Partei, wie sie in Seleukia in Erscheinung getreten war, nicht mitvollzogen hatten und bald auf der Seite der Neunizäner standen[43]. Offenbar war Acacius, aber auch Eudoxius daran gelegen[44], unter dem breiten Dach der Formel von Konstantinopel die vornehmlich von Origenes und Euseb geprägten Theologen des Ostens zu vereinen und so die Kirche der östlichen Reichshälfte auf einer Basis weitgehender theologischer Zustimmung einer möglichst großen Zahl von Bischöfen zu gründen. Zweifellos galt dieses Bemühen auch Theologen, die eigentlich der homöusianischen Theologie näher standen. Lediglich die Führer der *kirchenpolitischen* homöusianischen Partei in Seleukia wurden in erster Linie aus persönlicher Rache, aus dieser Reichskirche ausgeschlossen.

Daß dieses kirchenpolitische und theologische Konzept, das ganz im Sinne des Kaisers war, zunächst erfolgversprechend schien, zeigt sich am offenbar ganz und gar fehlenden Widerstand gegen seine Durchführung. Auch jene Bischöfe, die theologisch homöusianischen Formulierungen im Grunde viel näher standen als den homöischen von Rimini und Konstantinopel und bald zu den Vertretern des Nizänum zählen sollten, haben ihren Frieden mit dieser Reichskirche machen können und die Formel von Konstantinopel mit ihren weiten Auslegungsmöglichkeiten unterschrieben.

Acacius und Eudoxius haben vermutlich von allen kirchenpolitischen und theologischen Beratern des Kaisers dessen Intentionen am klarsten erkannt und in kirchenpolitische Praxis umgesetzt. Obwohl beide gebildete Theologen waren, Acacius vielleicht einer der gebildetsten seiner Zeit[45], hatten sie in ihrem kirchenpolitischen Konzept nicht begriffen, daß drängende theologische Fragen – und die trinitarische als Kernpunkt des christlichen Bekenntnisses war und ist eine solche – nicht dadurch lösbar waren, daß man sie einfach überging. Dem Kaiser in seiner Frömmigkeit war dies natürlich möglich; aber Acacius und Eudoxius sind, wenn auch erfolgreiche Kirchenpolitiker, als Theologen daran gescheitert[46]. *Theologisch* ausgeschlossen blieben von dieser Reichskirche auf der einen Seite die Vertreter des Nizänum, wie es sie mit einer serdizensischen Interpretation im Sinne der Einhypostasentheologie im Abendland und im

---

[43] Wie z. B. Meletius, Athanasius von Ankyra und Euseb von Samosata, vgl. unten S. 173 ff.
[44] Eudoxius muß diese Politik mitvertreten haben, da zumindest der Bischofsstuhl von Ankyra nicht gegen seinen Willen zu besetzen war; anders aber GWATKIN, (1900) 187.
[45] Soz., h. e. III 2,9; 14,42; IV 23,2.
[46] Vgl. unten S. 173 ff.

Osten um Athanasius und seine Anhänger gab, – ohne daß wir über diese östlichen Nizäner, zu denen Apollinaris und sein Kreis zu zählen ist, viel wüßten, auf der anderen Seite die Vertreter der Theologie des Aetius, wie der Fall des Eunomius zeigt.

Athanasius aber war noch in einem Versteck in der ägyptischen Wüste; sein theologischer Protest gegen die Beschlüsse von Konstantinopel konnte sich erst nach Konstantius' Tod zu Worte melden[47]. Das Abendland fiel wegen der Usurpation des Julian für die theologische Debatte vorerst aus.

Theologisch hatte diese Reichskirche daher bis zum Tode ihres Schöpfers Konstantius sich in erster Linie mit der Frage der anhomöischen Theologie des Aetius und seines Schülers Eunomius auseinanderzusetzen[48].

Das Vorgehen von Eudoxius und Acacius bei der Besetzung von Bischofs- stühlen zeigt, soweit noch erkennbar, eine bisher in der *kirchenpolitischen* Ausein- andersetzung ungewohnte Taktik. Besonders Basilius, aber auch Makedonius, die kaiserliche Gunst nutzend, hatten ihren Einfluß voll ausgespielt, um bei der Besetzung von Bischofsstühlen Vertreter der eigenen Partei zum Zuge kommen zu lassen und waren damit letztlich gescheitert[49]. Acacius und Eudoxius wollten offensichtlich diesen Fehler ihrer Vorgänger vermeiden.

2. *Der Fall des Meletius und die antiochenischen Synoden von 360 und 361*

Besondere Fragen wirft in diesem Zusammenhang die Einsetzung und alsbal- dige Absetzung des Meletius als Bischof von Antiochien auf, so daß eine gesonderte Behandlung dieses mit den letzten kirchenpolitischen Entscheidun- gen des Konstantius verbundenen Komplexes gerechtfertigt erscheint[50].

Seit Eudoxius vom Kaiser wegen der eigenmächtigen Inbesitznahme des antiochenischen Bischofsamtes abgesetzt worden und auch nach seiner Rehabili- tierung in Konstantinopel nicht nach Antiochien zurückgekehrt war, blieb der antiochenische Thronos verwaist[51]. Mit der (natürlich eigentlich unkanonischen – aber das störte inzwischen nur noch den jeweiligen kirchenpolitischen Geg-

---

[47] Zu de syn. vgl. Oᴘɪᴛᴢ, 231.

[48] Andere theologische Auseinandersetzungen sind jedenfalls nicht mehr deutlich, vgl. auch unten S. 66 ff. u. 81 ff.

[49] Gᴜᴍᴍᴇʀᴜs, (1900) 90 ff.; Bʀᴇɴɴᴇᴄᴋᴇ, (1984) 355 ff und oben S. 9 f.; 12 f.

[50] Der Fall des Meletius wird üblicherweise im Zusammenhang des antiochenischen Schisma behandelt. Da das aber mit den Homöern nichts mehr zu tun hat und in die Geschichte der Auseinandersetzung zwischen Alt- und Neunizänern gehört, kann es im Zusammenhang dieser Arbeit nicht weiter verfolgt werden. Zum ganzen Komplex vgl., obwohl inzwischen teilweise überholt, Cᴀᴠᴀʟʟᴇʀᴀ, (1905); Dᴇᴠʀᴇᴇssᴇ, (1945); Sᴄʜᴡᴀʀᴛᴢ, (1960) 43 ff.; Sɪᴍᴏɴᴇᴛᴛɪ, (1975) 360–77; Dʀᴇᴡᴇʀʏ, TRE III 109–11.

[51] Lᴏᴏfs, RE V 577–80; Sᴄʜᴡᴀʀᴛᴢ, (1960) 32 f.; Sᴘᴀɴɴᴇᴜᴛ, DHGE XV 1337 ff. Zur Episode

ner[52]) Translation des Eudoxius nach Konstantinopel ergab sich nach der längst bestehenden Notwendigkeit nun auch endlich die Möglichkeit, einen neuen Bischof für Antiochien zu wählen[53].

Allem Anschein nach hatte Konstantius Acacius und Eudoxius bei der Besetzung von freien beziehungsweise durch Relegierung der bisherigen Inhaber frei gewordenen Bistümern weitgehend freie Hand gelassen, nicht aber in Antiochien. Schon Konstantin und dann auch Konstantius selbst hatten bei verschiedenen Gelegenheiten in die kirchlichen Angelegenheiten Antiochiens persönlich eingegriffen, sei es bei der Absetzung, sei es bei der Einsetzung neuer Bischöfe in der östlichen Metropole[54].

Wie wichtig es für den Kaiser war, in Antiochien die Dinge im Auge zu behalten, hatte Eudoxius selbst erst vor kurzem eindrücklich demonstriert, als er nach dem Tode des Leontius, während Konstantius im Abendland war, eigenmächtig die Kathedra von Antiochien in Besitz genommen hatte[55].

Tatsächlich war diese Usurpation des antiochenischen Bischofssitzes der Anlaß, wenn auch nicht die eigentliche Ursache, für die Erschütterungen gewesen, die die östlichen Kirchen seither durchgemacht hatten. Erst mit der Usurpation des Eudoxius waren die Gruppen innerhalb des großen von der Theologie des Euseb beeinflußten Lagers in Bewegung und in Auseinandersetzungen untereinander geraten, durch die dann eine eigene homöusianische, theologisch profilierte Partei entstanden war, die sich dann von den übrigen Vertretern der eusebianischen Theologie getrennt hatte. Die Usurpation des Eudoxius hatte das durch die Theologie des Aetius und seines Schülers Eunomius der Kirche neu gestellte Problem überhaupt erst deutlich gemacht und die Entwicklung angestoßen, die inzwischen in Konstantinopel zur definitiven Trennung der Kirche von dieser Theologie geführt hatte, ohne jedoch Homöer und Homöusianer wieder zusammenfinden zu lassen. Das waren gute Gründe für den Kaiser, bei der Wahl des Bischofs von Antiochien seine Interessen mit ins Spiel zu bringen.

Im Frühjahr 360 war Konstantius von Konstantinopel an die Ostgrenze des

---

des von der homöusianischen Mehrheit auf der Synode von Seleukia zum Bischof von Antiochien gewählten Anianus vgl. oben S. 48.

[52] Vgl. oben Anm. 18 S. 59.

[53] Die Vakanz hatte volle zwei Jahre gedauert. Anianus wird man eigentlich nicht mit zu den antiochenischen Bischöfen rechnen dürfen, da er sein Amt nie angetreten hat, auch wenn die Listen ihn als zweiunddreißigsten Bischof von Antiochien verzeichnen; vgl. LE QUIEN, II 713 A B; DEVREESSE, (1945) 116 (als einunddreißigsten Bischof); MOMMSEN, chron. min. III 558 (der die Absetzung irrtümlich ins Jahr 360 datiert). Anianus wurde im September 359 sofort nach seiner Wahl verhaftet und ins Exil geschickt; vgl. oben S. 48.

[54] Vgl. schon das Eingreifen Aurelians auf Bitte der Kirche gegen Paulus von Samosata, Eus., h. e. VII 30,19; dazu MILLAR, (1971) 14–16; NORRIS, (1984). Konstantin hatte durch Ossius von Cordoba bei der Wahl des Eustathius eingegriffen, ebenso dann bei seiner Absetzung; vgl. LORENZ, TRE X 543–46. Zur Absetzung des Stephanus durch Konstantius im Jahre 344 (Thdt., h. e. II 9 f.) vgl. LE QUIEN, II, 711 E–712 C (nach der alten falschen Datierung der Synode von Serdika) und BRENNECKE, (1984) 52–54.

[55] Vgl. GUMMERUS, (1900) 62 ff. und die oben Anm. 51 genannten Titel.

Reiches aufgebrochen[56], traf aber wohl erst unmittelbar vor Weihnachten in Antiochien, das er zum Winterquartier bestimmt hatte, ein[57]. Seit dem durch die Weihe der Sophia am 15. Februar auch äußerlich glanzvollen Abschluß der in verschiedenen sessiones in Rimini, Seleukia und am Hof in Konstantinopel abgehaltenen Synode hatte Konstantius die aktive Kirchenpolitik wegen des Perserkrieges für beinahe ein Jahr ruhen lassen müssen.

Kaum im Winterquartier in Antiochien angelangt, versammelt er dort eine größere Zahl von Bischöfen zu einer Synode, um für Antiochien einen neuen Bischof zu bestimmen, und – das erstaunt angesichts der Tatsache, daß diese Synode wegen der Abwesenheit des Kaisers im Perserkrieg nicht intensiv durch Beratungen mit Bischöfen seines Vertrauens vorbereitet werden konnte – erneut über Fragen der Lehre zu verhandeln[58]. Warum sollte das nach der weitgehenden Zustimmung zur Formel von Konstantinopel schon wieder nötig sein? Zwar hatten die aus ihren Bistümern vertriebenen Homöusianer sich inzwischen von ihrer am 31. 12 359 gegebenen Zustimmung zum Bekenntnis von Konstantinopel wieder losgesagt[59], aber für den Moment spielten sie in den theologischen Auseinandersetzungen eigentlich keine Rolle. Theodoret, hier eine nicht sehr präzise, aber leider unsere einzige Quelle[60], berichtet, daß auf dieser Synode die Begriffe ὁμοούσιος und ἑτεροούσιος als Begriffe für die Bezeichnung der inner-trinitarischen Relationen erneut verworfen werden sollten. Das kann nur hei-ßen, daß der homöische Standpunkt, wie er in Konstantinopel definiert worden war, erneut bekräftigt werden sollte.

Weniger klar ist, warum nach Theodoret jetzt noch einmal das homoousios abgelehnt werden sollte, das in der momentanen Situation keine für uns erkenn-bare Rolle mehr spielte[61].

---

[56] SEECK, (1919) 207; ders., PW IV 1093 f.

[57] Am 17. Dezember ist Konstantius noch in Hierapolis nachweisbar; vgl. SEECK, (1919) 208.

[58] Thdt., h. e. II 31,1.

[59] Philost., h. e. V 1.

[60] Thdt., h. e. II 31. Für Theodoret ist Meletius der rechtgläubige Bischof von Antiochien, der Lehrer des Chrysostomus und des in besonderer Weise von Theodoret verehrten Diodor. So steht sein Bericht über Ein- und Absetzung des Meletius schon ganz in der hagiographischen Tradition, die bei Meletius früh begonnen hat. Außerdem zieht er verschiedene Ereignisse zu einem Geschehen zusammen. SIMONETTI, (1975) 342, Anm. 75, der Theodoret als über die Ereignisse gut informiert bezeichnet, vermag ich nicht zu folgen.

[61] Thdt., h. e. II 31,1.
Zumindest in den Kreisen um Apollinaris haben aber das Nizänum und das ὁμοούσιος um diese Zeit längst eine Rolle gespielt. Ob die antiochenischen Eustathianer um Paulinus um 360 das ὁμοούσιος benutzten, ist nicht deutlich. Für Eustathius selbst vgl. LORENZ, TRE X 545,12. Bei der Notiz des Theodoret kann es sich auch um eine für ihn schon selbstverständliche Komplettierung handeln. KLEIN, (1977) 102 f., denkt bei der nach Philost., h. e. VI 5, geplanten Synode in Nizäa an eine Auseinandersetzung mit den abendländischen Homousianern, nament-lich denen um Hilarius von Poitiers, die mit Julian im Bunde waren und zu den im Orient abgesetzten Homöusianern Beziehungen angeknüpft hatten; vgl. unten S. 83. Auf keinen Fall wird man die Notiz des Theodoret über eine erneute Verurteilung des ὁμοούσιος auf abendlän-dische Verhältnisse beziehen dürfen. Eine erneute kirchenpolitische Auseinandersetzung mit

Die noch in den letzten Tagen des Jahres 360 zusammentretende Synode bittet den Kaiser, zuerst die Bischofswahl durchführen zu dürfen, um anschließend mit dem neuen Bischof die dogmatischen Fragen zu beraten[62]. In offenbar großer Einmütigkeit bitten die in Antiochien versammelten Bischöfe, die man wohl alle (einschließlich des bei der Wahl in nicht mehr deutlich erkennbarer Weise eine hervorragende Rolle spielenden Euseb von Samosata[63]) der Gruppe um Acacius und Eudoxius zurechnen muß, den Kaiser, Meletius von Sebaste zum Bischof von Antiochien einzusetzen, einen Mann, der sich in Sebaste als Bischof nicht hatte durchsetzen können und deshalb nach Beröa in Syrien gekommen war, offenbar ohne dort irgendein kirchliches Amt zu bekleiden[64]. Meletius, der durch seine schmerzlichen Erfahrungen mit den Anhängern des wahrscheinlich 358 abgesetzten Eustathius[65] kirchenpolitisch als dezidierter Gegner der Homöusianer angesehen werden muß, gehörte 360 ganz und gar zur homöischen Partei um Acacius und Eudoxius, theologisch dabei sicher Acacius näherstehend[66]. Wenn unsere weitgehend schon durch die früh einsetzende Meletiushagiographie geprägte Überlieferung meint, daß die Homöer um Eudoxius und Acacius in der theologischen Einschätzung des Meletius einem Irrtum unterlagen und Meletius selbst in Wirklichkeit schon damals ein Vertreter des Nizänum und des ὁμοούσιος war, so ist diese, von vielen Forschern bis in die Gegenwart vertretene Sicht auf das Konto der Hagiographie zu schieben, da

---

dem Abendland kam doch wohl erst nach einem eventuellen Sieg über Julian in Frage.

Da eine theologische Debatte über das ὁμοούσιος zu diesem Zeitpunkt sich nirgends sonst in den Quellen niedergeschlagen hat, scheint mir diese Notiz am ehesten auf das Konto des Theodoret selbst zu gehen.

[62] Thdt., h. e. II 31,2.

[63] Thdt., h. e. II 31,5; 32,1–6. Die beiden Berichte über die Rolle des Euseb von Samosata sind legendarisch. Schon 363 war Euseb mit Meletius ein Vertreter des Nizänum auf der Synode von Antiochien; unter Valens mußte er als Anhänger des Nizänum ins Exil und wurde später von einer fanatischen Arianerin ermordet; vgl. Tillemont VII, (1732) 319–36; 759 f.; Le Quien, II 933 f.; AS Jun. IV 235–42; Loofs, RE V 620–22; Spanneut, DHGE XV 1473–75; vgl. auch S. 234.

[64] Thdt., h. e. II 31,2 f.; Ruf., h. e. X 25; Hier., chron, ad a. 360; Philost., h. e. V 1; Sok., h. e. II 44,2 f; Soz., h. e. IV 28,3–5; Hist. Ath. II 7; Epiph., haer. 73,23 f.; vgl. Baus, LThK VII 256 (der z. T. die Fakten verwechselt); Amann, DTC X 520–531; Loofs, RE XII 552–59; Liébaert, Cath. VIII 1116–22 (mit neuester Literatur bis 1980, aber in vielen Einzelheiten problematisch); Schwartz, (1960) 43 ff. (beste Darstellung); Gwatkin, (1900) 187 ff.; Gummerus, (1900) 181 ff. (folgt weitgehend Sozomenus); Simonetti, (1975) 342 ff. (folgt weitgehend Theodoret).

[65] Vgl. Hauschild, TRE X 547–50.

[66] Vgl. oben Anm. 64. Seine Unterschrift unter die Beschlüsse von Konstantinopel bezeugen Philost., h. e. V 2; Sok., h. e. II 44,2; so auch Loofs, Amann und Schwartz (s. vorige Anm.); für Schultze, (1930) 119, gilt Meletius als Vertreter einer *Mittelpartei;* bei Simonetti, (1975) 343, als *orthodox* (d. h. für Simonetti *nizänisch*), worin Simonetti Theodoret und Sozomenus folgt, denen Meletius von Anfang an als orthodoxer Nizäner galt. Zu Gwatkin, (1900) 187, der in der Wahl des Meletius zum Bischof von Antiochien den Ausdruck eines tiefen Dissenses zwischen Acacius und Eudoxius sehen will, vgl. oben S. 56 ff. Als Meletius im Dezember 360 zum Bischof von Antiochien eingesetzt wurde, war Eunomius bereits wieder abgesetzt; vgl. oben S. 63; 67.

Meletius wegen seines nizänischen Glaubens unter Valens erneut verbannt wurde, dann während der zweiten ökumenischen Synode im Jahre 381 in Konstantinopel verstarb und schon früh liturgisch verehrt wurde[67].

Bei Meletius als besonders betroffenem Opfer der Kirchenpolitik des Valens (vgl. unten S. 232 ff.) hat die Legende die eigentliche Geschichte der ersten Phase seines antiochenischen Episkopats völlig überwuchert; vgl. auch *Schwartz*, (1960) 35 ff. Die orthodoxe Meletiustradition kann auch den Meletius des Jahres 360 nicht als Verbündeten von Eudoxius und Acacius begreifen (vgl. Anm. 60; 64). Nach Thdt., h. e. II 31,3, begehen Acacius und Eudoxius natürlich einen Irrtum, wenn sie in Meletius einen theologischen Verbündeten sehen. Das hat Soz., h. e. IV 28,3–5, dahingehend erweitert, daß Acacius und Georg von Alexandrien Meletius nicht nur für einen theologisch Verbündeten halten, sondern ihn bewußt in Hinsicht auf die Eustathianer um Paulinus zum Bischof von Antiochien machen; ihm traut man zu, die Eustathianer zum Arianismus zu bekehren. Nach 28,5 ging nämlich Meletius das Gerücht voraus, er sei orthodox (und das heißt für Sozomenus *nizänisch*). Allein dieses Gerücht hätte aller Wahrscheinlichkeit nach genügt, ihn gerade nicht zum Bischof von Antiochien zu machen. Ebenso auf das Konto der Meletiushagiographie gehört, daß nach Thdt., h. e. II 31,4, gerade die Eustathianer ihn als Bischof wollen [*Parmentier-Scheidweiler*, 171,6–11]: ὅι δὲ τῶν ἀποστολικῶν ἀντεχόμενοι δογμάτων, τοῦ μεγάλου Μελετίου καὶ τὴν ἐν τοῖς δόγμασιν ὑγείαν εἰδότες καὶ μὲν δὴ καὶ τὴν τοῦ βίου λαμπρότητα καὶ τῆς ἀρετῆς τὸν πλοῦτον σαφῶς ἐπιστάμενοι, συνεψηφίσαντο καὶ τὸ ψήφισμα γραφῆναι καὶ παρὰ πάντων ὑπογραφῆναι μετὰ πλείστης ὅτι μάλιστα σπουδῆς παρεσκεύασαν. Vgl. auch Soz., h. e. IV 28,8, die wenig glaubhafte Begeisterung der Eustathianer über die Predigt des Meletius. Nicht von der Meletiushagiographie sind berührt die Berichte Sok., h. e. II 44,3, und Epiph., haer. 73,28; eine deutliche Distanzierung zur Meletiushagiographie begreiflicherweise bei abendländischen Autoren wie Ruf., h. e. X 25, und Hier., chron. ad a. 360 (eventuell sogar aus homöischer Quelle!). Eine sogar negative Einstellung zu Meletius in der Historia Athanasii II 7 [*Martin*, 146, 34–148,1]: *Et aput Antiochiam arrianae ereseos eicientes Paulinom de ecclesia Melitium constituerunt. eo nolente eorum malae menti consentire.*

Hier spiegelt sich die Sicht Alexandriens deutlich wider, für das (ebenso wie für das Abendland) immer Paulinus und eben nicht Meletius der rechtmäßige Bischof von Antiochien war; vgl. *Schwartz*, (1960) 43 ff. Um Meletius als Usurpator der Kathedra von Antiochien zu erweisen, dreht Hist. Ath. Fakten und Chronologie auf den Kopf und macht Paulinus zu dem zugunsten des Meletius abgesetzten Bischof.

Von daher sind die Darstellungen von *Gummerus*, (1900) 181 ff., und *Simonetti*,

---

[67] Zum Tode des Meletius auf der Synode von Konstantinopel im Jahre 381 vgl. RITTER, (1965) 53–68; zur schon früh einsetzenden Hagiographie Greg. Nyss., *Oratio funebris in Meletium episcopum* = BHG 1243, [GNO IX, ed. SPIRA]; Joh. Chrys., *Homilia encomiastica in S. patrem nostrum Meletium* = BHG 1244 [PG 50,515–20]; BGH 1245; vgl. AS Feb. II 585–602; Synax. Cpel. zum 12. 2. (col. 459 f.). Wie stark die kultische Verehrung des Meletius mit den Exilierungen unter Konstantius und Valens und seinem Tode während des Konzils von Konstantinopel zusammenhängt – so daß Meletius später auch im Abendland verehrt werden konnte, obwohl das Abendland den lebenden Bischof Meletius nie akzeptiert hatte – zeigt das Martyrologium Romanum (im Hieronymianum ist Meletius noch nicht genannt!) zum 12. 2. Nr. 7: *sancti Meletii episcopi, qui pro fide catholica saepe exilium passus, demum Constantinopoli migravit ad Dominum.*

(1975) 342 ff., die ganz den von der Meletiushagiographie geprägten Berichten Theodorets und Sozomenus' folgen, methodisch im Ansatz verfehlt. Eine Beurteilung des theologischen Standortes des Meletius im Jahre 360 kann nur von folgenden als sicher geltenden Fakten ausgehen:

a) Seine Unterschrift zu den Beschlüssen von Konstantinopel ist ebenso bezeugt wie seine Gegnerschaft zu den Homöusianern.

b) Die Führer der homöischen Reichskirche sehen in ihm einen Bundesgenossen, den sie für das Amt des Bischofs der kaiserlichen Residenz Antiochien für geeignet halten.

c) Die bei Epiph., haer. 73,29−33, überlieferte Predigt des Meletius läßt keinerlei Abweichungen vom homöischen Standpunkt erkennen; vgl. unten S. 73 f.

Offensichtlich im Zusammenhang mit der Wahlsynode wurde anschließend tatsächlich über Glaubensfragen diskutiert. Theodoret berichtet, daß Konstantius von drei hervorragenden Mitgliedern der Synode eine Auslegung von Prov 8,22 verlangte. Dem Kaiser scheint es dabei in erster Linie um die Auslegung des ἔκτισε gegangen zu sein[68]. Wie auch von anderen Synodalverhandlungen unter Konstantius bekannt, wurden die verschiedenen Auslegungen auf Befehl des Kaisers mitstenographiert[69].

Georg von Alexandrien, Acacius und der neuernannte Meletius wurden ausgewählt[70]. Nach Theodoret trug nur Georg eine strikt arianische Auslegung vor, Acacius eine mittlere, Meletius *legte die wahre und echte Regel der Gotteslehre dar. Indem er die Wahrheit zur Richtschnur seiner Rede nahm, vermied er glücklich das Zuviel und Zuwenig*[71].

Theodoret kennt aber weder die Predigt des Meletius, noch die der beiden anderen Prediger. Daß Meletius nur eine orthodoxe, nämlich nizänische Predigt gehalten haben könne, steht für ihn aufgrund der hagiographischen Tradition seiner antiochenischen Heimat fest. Folgerichtig verknüpfen er und die gesamte Überlieferung die bald erfolgte Absetzung des Meletius mit der vorausgesetzten Orthodoxie dieser Predigt[72].

---

[68] Thdt., h. e. II 31,6.

[69] Ebenda.

[70] Thdt., h. e. II 31,7. „Georg von Laodikeia" kann nur ein Irrtum sein, in Laodicea war inzwischen Pelagius Bischof; vgl. oben S. 64. Schon die Einordnung *„links"* von Acacius weist auf Georg von Alexandrien; eine ähnliche Verwechslung Sok., h. e. II 45,14 f., von Soz., h. e. IV 29, korrigiert. Wenn Gwatkin, (1900) 187, der Lesung Theodorets folgt, dann nur, um seine These vom Frontwechsel Georgs bestätigt zu sehen. Daß es sich hier um Georg von Alexandrien handeln muß, ist seit Gummerus, (1900) 182, Anm. 2, weitgehend anerkannt; vgl. auch Simonetti, (1975) 343. Gwatkin folgt jetzt Kopecek, 406.

[71] Thdt., h. e. II 31,8 [Parmentier-Scheidweiler, 172,7−9]: ... Μελέτιος καὶ τοῦ τῆς θεολογίας κανόνος ὑπέδειξε τὴν εὐθύτητα. οἷον γάρ τινι στάθμῃ τῇ ἀληθείᾳ χρησάμενος, καὶ τὸ περιττὸν καὶ τὸ ἐλλεῖπον διέφυγεν. (Die Übersetzung nach Seider, BKV 51, 168). Die nach Thdt., h. e. II 31,8, „auf Bitten des Volkes" gegebene kurze Lehrformel: τρία τὰ νοούμενα, ὡς ἑνὶ διαλεγόμεθα ist durch den bei Epiph., haer. 73,29−33 überlieferten Text der Predigt nicht gedeckt und erscheint mir in ihrer Echtheit überhaupt problematisch.

[72] Thdt., h. e. II 31,9 f.; Soz., h. e. IV 28,6−9.

Die Überlieferung der Ursachen für die baldige Absetzung des Meletius ist nicht
einheitlich. Nur nach Thdt., h. e. II 31,9f., wurde Meletius wegen seiner von den
Arianern als *sabellianisch* empfundenen Predigt abgesetzt. Ähnliches hat Epiphanius,
haer. 73,34, auch gehört, kennt aber noch andere, ihm wahrscheinlicher erscheinen-
de Gründe.

Nach Sok., h. e. II 44,4f., hat Meletius zuerst allgemein ethisch orientierte Predigten gehalten, bis dann mit der Zeit sein homousianischer Standpunkt deutlich wurde
[*Hussey* I 364]: ῾Ο δὲ πρῶτον μὲν περὶ δόγματος διαλέγεσθαι ὑπερετίθετο, μόνην
δὲ τὴν ἠθικὴν διδασκαλίαν τοῖς ἀκροαταῖς προσῆγεν. προβαίνων δὲ τὴν ἐν
Νικαίᾳ παρετίθετο πίστιν, καὶ διδάσκει τὸ ὁμοούσιον. Ihm folgt Soz., h. e. IV
28,6–9, der die bei Thdt., h. e. II 31,7f., an der Predigt haftende Legende übernimmt
und weiter ausbaut. Mit Sokrates sieht auch er – im Gegensatz zu Theodoret – einen
längeren Zeitraum verstreichen, bis sich Meletius offen in seiner Predigt als Nizäner
zu erkennen gibt, so daß selbst die Anhänger des Eustathius begeistert sind (die ihn
bekanntlich nie anerkannt haben!).

Die Berichte von Theodoret und Sozomenus sind auch hierin schon ganz von der
hagiographischen Legende geformt. Ohne speziell auf die Predigt zu rekurrieren,
nehmen eine Absetzung wegen nizänischer Theologie noch an: Ruf., h. e. X 25; Hist.
Ath. II 7; Philost., h. e. V 5.

Nach der homöischen Quelle (vgl. unten S. 93f.) des *chronicon paschale* [PG
92,741C] wurde Meletius ἐπὶ ἀσεβείᾳ καὶ ἑτέροις κακοῖς abgesetzt, nach Hier.,
chron. [*Helm*, 242,1–4], weil er von Eudoxius abgesetzte Kleriker wieder eingesetzt
hatte. Damit zu verbinden sind wohl am ehesten die πράγματα κανωνικά, von
denen Epiph., haer. 73,34, noch als Absetzungsgrund weiß und der Meineid, den
Philost., h. e. V 5, erwähnt. Keines der Zeugnisse ist direkt zeitgenössisch. In die Zeit
vor dem Tod des Meletius fällt allein das Zeugnis des *chronicon paschale,* dessen
homöische Quelle aus der Zeit des Valens stammt, und Epiphanius, bei dem auch
schon Anfänge einer Legendenbildung um Meletius deutlich sind. Für den Verfasser
der homöischen Chronik, die das *chronicon paschale* ausschreibt, war während der
Regierungszeit des Valens Meletius bereits ein exponierter Vertreter des Nizänum
und damit ein Vertreter von ἀσέβεια. Zur Zeit des Valens, unter dem Meletius
wegen seines nizänischen Bekenntnisses ins Exil mußte (vgl. unten S. 232ff.) stand
fest, daß er 361 ebenfalls als Nizäner abgesetzt worden sein mußte. Die von Hieronymus, Epiphanius und Philostorgius außerdem genannten Gründe traten immer
weiter in den Hintergrund. Die moderne Forschung ist bis auf wenige Ausnahmen
den am stärksten legendarisch ausgestalteten Versionen von Theodoret und Sozomenus gefolgt, häufig beide noch miteinander verknüpfend, wobei Unterschiede nur in
Marginalien erkennbar sind, so vor allem in der Frage, ob die bei Epiphanius
überlieferte Predigt homöusianisch oder nizänisch interpretiert werden muß (dazu
unten S. 73f.). So im Prinzip von den älteren Forschern zu Beginn dieses Jahrhunderts *Gwatkin*, 187; *Gummerus*, 181ff.; *Le Bachelet*, DTC II 1829f.; *Schultze*, (1930)
119, und von den jüngeren *Baus*, LThK VII 256f.; *Simonetti*, (1975) 343; *Liébaert*,
Cath. VIII 1116ff. Schon *Loofs*, RE XII 554, hatte dagegen die Absetzung des
Meletius wegen seiner Predigt als *erbauliches Märchen* bezeichnet; vgl. auch *Schwartz*,
(1960) 44f.; *Amann*, DTC X 520ff.; *Klein*, (1977) 93ff.

Bei Epiphanius ist eine Predigt des Meletius über Prov 8,22 erhalten, an deren Echtheit kein Zweifel besteht, und die Epiphanius auch in diesen Zusammenhang einordnet[73]. Innere Kriterien machen es wahrscheinlich, daß es sich hierbei um die Predigt handelt, deren Situation bei Thdt., h. e. II 31,6–8, geschildert wird[74].

Diese Predigt zeigt auch nicht die geringsten Anklänge an eine homousianische Theologie. Theologisch ist sie ganz und gar homöisch, d. h. sie bietet die vertraute östliche eusebianische Theologie. Da sie auch keinerlei Beziehungen zu den seit 358 für die Homöusianer typisch gewordenen Formulierungen hat, muß man diese Form der eusebianischen Theologie in der Situation des Jahres 360 als homöisch ansehen, geradezu als ein Paradebeispiel homöischer beziehungsweise akakianischer Theologie und Schriftauslegung, das eindrücklich die enge Bindung homöischer Theologie an die eusebianische Tradition demonstriert[75].

Die Predigt des Meletius beginnt Kap. 29 mit der Ermahnung zum Frieden. Die Ethik ist für Meletius im weiteren Verlauf in der Christologie begründet (29,6 f.; 30,2), deshalb folgt der christologischen Begründung der Ethik eine ausführliche Ekthesis, die aber nur den zweiten Artikel umfaßt. Meletius folgt hier den bekannten östlichen Formulierungen in den zahlreichen Synodalsymbolen (30,4–7). Der Schwerpunkt seiner Darlegung besteht in der Deutung des λόγος als γέννημα in hypostatischer Eigenexistenz, aber auch deutlicher Subordination unter Gott. Wenn Meletius hier die absolute Vorzeitigkeit der göttlichen Zeugung des λόγος und den heilsökonomischen Artikel 2b ganz übergeht, so lassen sich daraus keine weitreichenden Folgerungen ziehen. Diese, nur den Artikel 2a umfassende Ekthesis, steht in keinem Punkt im Widerspruch zu den homöischen Bekenntnissen von Seleukia oder Konstantinopel! Offenbar in bewußter Anlehnung an die Beschlüsse von Konstantinopel vermeidet Meletius die Begriffe ὑπόστασις oder οὐσία für die Personen der Trinität und benutzt statt dessen nur Verbformen: 30,6 [*Holl* III 305,20 f.]: ὑφέστηκε γὰρ καθ' ἑαυτὸν καὶ ἐνεργεῖ, καὶ δι' αὐτοῦ τὰ πάντα. 30,7 [*Holl* III 305,26 f.]: [οὐχ] ὑφέστηκε δὲ καθ' ἑαυτό‹ν›, ἀλλὰ γέννημά ‹ἐστιν› ἐνεργητικὸν καὶ πεποιηκὸς τόδε τὸ πᾶν καὶ φυλάττον ἀεί (wegen des Widerspruchs zu 30,6 schlägt *Abramowski* vor, οὐχ zu streichen). In Kap. 31,5 nimmt Meletius die typisch homöische Formel auf, die seit den Synoden von Seleukia und Konstantinopel Homöer und Homöusianer eindeutig voneinander schied [*Holl* III 306,20–25]: ἐπεὶ τοίνυν ἔδει ‹εἰδέναι› τοὺς πιστεύοντας εἰς Χριστόν, ὡς ὅμοιός ἐστιν ὁ υἱὸς τῷ πατρί, ἅτε δὴ „εἰκὼν“ ὑπάρχων τοῦ „ἐπὶ πάντων“ ὁ „διὰ πάντων“, δι' οὗ τὰ πάντα δεδημιούργηται τά τε ἐν τοῖς οὐρανοῖς καὶ τὰ ἐπὶ γῆς, εἰκὼν δὲ οὐχ ὡς ἄψυχον ἐμψύχου οὐδ' ὡς

---

[73] Epiph., haer. 73,29–33 (zum Zusammenhang vgl. 73,28).

[74] Epiph., haer. 73,40,4 [Holl III 305,10]: ἐνώπιον βασιλέων, und haer. 73,31,2 [Holl III 306,5 f.]: ..., τολμήσωμεν καὶ ἡμεῖς μικρὰ περὶ τούτων διαλαβεῖν, οὐχ ὅτι ⟨οὐκ⟩ ἐντελῶς εἴρηται τοῖς πρὸ ἡμῶν εἰρηκόσιν ... bezeugen, daß die Predigt vor dem Kaiser gehalten wurde und daß ihr andere vorausgingen.

[75] Leider hat Holl dem Text nur einen Bibelstellenapparat beigefügt und darauf verzichtet, die Parallelen aus der östlichen eusebianischen Tradition – und vor allem aus den Antimarkellschriften des Euseb selbst – mit in den Apparat aufzunehmen.

ἐνέργεια τέχνης οὐδ' ὡς ἀποτέλεσμα ἐνεργείας, ἀλλὰ ⟨ὡς⟩ γέννημα τοῦ γεννήσαντος. In der Situation von 360 nach den Ereignissen in Konstantinopel und der Annahme der Formel von Nike/Rimini durch die Reichskirche ist eine derartige Formulierung nicht mehr als homöusianisch oder „mittelparteilich" zu interpretieren, wie es *Gummerus,* (1900) 181f., und *Kopecek,* (1979) 369f., tun. Die von *Gummerus* und *Kopecek* ganz richtig beobachteten Beziehungen dieser Predigt zur homöusianischen Theologie eines Basilius von Ankyra oder Georg von Laodicea sind nur ein weiterer Beleg für die gemeinsame eusebianische theologische Tradition von Homöern und Homöusianern, wie schon die vierte sirmische Formel und die Vorgänge, die zu ihrer Formulierung führten, deutlich gemacht hatten; vgl. oben S. 5ff. Zur eusebianischen Herkunft dieser Theologoumena vgl. das Register in *Klostermanns* Ausgabe von Eus., c. Marcell. und de eccl. theol. zu Prov. 8,22 und s. v. κτίσμα, κτίζω, κτίσις. Meletius' Interpretation von Prov. 8,22. 25 ist nur ein weiterer Beleg dafür, daß die Homöer bei der Exegese von Prov. 8,22ff. nicht arianischer oder aetianischer Auslegung folgten, sondern ganz in der eusebianischen Tradition blieben. Daß dies nun nicht für Meletius allein, sondern auch für die anderen führenden homöischen Theologen zutraf, sagt Meletius selbst, indem er ausdrücklich betont (31,2 [*Holl* III 306,5]), daß seine Predigt sich substantiell – und das kann in diesem Zusammenhang nur heißen in der Auslegung von Prov. 8,22 und in den Grundaussagen zum zweiten Artikel – nicht von den Predigten seiner Vorgänger unterscheide. Vgl. damit die entgegengesetzte Aussage Thdt., h. e. II 31,7f. Theodoret betont gerade die theologische Differenz zwischen den drei Predigern und attestiert allein Meletius Orthodoxie – aber kannte Theodoret die Predigt überhaupt?

Diese Predigt, die sich in voller theologischer Übereinstimmung mit den Auffassungen etwa des Acacius und – soweit wir wissen – auch der des Eudoxius und vor allem der des Kaisers befindet, kann nicht der Grund für die, nach dem Zeugnis des Chrysostomus[76], nur etwa einen Monat später erfolgte Absetzung des Meletius als Bischof von Antiochien gewesen sein!

Vielmehr wird man als Ursache der Absetzung Unregelmäßigkeiten in der Amtsführung des Meletius anzusehen haben, gegen die entweder seitens der Antiochien unterstehenden Bischöfe oder seitens des antiochenischen Klerus beim Kaiser, der sich während der ganzen Zeit des Episkopates des Meletius offenbar ohne Unterbrechung in Antiochien aufgehalten hatte, protestiert worden war.

Meletius' Entfernung von der homöischen Theologie und Hinwendung zum Nizänum in seiner neunizänischen Interpretation muß dagegen als Prozeß begriffen werden, dessen Beginn wir nicht mehr deutlich ausmachen können, der aber allem Anschein nach erst in die Zeit nach seiner Absetzung durch Konstantius zu datieren ist. Es ist nicht auszuschließen, daß die Umstände seiner Absetzung den Anlaß zu dieser Entwicklung gegeben haben[77].

Wenn Konstantius von Georg, Acacius und Meletius als dem neuen Bischof

---

[76] PG 50,516; vgl. Hier., chron. [HELM, 241,26f.]: *et post non grande temporis interuallum.*

[77] LOOFS, RE XII 554f., vermutet in der Einsetzung des Euzoios die Ursache für Meletius' Umschwenken zum Nizänum und zum „ὁμοούσιος". Diese Auffassung setzt allerdings vor-

von Antiochien (Eudoxius scheint nicht anwesend gewesen zu sein; vermutlich hatte er noch genügend damit zu tun, seine nicht unangefochtene Stellung in Konstantinopel zu befestigen[78]) eine Darlegung über Prov. 8,22 verlangt[79], dann muß es im dogmatischen Teil der Synode um eine erneute Abgrenzung der Homöer von den Anhomöern gegangen sein, wie schon Theodoret andeutet[80] und wie durch die Ernennung und Absetzung des Eunomius als Bischof von Kyzikos notwendig geworden war, der vielleicht in diesem Zusammenhang seine erste Apologie veröffentlich hatte, in der er alle typischen anhomöischen Termini vermied, offenbar um den Homöern entgegenzukommen[81]. Nach Philostorgius hatte Acacius nach den Ereignissen in Konstantinopel, die zur endgültigen Trennung zwischen Eudoxius und Eunomius geführt hatten, noch im Jahre 360 auf einer Synode in Antiochien in Gegenwart des Kaisers als Ankläger des Eunomius aufzutreten[82]. Wenn die chronologischen Angaben des

---

aus, daß Meletius in Euzoios einen überzeugten Arianer sah – was Loofs offenbar als selbstverständlich annimmt – wofür es aber kein Zeugnis gibt.

[78] In das Jahr 360 fällt für Eudoxius in Konstantinopel der Fall des Eunomius (s. oben S. 63). Offenbar hatte auch Makedonius in der Stadt anfangs doch noch beträchtlichen Anhang, besonders unter den Mönchen; vgl. oben S. 61 f. Zu Unruhen unter der Bevölkerung und Schwierigkeiten des Eudoxius, sich als Bischof durchzusetzen, vgl. Legendum der hl. Notare 6 [Franchi di Cavalieri, 171,1–10]: Δεινῶς οὖν ἐπεκράτει ὁ διωγμός· καὶ τῶν μὲν ἐθνῶν ὁ πόλεμος ἐπέπαυτο, ἀλλὰ γεγραφήκει Εὐσέβιος πραιπόσιτος ὁ εὐνοῦχος τῶι ἐπάρχωι, ὅπως μηδεὶς λάβηι ἀνόνας ἐν Κωνσταντινουπόλει, ἐὰν μὴ κοινωνήσηι Εὐδοξίωι καὶ τῆι αἱρέσει τῶν Ἀρειανῶν. οὕτως γεγόνασιν πλεῖστοι αἱρετικοί, μάλιστα οἱ ἔχοντες ἀννόνας. κατεμερίσθησαν δὲ οἱ μὲν μετὰ Εὐδοξίου, οἱ δὲ μετὰ Μακεδονίου· οἱ γὰρ μείναντες ὀρθόδοξοι οὗτοί εἰσιν ὁ θεμέλιος τῆς ἐκκλησίας τῆς πίστεως ἡμῶν ἕως τῆς σήμερον ἡμέρας. ἀήττητος γὰρ ὑπάρχει ἡ ἁγία τοῦ Θεοῦ ἐκκλησία..

[79] Wer waren außer Konstantius die Adressaten dieser Predigt? Wer die „πλῆθος" von Thdt., h.e. II 31,6. 8? Theodoret denkt offenbar an die antiochenische Gemeinde und nicht allein an die Synode, so auch Sok., h.e. II 44,4, der überhaupt keine Verbindung zu einer Synode kennt; ihm folgt Soz., h.e. IV 28.

[80] H.e. II 31,1; vgl. Philost., h.e. VI 4.

[81] Die kritische Edition von Vaggione, (1987) 34–75, ersetzt endlich die von Druckfehlern wimmelnde Ausgabe PG XXX 835 ff. Die Datierung des *Apologetikos* ist umstritten. Diekamp, Byz. 18 (1909) 1–13, hatte nach Philost., h.e. VI 1, in der Ereignisse von Konstantinopel, die noch 360 zur Resignation des Eunomius in Kyzikos führten, als den Ort des *Apologetikos* gedacht; so auch Abramowski, RAC VI 939. Wickham, JThSt 20 (1969) 231–240, dem Ritter, TRE X 52, folgt, denkt an die Konstantinopolitaner Januarsynode von 360; Kopecek, (1979) 299 ff., in modifizierter Aufnahme der Thesen Wickhams, an die Konstantinopolitaner Herbstsynode 359. Eine Analyse des Apologetikos bei Kopecek, 307 ff.; Vaggione, 3 ff. Der Ansatz Diekamps überzeugt mich noch immer am ehesten; eine endgültige Entscheidung scheint mir auch nach Vaggiones Untersuchungen noch nicht möglich. Abzusehen ist in diesem Zusammenhang von Spanneut, DHGE XV 1401, der nach der falschen Chronologie bei Sokrates und Sozomenus den *Apologetikos* in die Zeit des Valens datiert.

[82] Zu dem bei Philostorgius mehrfach auftretenden Motiv der rhetorischen Unterlegenheit der Gegner von Aetius und Eunomius vgl. bei Bidez-Winkelmann das Namensregister s. v. „Αἔτιος" und „Εὐνόμιος". Gegen Diekamp, (1909), wäre die von Philostorgius erwähnte Synode als Ort des Vortrages der Apologie jedenfalls nicht auszuschließen; vgl. Philost., h.e. VI 4 [Bidez-Winkelmann, 71,29 f.[: ... εἰς ἀπολογίαν κελεύει καταστῆναι συνοδικῆ

Philostorgius als unserer einzigen Quelle für diese Begebenheit stimmen, dann muß Acacius Eunomius auf derselben Synode angeklagt haben, die auch Meletius zum Bischof von Antiochien gemacht hatte[83].

Nach Philostorgius schlug Eunomius sich so vortrefflich, daß Acacius verstummte, Konstantius den Eunomius in die Heimat entließ[84] und die Klärung der theologischen Frage einer größeren Synode vorbehalten wollte. Nicht mehr zu klären ist, ob die Synode Eunomius verurteilte; seine Absetzung als Bischof von Kyzikos aber scheint sie bestätigt zu haben[85].

Die antiochenische Synode vom Ende des Jahres 360, von der Meletius zum Bischof von Antiochien eingesetzt wurde, gehört in ihrem zweiten dogmatischen Teil mit in den seit Herbst 359 immer deutlicher werdenden Prozeß der endgültigen Trennung der Homöer von den Anhomöern, der nur scheinbar durch die Ernennung des Eunomius zum Bischof von Kyzikos unterbrochen worden war. Die Initiative zu dieser Trennung war bisher ausschließlich von den Homöern ausgegangen, wobei jedoch Konstantius selbst ein relativ großer persönlicher Anteil an diesem Prozeß zugeschrieben werden muß.

Wenn – aus welchen Gründen auch immer, und theologische sind, wie oben dargelegt, am wenigsten wahrscheinlich – Meletius nach nur einem Monat als antiochenischer Bischof wieder abgesetzt wurde[86], so war das juristisch wieder nur durch eine Synode möglich. Aber nur der Kaiser konnte die einberufen, er allein konnte die Absetzung des Meletius durchsetzen[87]. Nach Chrysostomus' Angabe von einem nur einmonatigen Episkopat des Meletius muß diese Synode

---

διαίτῃ λογοθετούμενον. Im folgenden wird nur vom Schweigen des Acacius und der Gegner des Eunomius gesprochen. Eine sichere Entscheidung zwischen Konstantinopel oder Antiochien als Ort des Vortrages der I Apologie scheint mir nicht möglich.

[83] Konstantius ist im Jahre 360 nur Ende Dezember in Antiochien nachweisbar; vgl. SEECK, (1919) 208. Philostorgius trennt die h. e. VI 4 berichtete Begebenheit deutlich von der h. e. VII 2 erwähnten Synode Georgs von Alexandrien gegen Aetius, die am einfachsten mit jener Synode zu identifizieren wäre, die Anfang 361 Meletius absetzte; vgl. unten S. 77 ff. Es erscheint problematisch, für den kurzen Zeitraum von Ende Dezember 360 bis Februar 361, für den Konstantius in Antiochien nachweisbar ist, mehr als zwei Synoden anzunehmen. Der Sommeraufenthalt in Antiochien von August bis Oktober 361 (SEECK, (1919) 208) käme zwar unter Umständen auch in Frage, aber während dieser zwei Monate war Konstantius ganz mit den Kriegsvorbereitungen gegen Julian beschäftigt; vgl. SEECK, PW IV 1094. Die Hochzeit mit Faustina fiel nach Amm., XXII 6,4, in die Zeit des antiochenischen Winterquartiers.

[84] Philost., h. e. VI 4 [BIDEZ-WINKELMANN, 72,5]: παροικίαν muß den Ort in Kappadokien meinen, wo sich Eunomius nach seiner Resignation in Kyzikos aufgehalten hatte; vgl. Philost., h. e. VI 3.

[85] Jedenfalls kehrte Eunomius nicht nach Kyzikos zurück, vgl. LOOFS, RE V 598 und die vorige Anm.

[86] Siehe oben Anm. 76.

[87] Zur Rolle des von den Arianern gedrängten Kaisers bei der Absetzung des Meletius, Joh. Chrys., In Meletium [PG 50,516]; Epiph., haer. 73,34,1; Thdt., h. e. II 31,10; Sok., h. e. II 44,5; Soz., h. e. IV 28,9.

im Januar oder spätestens Anfang Februar 361 in Antiochien zusammengetreten sein[88].

Nachdem diese Synode Meletius als Bischof abgesetzt hatte (von Exkommunikation, die in einem solchen Fall gewöhnlich erwähnt wird, ist in keiner erhaltenen Quelle die Rede), wird er vom Kaiser in seine armenische Heimat geschickt[89].

Nach CTh XVI 2,12 muß der Verbannung durch den Kaiser ein Synodalbeschluß vorausgegangen sein. Zwar ist in keiner der überlieferten Quellen die Absetzung des Meletius ausdrücklich mit einer Synode verbunden, daß aber die Initiative zur Absetzung von kirchlicher Seite ausging, betonen alle. Die Verbannung in die Heimat wird angesichts der in früheren Jahren von Konstantius geübten Praxis und angesichts der geographischen Nähe von Armenien zu Syrien als ausgesprochen mildes Urteil angesehen werden müssen. So sprechen Theodoret und Philostorgius auch nicht von Exil oder Verbannung; anders Ruf., h. e. X 25; Sok., h. e. II 44,5: Soz., h. e. IV 28,9.

Gegen Theodoret und Sozomenus kommt die Predigt vor dem Kaiser über Prov. 8,22 als Ursache für die Absetzung nicht in Frage; vgl. Hier., chron. [*Helm*, 242,1–3]; Philost., h. e. V 1; Epiph., haer. 73,35,2 und oben S. 73f. Daß die Absetzung des Meletius überhaupt keine dogmatischen Gründe gehabt haben kann, betonen auch *Schwartz*, (1960) 35, und *Loofs*, RE XII 552ff. Die Vermutung *Kleins*, (1977) 101, Meletius habe die Ruhe in Antiochien gefährdet, die Konstantius aus politischen Gründen brauchte, um gegen die mit Julian verbündeten Homo- und Homöusianer agieren zu können, ist durch nichts belegt. Um nun Meletius als Unruheherd auszumachen, lastet *Klein* ihm noch die Usurpation der alten Kirche in Antiochien während der Zeit seines Episkopats an. Allerdings kann *Klein* nicht recht begreiflich machen, von wem eigentlich der vom Kaiser eingesetzte Bischof eine Kirche usurpieren sollte. Das *chronicon paschale* berichtet zwar von dieser Usurpation (PG 92, 441), datiert sie aber ausdrücklich in die Zeit nach Ausbruch des Schismas in Antiochien und nach die Rückkehr des Meletius aus seinem ersten Exil während der Herrschaft Julians, als Euzoius der offizielle Bischof Antiochiens war.

Bei der Absetzung des Meletius ist außerdem zu bedenken, daß er sich auch schon in Sebaste nicht hatte halten können; offenbar muß man diesem durchaus gebildeten Theologen ein großes Maß an Ungeschicklichkeit in der Amtsführung unterstellen.

An seiner Stelle wird Euzoius, ein ganz alter Weggefährte des Arius und zuletzt Presbyter des Georg in Alexandrien als Bischof eingesetzt[90]. Offenbar konnte der wieder, beziehungsweise immer noch in Antiochien (vielleicht am Hof?) anwesende Georg, der auf dieser Synode eine führende Rolle eingenom-

---

[88] Joh. Chrys., ebenda. Die Angaben passen gut zum nachweislichen Aufenthalt des Kaisers in Antiochien von Ende Dezember 360 bis Februar/März 361; vgl. oben Anm. 83.

[89] Thdt., h. e. II 31,10; Philost., h. e. V 5.

[90] Thdt., h. e. II 31,10; Philost., h. e. V 5; Sok., h. e. II 44,5; Soz., h. e. IV 28,10; Hist. Ath. II 7; vgl. Le Quien, II 713f.; Spanneut, DHGE XVI 98. Wegen seiner Gemeinschaft mit Arius schon vor der Synode von Nizäa gilt Euzoios allgemein seit Athanasius und hin zu dem recht einstimmigen Urteil der modernen Forschung als radikaler Arianer, der den Anhomöern nahestand; vgl. auch unten S. 107ff.

men zu haben scheint[91], mit der von der Überlieferung bezeugten Unterstützung des Kaisers[92] hier einen Schützling durchsetzen.

Diese Synode, die Meletius als antiochenischen Bischof absetzte und Euzoius an seine Stelle setzte, muß mit der von Athanasius, syn. 31, erwähnten homöischen Synode in Antiochien identisch sein, die nach Athanasius die anhomöischen Formeln des Eunomius annahm[93]. Von Athanasius abhängig sind Sokrates und Sozomenus, die aber an entscheidenden Punkten anhand anderer Traditionen in einer Weise von Athanasius abweichen, die als bewußte Korrektur angesehen werden muß[94].

Getreu seiner These vom dauernden theologischen Positionswechsel der *Arianer*[95], die er in seiner Schrift *de synodis* eindrucksvoll entwickelt, berichtet Athanasius, daß die Homöer (Arianer) sich nach dem, was sich 359/60 in Konstantinopel zugetragen hatte, wiederum in Gegenwart des Kaisers in Antiochien versammelten, alle Beschlüsse von Konstantinopel umstießen, ein ganz dem Arius folgendes Bekenntnis aufstellten[96] und formulierten: παντελῶς ἀνόμοιός ἐστιν ὁ υἱὸς τῷ πατρὶ καὶ κατ' οὐδένα τρόπον ὅμοιός ἐστιν ὁ υἱὸς τῷ πατρί[97].

---

[91] Vgl. S. 76 f.

[92] Philost., h. e. V 5; Sok., h. e. II 44,5.

[93] Vgl. OPITZ, 259, die Anm. zu Kap. 31 (die Gründe für die Absetzung muß OPITZ hier verwechselt haben). Das Itinerar des Konstantius läßt keine andere Möglichkeit zu. Nach Athanasius war Konstantius bei dieser Synode anwesend und Euzoius Bischof. Die Synode fand nach Sok., h. e. II 45,9, im Jahre 361 in Gegenwart des Kaisers statt, als Euzoius bereits Bischof war. Da nach der Wahlsynode von Ende Januar/Anfang Februar 361 keine andere Synode mehr in Gegenwart des Kaisers angenommen werden kann, scheint mir diese Lösung am wahrscheinlichsten. Sokrates bezeugt die führende Rolle des Georg von Alexandrien auf dieser Synode (h. e. II 45,14 wird zwar Georg von Laodicea genannt, aus 45,15 geht aber m. E. eindeutig hervor, daß Georg von Alexandrien gemeint sein muß; anders KOPECEK, (1979) 410), die man wohl für die Wahlsynode halten muß. KOPECEK verbindet diese Synode fälschlich mit dem Philost., h. e. VI 3–6, berichteten Auftreten des Eunomius vor einer antiochenischen Synode; vgl. oben S. 78 ff.

[94] Sok., h. e. II 45,9 ff.; Soz., h. e. IV 29,1–4.

[95] Vgl. syn. 22–31 jeweils die jedes der östlichen Bekenntnisse einleitenden Überschriften des Athanasius.

[96] Syn, 31,1 f. Offenbar will Athanasius den Eindruck eines neuen Synodalbekenntnisses erwecken. Fraglich dagegen scheint, ob Sokrates und Sozomenus Athanasius so verstanden haben, wie OPITZ, 259, annimmt. Für OPITZ, 259, bietet Sok., h. e. II 45,10 ff., die beste Überlieferung dieser Formel.

[97] Ath., syn. 31,1. Gegen ihre sonstige Gepflogenheit haben Sokrates und Sozomenus diese „*Formel*" des Athanasius nicht wörtlich übernommen und bieten sie auch beide ganz unterschiedlich. Sie sahen in den von Athanasius überlieferten Vokabeln eher eine allgemeine theologische Positionsbestimmung als eine feste Formel; vgl. Sok., h. e. II 45,10 [HUSSEY I 367 f.]: ... λέγοντες, ὅτι κατὰ πάντα ἀνόμοιος ὁ υἱὸς τῷ πατρί, οὐ μόνον κατὰ τὴν οὐσίαν, ἀλλὰ δὴ καὶ κατὰ βούλησιν· ἐξ οὐκ ὄντων τε αὐτόν, ὡς Ἄρειος ἔλεγε, καὶ αὐτοὶ γενέσθαι ἀπεφήναντο. Soz., h. e. IV 29,1 [BIDEZ-HANSEN, 186,18–21]: ... ἐδοκίμασαν τὸ ὅμοιον ὄνομα, καὶ κατὰ πάντα, οὐσίαν τε καὶ βούλησιν, ἀνόμοιον εἶναι τῷ πατρὶ τὸν υἱὸν καὶ ἐξ ὄντων γεγενῆσθαι εἰσηγοῦντο, ὡς ἐξ ἀρχῆς Ἀρείῳ ἐδόκει. mit Ath., syn. 31,1 [OPITZ, 259,23–25]: καὶ συνθέντες ἅπερ ἐπενόησαν ἤρξαντο πάλιν ἀνατρέχειν εἰς τὰ πρῶτα ἑαυτῶν καὶ λέγειν ὅτι „παντελῶς ἀνόμοιός ἐστιν ὁ υἱὸς τῷ πατρὶ καὶ κατ' οὐδένα τρόπον

Athanasius betont, daß der Kaiser persönlich als einer der Führer dieser Häresie angesehen werden müsse, was die auf dem Totenbett von Euzoius vollzogene Taufe genugsam demonstriere[98].

Nach allem, was über die Homöer zu diesem Zeitpunkt und besonders über Konstantius' theologische Haltung bekannt ist, muß dieser durch Sokrates und Sozomenus scheinbar bestätigte Bericht des Athanasius, dem die Forschung weithin gefolgt ist, zu Zweifel Anlaß geben[99]. Konstantius hatte immer vor der Theologie des Aetius regelrecht Abscheu empfunden[100]. Derartige Beschlüsse der führenden Theologen der Reichskirche, die in dieser Form doch ganz und gar seine Schöpfung war, und dazu in seiner Gegenwart, sind in der Situation von 360/361 nicht vorstellbar und lassen sich mit der bekannten Geschichte der Homöer nicht vereinen[101].

Allerdings wird man Athanasius nicht eine plumpe Fälschung von nachprüfbaren Synodalentscheidungen zumuten können. Die Erklärung für die anhomöische Interpretation der Synode durch Athanasius scheint in der Person des Euzoius und seiner Wahl zum Bischof durch die Synode zu liegen.

Euzoius war für Athanasius als ehemals enger Verbündeter und Weggefährte des Arius ein Vertreter des genuinen Arianismus und damit auch ein Vertreter eunomianischer Theologie[102].

ὅμοιός ἐστιν ὁ υἱὸς τῷ πατρί. Die *arianischen* (d. h. anhomöischen) Theologoumena, die Athanasius dieser Synode zuordnet, werden von Sokrates und Sozomenus noch um typische theologische Begriffe von Aetius und Eunomius ergänzt. Sokrates ergänzt: οὐ μόνον κατὰ τὴν οὐσίαν, ἀλλὰ δὴ καὶ κατὰ βούλησιν ἐξ οὐκ ὄντων τε αὐτόν, Sozomenus: οὐσίαν τε καί βούλησιν... καὶ ἐξ οὐκ ὄντων γεγενῆσθαι. Die völlig freie und ergänzende Rezeption des Athanasiustextes durch Sokrates und Sozomenus scheint es auszuschließen, daß diese Synode wirklich eine eigene anhomöische *Formel* verabschiedet hat, die formgeschichtlich diesen Namen verdient. In *de synodis* zitiert Athanasius die Formeln der verschiedenen orientalischen Synoden immer vollständig, nie derartige Bruchstücke. Weder Athanasius, noch Sokrates und Sozomenus haben eine Ekthesis dieser antiochenischen Synode gekannt, noch von der Existenz einer solchen Formel gewußt.

98 Ath., syn. 31,3; diese Folgerung haben Sokrates und Sozomenus nicht übernommen.

99 Vgl. OPITZ, 259; SIMONETTI, (1975) 345; LE BACHELET, DTC II 1830f.

100 Vgl. oben S. 9ff.; 56ff.

101 Außer Athanasius behauptet kein Zeitgenosse, daß Konstantius an seinem Lebensende anhomöische Positionen übernommen hätte; vgl. Philost., h. e. IV–VI im Zusammenhang, besonders VI 5; dazu KLEIN, (1977) 93–104. 265ff. und unten S. 83, Anm. 114.

102 Während bei Sokrates (h. e. II 45,10) Euzoius als Bischof eher nebenbei und bei Sozomenus im Zusammenhang mit dieser Synode gar nicht erwähnt wird, gibt bei Athanasius erst die Person des Euzoius dem Kapitel über diese Synode seinen eigentlichen Sinn. Dadurch, daß Konstantius sich von Euzoius taufen ließ, gehört der Kaiser mit zu den Anhomöern bzw. „*Exukontianern*" (31,3), die eben die in 31,1 genannten Blasphemien vertreten. Zu Euzoius als Gefährte des Arius vgl. SPANNEUT, DHGE XVI 98f. Für Athanasius kann sich Euzoius, der radikale Ariusanhänger (31,2), nicht geändert haben. Die Gegnerschaft zwischen Athanasius und Euzoius scheint konstant gewesen zu sein. Beide gehörten gemeinsam schon vor der Synode von Nizäa zum Klerus des Alexander von Alexandrien und müssen etwa gleichaltrig gewesen sein. Über Euzoius ist aus der Zeit von der Synode von Nizäa bis zu seiner Bischofswahl in Antiochien, also über fünfunddreißig Jahre hinweg, nichts bekannt. Sicher ist nur, daß

Aus der Tatsache, daß die Synode von Antiochien den alten Freund des Arius und – wie man wohl unterstellen kann – alten Gegner des Athanasius, Euzoius, zum Bischof macht, vertritt diese Synode in der Sicht des Athanasius einen extrem arianischen Standpunkt. Der Wechsel von Meletius zu Euzoius ist für Athanasius somit in erster Linie ein theologischer Wechsel bei den Homöern, auch wenn der Name des Meletius gar nicht fällt[103]. Für Athanasius ist mit dieser erneuten Wendung der Arianer nun endlich hin zu ihrem eigentlichen Ausgangspunkt, Arius, das Urteil über diese Reichskirche gesprochen[104].

Sokrates und ihm folgend Sozomenus übernehmen Athanasius' Darstellung von den anhomöischen Beschlüssen der antiochenischen Synode als historische Fakten, ohne aber das theologische Anliegen des Athanasius zu übernehmen. Aus einer offenbar anders informierten Quelle fügen sie in deutlicher Korrektur des athanasianischen Bildes hinzu, daß die antiochenische Synode dennoch bei den Beschlüssen von Konstantinopel blieb, was nach Athanasius ja gerade ausgeschlossen war[105]. Auf diese Weise entstand ein in sich widersprüchliches Bild dieser Synode, das die moderne Forschung zu erstaunlichen Deutungsversuchen verlockt hat[106].

---

er immer auf der Seite der Gegner des Athanasius stand und daß er seit 360 in Antiochien einen streng homöischen und antieunomianischen Standpunkt vertreten hat; vgl. SPANNEUT, DHGE XVI 99–101. Die Selbstverständlichkeit, mit der ihm in der Forschung noch für 360 dieselbe theologische Haltung unterstellt wird, die für den jungen Diakon im Jahre 320 bezeugt ist, erstaunt vor allem auch angesichts seiner seit 360 eindeutigen Haltung. Unsere eigene Theologie- und Kirchengeschichte der letzten Jahrzehnte sollte solcher Selbstverständlichkeit gegenüber mißtrauisch werden lassen.

[103] Vgl. oben Anm. 95.

[104] Die Absicht von *de synodis* ist in diesem Punkt, die Reichskirche unter der Führung von Acacius und Eudoxius, wie sie seit der Synode von Konstantinopel verfaßt war, als arianisch zu erweisen; vgl. OPITZ, 231.

[105] Sok., h. e. II 45,15; Soz., h. e. IV 29,4. Sokrates und Sozomenus wollen offenbar eine aus einer uns unbekannten Quelle stammende Nachricht (sicher nicht aus Sabinus; vgl. HANSEN, BIDEZ-HANSEN, LIX; HAUSCHILD, (1970) 125) mit dem Bericht des Athanasius kombinieren und ausgleichen, wobei allerdings der eben unlösbare Widerspruch zwischen Athanasius und der Quelle von Sokrates/Sozomenus stehenblieb und bei letzteren zum inhaltlichen Chaos geführt hat. Athanasius schließt nach syn. 31,1 gerade das Festhalten an den Beschlüssen von Konstantinopel aus; nur so hat sein Bericht überhaupt einen Sinn. Sokrates und Sozomenus scheinen in ihrer Quelle auch einen Hinweis auf eine Diskussion über anhomöische Theologie gefunden zu haben (Sok., h. e. II 45,10–13; Soz., h. e. IV 29,2 f.). Dies könnte sie veranlaßt haben, ihre Quelle mit Athanasius zu kombinieren.

[106] Die Unvereinbarkeit von Ath., syn. 31, mit Sok., h. e. II 45, und Soz., h. e. IV 29, ist m. W. bisher nicht diskutiert worden. Allgemein hat man versucht, die Berichte noch einmal miteinander zu kombinieren; vgl. LE BACHELET, DTC II 1830, und für die neuere Forschung SIMONETTI, (1975) 345. Besonders OPITZ, 259 (zu syn. 31), hat durch eine erneute Vermengung der Überlieferungen die Konfusion noch vergrößert. Die berichteten anhomöischen Formulierungen unterstellt er Georg und Euzoius, die er beide als Gegner der Formel von Konstantinopel ansieht. Dennoch konnten nach OPITZ sich die Vertreter der Beschlüsse von Konstantinopel letztlich durchsetzen. Richtig gesehen hat OPITZ allerdings, daß eine theologische Debatte stattgefunden hat. Seine Verteilung einzelner theologischer Schlagworte auf bestimmte

Mit aller Vorsicht kann man über die antiochenische Synode von 361 folgendes sagen: Nach der Absetzung (nicht Exkommunikation) des Meletius wählte sie in dem alexandrinischen Presbyter Euzoius einen Vertrauten des alexandrinischen Georg zum Bischof, der unter Umständen die Leitung der Synode innehatte. Auf dieser Synode wurden erneut die theologischen Beschlüsse von Konstantinopel bestätigt und aller Wahrscheinlichkeit nach erneut die Theologie des Eunomius diskutiert und verurteilt[107].

3. Das Ende der Herrschaft des Konstantius

Konstantius konnte, als er im Frühjahr 361 zur Sicherung des Reiches an die Ostgrenze ging, obwohl Julian bereits bedrohlich nach Osten vorrückte, mit seinen seit der Synode von Konstantinopel errungenen kirchenpolitischen Erfolgen zufrieden sein. Zwei Fehlentscheidungen bei der Besetzung von wichtigen Bistümern waren korrigiert, Eunomius und Meletius wieder abgesetzt worden. Die Reichskirche hatte sich in erfreulicher Deutlichkeit mehrfach von den Anhomöern distanziert, woran dem Kaiser ganz besonders lag.

Die Auswirkungen der Entscheidung gegen Meletius hat Konstantius nicht mehr erlebt; sie sollten wesentlichen Anteil am endgültigen Einsturz des von ihm errichteten Gebäudes dieser Reichskirche haben[108]. In Euzoius schien der richtige Mann gefunden, gemeinsam mit Eudoxius, Georg und Acacius die Geschicke dieser Reichskirche zu lenken.

Wie sehr dem Kaiser die Dinge der Kirche auch persönlich am Herzen lagen,

---

Personen dagegen kann nicht überzeugen. Die Abhängigkeit von Sokrates/Sozomenus von Athanasius sieht auch KOPECEK, (1979) 407–10.

[107] Philost., h. e. VII 2, erwähnt eine Synode unter Georgs Vorsitz, von der er aber annimmt, daß sie in Alexandrien stattfand, und bei der Georg die Anwesenden zwang, gegen Aetius zu unterschreiben. Valesius (z. St. PG 65, 537/38 D) sah hierin eine Durchführung des konstantinopolitanischen Synodalbeschlusses gegen einige ägyptische und libysche Anhänger des Aetius; vgl. Thdt., h. e. II 28 und oben S. 54. Georg war aber nach den Ereignissen von Konstantinopel nicht mehr nach Alexandrien, wahrscheinlich gar nicht nach Ägypten zurückgekehrt, sondern scheint sich während dieser Zeit nach einem kurzen Aufenthalt in Kappadokien in Antiochien (am Hof?) aufgehalten zu haben. Er kehrte erst nach dem Tod des Konstantius nach Alexandrien zurück, wo er nach wenigen Tagen verhaftet wurde; vgl. Hist. Ath. II 7 und unten S. 116–119. Daher ist es wahrscheinlich, daß die Philost., h. e. VII 2, erwähnte Synode mit der Anfang 361 in Antiochien abgehaltenen identisch ist, auf der Georg eine führende Rolle gespielt hatte (Sok., h. e. II 45,14). Diese Synode debattierte ebenfalls über die Theologie des Aetius und berief sich erneut auf die Beschlüsse von Konstantinopel; anders KOPECEK, (1979) 410; vgl. oben S. 76 ff. Philostorgius (oder Photius?) lokalisiert diese Synode wie selbstverständlich in Alexandrien und sieht in ihr sogar einen Anlaß für Georgs Ermordung, was allerdings ausgeschlossen ist; vgl. unten S. 116–119.

[108] Das meletianische Schisma und die Reaktion des Athanasius und der alexandrinischen Synode von 362 waren zumindest ein nicht zu unterschätzender Anlaß für die theologische Entwicklung, die das Nizänum im Orient in seiner neunizänischen Interpretation durchsetzte; vgl. TETZ, (1975); ABRAMOWSKI, (1979).

wie sehr Konstantius aber auch auf der anderen Seite ein typisch altrömisches Verständnis von Religion hatte, gleich seinem Vater, zeigt seine letzte bekannte kirchenpolitische Handlung. Wahrscheinlich kurz vor der Abreise an die Ostgrenze bestätigte Konstantius in einem Gesetz vom 14. Februar 361 die Immunität der Kleriker. Zur Begründung heißt es dann: *Gaudere enim et gloriari ex fide semper volumus, scientes magis religionibus quam officiis et labore corporis vel sudore nostram rem publicam contineri*[109].

Religio ist es, die das Reich erhält. Daß es sich hierbei nur um die religio christiana handeln kann, ist für Konstantius schon ganz selbstverständlich. Konstantius hatte nach seinem Verständnis, darin ganz dem Vater folgend, das Seine dafür getan. Die Kirche schien nun endlich zur gemeinsamen Gottesverehrung zurückgefunden zu haben. Getrost konnte er zunächst die Ostgrenze gegen die heidnischen Eindringlinge schützen und dann dem vom wahren Glauben abgefallenen Usurpator Julian entgegenziehen. Und in der Tat zeigen seine militärischen und politischen Entscheidungen eine angesichts der von zwei Seiten das Reich bedrohenden Gefahr erstaunliche Gelassenheit[110]. Doch nicht nur die äußere Einheit der Kirche schien wiederhergestellt, sondern auch die durch Aetius und Eunomius bedrohte fides schien durch die konsequente Trennung der Kirche von diesen beiden Theologen gesichert.

Was bei Konstantin noch eher nebeneinandergestanden hatte, römisches Verständnis von religio und christlicher Glaube, waren bei Konstantius zu einer Einheit geworden, die der Kirche für die Zukunft ihren Stempel aufdrücken und in Theodosius nur eine Generation später ihren hervorragenden Vertreter finden sollte[111].

Von Mai bis etwa August war Konstantius noch ein letztes Mal in Antiochien, ohne daß uns aus dieser Zeit noch irgendwelche kirchenpolitischen Maßnahmen erkennbar sind. Der Aufenthalt dürfte in erster Linie der Vorbereitung der Auseinandersetzung mit Julian gedient haben. Im Herbst brach der Kaiser nach Konstantinopel auf. In Mopsukrena, der ersten mansio nach Tarsus, starb Konstantius am 3. November 361[112], nachdem er durch den wahrscheinlich schnell aus Antiochien herbeigerufenen Euzoius die Taufe empfangen hatte[113]. Allein Philostorgius berichtet, daß der Kaiser auf dem Weg nach Konstantinopel den

---

[109] CTh XVI 2,16. Der erste Teil der Begründung des Gesetzes: *gaudere et gloriari ex fide semper volumus,* geht über das römische Verständnis von religio als staatserhaltender menschlicher Beziehung zur Gottheit weit hinaus. Hier kann es sich nur um ein ganz persönliches Bekenntnis zum christlichen Glauben handeln; im Gegensatz dazu KLEIN, (1977) 294, Anm. 33. Die Begründung des Konstantius unterscheidet sich eben gerade in ihrem persönlichen Bekenntnis zu den bei KLEIN herangezogenen Parallelen.

[110] Vgl. den Konstantius nicht gerade positiv gesonnenen Bericht des Amm., XXI 6ff., der freilich den entgegengesetzten Eindruck erwecken will.

[111] Auf eine Kontinuität macht auch KLEIN, (1977) 152–57, aufmerksam.

[112] SEECK, (1919) 208.

[113] Chron. Pasch. [PG 92,737C]; Philost., h. e. VI 5; Theophan. [DE BOOR I 46,15f.] (Taufe noch in Antiochien); Sok., h. e. II 47,3; Ath., syn. 31,3.

Plan hatte, eine große Synode über die anhomöische Theologie nach Nizäa einzuberufen[114].

Eine umfassende Würdigung der letztlich nicht nur gescheiterten, sondern schon in ihrer Anlage verfehlten Kirchenpolitik des Konstantius kann im Rahmen dieser Arbeit nicht erfolgen[115]. Der grundsätzliche Irrtum dieser Kirchenpolitik lag weniger in den Methoden ihrer Durchsetzung – da unterscheidet sich Konstantius kaum von seinem Vater Konstantin oder auch von dem in der Tradition viel positiver beurteilten *rechtgläubigen* Theodosius, der dann endgültig den von Valens weitergeführten Bau einer homöischen Reichskirche zerstören sollte[116]. Konstantius' Irrtum liegt in der von ihm protegierten, seinem persönlichen Glauben und seiner Frömmigkeit entsprechenden Theologie dieser Reichskirche und war daher unvermeidbar. In ihrer Unfähigkeit, mit ihrem Biblizismus und der angstvollen Sorge vor neuen Formulierungen auf die drän-

---

[114] Philost., h. e. VI 5 [BIDEZ-WINKELMANN, 73,1 f.]: καὶ σύνοδον ἅμα διώριζεν ὑπὲρ τοῦ ἑτεροουσίου κατὰ Νίκαιαν ἵστασθαι. Vgl. Art. P. 20 [BIDEZ-WINKELMANN, 73,19–22]: . . ., σημαίνει τοῖς ἐπισκόποις εἰς τὴν Νίκαιαν αὐτὸν ὡς ὅτι τάχιστα φθῆναι προαφικομένους· ἐμελέτα γὰρ δευτέραν ἐν αὐτῇ συγκροτῆσαι σύνοδον, παρὰ τῶν δυσσεβῶν Ἀρειανῶν κατὰ τοῦ ὁμοουσίου παροτρυνόμενος. Der wichtige Unterschied zwischen dem Exzerpt des Photius und der Philostorgius ausschreibenden *Passio Artemii* liegt darin, daß nach dem Exzerpt des Photius die Synode wegen des ἑτεροούσιος, nach Art. P. wegen (gegen) des ὁμοούσιος einberufen werden sollte. Da das Photiusexzerpt den üblichen Sprachgebrauch des Philostorgius wiedergibt (Philostorgius benutzt häufiger ἑτεροούσιος als ἀνόμοιος; vgl. BIDEZ-WINKELMANN, Index), Art. P. dagegen orthodox überarbeitet wurde (Die orthodoxe Überarbeitung des aus Philostorgius entnommenen Materials besonders gut sichtbar in Kap. 65 [PG 96,1312f.]; vgl. dazu unten S. 128f.), muß der bei Photius überlieferte Text als der des Philostorgius angesehen werden. Gestützt auf die orthodoxe Überarbeitung des Johannes Damascenus dieser Nachricht des Philostorgius hat KLEIN, (1977) 102, angenommen, daß Konstantius auf dieser Synode gegen die Agitation der abendländischen Homousianer im Orient vorgehen wollte, da diese Gruppe als Verbündete Julians Verbindungen zu den im Orient abgesetzten homöusianischen Bischöfen aufgenommen hatten; vgl. oben S. 57, Anm. 6. KLEIN hat die literarischen Abhängigkeiten bei dem Text, auf den er seine These stützt, nicht geprüft und die orthodoxe Redaktion der *Artemii Passio* nicht erkannt. Es gibt keinen Beleg dafür, daß Konstantius die Abendländer als für ihn im Moment gefährlich angesehen hätte. Die Synode muß Konstantius schon in Antiochien geplant haben. Es gibt auch keine Beweise, daß Konstantius über die Kontakte zwischen einigen abendländischen Bischöfen um Hilarius von Poitiers und einige Homöusianern etwas wußte. Ob über die Synode von Paris hinaus irgendwelche Kontakte zwischen abendländischen Homousianern und morgenländischen Homöusianern überhaupt weiterbestanden haben, ist völlig unklar. Faßbar werden dann solche Kontakte erst unter Valens; vgl. unten S. 217ff. Für Konstantius gab es kirchlich nur das Problem der häretischen Theologie des Aetius und Eunomius, wobei Eunomius mit seiner Apologie gezeigt hatte, daß diese theologischen Fragen durch die Beschlüsse von Konstantinopel noch nicht erledigt waren. Offenbar wollte Konstantius nach der Synode von Antiochien jetzt auch von den Kleinasiaten eine definitive Absage gegenüber der Theologie von Aetius und Eunomius durchsetzen. Von einer großen Reichssynode, wie KLEIN sie vermutet, steht bei Philostorgius nichts.

[115] Ich verweise auf meinen für ANRW in Vorbereitung befindlichen Artikel über Konstantius.

[116] Vgl. unten S. 242.

genden trinitätstheologischen Fragen der Zeit eine Antwort zu geben, konnte diese Theologie nicht die Grundlage einer lebendigen Kirche abgeben. Die Geschichte hat über diese Theologie das Urteil gesprochen und sie zu den Häresien gezählt. An ihr ist der Name des Arius haftengeblieben – mit wenig Recht. Wie Häresien häufig auch sonst keine von der wahren Lehre abweichenden Neuerungen sind, wie die Theorie zumindest seit Irenäus es verlangt, sondern konservative Strömungen, die auf neue theologische Fragen keine Antworten mehr zu geben wissen, so ist es auch in diesem Falle[117].

In der Nachfolge des Athanasius im Osten und des Hilarius von Poitiers im Westen gilt durch den Hauptstrom der Tradition hindurch bis in die moderne Forschung hinein auch Konstantius selbst als Häretiker und als der Kaiser, der die arianische Häresie der Kirche hatte aufzwingen wollen[118]. Die heidnische Geschichtsschreibung des vierten und fünften Jahrhunderts hat Konstantius als Christ, als Zerstörer der alten Götterkulte und so als Verderber des Reiches einer vernichtenden Kritik unterzogen. Weder als Mensch noch als Politiker, und schon gar nicht als Heerführer hat er in ihren Augen bestanden[119]. Diese erstaunliche Übereinstimmung des Urteils der christlichen und der heidnischen Tradition aus nahezu entgegengesetzten Motiven hat das Urteil über Konstantius bis in die Gegenwart geprägt, sollte aber in ihrer gegensätzlichen Motivierung Anlaß zur Überprüfung geben. Dieses eben nur scheinbar so einmütige Urteil ist aber um so verständlicher, als eine Konstantius positiv als den alleinigen Fortsetzer und Vollender Konstantins würdigende christliche Geschichtsschreibung aus homöischen Kreisen fast ganz verloren, wahrscheinlich der antihäretischen Gesetzgebung von Theodosius bis Justinian zum Opfer gefallen ist und sich nur noch in Spuren erhalten hat[120].

Um so erstaunlicher und relativ wenig beachtet ist es aber, daß auch in der orthodoxen christlichen Literatur der zweiten Hälfte des vierten Jahrhunderts neben der von Athanasius und Hilarius geprägten Sicht und im Gegensatz zu ihr auch ein ganz und gar positives Konstantiusbild zu finden ist. Es ist sicher kein Zufall, daß diese positive Würdigung des Kaisers aus den Kreisen der neunizänischen Orthodoxie stammt. In den Antijulianschriften von Gregor von Nazianz und Ephräm erscheint Konstantius als das positive christliche Gegenbild zu dem von der Kirche abgefallenen Julian[121].

---

[117] Zu den altchristlichen Theorien über die Häresien und ihre Entstehung vgl. Brox, RAC XIII 259 ff. und Schindler, TRE XIV 318 ff.

[118] Vgl. Hil., c. Const.; Ath., syn. 3; 31.

[119] Vgl. Seeck, RE IV 1044 ff.; Moreau, JAC 2 (1959) 162–79.

[120] Vgl. unten S. 93 ff. Zur liturgischen Verehrung des Konstantius bei den Homöern vgl. Achelis, ZNW 1 (1900) 308 ff.

[121] Greg. Naz., or. IV; V 16 f.; Ephr., c. Juln. I–IV. Auffällig ist diese grundsätzlich positive Bewertung im Gegensatz etwa besonders zu Athanasius gerade durch zwei neunizänische Theologen, die zu Lebzeiten des Konstantius noch nicht im Konflikt mit der kaiserlichen Kirchenpolitik gestanden hatten, sondern erst nach Konstantius' Tod zu Nizänern geworden waren, Gregor von Nazianz wahrscheinlich sogar erst nach Julians Tod. Auch für Ephräm

So preist Gregor neben der philantropia des Kaisers vor allem seine kirchliche Gesinnung[122]. Daß Konstantius in der Glaubensfrage einen für den späteren Neunizäner Gregor falschen Weg ging, nimmt dem Kaiser aber für Gregor nichts von seiner Kirchlichkeit und Frömmigkeit und seiner alles in allem positiven Bedeutung für die Kirche und erscheint daneben völlig marginal[123]. Eine Beurteilung, die Athanasius nie unterschrieben hätte! Weil Konstantius auf dem Feldzuge gegen Julian starb, auf dem Weg, das Reich von der Herrschaft dieses vom Glauben abgefallenen gottlosen Tyrannen zu befreien, wird er für Gregor beinahe zum Märtyrer[124].

Ganz ähnlich sieht Ephräm Konstantius als den wahren, fast exemplarischen Christen[125], der, weil er Christ war, dem Reich vierzig Jahre Frieden gab[126]. Den Christ Konstantius, der seinen christlichen Glauben als lebenslange Buße gelebt hatte[127], hatte Gott sichtbar in seinem Ende gesegnet: Gott hatte die Herrschaft dieses Frommen auf dem Kaiserthron in seiner Gnade vollendet und ihn einen friedlichen Tod sterben lassen[128].

Der plötzliche Tod des Kaisers enthob Julian der Notwendigkeit, die Entscheidung auf dem Schlachtfeld zu suchen, wo ihr Ausgang höchst unsicher war. Wohl um den Ausbruch eines Bürgerkrieges zu verhindern und das Kaisertum

---

tauchen *Arianer* als theologische Gegner erst nach 363 auf; vgl. MURRAY, TRE IX 755; BECK, RAC V 523. Für die Geschichtsschreibung des 5. Jh. vgl. Thdt., h. e. III 3,6. Gregors und Ephräms Beurteilung des Konstantius kann daher nicht einfach als rhetorisch abgetan werden. Bei einer grundsätzlich negativen Bewertung dieses Konstantinsohnes hätte – gerade auch angesichts des Apostaten Julian – eine Descendenztheorie nähergelegen: Konstantin begünstigt seit Nizäa die Arianer –––––––– Konstantius errichtet eine arianische Reichskirche ––––––––––– Julian fällt konsequenterweise wieder zum Heidentum ab.

[122] Or. IV 3. 7. 22. 33–39; V 16 f.

[123] HÄUSER, BK V 59,93, Anm. 1, ist dieser Panegyrikus auf Konstantius so unerträglich, daß er ihn von Athanasius her korrigiert. Gregor war sich dogmatischer Differenzen gegenüber Konstantius zur Zeit der Abfassung seiner Antijulianschriften zwar bewußt (or. V 16 f.), aber dennoch bleibt sein grundsätzlich positives Urteil. Or. XXI, wo Gregor Konstantius wesentlich kritischer sieht (XXI 26), stammt aus den völlig veränderten Verhältnissen während der Herrschaft des Theodosius. Zu den näheren Umständen, die Gregors Kritik hier außerdem verständlich machen, vgl. MOSSAY-LAFONTAINE, 99–103.

[124] Or. IV 48[BERNARDI, 150,10–152,16]: Νῦν δὲ ὁ μὲν θυμῷ ζέων κατὰ τῆς ἀπονοίας ὁμοῦ καὶ τῆς ἀσεβείας καὶ τὸν σοφώτατον ἔχων ἐν ἄρκυσιν, ὧ τῆς ἡμετέρας κακίας, ἐν ἀκμῇ τῆς ὁδοῦ καταλύει τὸν βίον, πολλὰ καὶ Θεῷ καὶ ἀνθρώποις ὑπὲρ τῆς ἑαυτοῦ φιλανθρωπίας ἀπολογησάμενος καὶ διὰ τῆς ὁρμῆς δείξας χριστιανοῖς τὴν ὑπὲρ τῆς εὐσεβείας κίνησιν.

[125] C. Juln I 1: Konstantius als Hirte; II 10: Konstantius steht unter dem Kreuz; IV 15: Konstantius als *„Meer der Ruhe"*.

[126] Ebenda IV 15.

[127] Ebenda II 19: durch seine lebenslange Buße hat Konstantius Nisibis gerettet.

[128] Ebenda III 8; IV 16. Zu anderen Spuren eines positiven Konstantiusbildes aus homöischer Tradition vgl. unten S. 93 ff.

der konstantinischen Familie zu erhalten, hatte Konstantius auf dem Sterbelager
den ungetreuen Vetter zum Nachfolger bestimmt[129].

So konnte Julian am 11. 12. 361[130] als Kaiser ungehindert in die Hauptstadt
einziehen und dort seinen Vetter, dem die Macht zu entreißen er von Gallien
aufgebrochen war, an der Seite seines Vaters in der Apostelkirche bestatten[131].

---

[129] Amm., XXII 2,1. Zu der für Julian militärisch außerordentlich problematischen Lage
vgl. Amm., XXI 1 f.; Greg. Naz., or. IV 48 (oben Anm. 124).

[130] SEECK, (1919) 209.

[131] Zon., XIII 12 [PG 134,1148 A]; Liban., or. XVIII 120 [FÖRSTER II 286,14 ff.]: Greg. Naz.,
or. V 17; Philost., h. e. VI 6 (dort andere, von Philostorgius abhängige Texte; vgl. den Apparat
von BIDEZ); vgl. SCHULTZE, (1913) 54 f; GRIERSON, DOP 16 (1962) 40.

II. Teil

Die Kirche der Märtyrer unter der Herrschaft Julians

I. Kapitel

Das Problem

Julians Versuch einer heidnischen Restauration des römischen Reiches war nach unserer Kenntnis überhaupt auf den Osten des Reiches beschränkt geblieben[1] und führte auch während seiner kurzen Regierungszeit ausschließlich im Orient zu Konflikten mit der seit Konstantin und besonders Konstantius privilegierten Kirche. Um seinem Ziel einer gleichsam heidnischen Reichskirche[2] näherzukommen, war die Beseitigung des christlichen Reichskultes zunächst von besonderer Dringlichkeit, d. h. zunächst die Beseitigung der christlichen Kirche als Reichskirche, längerfristig dann sicher auch die Beseitigung des Christentums überhaupt.

Alle diese Versuche und die dazu für notwendig erachteten Maßnahmen des vom Christentum abgefallenen Kaisers sind häufig dargestellt worden und brauchen, gerade auch was die verschiedenen gesetzgeberischen Maßnahmen betrifft, hier nur skizziert zu werden[3].

Weniger deutlich ist in der mit den Christenmaßnahmen Julians befaßten Literatur herausgestellt worden, daß Julians Kirchenpolitik sich in erster Linie nicht gegen die Gesamtheit der Christen oder gegen einzelne Glieder der Kirche wegen ihres christlichen Bekenntnisses richtete, obwohl auf lokaler Ebene auch

---

[1] Als Caesar des Westens hatte Julian anfangs die Kirchenpolitik des Konstantius in Gallien exekutiert und z. B. Hilarius von Poitiers 356 ins Exil geschickt. Nach seiner Usurpation scheint er versucht zu haben, den inzwischen in Opposition zu Konstantius stehenden Teil des westlichen Episkopats für seine Ziele einzuspannen: in Paris hebt 360 – wahrscheinlich noch in Gegenwart Julians – eine gallische Synode die Beschlüsse von Rimini auf; auch sonst kann sich unter dem Schutz Julians im Westen 360/61 überall die Opposition gegen die Beschlüsse von Rimini durchsetzen; vgl. BRENNECKE, (1984) 360–67.

[2] Soz., h. e. V 16,1–3; Greg. Naz., or. IV 112f.; Juln. Imp., ep. 84 (39 WEIS) (Dieser Brief ist nur bei Soz., h. e. V 16,5ff. überliefert); ep. 89a (47 WEIS); ep. 89b (48 WEIS); vgl. v. BORRIES, PW X 53; KOCH, (1927, 1928); RAEDER, (1978) 206–221.

[3] Vgl. die Bibiliographie bei KLEIN, (1978) 509ff.; die neueste Literatur besprechen PASCHOUD, (1980), BIRD, (1982); vgl. auch BRAUN, (1978) 159–88.

das vorkam, sondern daß Julian dezidiert gegen die Reichskirche als Schöpfung Konstantins und Konstantius' vorging, wie sie scheinbar so fest und endgültig seit der Synode von Konstantinopel zu Beginn des Jahres 360 unter der dogmatisch weiten Formel dieser Synode organisiert war. Diese Kirche stand theologisch auf dem Fundament der homöischen Theologie. Die im Osten relativ kleine Minderheit innerhalb dieser Kirche mit ihren führenden Vertretern in Klerus und Episkopat, die in Opposition zur Kirchenpolitik des Konstantius und zum dogmatischen Fundament dieser Kirche gestanden hatten, konnte vorerst noch mit dem Wohlwollen des neuen Kaisers rechnen. Dies betraf sowohl einzelne Personen als auch ganze kirchliche Gruppierungen, die unter Julians Vorgänger verfolgt worden waren[4].

Die abendländischen Nizäner waren von den Maßnahmen Julians überhaupt nicht betroffen[5]. Die im Osten von Konstantius am Ende seiner Herrschaft dann auch unterdrückten Homöousianer, die wenigen Nizäner, aber auch die Novatianer konnten zunächst von der scheinbaren Toleranz des Kaisers profitieren.

Die unter Konstantius aus den verschiedensten Gründen verbannten Bischöfe durften zunächst alle zurückkehren[6]. Aber auch sie waren nicht davor sicher, in Konfrontation zur kaiserlichen Kirchenpolitik zu geraten, wie die Maßnahmen gegen Athanasius und Eleusius von Kyzikos mit aller Deutlichkeit zeigen[7]. Letztlich, aber dafür war die Zeit noch nicht reif, zielte diese Kirchenpolitik auf die Beseitigung des Christentums überhaupt, nicht nur auf die Beseitigung des Christentums aus dem öffentlichen Leben, besonders dem des Staates. Denn der christliche Glaube war in wenig mehr als dreißig Jahren zum Fundament des Staates geworden; der christliche Kult zum nun allein staatstragenden Kult. Dieser für Julian und andere Vertreter des Heidentums unerträgliche Zustand mußte zunächst beseitigt werden.

Deutlich ist sichtbar, daß in erster Linie hervorragende Vertreter der homöischen Reichskirche auch die Opfer dieser Kirchenpolitik werden; kirchliche

---

[4] Für den Westen vgl. oben Anm. 1; für die Verhältnisse im Osten Juln. Imp., ep. 46 (28 WEIS) an Aetius; 90 (30 WEIS) an Photin; 32 (27 WEIS) an Basilius von Caesarea (zur umstrittenen Echtheit von ep. 32 vgl. unten S. 98, Anm. 10). Zum Schutz der Novatianer gegen Übergriffe seitens der (homöischen) Großkirche vgl. Juln. Imp., ep. 115 (59 WEIS) nach Edessa und die Affäre um Eleusius von Kyzikos (Sok., h. e. III 11,3; vgl. unten S. 100 f.).

[5] Die Kirchenhistoriker kennen keine Maßnahmen gegen die Kirchen des Abendlandes. Sulpicius Severus weiß nichts von Bedrückungen der Christen; erwähnt die Herrschaft Julians überhaupt nicht. Hieronymus und Rufin überliefern ausschließlich orientalische Traditionen (dazu unten S. 92 ff.). Das Rhetorenedikt (dazu unten S. 105, Anm. 46) wurde allerdings auch im Abendland angewendet. Marius Victorinus mußte wegen seines christlichen Glaubens seine Lehrtätigkeit in Rom einstellen; vgl. Aug., Conf. VIII 5,10. Zu den angeblichen Martyrien während der Herrschaft Julians im Abendland vgl. unten S. 114 ff.

[6] Hist. Ath. III 2 datiert die Publikation des Gesetzes für Alexandrien auf den 9. Februar 362; vgl. Amm., XXII 5,3 f.; Juln. Imp., ep. 46 (28 WEIS); Sok., h. e. III 1,48; Soz., h. e. V 5,1; Philost., h. e. VI 7; VII 4; Chron. Pasch. [PG 92,741 C]; Ruf., h. e. X 28; Thdt., h. e. III 4; v. BORRIES, PW X 48; ENSSLIN, (1923) 107.

[7] Vgl. unten S. 100 f.; 104 f.

Gegner des Konstantius, Nizäner oder Homöusianer und vor allem auch Eunomianer dagegen so gut wie nie. Daß Athanasius auch unter Julian, der ihm
gerade erst die Rückkehr nach Alexandrien ermöglicht hatte, erneut – nun schon
zum vierten Mal – ins Exil mußte, erstaunt bei der großen Konfliktbereitschaft
des Alexandriners in Fragen des christlichen Glaubens, aber auch in solchen
seines Amtes, nicht sonderlich. Er mußte angesichts der Religionspolitik dieses
Kaisers fast zwangsläufig mit ihm in Konflikt geraten, wenn der auch diesmal
nicht dogmatischer Natur war oder in der Kirchenpolitik eines sich selbst als
christlich verstehenden Kaisers begründet lag, sondern in der grundsätzlich dem
christlichen Glauben feindlichen Haltung Julians. Daran unterscheidet sich das
vierte von allen anderen Exilen des alexandrinischen Oberhirten[8].

Ausschließlich positiv und befreiend wirkte die Regierungszeit Julians unter
den Christen des Reiches nur für Aetius, Eunomius und deren Anhänger. Sie
konnten, ganz abgesehen von der Wertschätzung, die Julian seinem alten Stu-
dienfreund Aetius entgegenbrachte (er hatte schon als kirchenpolitischer Berater
des Gallus auch Julians Vertrauen gewonnen und war auch wegen seiner engen
Verbindung zu Gallus und nicht allein wegen seiner theologischen Anschauungen von Konstantius in die Verbannung geschickt worden[9]), während der
Regierung Julians gleichsam im Schutze der antichristlichen Maßnahmen des
Kaisers eine eigene Kirche konstituieren und immerhin durch den Aufbau einer
eigenen Hierarchie soweit konsolidieren, daß diese aetianische beziehungsweise
dann eunomianische Kirche auch unter den ihr feindlichen Nachfolgern Julians,
dem Homöer Valens so gut wie dem Vertreter der nizänischen Orthodoxie,
Theodosius, selbst in permanenter Verfolgungssituation noch lange bestehen
konnte und für die katholische Kirche theologisch eine große Herausforderung
darstellte[10].

Erst mit dem Schritt der Aetianer/Eunomianer zur eigenen Kirchenbildung
mit eigener Hierarchie ist der seit der Synode von Seleukia/Konstantinopel
andauernde, zunächst theologische Prozeß der Trennung zwischen Homöern
und Anhomöern nun auch organisatorisch endgültig und irreversibel abgeschlossen worden[11].

In die Zeit Julians fällt auf der anderen Seite auch die für die weitere Entwicklung der Trinitätslehre hin zur sogenannten neunizänischen Orthodoxie grundsätzliche und folgenreiche Entscheidung der theologischen Differenzierung zwischen *Usia* und *Hypostase* im trinitarischen Sprachgebrauch. Diese Entschei-

---

[8] Zum vierten Exil des Athanasius Hist. Ath. III 5f. (dazu der Kommentar bei MARTIN,
192–94); Juln. Imp., ep. 110 (60 WEIS); 112 (43 WEIS); 111 (61 Weis); Sok., h. e. III 13f.; Soz.,
h. e. V 15,1; Thdt., h. e. III 19; vgl. TETZ, TRE IV 342; MARTIN, 97–99; BRECKENRIDGE, (1968)
passim, der allerdings auf historische Fragen kaum eingeht; und unten S. 104f.

[9] Philost., h. e. III 27; IV 8.

[10] Zur Geschichte der aetianischen/eunomianischen Kirche vgl. ALBERTZ, (1909); ABRA-
MOWSKI, RAC VI 937f.; RITTER, TRE X 527f.; SPANNEUT, DHGE XV 1399–1405; KOPECEK,
(1979) passim.

[11] Vgl. unten S. 107ff.

dung, deren philosophisch-sprachliche Voraussetzungen und theologischen Hintergründe weitgehend dunkel sind[12], und die, nachdem sie in den antiarianischen Schriften des Marius Victorinus zuerst bezeugt ist, ohne jedoch für ihn selbst theologisch wichtig zu sein, auf der von Athanasius zur Lösung der antiochenischen Frage im Sommer 362 nach Alexandrien einberufenen Synode in kirchlich-synodales Handeln zur Lösung eines theologischen Konfliktes umzusetzen versucht wurde, ermöglichte es einem großen Teil der bisher in Distanz zu den Beschlüssen von Nizäa (und vor allem auch zu Athanasius) stehenden orientalischen Theologen und Kirchenmännern, nun nicht nur das Nizänum auch über seinen Antiarianismus hinaus als Ganzes mitsamt seinem bisher so umstrittenen Stichwort ὁμοούσιος theologisch anzunehmen und nicht nur als kirchenpolitische Kompromißformel zu dulden. Die Suche nach dem immer fragwürdigen „Mittelweg" zwischen dem Nizänum und der Theologie des Aetius als eines theologischen Kompromisses, wie ihn Teile der Homöousianer auch später noch anstrebten, war damit theologisch eigentlich unmöglich geworden[13].

Zu den Theologen, die das erkannt hatten, zählte nicht nur ein Teil der durch die Beschlüsse von Konstantinopel aus der Reichskirche ausgeschlossenen und von ihren Bischofssitzen vertriebenen Homöousianer, sondern auch ein (wahrscheinlich sogar größerer) Teil von Bischöfen, die bisher loyal zu den Konstantinopolitaner Beschlüssen und auch zur theologischen Formel von Nike/Konstantinopel gestanden hatten. Als prominentester Vertreter dieser Gruppe ist Meletius von Antiochien anzusehen. Manches deutet darauf hin, daß in diesen theologischen Kreisen und nicht bei den eher als Partei anzusehenden Homöousianern die Differenzierung zwischen Usia und Hypostase zuerst vorgenommen wurde[14].

Die kurze Regierungszeit Julians – und das verdeckt eine ausschließlich auf die antichristliche Politik dieses Kaisers gerichtete Sicht leicht – hat gerade in einer

---

[12] ABRAMOWSKI, (1979) 41–47; RITTER, (1982) 198 ff.; STUDER, (1982) 162–70; ders. (1985) 172–78.

[13] Sok., h. e. III 10,4 f.; Soz., h. e. V 14.

[14] Anders ABRAMOWSKI, (1979) 46 f., und RITTER, (1982) 199 f., vgl. STUDER, (1982). Die Meletianer sind nicht als Teil der Homöousianer zu verstehen, (so scheint STUDER auch in seiner neuen Dogmengeschichte, (1985) 172 ff., anzunehmen), sondern stehen kirchenpolitisch 360 noch auf der Seite der Homöer. Auch wenn sie mit den Homöousianern die gemeinsame theologische Herkunft von der Theologie Eusebs von Caesarea verbindet, so bilden sie doch die Gruppe von östlichen Theologen, die – gegen die Homöusianer – in Seleukia der Formel des Acacius und in Konstantinopel der Formel von Nike/Rimini zugestimmt haben. Historisch gehen die Meletianer nach der Absetzung des Meletius im Jahre 361 nicht aus den Homöusianern hervor, sondern aus den Homöern. Der theologische Umschwung zum Nizänum muß bei ihnen in die Zeit der Rückkehr des Meletius aus dem Exil oder etwas früher fallen, da die alexandrinische Synode von 362 diese theologische Neuorientierung bereits voraussetzt. Allerdings müssen in kleinasiatischen homöusianischen Kreisen etwa gleichzeitig ähnliche Entwicklungen stattgefunden haben, wie am Beispiel des Basilius von Caesarea deutlich wird; vgl. Bas., ep. 9; HAUSCHILD, TRE V 303 f.

Situation von Schikanen und Unterdrückungen bis hin zur Verfolgung der Kirche die Möglichkeit gegeben, die festgefahrenen theologischen Positionen in der Trinitätslehre neu und theologisch weiterführend zu bestimmen.

Beim Tode Julians stehen in der Frage der Trinitätslehre neben den alten Positionen neue, um die sich je eine Gruppe von Theologen schart. Das auch durch die Synode von Alexandrien nicht beendete antiochenische Schisma bietet uns ein Spiegelbild der nun möglichen theologischen Positionen in der Auseinandersetzung um die Trinitätslehre[15].

Für die Homöer war die Regierungszeit Julians besonders folgenreich. Die von ihnen dominierte Reichskirche als Schöpfung des Konstantius wurde weitgehend zerschlagen. Auch unter Kaiser Valens, der wieder eine dezidiert homöische Kirchenpolitik betrieb und auch im Einzelfall vor Unterdrückungsmaßnahmen gegen die nun weite Kreise des östlichen Episkopats umfassende neunizänische Orthodoxie nicht zurückschreckte, gelang es der während beinahe eineinhalb Jahrzehnten homöisch geführten Reichskirche nicht mehr, den östlichen Episkopat so weitgehend, wie noch nach der Synode von Konstantinopel, hinter sich zu scharen. Äußerlich konnten die Homöer die Reichskirche noch einmal dominieren, theologisch gelangten sie schon während dieser scheinbar so glanzvollen eineinhalb Dezennien ins Abseits. An der eigentlichen theologischen Debatte der Zeit um die Pneumatologie und die Christologie nahmen sie nicht mehr teil[16].

Die Regierung Julians war, so gesehen, für die Homöer letztlich eine Katastrophe, trotz des scheinbaren Wiederaufstieges unter Valens. Aber diese knapp achtzehnmonatige Regierungszeit hat ihnen andererseits die Märtyrer gegeben, die im Prozeß der eigenen Kirchenbildung nach der Zeit der homöischen Reichskirche in der Situation der Verfolgung unter orthodoxen Kaisern eine offenbar nicht unwichtige Rolle bei der Begründung einer eigenen Tradition gespielt haben[17].

---

[15] CAVALLERA, (1905) 157 ff.; DOWNEY, (1961) 410–13; DREWERY, TRE III 109–11.

[16] Vgl. unten S. 224 ff.

[17] BATIFFOL, (1892) 35: *Et c'est là pour l'Arianisme une occasion de recruter des thaumaturges et des martyrs: c'est la source d'une littérature hagiographique arienne.*

Zweites Kapitel

Die Quellen

Unsere Kenntnisse über die kirchlichen Ereignisse während der Regierung Julians stammen in erster Linie von den synoptischen orthodoxen Kirchenhistorikern des fünften Jahrhunderts[1], die aber nicht mehr in zureichendem Maße von der kirchlichen Situation der Mitte des vierten Jahrhunderts geprägt sind und die Regierung Julians des Abtrünnigen allein aus der Sicht der einen Kirche im Gegensatz zur christenfeindlichen Politik des kaiserlichen Apostaten sehen. Da die Historiker des fünften Jahrhunderts schon im Abstand von mehr als einem Menschenalter zu den Ereignissen selbst schreiben, ist zunächst die Frage nach der zeitgenössischen Überlieferung und den eventuell zu eruierenden Quellen der Kirchenhistoriker zu stellen, will man die antichristlichen Maßnahmen Julians und die Reaktion von Heiden und Christen darauf richtig in das kirchliche Spektrum der Mitte des vierten Jahrhunderts einordnen.

Den leichtesten Zugang bieten in diesem Zusammenhang die erhaltenen Gesetze Julians[2]. In seinen Briefen[3] finden sich einige, allerdings im Verhältnis zum Gesamtumfang der Briefe und angesichts der Wichtigkeit des Problems für ihn selbst erstaunlich wenige, Hinweise auf konkrete Maßnahmen. Bei der Beurteilung der Briefe ist zu beachten, daß Julian, sich immerfort selbst verteidigend, sein Vorgehen natürlich ins rechte Licht stellen will.

Der im Winter 362/63 verfaßte *Misopogon* und seine ebenfalls um diese Zeit in Antiochien verfaßte Antichristenschrift bieten für die Frage nach konkreten antichristlichen Maßnahmen Julians beinahe nichts[4]. In *contra Galilaeos* geht Julian – jedenfalls in den erhaltenen Fundamenten – mit keinem Wort auf seine antichristlichen Unternehmungen ein. Zumindest zeigen die Schriften Julians, daß die kirchlichen Schriftsteller sein am Ende ihm vor Augen schwebendes Ziel, das Christentum zu beseitigen, richtig verstanden haben, auch bei mancherlei Unwahrheiten und Übertreibungen im einzelnen in der bald einsetzenden antijulianischen Polemik.

Das Schriftencorpus des Libanius befaßt sich nur ganz am Rande mit dem Vorgehen Julians gegen die Christen, gibt uns aber sichere Belege dafür, daß die christliche Überlieferung bei den ausgedehnt berichteten und detailliert beschriebenen Martern, die einzelne Opfer der julianischen Kirchenpolitik zu

---

[1] Sok., h. e. III., Soz., h. e. V; Thdt., h. e. III; vgl. auch Philost., h. e. VI 5 bis VII 15; Ruf., h. e. X 28 ff. (aus östlicher Quelle, wahrscheinlich Gelasius von Caesarea).

[2] Vgl. BIDEZ-CUMONT, (1922); ENSSLIN, (1923); SEECK , (1919) 209–13.

[3] Ep. 48 (28 WEIS); 60 (53 WEIS); 90 (30 WEIS); 83 (49 WEIS); 112 (43 WEIS); 114 (58 WEIS); 115 (59 WEIS); 110 (60 WEIS); 111 (61 WEIS); 106 f. (37 f. WEIS).

[4] Misopogon, ed. LACOMBRADE, (1964) 139–199; NEUMANN, (1880) (mit einer nicht angebundenen deutschen Übersetzung NEUMANNS). Zu *contra Galilaeos* vgl. BRAUN, (1978) 175 ff.; MALLEY, (1978).

erdulden hatten, in keiner Weise übertrieben hat, wie man nicht nur den christlichen Historikern, sondern vielmehr noch der hagiographischen Tradition zu
unterstellen gerne bereit ist. Libanius zeigt auch, wie antichristliche Statthalter
hie und da fast schrankenlose Willkür gegen Christen üben konnten[5]. So relativiert Libanius – ganz gegen seinen Willen – manche selbstrechtfertigende Aussage des bewunderten Freundes, der in seinen Briefen so gern als der große, über
den Dingen stehende Philosoph erscheinen wollte.

Von den heidnischen Historikern ist für unseren Zusammenhang nur Ammianus Marcellinus von Belang, der – sonst ein glühender Verehrer Julians – gerade
dessen Christenpolitik nicht unkritisch gegenüberstand und so – wohl ebenfalls
gegen seinen Willen – zur Relativierung der Selbstgerechtigkeit Julians in seinen
Briefen beiträgt.

Die Fragmente des Eunapius und die *historia nova* des Zosimus, so wichtig
beide für unsere Kenntnisse der Politik und vor allem der militärischen Unternehmungen Julians sind, können hier außer Betracht bleiben.

Auf christlicher Seite stehen die wohl sehr bald nach dem Tode Julians verfaßten Antijulianschriften Gregors von Nazians und Ephraems den Ereignissen am
nächsten[6].

Auch wenn besonders Gregor maßlos polemisch ist, so bieten die beiden
Theologen doch ein gutes Bild von der Stimmung unter den Christen. Schon
von der Gattung ihrer Schriften her berichten beide, und das gilt mehr noch für
Ephraem als für Gregor, wenig Konkretes. In jeder Hinsicht erstaunlich innerhalb der von der Sicht des Athanasius geprägten Schau der Kirchengeschichte
des vierten Jahrhunderts ist jedoch 363 oder 364 das völlig unbefangen positive
Konstantiusbild dieser beiden späteren Säulen der nizänischen Orthodoxie[7].

Als wichtigste und umfangreichste christliche Quelle für die Lage der Kirche
unter Julian muß die als Ganzes verlorengegangene beziehungsweise wahrscheinlich der antihäretischen Gesetzgebung seit Theodosius zum Opfer gefalle-
ne Fortsetzung der Kirchengeschichte des Euseb durch einen unbekannten homöischen Theologen während oder kurz nach der Regierungszeit des Valens
gelten[8]. Nachdem man verschiedentlich schon früher auf typisch homöisches
Gut in der Überlieferung über die Zeit Julians aufmerksam geworden war,
gebührt *Gwatkin*[9] das Verdienst, als erster ein homöisches kirchengeschichtli-
ches Werk als Quelle dieser eindeutig homöischen Traditionen auch in der

---

[5] Z. B. ep. 819 (51 Fatouros-Krischer).

[6] Greg. Naz., or. IV f. [Bernardi (1983)]; Ephraem, contra Jul. I–IV, ed. Beck, (1957); vgl.
auch carm. Nis., ed. Beck, (1961).

[7] Vgl. oben S. 84f. Gegen das positive Konstantiusbild Gregors in or. IV f. wird man or.
XVIII; XXI mit ihrer negativen Sicht dieses Kaisers nicht ausspielen dürfen. Beide Reden sind
nach dem kirchenpolitischen Umschwung unter Theosius gehalten, als Gregor bereits zu den
führenden Theologen der neunizänischen Theologie gehörte; zu Situation und Datierung von
or. XXI vgl. Mossay, (1980) 99–103.

[8] Bidez-Winkelmann, (1972) CLIff.

[9] Gwatkin, (1900) 219–24.

orthodoxen Kirchengeschichtsschreibung über die Zeit Julians erkannt zu haben. *Batiffol* und *Bidez*[10] haben dann diesem homöischen Historiographen, wie man den unbekannten Autor dieser Schrift seither nennt, umfassende Untersuchungen gewidmet. *Bidez* hat im Zusammenhang seiner mit bewunderungswürdigem philologischen und historischen Scharfsinn gearbeiteten Ausgabe der ebenfalls partienweise von diesem homöischen Historiographen abhängigen Kirchengeschichte des Philostorgius gezeigt, wie jener Anonymus bis in späte byzantinische Zeit hinein gewirkt hat und immer wieder ausgeschrieben wurde. Ebenfalls *Bidez* verdanken wir den ersten Versuch einer Rekonstruktion dieser in der Tradition des Euseb stehenden Kirchengeschichte[11].

Zu dieser Schrift muß über die Verfolgung unter Julian eine Märtyrergeschichte gehört haben, ob von der eigentlichen Kirchengeschichte abgetrennt, wie Eusebs *„Märtyrer in Palästina"*, oder in sie eingearbeitet, wie im VIII. Buch seiner Kirchengeschichte, läßt sich nicht mehr ermitteln[12]. Aller Wahrscheinlichkeit nach gab es auch eine Epitome dieses Werkes, wie der im *chronicon paschale* erhaltene Teil zeigt.

Die deutlichsten Spuren hat dieser anonyme homöische Kirchenhistoriker im *chronicon paschale*[13] hinterlassen, das für die Zeit Julians fast ausschließlich aus ihm oder, wie ich noch eher vermuten möchte, aus einer Epitome dieses Werkes geschöpft hat. *Batiffol* und *Bidez* haben gezeigt, wie vor allem Theodoret, Philostorgius und Theophanes ebenfalls diesen Anonymus benutzt haben, der nicht nur in der byzantinischen und syrischen Kirchengeschichtsschreibung, sondern besonders auch in der byzantinischen hagiographischen Tradition seine Spuren hinterlassen hat[14].

In der lateinischen Überlieferung hat Hieronymus sicher – und Rufin vielleicht – aus ihm geschöpft[15].

Bei Sokrates und Sozomenus scheint es mir gegen *Batiffol* und *Bidez* ziemlich wahrscheinlich, daß auch sie den Homöer kannten; daß sie auch homöische Traditionen benutzten, ist jedenfalls beweisbar[16].

---

[10] BATIFFOL, (1892; 1895); BIDEZ, BIDEZ-WINKELMANN, (1972) CLI ff.

[11] BIDEZ-WINKELMANN, Anhang VII, S. 202–41.

[12] In der Rekonstruktion von BIDEZ im Anhang VII Nr. 33–36, S. 226–36.

[13] PG 92, 740 A–745 B; vgl. BIDEZ-WINKELMANN, Anhang VII.

[14] Vgl. oben Anm. 10. Zur Benutzung durch Theodoret vgl. PARMENTIER in der praefatio zur ersten Auflage der Kirchengeschichte Theodorets, LXXXIII ff.; SCHEIDWEILER in der Präfatio zur zweiten Auflage, XXII–XXV.

[15] Zur Benutzung durch Hieronymus vgl. BIDEZ-WINKELMANN, (1972) CLV; zur Benutzung durch Rufin (über Gelasius von Caesarea?) vgl. unten S. 114 ff.

[16] GWATKIN, (1900) 219–24; zu Einzelfällen unten, passim. Nicht auszuschließen ist m. E., daß auch Ammianus Marcellinus den Homöer benutzt hat, wie der Bericht des Ammianus über die Ermordung Georgs von Alexandrien und über die Hinrichtung des Artemius zeigen; dazu unten S. 127–131. Eine Benutzung des homöischen Historikers durch Sozomenus nehmen auch an WEIS, (1933) 29–27; PARMENTIER (Sozomenus und Sokrates) in der Praefatio der ersten Auflage der Kirchengeschichte Theodorets, LXXXIII ff., dem SCHEIDWEILER (PARMENTIER-SCHEIDWEILER, XXIII) und HANSEN (BIDEZ-HANSEN, LIV) gefolgt sind.

Theodoret und Sozomenus bieten über die Zeit Julians noch einiges Sondergut, dessen Herkunft im einzelnen nicht immer sicher zu bestimmen ist[17].

Neben der homöischen Tradition, die der homöische Historiograph und andere homöische Überlieferungen bieten, haben wir, abgesehen von dem wenigen und in seiner Herkunft schwer zu bestimmenden Sondergut des Sozomenus und der anderen synoptischen Kirchenhistoriker nur die in der *Historia Athanasii* überlieferte alexandrinische Tradition über die Zeit Julians mit ihrem Schwerpunkt im vierten Exil des Athanasius als eindeutig nicht-homöische Tradition[18].

Wenn der bei weitem größte Teil der Überlieferung über die Verfolgungen unter Julian auf homöische Tradition zurückgeht, die auch von den orthodoxen Schriftstellern seit Anfang des fünften Jahrhunderts übernommen und, wo der allzudeutlich homöische Charakter es notwendig machte, bearbeitet wurde, so ist daraus für die Verfolgungen unter Julian und besonders die Martyrien der Schluß zu ziehen, daß es über sie keine andere literarische Tradition gab! Dieser nur scheinbar (und nur aus einem athanasianischen Geschichtsbild heraus) überraschende Schluß erklärt sich um so einfacher, wenn man sich klarmacht, daß die östliche Kirche Anfang der sechziger Jahre des vierten Jahrhunderts eben eine homöische Kirche war und nicht eine von wenigen homöischen Funktionären, die das Wohlwollen und die tatkräftige Unterstützung des Kaisers besaßen, unterdrückte eigentlich nizänische Kirche, wie Athanasius so gerne glauben machen will. Auch die spätere Übernahme der homöischen Märtyrertraditionen in die orthodoxe Kirche seit Theodosius erklärt sich so völlig unkompliziert mit der Verwandlung der einstigen homöischen Reichskirche in eine nizänisch-orthodoxe, seit der Nizäner Theodosius nach Valens Tod die Herrschaft über den Orient angetreten hatte.

Eine solche Beibehaltung der hagiographischen Tradition über eine dogmatische Umorientierung hinweg war möglich, weil eine Märtyrertradition nicht am dogmatischen Bekenntnis oder der kirchenpolitischen Haltung des Märtyrers hängt, sondern am Ort des Martyriums, an der Stätte des Grabes und des Kultes[19].

---

[17] Thdt., h. e. III 14. 19. 22; Soz., h. e. V 8. 9. 10,1–4; 11,4–12.

[18] Hist. Ath. II 8–III 6.

[19] Görres, (1887²) geht völlig an den Tatsachen vorbei, wenn er annimmt, daß die *arianischen Märtyrer* von Arianern in die orthodoxen Heiligenkalender *eingeschwärzt* (so der in diesem Aufsatz immer wiederkehrende Ausdruck) wurden. Für ihn sind diese Arianer, vor allem Georg und Artemius, Pseudomärtyrer. Der Titel *Märtyrer* hängt für Görres an der dogmatischen Rechtgläubigkeit, nicht dagegen am Martyrium um des christlichen Glaubens willen. Görres macht sich dabei nicht klar, daß er hier einen später gewonnenen Maßstab von Orthodoxie rückwirkend anlegt. Bei dieser Art der Beurteilung müßte wahrscheinlich ein ziemlich großer Teil der vorkonstantinischen Märtyrer zu Pseudomärtyrern werden. Seit man bemerkt hatte, daß gerade in der Märtyrertradition der julianischen Zeit einige Namen auftauchen, deren Träger mit Sicherheit mit aus der Zeit Konstantins oder des Konstantius bekannten

Drittes Kapitel

Julians antichristliche Politik[1]

Nach Ammianus Marcellinus hat Julian bald nach seinem Einzug in Konstantinopel ein Gericht über hohe Beamte der kaiserlichen Administration unter Konstantius nach Chalkedon einberufen, das viele Todesurteile fällte. Angeblich sollten die an der Hinrichtung des Gallus Mitschuldigen bestraft werden[2]. Tatsächlich wurde aber eine Reihe hoher Beamter völlig unabhängig von einer eventuellen Verstrickung in die Gallusaffäre hingerichtet. Obwohl es sich bei diesen ersten und durchweg prominenten Opfern der Politik des neuen Kaisers auch um Christen gehandelt hat, die zum Teil unter Konstantius in der homö-ischen Reichskirche sogar eine wichtige Rolle gespielt hatten, sind diese hingerichteten beziehungsweise ermordeten hohen Beamten aus der Zeit des Konstantius, soweit erkennbar ist, nicht in die homöische Märtyrertradition aufgenommen worden[3]. Die einzige Ausnahme könnte unter Umständen der dux

---

Arianern identifiziert werden müssen, ist dieses Problem verschiedentlich behandelt worden; für die ältere Debatte vgl. TILLEMONT VII (1732) 731–33.

[1] Vgl. oben S. 87, Anm. 3, besonders den dort genannten Aufsatz von BRAUN. Im Zusammenhang dieser Arbeit kann es hier nur um eine Zusammenfassung der wichtigsten, in der Forschung ausgiebig diskutierten und weithin unumstrittenen Fakten gehen.

[2] Amm., XXII 3ff.; vgl. v. BORRIES, PW X 47; ENSSLIN, (1923) 111–118. Das Gericht von Chalkedon wird in allen Julianbiographien ausgiebig behandelt.

[3] GWATKIN, (1900) 222 (n), möchte den nach dem *chronicon paschale* (PG 92,749 A) dem Basilius von Caesarea im Traum erscheinenden heiligen Merkurius, der dort den Auftrag erhält, Julian zu töten, wegen Niceph., h. e. X 35 (PG 146,552), wo ein Merkurius zusammen mit Artemius als Märtyrer genannt wird, mit dem Amm., XV 3,4, im Zusammenhang mit der Gallusaffäre erwähnten Beamten Merkurius, der sich mit Paulus Catena bei der Verfolgung von Gallusanhängern besonders hervorgetan hatte, identifizieren und ihn als homöischen Märtyrer ansehen. Über den bei Ammianus genannten Merkurius ist aber sonst nichts bekannt, auch nicht, ob er unter Julian wegen seiner Verstrickung in die Gallusaffäre hingerichtet wurde.

Der Traum des Basilius bezieht sich eindeutig auf den Märtyrer der decischen Verfolgung, Merkurius, dessen Kult in Caesarea beheimatet war; vgl. BHG 1274–77a; BHL 5933–39. Bei Merkurius handelt es sich um einen Soldatenmärtyrer, der nach der Legende zum Soldaten Gottes wurde, auf göttlichen Befehl hin Barbaren ermordete und so *das römische Reich rettete;* vgl. DELEHAYE, (1909) 91–101; Legende und Passio ebenda, 232ff.

Chron. pasch. [PG 92,748 C–1749 A]: Ἐν αὐτῇ δὲ τῇ νυκτὶ εἶδεν ἐν ὁράματι ὁ ὁσιώτατος Βασίλειος ἐπίσκοπος Καισαρείας τοὺς οὐρανοὺς ἀνεῳγμένους καὶ τὸν Σωτῆρα Χριστὸν ἐπὶ θρόνου καθήμενον καὶ εἰπόντα κραυγῇ „Μερκούριε, ἀπελτὼν φόνευσον Ἰουλιανὸν τὸν βασιλέα τὸν κατὰ τῶν Χριστιανῶν." Ὁ δὲ ἅγιος Μερκούριος, ἑστὼς ἔμπροσθεν τοῦ κυρίου, φορῶν θώρακα σιδηροῦν, ἀκούσας τὴν κέλευσιν ἀφανὴς ἐγένετο. Καὶ πάλιν ηὑρέθη ἑστὼς ἔμπροσθεν τοῦ θρόνου τοῦ κυρίου, καὶ ἔκραξεν „Ἰουλιανὸς ὁ βασιλεὺς σφαγεὶς ἀπέθανεν, ὡς ἐκέλευσας, Κύριε."

Passio Mercurii [BHG 1274; DELEHAYE, 235,24–236,6]: ὅρασις ἐφάνη τινὶ ἐκ τοῦ Μαρτησίων τῶν ὄντων ὑπὸ τὴν πρώτην Ἀρμενίαν, ὀνόματι Μερκουρίῳ, ἀνήρ τις ὑπερμεγέθης, λευχείμων, ἐν τῇ δεξιᾷ χειρὶ ῥομφαίαν κατέχων καὶ λέγων αὐτῷ „Μὴ φοβηθῇς μηδὲ δειλιάσῃς ἀπεστάλην γὰρ τοῦ βοηθῆσαί σοι καὶ νικηφόρον ἀναδεῖξαι. Δέξαι οὖν τὴν

Aegyptiae, Artemius, bilden, dessen Hinrichtung mit einiger Wahrscheinlichkeit in den Zusammenhang des Gerichtes von Chalkedon gehört; zumindest scheint die Gallusaffäre bei seiner Verurteilung auch eine Rolle gespielt zu haben[4].

Ohne das Gericht von Chalkedon zu nennen oder irgendeine Verbindung dazu herzustellen, sprechen Philostorgius und Sozomenus von mit Beginn der Herrschaft Julians einsetzenden Christenverfolgungen[5]. Unter Umständen ist diese Notiz auf das Gericht von Chalkedon zu beziehen; gezielt antichristliche Maßnahmen sind aus der allerersten Zeit der Alleinherrschaft Julians nicht bekannt[6].

Allerdings verloren die Kirche und natürlich besonders der hohe Klerus alle ihnen von Konstantin und Konstantius zugestandenen Privilegien und jeden Einfluß bei Hof. Hof und Militär wurden offenbar systematisch von Christen gesäubert und christlichem Einfluß entzogen[7].

Wie stark sich diese Maßnahmen bewußt gegen die homöische Reichskirche als Schöpfung des Konstantius richteten, bezeugt – wahrscheinlich aus homöischer Quelle – Sokrates. Wer Konstantius verleumdete, bekam nach Sokrates von Julian alle Wünsche erfüllt, wer nicht, bekam dagegen den Haß des Kaisers zu spüren[8]. Aus homöischer Sicht war mit dem Regierungsantritt Julians der Friede in der Kirche vorbei, der unter Konstantius geherrscht hatte[9].

ῥομφαίαν ταύτην καὶ εἴσελθε κατὰ τῶν βαρβάρων καὶ νικήσας μὴ ἐπιλάθῃ κυρίου τοῦ Θεοῦ σου." Ὁ δὲ ὡς ἐν ἐκστάσει γενόμενος ἕνα τῶν ἀρχόντων τοῦ βασιλέως εἶναι ἐνόμιζεν· καὶ δεξάμενος τὴν ῥομφαίαν καὶ ἀναζωπυρήσας τῷ πνεύματι, ἐπάνω τῶν βαρβάρων κατέδραμεν καὶ διακόψας αὐτοὺς τὸν ῥῆγα αὐτῶν ἀπέκτεινεν καὶ πολλοὺς ἑτέρους, ὥστε τὸν βραχίονα καμεῖν καὶ ἐκ τῶν αἱμάτων κολληθῆναι τὴν ῥομφαίαν ἐν τῇ χειρὶ αὐτοῦ· καὶ οὕτως ἔφυγον οἱ βάρβαροι καὶ ἐτροπώθησαν ὑπὸ τῶν Ῥωμαίων.
Über die Merkuriustradition im Zusammenhang mit dem Tode Julians vgl. AS Okt. 10,572f.; Delehaye, (1909) 97f. Unklar ist, ob diese Merkuriustradition ursprünglich aus homöischer Überlieferung stammt, wie die gemeinsame Nennung von Artemius und Merkurius bei Niceph., h. e. X 35 anzudeuten scheint. Nach Gwatkin, (1900) 222, ist der unter Julian hingerichtete Eunuch Euseb (PLRE I302f.: Eusebius 11), dessen Engagement für die Homöer vielfach bezeugt ist, bei Leo Grammaticus zum Heiligen und Märtyrer geworden; vgl. aber Leo Gramm. [Bekker, 94,7f.]: Εὐσέβιον πρῶτον τὸν βασίλειον εὐνοῦχον ἀνεῖλεν ὡς ἀδικητήν, τοῦ δικαίου δῆθεν δόξαν θηρώμενος (sc. Julian!).

[4] Zu Artemius vgl. Dummer, (1971) und unten S. 127–131.
[5] Soz., h. e. V 2,1; Philost., h. e. VII 1. 4; vgl. Chron. pasch. [PG 92,740 A].
[6] Schultze, (1913) 54–59; v. Borries, PW X 51f.; Braun, (1978); Ensslin, (1923); vgl. Sok., h. e. III 11,1.
[7] Soz., h. e. V 5,2; vgl. Ensslin, (1923) 107–110.
[8] Sok., h. e. III 11,2.
[9] Der homöische Historiograph im Chron. pasch. [PG 92,740 A]: Μετὰ τελευτὴν Κωνσταντίου τοῦ Αὐγούστου ἡ εἰρήνη τῶν ἐκκλησιῶν διεκόπη, . . . , so im Prinzip auch Thdt., h. e. III 6; vgl. dagegen die ganz andere Sicht der alexandrinisch-athanasianischen Tradition, Ath., ep. fest. Keph. XXXIII [Albert, 263]: *D'autre part, durant cette (année)-là, Constance mourut et comme Julien garda seul le principat, il y eut une accalmie de la persécution contre les Orthodoxes (et) même, partout, des ordres du roi Julien pour amnistier les clercs orthodoxes qui avaient été persécutés du temps de Constance.*

Für die Gegner der Kirchenpolitik des Konstantius enthielt der Beginn der Herrschaft Julians durchaus hoffnungsvolle Aspekte. Aetius und vielleicht auch Basilius von Caesarea, beide aus entgegengesetzten Motiven Gegner der Kirchenpolitik des Konstantius, wurden in Ehren an den Hof nach Konstantinopel geladen[10]. Photin, inzwischen seit mehr als einem Jahrzehnt im Exil lebend, erhielt einen ehrenvollen Brief des Kaisers aus Antiochien, in dem dieser Diodor, den später so berühmten Bischof von Tarsus, verhöhnte[11].

Nach Ammianus Marcellinus berief Julian die verschiedenen christlichen Parteien zu sich und ermahnte sie zu gegenseitiger Toleranz[12]. Doch schon der Heide Ammianus Marcellinus sah darin weniger einen Versuch, die christlichen Parteien zu versöhnen, als vielmehr eine von Julian ergriffene Möglichkeit, sie noch mehr gegeneinander aufzuhetzen und auf keinen Fall Einigkeit entstehen zu lassen[13].

Das von Ammian berichtete Ereignis hat in der christlichen Überlieferung, der es in erster Linie um die Verfolgungen unter der Herrschaft des Apostaten geht und die die Verfolgungen mit Julians Regierungsantritt einsetzen läßt, begreiflicherweise keine Spur hinterlassen. Dieselbe negative Motivation unterstellt Ammianus Marcellinus dem Kaiser auch bei dem Edikt, das den unter Konstantius verbannten Bischöfen und Klerikern die Rückkehr in ihre Heimat erlaubte, und dessen Publikation am 9.2.362 für Alexandrien jedenfalls gesichert ist[14]. Die Rückkehr der Exilierten löste an einigen Stellen Konflikte aus, da die Bischofssitze natürlich inzwischen anderwärtig besetzt waren. Die Rückkehr von verbannten Donatisten scheint in Nordafrika sogar zu Tumulten geführt zu haben[15]. Der Protest gerade gegen diese Maßnahme und ihre negative Interpretation ist deutlich bei den Homöern zu spüren, die von den Folgen dieses

---

[10] Juln. Imp., ep. 46 (28 WEIS); 32 (27 WEIS). Τῷ μεγάλῳ in der Adresse von ep. 32 ist späterer christlicher Zusatz, daher Basilius von Caesarea als Adressat nicht gesichert. Gegen BIDEZ, I 2,37, hat sich WEIS, (1973) 274f., für Basilius von Caesarea als Adressaten entschieden. Für unecht hält diese Adresse KNORR, (1968) 53–62 (mit unzureichenden Argumenten).

[11] Juln. Imp., ep. 90 (30 WEIS).

[12] Amm., XXII 5,3f.; vgl. BRAUN, (1978).

[13] Amm., XXII 5,5. Anders als Ammian interpretieren ENSSLIN, (1923) 108; BRAUN, (1978) dieses Treffen als Zeichen der von Julian angestrebten Toleranz.

[14] Amm., XXII 5,3f.; Juln. Imp., ep. 46 (28 WEIS) an Aetius; vgl. Sok., h.e. III 1,48; Soz., h.e. V 5,1; Philost., h.e. VI 7; VII 4; Thdt., h.e. III 4; Ruf., h.e. X 28; Chron. pasch. [PG 92,741 C]. Das Datum der Publikation in Alexandrien Hist. Ath. III 2; vgl. ENSSLIN,, (1923) 107f.; v. BORRIES, PW X 48f. Die christliche Überlieferung bietet zwei Hauptinterpretationen: nach Rufin, Sokrates und Theodoret wollte Julian sich mit diesem Gesetz bei den kirchenpolitischen Gegnern des Konstantius beliebt machen; nach Sozomenus, Philostorgius und der durch das Chronicon paschale repräsentierten homöischen Tradition Zwist säen. ENSSLIN sieht in dem Gesetz einen Akt der Toleranz des Kaisers, ebenso WEIS, (1973) 277, Anm. 2.

[15] BIDEZ-CUMONT, (1922) Nr. 54f., S. 50–52. Unruhe bei der Rückkehr verbannter Donatisten bezeugt Opt. Milev., II 16ff. Sie hatten sich direkt an Julian gewandt und außer um Erlaubnis zur Rückkehr auch um die Übergabe der Basiliken gebeten; vgl. Aug., Contra litt. Pet. II 83,184; 92,205; 97,224 [PETSCHENIG, 113,18ff.; 129,23ff.; 141,19ff.]; vgl. auch CTh XVI 5,37.

Gesetzes ausschließlich negativ betroffen waren und immer wieder auf die Rechtmäßigkeit der Absetzungen unter Konstantius hingewiesen haben[16].

Nur elf Tage nachdem der Amnestieerlaß in Alexandrien publiziert worden war, kehrt Athanasius bereits in die ägyptische Metropole zurück. Da sein Widersacher Georg am Heiligen Abend ermordet worden war, gelingt es ihm ohne große Schwierigkeiten, gegen Lucius, den homöischen Nachfolger Georgs, das alexandrinische Bistum in Besitz zu nehmen[17].

Auch Meletius kehrt nach Antiochien zurück. Zwar kann er Euzoius, dem offensichtlich der weitaus größte Teil der antiochenischen Christen anhängt, nicht aus seiner Kirche vertreiben, aber es gelingt ihm, die sogenannte *Alte Kirche* zu besetzen und hier seine Gemeinde um sich zu sammeln[18].

Auch Aetius und Eunomius können aus der Verbannung zurückkehren und kommen, vom Kaiser eingeladen, nach Konstantinopel[19].

Allerdings besagte die Erlaubnis zur Heimkehr der exilierten Bischöfe und Kleriker nicht deren Wiedereinsetzung in ihr altes Amt, so daß die wie selbstverständliche Übernahme des alexandrinischen Bischofsthrones durch Athanasius von Julian zunächst akzeptiert, dann aber, als er sich über Athanasius geärgert hatte, als widerrechtlich angesehen wurde[20].

Ob es sonst zu Konflikten zwischen amtierenden reichskirchlich-homöischen

---

[16] Chron. pasch. [PG 92,741 BC]: Ἔτι δὲ καὶ ἐν Κωνσταντινουπόλει ἐπιβὰς ὁ Ἰουλιανός, Εὐδοξίου τε ἐπισκόπου ἐν αὐτῇ ὄντος, πολυτρόπως κατὰ τῆς Ἐκκλησίας μηχανώμενος ἐπιβουλὰς εἰς σύγχυσιν καὶ τὰ κατ' αὐτὴν ἤγαγεν, βουληθεὶς ἅπαντας τοὺς καθαιρεθέντας πρὸ τούτου ἐπὶ διαφόροις ἀτόποις κακοδοξίαις ἐπαφεῖναι ταῖς Ἐκκλησίαις, προφάσεις ἐκ τῶν γενομένων ταραχῶν ἐπινοῶν κατὰ τῶν Ἐκκλησιῶν τοῦ Θεοῦ. Als besonders schlimmes Beispiel folgt dann (741 C) Meletius. Es ist nicht auszuschließen, daß Philost., h. e. VII 4, Soz., h. e. V 5,1, und unter Umständen auch Amm., XXII 5,3f., ihre rein negative Interpretation des Amnestieerlasses von den homöischen Historiographen übernommen haben, dessen Benutzung durch Philostorgius sicher, durch Sozomenus wahrscheinlich und durch Amm. gut möglich ist; vgl. oben S. 93f. Ammianus Marcellinus stammt aus Antiochien und hat hier nach seiner Teilnahme an Julians Perserfeldzug während der Herrschaft des Valens seine historischen Studien getrieben. Die Parallelen zur homöischen Chronik bei der Beurteilung des Amnestieerlasses und bei den Martyrien Georgs von Alexandrien und des Artemius sind evident. SEYFARTH, Ammianus Marcellinus I 29–33, hat die eventuelle Benutzung christlicher Quellen durch Ammianus nicht einmal erwogen.

[17] Hist. Ath. III 3; vgl. dazu MARTIN, (1985) 191, Anm. 80. Die Hist. Ath. sieht das Amnestiegesetz als Wiedereinsetzungsgesetz an, so auch Martin. Nach ep. 110 (60 WEIS) hatte Julian Athanasius nur die Rückkehr nach Alexandrien gestattet; vgl. Soz., h. e. V 15,1 f. und GWATKIN, (1900) 224 f.

[18] Ruf., h. e. X 28; Thdt., h. e. III 4,2; Sok., h. e. III 9; Soz., h. e. IV 13,3; aus homöischer Sicht Chron. Pasch. [PG 92,441 C–444 A]; vgl. CAVALLERA, (1905) 89 ff.; SCHWARTZ, (1960) 46–49. Anders ELTESTER, (1937) 251 ff.; zur sog. *Alten Kirche* ebenda, 273 ff. Mit Chron. pasch. und Sok., h. e. III 9,3 f., plädiert ELTESTER gegen SCHWARTZ, (1960) 46, und LOOFS, RE XII 555, überzeugend dafür, daß Meletius erst nach seiner Rückkehr die *Alte Kirche* besetzen konnte.

[19] Juln., ep. 46 (28 WEIS); Philost., h. e. VI 7; vgl. dazu Ephraem, c. Juln. I 4: Julian unterstützt Häretiker; vgl. ALBERTZ, (1909) 222 ff.

[20] Juln. Imp., ep. 110 (60 WEIS); vgl. ENSSLIN, (1923) 107 f. Zumindest im Fall der Donatisten in Nordafrika muß es sich aber anders verhalten haben; vgl. oben Anm. 15.

Bischöfen und ihren unter Konstantius abgesetzten Vorgängern kam, ist nicht überliefert.

Die unter Konstantius unterdrückten Novatianer genossen offenbar den besonderen Schutz Julians. Eleusius von Kyzikos, dem es offenbar gelungen war, sein seit der Resignation des Eunomius vakantes Bistum wieder in Besitz zu nehmen, mußte nach Sok., h. e. III 11,3 (= Soz. h. e. V 5,15), eine wohl auf seine Initiative hin früher zerstörte novatianische Kirche in Kyzikos wieder aufbauen[21]; die Gemeinde von Edessa wird wegen schlimmer Ausschreitungen gegenüber den Valentinianern ihrer Stadt sogar vom Kaiser enteignet, allerdings nicht etwa zugunsten der edessenischen Valentinianer, wie man vermuten sollte, sondern zugunsten des Militärs[22].

Julian wollte – zumindest am Anfang seiner Alleinherrschaft – nach seinen eigenen Aussagen die Christen nur ihrer Privilegien berauben und die inzwischen so eng mit dem Reich verbundene Kirche zugunsten eines in dieser Form gar nicht mehr oder noch nicht existierenden Heidentums grundsätzlich vom Staat trennen. Verfolgungen von Christen lagen wohl noch nicht direkt in seiner Absicht; als christlicher Apostat wußte er um die die Christen nur stärkenden Wirkungen von Martyrien. Eine große Zahl von Märtyrern würde auch die

---

[21] Soz., h. e. V 5,15. Über Julians Maßnahmen zum Schutze der Novatianer vgl. BIDEZ-CUMONT, (1922) Nr. 44, S. 50f. Gegen DE RIEDMATTEN, DHGE XV 144f., ist eine Rückkehr des Eleusius in sein Bistum sofort nach der Resignation des Eunomius (vgl. oben S. 63) nicht vorstellbar; erst der Amnestieerlaß Julians gab dazu die Möglichkeit. Eine ganz andere Überlieferung noch Soz., h. e. V 15,4–10, nach der Eleusius auf Wunsch der (heidnischen) Bevölkerung von Kyzikos vertrieben wird, weil er Tempel zerstört hatte und aus Angst vor Aufständen. Nach Juln. Imp., ep. 115 (59 WEIS) scheint die Version Sok., h. e. III 11, wahrscheinlich, was aber die zweite Version, Soz., h. e. V 15, nicht ausschließt. Bis 359 gehörte Eleusius zu der Gruppe des Episkopats, die das Vertrauen des Kaisers hatte. Bei seinen engen Beziehungen zu Makedonius von Konstantinopel, der ein Gewaltregime gegen Heiden und Christen (vgl. SCHULTZE, (1913) 48ff.) geführt hatte, ist der Vorwurf der Tempelzerstörung durchaus glaubhaft. Da Makedonius, zu dessen Klerus Eleusius einst gehört hatte, auch gegen Novatianer gewaltsam vorgegangen war, ist auch diese Version für Eleusius nicht unwahrscheinlich. Sozomenus hat hier zwei unterschiedliche Traditionen bewahrt, die wahrscheinlich beide im homöusianischen Milieu beheimatet sind.

[22] Juln. Imp., ep. 115 (59 WEIS) Die Bezeichnung οἱ δὲ τῆς Ἀρειανικῆς ἐκκλησίας für die Gemeinde von Edessa muß Interpolation eines späteren orthodoxen Abschreibers sein; zur christlichen Überlieferung und teilweisen Bearbeitung der Briefe vgl. BIDEZ, I 2,1ff.; WEIS, (1973) 212–14. Julian bezeichnet die Reichskirche nie als *„arianisch"*. In diesem Sinne *„arianisch"* ist die orientalische Kirche zu Beginn der sechziger Jahre nur in den Augen der Abendländer und des Athanasius. Julian meint hier offensichtlich die reichskirchliche Gemeinde von Edessa, die man in der Tat zu diesem Zeitpunkt als homöisch und das heißt in den Augen eines späteren orthodoxen Abschreibers und Kommentators als *„arianisch"* anzusehen hat. Bischof Barses, später wegen seines nizänischen Bekenntnisses unter Valens in der Verbannung (vgl. unten S. 234f.), muß nach der edessenischen Chronik, XXIV (XXV), im Jahre 361 als Vertrauter des Konstantius gelten; vgl. HALLIER, (1892) 98. Daß Edessa von Julian wegen seines Christentums gemieden wurde, zeigen Thdt., h. e. III 26,9; Soz., h. e. VI 1,1; vgl. auch KIRSTEN, RAC IV 572f.; DRIJVERS, TRE IX 285. Zu edessenischen Märtyrern unter Julian, KIRSTEN, ebenda.

dogmatisch getrennten christlichen Gruppen unweigerlich gegen ihn vereinen[23].

Wichtiger als alles andere ist für Julian die Wiederherstellung und Unterstützung des heidnischen Kultes. Damit ist für ihn auch der absolute Vorrang derer im gesamten öffentlichen Leben verbunden, die dem heidnischen Kult anhängen. Um hier etwas nachzuhelfen, sollten die Christen ganz offen in jeder Hinsicht benachteiligt werden[24]. Zum Ausbruch des Konflikts mit den christlichen Gemeinden mußte das durch Spezialbestimmungen ergänzte und in Alexandrien am 4. 2. 362 publizierte, also sofort zu Beginn seiner Alleinherrschaft erlassene Edikt führen, das die Restitution der Tempel und ihres Besitzes befahl, der vielfach in privates und kirchliches Eigentum übergegangen war; häufig waren inzwischen Kirchen an Stellen errichtet worden, wo früher Tempel gestanden hatten[25]. Gegen dieses Gesetz hat es heftigen Widerstand gegeben, der in zum Teil tumultarischen Ausschreitungen der Christen gegen Tempel gipfelte. Gegen diese Tumulte gingen dann die provinzialen Behörden mit drakonischer Strenge vor. Nicht selten wurde durch dieses Verhalten der Christen die Wut der heidnischen Bevölkerung entfacht[26], um so mehr als die Abneigung, ja der Haß Julians gegen seine ehemaligen Glaubensbrüder allgemein bekannt war und zumindest keine schweren Strafen für Übergriffe und Ausschreitungen gegen Christen zu erwarten waren[27]. Man wird nicht fehl gehen in der Annahme, daß Julian, der den Bewegungsraum der Christen immer weiter einzuengen suchte[28], wenn er auch keine gezielte Christenverfolgung wie etwa Diokletian geplant hat – das Scheitern einer solchen durchaus vor Augen[29] –, daß er aber Aktionen jeder Art der heidnischen Bevölkerung bis hin zur brutalsten Lynchjustiz gegenüber Christen billigend in Kauf genommen hat und seinen Beamten auch die Möglichkeit ließ, antichristlichen Emotionen in jeder Hinsicht freien

---

[23] Juln. Imp., ep. 83 (49 Weis); dazu Sok., h. e. III 12,6 f.; Thdt., h. e. III 6, Greg. Naz., or. IV 61. Zur Angst der Heiden vor dem christlichen Märtyrerkult, der durch die Vernichtung von Märtyrergebeinen unmöglich gemacht werden sollte, vgl. unten S. 114 ff. Daß Julian keine Verfolgung wollte, betonen Ensslin, (1923) 108 f., Stein, (1928) 202 ff. und Braun, (1978) 173.

[24] Juln. Imp., ep. 83 (49 Weis); vgl. Soz., h. e. V 3,4 ff.; vgl. Stein, (1928) 202 ff.

[25] Hist. Ath. III 1; vgl. Ensslin, (1923) 104 ff.; Stein, (1928) 202 ff.; v. Borries, PW X 48 f.; Martin,, (1985) 190, Anm. 73–76 (dort die Parallelen). Zu diesem unmittelbar zu Beginn seiner Herrschaft erlassenen Gesetz vgl. Weis, (1933), der in Nachfolge Ensslins den restaurativen Charakter gegen die Interpretation dieses Gesetzes als Toleranzgesetz betont hat; dort auch der Versuch einer Rekonstruktion dieses im Wortlaut nicht erhaltenen Gesetzes.

[26] Vgl. unten S. 114 ff. die Einzelfälle. Fast alle christlichen Martyrien aus julianischer Zeit geschahen wegen Widerstand gegen dieses Gesetz.

[27] Die Reaktion Julians auf die Ermordung Georgs von Alexandriens, ep. 60 (53 Weis), läßt diesen Schluß zu; vgl. unten S. 117, Anm. 19. Braun, (1978) 173 f., meint dagegen, Julian entschuldigend und etwas idealisierend, daß die an verschiedenen Orten tatsächlich geschehenen Verfolgungen dem Kaiser eigentlich fremd gewesen seien.

[28] Allgemein antichristliche Gesetze erwähnen Thdt., h. e. III 8; Greg. Naz., or. IV 64 f.; vgl. Ensslin, (1923) 104 ff.

[29] Braun, (1978) 173: *Julien n'a pas été un persecuteur dans le sens que pauvaient donner à ce mot des hommes encore assez proches du temps de Dioclétien.*

Lauf zu lassen, was Libanius einem solchen Beamten gegenüber durchaus zu tadeln weiß[30].

In einigen Fällen hat Julian auch selbst in einer allen seinen philosophischen Toleranzgedanken Hohn sprechenden Form eingegriffen:

Nach einer bei Kedrenos bewahrten Notiz soll Julian beim Verlassen der Hauptstadt gedroht haben, bei seiner Rückkehr die Sophienkirche zum Pferdestall zu machen[31]. Diese Überlieferung weist zumindest auf eine starke Gereiztheit des Kaisers gegenüber der christlichen Bevölkerung von Konstantinopel hin, wie es dann wenig später in Antiochien nicht anders war. Konstantinopel muß kirchlich 361/62 unter dem Bischof Eudoxius als homöisch angesehen werden, ebenso wie in Antiochien die Mehrheit der christlichen Bevölkerung zum von Konstantius selbst eingesetzten homöischen Bischof Euzoius hielt[32].

Nach Soz., h. e. V 3,5, verweigerte Julian der Stadt Nisibis jede Hilfe gegen die Perser, die zu leisten als Kaiser seine Pflicht gewesen wäre. Erst wenn die christlichen Einwohner von Nisibis sich zum Heidentum bekehren würden, sollte der Stadt militärische Hilfe zuteil werden.

Bei diesem Bericht des Sozomenus handelt es sich um eine sonst nirgends überlieferte Tradition. Die Gemeinde von Nisibis und ihr zur Zeit Julians regierender Bischof, Abraham, müssen ebenfalls ganz dem reichskirchlich-homöischen Milieu zugerechnet werden. Immer wieder betont Ephraem, der ebenfalls zur Zeit Julians noch nicht den Nizänern, sondern der reichskirchlichen Theologie der Konstantinopolitanischen Beschlüsse zuzurechnen ist, die volle kirchliche Übereinstimmung zwischen Konstantius und dem wohl 361 verstorbenen Bischof Vologeses[33]. Ephraem weist außerdem mit aller Deutlichkeit auf

---

[30] Liban., ep. 819 (Fatouros-Krischer 51); vgl. ep. 724; 763; 1364.

[31] PG 121,58 A. In Konstantinopel gab es später auch volkstümliche Überlieferungen von Martyrien unter Julian, vgl. Script. originum Constantin. § 42 περὶ τοῦ Βοός [Preger, 49 f.]. Die § 190 [Preger, 275] erwähnten Märtyrer Manuel, Sabel und Ismael sind nicht historisch.
Die nur bei Liban., ep. 1367 (48 Fatouros-Krischer) erwähnten Unruhen, die den Stadtpräfekten Modestus (PLRE I 305–08; Fatouros-Krischer, 383 f., Anm. 1; vgl. auch Klein, (1981) 94, Anm. 63. Gegen Klein ist zu betonen, daß Modestus erst unter Valens als Verfolger orthodoxer Bischöfe in den Quellen erscheint; vgl. unten S. 224 ff.) Anfang 363 zur Flucht veranlaßten, wurden nach Fatouros-Krischer, 385 f. (unter Berufung auf Browning und Bowersock) wohl nicht von christlichen Mönchen ausgelöst, wie Seeck, (1906) 215, und Ensslin, PW XV 2324, annehmen, sondern von anarchistischen Kynikern. Daß diese Kyniker *„die natürlichen Verbündeten der Christen darstellten"* (Fatouros-Krischer, ebenda), ist zu bezweifeln. Unter Eudoxius scheint das in erster Linie mit dem 360 abgesetzten und vertriebenen Makedonius verbundene Mönchtum in Konstantinopel keinen großen Einfluß mehr gehabt zu haben; vgl. oben S. 61 f.

[32] Eltester, (1937) 275, Anm. 84, bezieht die Bemerkung bei Rufin, h. e. X 31 [Mommsen, 993,16 f.]: *tunc regressus Meletius de exilio, quia cum eo numeriosior populus erat, ecclesias tenuit . . .*, zu Recht auf das Verhältnis zu den Eustathianern.

[33] Daß Ephraem erst in Edessa nach 363 zum antiarianischen Schriftsteller wurde, meinen auch Beck, RAC V 523, Murray, TRE IX 755 f. *Contra Julianum* und die *carmina Nisibisiana* 14–21 (vgl. oben S. 85) zeigen noch keinerlei Gegnerschaft zur Kirchenpolitik des Konstantius. Ephraem steht hier in voller Übereinstimmung mit Bischof Vologeses und seit 361 mit dessen

die volle Übereinstimmung zwischen Vologeses und seinem Nachfolger und Schüler Abraham hin[34]. Es kann also kein Zweifel daran bestehen, daß die christliche Gemeinde von Nisibis einschließlich Ephraems und ihres Bischofs Abraham zur Zeit Julians als homöische Gemeinde im Sinne der Kirchenpolitik des Konstantius und der theologischen Entscheidungen der Konstantinopolitaner Synode von 360 gelten muß[35]. Auffällig ist auch die ausführliche Behandlung der Angelegenheiten von Nisibis bei dem homöischen Historiographen[36].

In der arabischen Metropole Bostra scheint es Unruhen gegeben zu haben, von denen Julian annahm oder annehmen wollte, sie seien von den Christen ausgegangen. In einem Brief an die Einwohner von Bostra fordert Julian sie auf, ihren Bischof Titus aus der Stadt zu vertreiben[37].

Auch bei Titus von Bostra, über den für die Zeit um 360 so gut wie nichts sonst bekannt ist, muß es sich in dieser Zeit um einen als Metropolit der Arabia wichtigen Repräsentanten der homöischen Reichskirche gehandelt haben, die auch in dieser Gegend für Julian eng mit Konstantius verknüpft war[38].

An vier Stellen (abgesehen von Antiochien) ist uns ein persönlicher Konflikt Julians mit Christen bekannt: in Konstantinopel, Alexandrien, Nisibis und

---

Nachfolger Abraham, dem er als theologischer Berater gedient zu haben scheint (carm. Nis. 17–21; bes. 18,9–12; 19,3 f. 10 f.; 20). Vologeses war etwa 346 bis 350 Bischof geworden; sein gutes Verhältnis zu Konstantius lobt Ephraem carm Nis. 21,21. Bis zu seinem Tode, also bis nach der Synode von Konstantinopel im Jahre 360, hat Vologeses von Nisibis in der Gunst des Konstantius gestanden und kann darum nur als Vertreter des reichskirchlichen homöischen Kurses angesehen werden.

[34] Carm. Nis. XVII 5 f.; XVIII 1 f. Überhaupt ist Ephraem die Kontinuität in der Lehre der beiden Bischöfe wichtig; vgl. carm. Nis, XIV 1–3; XVI 14–22.

[35] BICKELL, (1866) 21, hat vermutet, daß Ephr., carm. Nis. VII 10–13, Arianer als Gegner des Vologeses gemeint sind, worin ihm BECK, (1961) 30, Anm. 12, gefolgt ist. Wenn carm. Nis. VII nach BECK, (1961) II, um 359 verfaßt wurde, während Vologeses in voller Übereinstimmung mit Konstantius stand, ist diese Deutung unhaltbar; in carm. VII selbst weist nichts auf eine solche Interpretation. Ob man 359 schon an Anhänger des Aetius dagegen als Gegner des Bischofs denken könnte, scheint fraglich, außerdem werden die nie als *Arianer* bezeichnet. Was Ephraem, c. haeres. III 8 f., gegen die hier offenbar gemeinten (eunomianischen?) Arianer sagt, befindet sich durchaus in Übereinstimmung mit der homöischen Theologie. Auch hymn. de fide II 24 und carm. Nis. VII 12 wird man nicht auf arianische oder homöische Aussagen beziehen können, sondern viel eher auf gnostische oder gnostisierende Lehren, wie c. haeres. im ganzen zeigt.

[36] Vgl. den ausführlichen Bericht über die Ereignisse von Nisibis, BIDEZ-WINKELMANN, Anhang VII, Nr. 24, S. 216–18, einen Brief des Vologeses erwähnt die homöische Überlieferung im Chron. pasch., [ebenda, 218,18 f. = PG 92,728 A].

[37] Juln. Imp., ep. 114 (58 WEIS), eine Zusammenfassung bei Soz., h. e. V 15,11 f.; vgl. Theod. Anag. Epit. 133 und Theophan. [DE BOOR I 48,26 f.]. Zum rücksichtslosen Wüten des Präfekten Belaios gegen die Christen in der Provinz Arabia und besonders in Bostra vgl. Liban., ep. 763; 819 (51 FATOUROS-KRISCHER).

[38] Nach Sok., h. e. III 25,18, Nr. 15, unterschrieb er 363 die Beschlüsse der meletianischen Synode von Antiochien; vgl. dazu unten S. 173 ff. Als Metropolit der Provinz Arabia hätte sich Titus als Gegner der Kirchenpolitik des Kaisers gegen Euzoius, Acacius und Eudoxius kaum halten können.

Bostra[39]. Konstantinopel und Antiochien sind neben Alexandrien, wo der homöische Bischof Georg gleich zu Beginn der Regierung Julians grausam ermordet wurde[40], die Hauptorte des sogenannten homöischen Arianismus; für Nisibis läßt sich der homöische Arianismus der dortigen Kirche belegen und für
Bostra zumindest wahrscheinlich machen.

Das Vorgehen Julians gegen Athanasius von Alexandrien als einen erklärten
Gegner der Kirchenpolitik des Konstantius, der homöischen Theologie und aller
führenden Theologen der Reichskirche unter Konstantius, zumal nachdem
Athanasius immerhin eine theologisch überaus wichtige Synode in Alexandrien
hatte versammeln und auch die antiochenischen kirchlichen Angelegenheiten
hatte in die Hand nehmen können[41], erscheint als Sonderfall in der julianischen
Kirchenpolitik[42]. Wie die alexandrinische Synode vom Sommer 362 zeigt, hatte
Julian Athanasius zunächst ruhig gewähren lassen, obwohl dieser nach der
Rechtsauffassung des Kaisers das Bistum widerrechtlich wieder in seinen Besitz
gebracht hatte[43]. Als Athanasius dann aber auch noch – wie zur Verhöhnung der
Intentionen der kaiserlichen Religionspolitik – Damen der heidnischen Oberschicht Alexandriens für das Christentum gewann und vielleicht sogar öffentlich
taufte, befahl Julian dem exilerprobten Patriarchen, Alexandrien zu verlassen[44].

---

[39] Zum Konflikt im kappadokischen Caesarea, wo Julian sich persönlich durch die Wahl
Eusebs zum Bischof gekränkt fühlte; vgl. Knorr, (1968) 44–52; zum Martyrium des Eupsychius vgl. unten S. 150–152.

[40] Vgl. unten S. 116–119.

[41] Vgl. unten S. 108 f.

[42] Juln. Imp., ep. 110 (60 Weis); 111 (61 Weis); 112 (43 Weis); Sok., h. e. III 13,13; 14; Soz.,
h. e. V 15,1–4; Thdt., h. e. III 9; Hist. Ath. III 5 (dazu Martin, (1985) 192–94, Anm. 83–87);
vgl. Tetz, TRE IV 342; Martin, (1985) 97–99; Nordberg, (1963) 54–57; Breckenridge,
(1968).

[43] Juln. Imp., ep. 110 (60 Weis); vgl. Bidez I, 121–23; Weis, (1973) 328; Ensslin, (1923). Der
ganze Brief ist in sich unlogisch und ein krampfhafter Versuch Julians, die Ausweisung des
Athanasius zu rechtfertigen. Warum sollte angesichts eines allgemeinen Amnestieerlasses für
alle unter Konstantius aus kirchenpolitischen Gründen verbannten Bischöfe Athanasius nicht
zurückkehren dürfen? Seel, (1939) 176, spricht in diesem Zusammenhang von *„juristischen
Spitzfindigkeiten"*). Daß es ein allgemeiner Amnestierlaß war, betont Julian selbst, ep. 46 (28
Weis). Dann aber ist ep. 110 (60 Weis) gerade nicht mehr von diesem angeblichen Gesetzesver-
stoß des Athanasius die Rede, sondern von der angeblich illegalen Inbesitznahme des bischöflichen Thrones. Wenn Athanasius in den Augen des Kaisers illegal den Thronos von Alexandrien
in Besitz genommen hatte, dann ist zu fragen, warum Julian ihn anfänglich völlig unbehelligt
gewähren ließ.

[44] Juln. Imp., ep. 112 (43 Weis). Der handschriftliche Zusatz des Kaisers zu diesem Brief,
nach dem Athanasius Damen der Oberschicht Alexandriens getauft hatte und damit die
Religionspolitik Julians konterkariert hatte, zeigt im nur mühsam beherrschten Zorn des
Kaisers in diesen Taufen den eigentlichen Grund für die erneute Ausweisung des Athanasius;
[Bidez I 2,193,19 f. = Weis, 112]: ὃς (sc. Ἀθανάσιος) ἐτόμησεν Ἑλληνίδας ἐπ' ἐμοῦ γυναῖκας
τῶν ἐπισήμων βαπτίσαι. Διωκέσθω. Da das Christentum zwar gesellschaftlich benachteiligt,
aber nicht verboten war, ebensowenig der Übertritt zum Christentum und die damit verbunde-
nen Taufen, konnte Julian die Taufen, die Athanasius vollzogen hatte, in den beiden offiziellen
Schreiben nach Alexandrien (ep. 110 f. = 60 f. Weis) nicht als Grund für die Ausweisung des

Den schärfsten Widerstand der literarisch gebildeten Christen wie z. B. des Gregor von Nazianz hat das sogenannte *Rhetorenedikt* von 362 gefunden, das auch in heidnischen Kreisen nicht unumstritten war und von Ammianus Marcellinus als verfehlt angesehen wurde[45]. Dieses Edikt, das Christen verbot, im höheren Bildungswesen zu unterrichten, zeigt die inzwischen enge, bewußte und von den gebildeten Christen auch bejahte Verbindung Christentum und Kultur[46]. Indem dieses Edikt die Christen auf solchem Weg nun von Kultur und

---

Athanasius angeben, daher die dort gequälte und in sich unstimmige Argumentation. Schon Soz., h. e. V 15,1 f., hat die in sich unstimmige Argumentation Julians als Vorwand durchschaut.

Zum chronologischen Verhältnis der drei Athanasius betreffenden Briefe untereinander vgl. SEEL, (1939) 175–88. Gegen SEEL scheint es mir nicht möglich – auch nach seiner eigenen Analyse nicht nötig – den Befehl zur Relegation des Athanasius unmittelbar nach dessen Heimkehr noch in das Frühjahr 362 zu datieren. Athanasius hat eine Zeitlang völlig ungehindert amtieren können. Wenn schon im Frühjahr ein (vom Präfekten vorerst zurückgehaltener) Relegationsbefehl vorgelegen hätte, wäre die Synode von Alexandrien, die SEEL in seine Überlegungen nicht miteinbezogen hat, so nicht möglich gewesen.

[45] Vgl. die nächste Anmerkung.

[46] CTh XIII 3,5 = CJ X 53,7. Daß sich dieses Gesetz in erster Linie gegen christliche Lehrer richtete, zeigt der ohne Adresse überlieferte ep. 61 c (55 WEIS) Julians; eine harte Kritik bei Amm., XXII 10,7 [SEYFARTH III 40,6 f.]: *illud autem erat inclemens obruendum perenni silentio;* dazu aus christlicher Sicht Greg. Naz., or. IV 4 u. ö.; Sok., h. e. III 12,7; Soz., h. e. V 18; Thdt., h. e. III 8; aus der byzantinischen Überlieferung Theophan. [DE BOOR I 48,18–22]. Die von Sozomenus und Theodoret vorgetragene Interpretation dieses Gesetzes, nach der auch christlichen Kindern die Teilnahme am höheren Unterricht verwehrt werden sollte, ist nach der Durchführungsbestimmung Juln. Imp., ep. 61 c (55 WEIS), eine Fehlinterpretation. Allein Hieron., chron. [HELM, 242] berichtet, daß der inzwischen greise Prohairesios auf dieses Gesetz von seinem Amt zurücktrat, obwohl Julian für seinen alten Lehrer eine Ausnahme machen wollte; vgl, ENSSLIN, PW XXIII 30–32. In Rom verlor Marius Victorinus sein Amt; vgl. oben S. 88, Anm. 5. Nach Oros, VII 30,4, blieben jedoch viele christliche Lehrer standhaft, woran KLEIN, (1981) 87 f., Anm. 45, mit dem nicht allein genügenden Hinweis auf Greg. Naz., or. IV, zweifelt. Allerdings ist auffällig, daß die beiden einzigen Männer, von denen wir wirklich wissen, daß sie wegen dieses Gesetzes ihr öffentliches Lehramt aufgaben oder aufgeben mußten, Marius Victorinus und Prohairesios, bereits in hohem Alter standen. Über das Rhetorenedikt handelt die gesamte Julianliteratur ausgiebig; vgl. aus jüngerer Zeit HARDY, (1968), in deutscher Übersetzung bei KLEIN, (1978) 387–408; KLEIN, (1981); BRAUN, (1978); vgl. schon ENSSLIN, (1923) 187 ff. Seit v. BORRIES, PW X 55, hat sich im Gegensatz zur älteren, ganz von Gregor von Nazianz und der christlichen Tradition herkommenden Sicht, die dieses Edikt ausschließlich antichristlich deutete (eine Übersicht bei HARDY), eine eher positive Interpretation durchgesetzt, die das Gesetz vom 17. 6. 362 in erster Linie unter die Reformen Julians einordnet; so vor allem ENSSLIN, HARDY u. a. Anders als HARDY, der in diesem Gesetz ganz allgemein eine Maßnahme zur Wiederherstellung augusteischer Zeiten sieht, interpretiert KLEIN es ganz konkret als bewußte Bemühung des Kaisers zum Zweck der Ausbildung eines erneuerten Beamtenapparates; KLEIN, (1981) 92: *„Es war vielmehr ein Versuch des Kaisers, die öffentlichen Schulen, welche die Ausbildungsstätten für die späteren Regierungsbeamten waren, in seinem Geiste auszurichten; freilich, was für Julian Mittel zum Zweck waren, mußte von den betroffenen Christen naturgemäß als Selbstzweck verstanden werden.“* Die vernichtende Beurteilung jedoch dieses Gesetzes durch Ammianus Marcellinus, der allen Reformbestrebungen des Kaisers sonst außerordentlich positiv gegenüberstand, relativiert die in manchen Einzelaspekten sicher richtigen Beobachtungen von ENSSLIN, HARDY, KLEIN und anderen und zeigt dagegen, wie berechtigt die Interpretation dieses

Bildung und das heißt aus der Gesellschaft ausschließen sollte und mit seinem rückwärtsgewandten, nostalgisch verstandenen Heidentum so gar nicht mehr in die Situation der Zeit paßte, hat es die gebildeten Christen offensichtlich viel mehr empört als die kultische Restauration des Heidentums, während die Wiedereröffnung der Tempel und ihres Kultapparates andererseits aber bei den einfachen christlichen Gemeinden auf erbitterten und sich in Aktionen entladenden Widerstand stieß. Der Wiederaufbau der Tempel forderte den Protest der christlichen Massen heraus, das Rhetorenedikt scheint sie weniger erregt zu haben[47].

Im ganzen muß Julian immerhin den Erfolg gehabt haben, daß vornehmlich in der Oberschicht, im Heer und im Beamtenapparat doch viele ihr Christentum aufgaben, um dann allerdings gleich nach Julians Tod wieder reumütig in den Schoß der Kirche zurückzukehren[48].

Große Empörung und noch größeres Staunen über die Verhinderung solch entsetzlichen Frevels löste der in diesem Zusammenhang nicht weiter zu behandelnde Versuch Julians aus, den Jerusalemer Tempel den Juden wieder aufzubauen. In dem auch von Ammianus Marcellinus bezeugten Mißlingen dieses Versu-

---

Gesetzes durch Gregor und die übrige christliche Tradition im ganzen doch war.

HARDY und KLEIN gehen bei ihrer Beurteilung dieses Gesetzes von einer für die zweite Hälfte des vierten Jahrhunderts so nicht mehr zutreffenden Sicht des Verhältnisses von Christentum und antiker Bildung aus. Sicher war ein erheblicher Teil Christen weniger gebildet und sicher gab es eine bildungskritische Tradition auch im Christentum des vierten Jahrhunderts, die aber KLEIN, (1981) 82ff. (dort auch die wichtigste Literatur zu diesem Problem), maßlos überschätzt. So erscheint es mir fast unseriös, Tertullians damals bereits einhundertfünfzig Jahre zurückliegende Kritik an weltlicher Bildung für die Auffassung der griechischen Christen in der zweiten Hälfte des vierten Jahrhunderts heranzuziehen, wie HARDY (in der deutschen Ausgabe seines Aufsatzes S. 397) und KLEIN, (1981) 82ff., es tun. Die Schicht des Christentums, die überhaupt von dem Rhetorenedikt betroffen war, lehnte eben die antike Bildung nicht ab. Die die antike Bildung kritisierenden oder ablehnenden christlichen Gruppen, wie Teile des Mönchtums, waren von dem Edikt sowieso nicht betroffen.

[47] Durch Greg. Naz., or. IV, und die Kirchenhistoriker erscheint das Rhetorenedikt als die schwerwiegendste Maßnahme Julians gegen die Christen empfunden worden zu sein; so auch HARDY (vgl. vorige Anm.). BROWNING, (1977) 247–55. KNORR, (1968) 44ff., läßt das Rhetorenedikt sogar zum Anlaß der Zerstörung des Tempels der Tyche von Caesarea werden, was allerdings schon chronologisch unmöglich ist; vgl. unten S. 150–152.

[48] Greg. Naz., or. IV 11; Sok., h. e. III 13,1f. Sok., h. e. III 13,5f., nennt mit Namen den Philosophen Hekebolios aus Konstantinopel, ein Lehrer Julians, der während der Herrschaft seines Schülers vom Christentum abfiel und später zur Kirche zurückkehrte; vgl. SEECK, PW VII 2800; PLRE I 409: Hecebolius 1. Unter den hohen Beamten z. B. Modestus; vgl. ENSSLIN, PW XV 2323–2326: Modestus 12, PLRE I 605–08: Domitius Modestus 2. Daß Modestus während der Herrschaft des Valens als Christ angesehen werden muß, betont ENSSLIN, 1.c. 2325, gegen PRLE I 608; zu seiner hervorragenden Rolle in der Kirchenpolitik des Valens ENSSLIN, l.c. 2326, und unten S. 212ff.

Auch der gleichnamige Onkel Julians, der comes Orientis Julian, wie auch die beiden anderen, nach Thdt., h. e. III 12f., an der Profanierung der großen Kirche von Antiochien beteiligten Beamten, Felix und Elpidius, waren nach Theodoret unter Julian vom Christentum abgefallen; vgl. PLRE I 470f.: Julianus 12; 332: Felix 3; 415: Helpidius 6.

ches sahen die Christen die Hand Gottes am Werk. Die Rolle der Juden in Julians heidnischer Restaurationspolitik, in der eigentlich auch für sie kein Platz sein konnte, die Julian aber als Widerpart der Christen und Opfer der Religionspolitik Konstantins und seiner Söhne zumindest für eine Weile gebrauchen konnte, kann hier nicht näher behandelt werden[49].

Besonders während seines Aufenthaltes in Antiochien[50] hat sich Julians Haltung gegenüber den Christen, die ihn hier auch persönlich provozierten, dauernd verschärft[51], so daß die von Sokrates überlieferte Nachricht durchaus glaubhaft ist, daß Julian in Antiochien Pläne zu schärferem Vorgehen gegen die Christen faßte, die aber durch den für Julian unglücklichen Ausgang des Perserfeldzuges nicht mehr verwirklicht werden konnten[52].

Viertes Kapitel

Die Entwicklung innerhalb der Kirche:
Die endgültige Trennung zwischen Homöern und Anhomöern

Die Alleinherrschaft Julians und seine offen gegen die Kirche gerichtete Politik scheint in mancher Hinsicht etwas dämpfend auf die theologischen und kirchenpolitischen Auseinandersetzungen gewirkt zu haben, von denen man erwartet hätte, daß sie bei Rückkehr der unter Konstantius ins Exil geschickten Bischöfe wieder in alter Heftigkeit auflodern würden. Interessanterweise ist uns derartiges aus dem Osten nicht bekannt, wenn auch *Gwatkins* Vermutung, daß alle verschiedenen christlichen Gruppen sich gegen Julian und seine antichristliche Politik untereinander versöhnt hätten, weit an den Tatsachen vorbeigeht[1]. Da keine kirchliche Gruppe nunmehr den Arm des Kaisers zur Durchsetzung der eigenen kirchenpolitischen oder theologischen Ziele zur Verfügung hatte, richtete man sich auch unter theologischen oder kirchenpolitischen Gegnern einigermaßen ein. In Alexandrien übernimmt zwar Athanasius die Kirchen, aber der zum Nachfolger des ermordeten Georg von den Homöern gewählte Lucius

---

[49] Amm., XXII 1; Sok., h. e. III 20; Soz., h. e. V 20,7; Philost., h. e. VII 9; Ruf., h. e. X 38–40; Thdt., h. e. III 20; Art. P. 58; vgl. neben der allgemeinen Julianliteratur Adler, bei KLEIN, (1978) 48–111; AVI-YONAH, (1962) 188–208; BROCK, (1976) 103; BLANCHETIERE, (1980).

[50] Julian ist von Juni 362 bis März 363 in Antiochien nachweisbar; vgl. SEECK, (1919) 210–12; v. BORRIES, PW X 53; BIDEZ, (1940) 292ff.; DOWNEY, (1961) 380–97, der hier ausführlich seinen älteren Aufsatz, Julian at Antioch, Church Hist. 8 (1939) 305–15, referiert.

[51] V. BORRIES, PW X 53 und unten S. 136–141.

[52] Sok., h. e. III 17.

[1] GWATKIN, (1900) 207: *Nicenes and Arians closed their ranks before the common enemy. However they might hate each other, they hated the renegade emperor still more.* Gerade die Beschlüsse der Synode von Alexandrien widerlegen diese These; vgl. unten S. 108f.

kann dennoch in der Stadt seine Gemeinde um sich scharen, was Athanasius unter politisch anderen Verhältnissen nie geduldet hätte[2].

Auch Meletius kann nach seiner Rückkehr die *Alte Kirche* in Besitz nehmen und seine kleine Gemeinde versammeln neben der Gemeinde des Euzoius und der kleinen Gruppe der Eustathianer um Paulinus, die sich überhaupt weithin unbehelligt von Euzoius in Antiochien organisiert zu haben scheint[3]. Obwohl Athanasius im Moment nicht gegen Lucius und die anderen *Arianer* vorgehen konnte, war er entschlossen, die momentane Schwäche der homöischen Reichskirche zu nutzen und die nizänische Position so stark wie nur irgend möglich zu machen. Seit der Verurteilung und Vertreibung der führenden homöusianischen Theologen aus ihren Bistümern scheint Athanasius sie als Bundesgenossen gegen die Homöer und die homöische Reichskirche im Auge gehabt zu haben[4]. Der Konsolidierung der Nizäner, dem Kontakt mit dem nizänischen Abendland und der Annäherung an die Homöusianer diente jene sich scharf von den Beschlüssen von Konstantinopel distanzierende Synode, die Athanasius offenbar ziemlich unbehelligt von Julians Politik im Frühjahr 362 in Alexandrien abhalten konnte[5]. Das Synodalschreiben schickte die Synode durch den ebenfalls aus dem Exil zurückgekehrten Euseb von Vercell nach Antiochien[6].

Ähnlich unbehelligt wie Athanasius scheinen auch die Homöusianer, nachdem ihre Führer nach Konstantius' Tod und Julians Amnestieerlaß aus den Orten

---

[2] Zu den alexandrinischen Verhältnissen vgl. Sok., h. e. III 4,1 f.; Soz., h. e. V 6 und unten S. 116–119.

[3] Sok., h. e. III 9,4; Soz., h. e. V 13,3; vgl. ELTESTER, (1937) 274 mit Anm. 82. ELTESTER unterstellt Euzoius politische Motive für seine Schonung der Eustathianer; er wollte auf diese Weise Bundesgenossen gegen Meletius gewinnen. Dagegen spricht, daß dieses einigermaßen positive Verhältnis zwischen Eustathianern und Homöern auch unter der Herrschaft des Valens nach Sok., h. e. IV 2,5 f., und Soz., h. e. VI 7,10, weiter andauerte, als Euzoius politische Rücksichtsmaßnahmen in keiner Weise nötig hatte. Angesichts der Tatsache, daß mit Paulinus Athanasius in Gemeinschaft stand und Euzoius, ein ehemaliger alexandrinischer Presbyter des Georg, als erklärter Gegner des Athanasius zu gelten hat, scheiden gerade politische Berechnungen m. E. hier aus. Man wird Sozomenus glauben dürfen, daß Paulinus als Heiliger und Asket auch von theologischen und kirchenpolitischen Gegnern verehrt werden konnte, wie Sozomenus auch für Valens bezeugt (h. e. VI 7,10).

[4] Diesem Zwecke diente *de synodis*, vgl. OPITZ, 230.

[5] Die Synode von Alexandrien mit ihrer großen Bedeutung für die Trinitätslehre, Pneumatologie und Christologie kann im Zusammenhang dieser Arbeit nicht näher behandelt werden. Die wichtigsten Quellen sind Ruf., h. e. X 27 bis 29; Sok., h. e. III 7; Soz., h. e. V 12, und der unter den Werken des Athanasius überlieferte *tomus ad Antiochenus*, [OPITZ, 321–29] als das offizielle Synodalschreiben (für Kopien der Fahnen der noch nicht erschienenen Teile der Apologien des Athanasius danke ich Herrn Prof. D. W. SCHNEEMELCHER). Zur Synode vgl. TETZ, (1975); ders., TRE IV 341 f.; SIMONETTI, (1975) 358–70. Vgl. mit der anscheinend ungehindert in Alexandrien stattfindenden Synode des Athanasius die großen Schwierigkeiten, die Euzoius etwa zur selben Zeit hatte, eine Synode in Antiochien abzuhalten; dazu unten S. 111.

[6] Ruf., h. e. X 30 f. Über die katastrophale Rolle, die Lucifer von Calaris in diesem Zusammenhang in Antiochien spielte, vgl. Ruf. h. e. X 28. 31; Sok., h. e. III 6,9; Soz., h. e. V 13; Thdt., h. e. III 5.

ihrer Verbannung hatten zurückkehren können, Synoden an verschiedenen Orten, aller Wahrscheinlichkeit nach in Kleinasien, abgehalten zu haben und auch die Synodalbeschlüsse untereinander ausgetauscht zu haben. Nach Sabinus, der von diesen Synoden noch Beschlüsse gekannt haben muß, berichten Sokrates und Sozomenus fast identisch von diesen Synoden[7].

Danach haben die Homöusianer sich auf verschiedenen Synoden (Sabinus denkt offenbar an eine ziemlich große Zahl) von den Beschlüssen von Konstantinopel (im Text steht bei beiden *Rimini*) distanziert, denen sie am Ende der Reichssynode in Konstantinopel zugestimmt hatten, ohne damit ihre Absetzungen und Verbannungen verhindern zu können, und – wie in Seleukia – noch einmal Acacius, Eudoxius und deren Anhänger verurteilt. Als dogmatische Grundlage nehmen sie nach Sabinus jetzt endgültig die zweite antiochenische Formel von 341 an[8]. Nach den von Sabinus referierten Worten des Sophronius von Pompeiopolis wollen sie mit der zweiten antiochenischen Formel theologisch einen Mittelweg zwischen den Häresien der Homousianer und Eunomianer gehen[9]. Die erneute Verurteilung des Acacius und seiner Anhänger scheint sich in diesem Zusammenhang also nicht so sehr auf die homöische Theologie, sondern auf die Ereignisse von Seleukia und Konstantinopel zu beziehen. Von dieser Zeit an sieht Sozomenus die Homöusianer (Makedonianer) als eigene Gruppe innerhalb des kirchlichen Spektrums[10].

Offenbar ist es für kurze Zeit auch wieder zu Kontakten zwischen den Führern der Homöer, Eudoxius und Euzoius (von Acacius hören wir in diesem Zusammenhang nichts) und Aetius und Eunomius gekommen.

Die beiden letzteren waren ebenfalls aus dem Exil direkt nach Konstantinopel zurückgekehrt, Aetius mit einer ehrenvollen Einladung an den Hof. Bald sollte er als Freund und Vertrauter von Julians Bruder Gallus, der unter Konstantius hingerichtet worden war, vom Kaiser auch mit einem Landgut beschenkt werden[11]. Es kann also in der Tat kein Zweifel darüber bestehen, daß Aetius und Eunomius trotz ihres christlichen Bekenntnisses sich in hohem Maße der kaiserlichen Gunst erfreuten, im Gegensatz zu Eudoxius und dann vor allem auch Euzoius, die als führende Repräsentanten der homöischen Reichskirche von Julian besonders gehaßt wurden[12].

Von den erneuten Kontakten zwischen Eudoxius/Euzoius und Aetius/Eunomius wissen wir nur durch einige in den Fragmenten des Philostorgius bei Photius erhaltene Notizen, deren Glaubwürdigkeit allerdings durch ihre Pole-

---

7 Sok., h. e. III 10,4 ff.; Soz., h. e. V 14.
8 HAUSCHILD, (1970) 125.
9 Sok., h. e. III 10,9b.10 [HUSSEY I 415]: Ἀμφοτέρων (sc. die abendländischen Homousianer und die morgenländischen Anhomöer) δὲ εἰς πολλὴν τῶν ἐναντίων πιπτόντων ἀκρότητα, ἡ μέση ἀμφοῖν ὁδὸς ἱκανῶς ἡμῖν ἐφάνη τὴν τῆς ἀληθείας ἔχειν εὐσέβειαν, ὅμοιον λέγουσα τὸν υἱὸν τῷ πατρὶ κατ᾽ ὑπόστασιν. Vgl. auch Soz., h. e. V 14,3.
10 Soz., h. e. V 14,1.
11 Philost., h. e. IX 4.
12 Vgl. oben S. 97 f., zu den Vorgängen in Antiochien unten S. 136 ff.

mik vor allem gegen Eudoxius und die dadurch gegebenen offensichtlichen Verzerrungen beeinträchtigt ist. Der Zweck der Bemerkungen des Philostorgius liegt vor allem darin, die charakterliche Minderwertigkeit des Konstantinopolitaner Bischofs zu zeigen, der sich allen politischen Gegebenheiten geschmeidig anzupassen weiß. Die orthodoxen Kirchenhistoriker des fünften Jahrhundert wissen von all dem nichts.

Philostorgius insinuiert, daß angesichts der politisch für Eudoxius so katastrophal veränderten Lage einerseits und der offensichtlich guten Beziehungen von Aetius und Eunomius zum Hof andererseits, Eudoxius als typischer politischer Opportunist Kontakt zu Aetius und Eunomius gesucht und aufgenommen habe, die nun von der Sonne kaiserlicher Gunst umstrahlt wurden. All das sagt Philostorgius nicht ausdrücklich, legt diesen Schluß aber so überzeugend nahe, daß ihm auch die moderne Forschung in dieser Interpretation willig gefolgt ist[13].

Nach Philostorgius bittet Eudoxius nun, um sich damit bei Aetius und durch ihn bei Julian beliebt zu machen, Euzoius, in Antiochien eine Synode einzuberufen und die Beschlüsse der Konstantinopeler Synode von 360 gegen Aetius und seine Anhänger aufzuheben. Nach anfänglicher Ablehnung sagt Euzoius zu und versammelt in Antiochien eine kleine Synode, die den Aetius dogmatisch rehabilitiert, wegen der einsetzenden Verfolgung aber ihre Beschlüsse nicht mehr nach Konstantinopel mitteilen kann[14]. Dort war inzwischen Aetius von einer Synode seiner Anhänger zum Bischof geweiht worden. Unter der tatkräftigen Mithilfe des Eudoxius weiht diese Synode noch eine ganze Reihe weiterer aetianischer Bischöfe[15].

Es handelt sich bei den Notizen der Philostorgiusfragmente offensichtlich um einen aus eunomianischer Tradition stammenden Bericht über die Entstehung einer eigenen Kirche und den Beginn ihrer Organisation. Zumindest bei Philostorgius erscheint dabei Eudoxius von Konstantinopel in der höchst fragwürdigen Rolle einer Hilfskraft von Aetius und Eunomius[16]. Aber auch sonst wirft dieser von der übrigen Tradition nicht bestätigte Bericht des Philostorgius Fragen auf. Wenn Philostorgius, h. e. VII 5, davon spricht, daß Eudoxius sich der Schwüre und Versprechen erinnerte, die er einst Eunomius (sc. vor dessen Resignation als Bischof von Kyzikos) gegeben hatte, so klingt das in dieser Form

---

[13] Philost., h. e. VII 5; dazu ALBERTZ, (1909) 224ff.; LOOFS, RE V 598f.; SIMONETTI, (1975) 357f.; KOPECEK, (1979) 416ff.

[14] Philost., h. e. VII 5f. VIII 2.

[15] Philost., h. e. VII 6; VIII 2. Bei beiden Stellen muß es sich um dasselbe Ereignis handeln. Obwohl Buch VIII an sich die Zeit nach Julians Tod behandelt, schließt VIII 2 noch einmal an die antiochenische Synode von VII 6 direkt an und berichtet noch einmal von der aetianischen Synode von Konstantinopel. Hier nennt Philostorgius auch Namen der VII 6 schon erwähnten aetianischen Bischöfe.

[16] Philost., h. e. VII 6 [BIDEZ-WINKELMANN, 85,1–4]: ἐχειροτόνουν δὲ καὶ ἑτέρους ἐπισκό-πους, οὐδὲν τέως τοῦ Εὐδοξίου δυσχεραίνοντος, ἀλλὰ καὶ ψήφους πολλάκις ὑπὲρ τῶν μελλόντων χειροτονεῖσθαι τοῖς περὶ ᾽Αέτιον προκομίζοντος.

unglaubwürdig[17], denn das hieße doch nur, Eunomius daran auch noch zu erinnern, daß Eudoxius sein Versprechen gebrochen hatte. Diese merkwürdige und so unglaubhafte Formulierung entspricht lediglich Philostorgius' Tendenz, Eudoxius als politischen Opportunisten erscheinen zu lassen. Das Ganze gibt nur einen Sinn, wenn der nach Konstantinopel zurückgekehrte Eunomius, nun im Bewußtsein seiner durch die Protektion Julians ganz außerordentlich verbesserten Stellung, von Eudoxius als dem doch noch amtierenden Bischof der Reichshauptstadt die dogmatische Rehabilitierung des Aetius verlangte und bei dieser Gelegenheit an von Eudoxius vielleicht einmal gegebene Versprechen erinnerte. Der Brief des Eudoxius an Euzoius mit der Bitte, zu diesem Zweck eine Synode in Antiochien einzuberufen, zeigt, daß Eudoxius diese, ihm sicher peinliche Angelegenheit an den in der Aetiusfrage nicht belasteten Euzoius abschieben wollte, der 359/360 noch als Presbyter in Alexandrien gewirkt hatte. Offensichtlich war Eudoxius doch nicht ohne weiteres bereit, Aetius und seine Lehre dogmatisch zu rehabilitieren und dadurch die von ihm mitgetragenen Beschlüsse der Synode von Konstantinopel zu desavouieren; hatte diese doch für ihn in besonderer Weise durch seine in Verbindung mit dieser Synode erfolgte Ordination zum Bischof der Reichshauptstadt einen Höhepunkt in seiner bisherigen geistlichen Karriere dargestellt. Als Bischof von Konstantinopel hätte es ihm kaum schwerfallen können, eine Synode zu versammeln und dort Aetius zu rehabilitieren. Offenbar hatte Eudoxius für sich selbst auch angesichts der Protektion, die Aetius und Eunomius für alle Augen sichtbar durch Julian erfuhren, die Absicht, den Beschlüssen von Konstantinopel treu zu bleiben.

Allerdings war Eudoxius kein Charakter wie Athanasius von Alexandrien, der solches Begehren von vornherein und kategorisch abgewiesen hätte, wie seine Haltung im Falle des Arius zeigt. Der politisch geschmeidige Eudoxius sucht dem Druck zu entgehen (die geforderte Rehabilitation des Aetius leistet er selbst nicht), aber er leitete ihn auf einen anderen und weniger belasteten um. Daß in dieser Angelegenheit Druck auf Eudoxius ausgeübt wurde, scheint die Dringlichkeit der Bitte an Euzoius anzudeuten.

In der zweiten Jahreshälfte 362 hat dann, wenn Philostorgius recht hat, eine kleine Synode von nur neun Bischöfen in Antiochien getagt und die Konstantinopolitaner Beschlüsse gegen Aetius und seine Anhänger aufgehoben[18].

Wenn es bei der Rehabilitierung des Aetius für Eudoxius und Euzoius darum

---

[17] Philost., h. e. VII 5 [BIDEZ-WINKELMANN, 83,3–5]: ... τῶν πραγμάτων οὕτω φερομένων, εἰς μνήμην Εὐδόξιος ἀνελθὼν τῶν ὅρκων καὶ τῶν ὑποσχέσεων ἃς ὑπὲρ Ἀετίου πρὸς Εὐνόμιον ἀνεδέξατο, σύνοδον ..., vgl. oben S. 63 f.

[18] Philost., h. e. VII 6 [BIDEZ-WINKELMANN, 85,4–86,4]: ἐν τούτῳ δὲ καὶ Εὐζώϊος, εἰς ἐννέα τὸν ἀριθμὸν ἀθροισάμενος συνοδον, τὰς κατὰ Ἀετίου γεγενημένας πάλαι πράξεις διελύσατο. ἔλυσε δὲ καὶ τὴν τοῦ ἑξαμήνου προθεσμίαν μεθ' ἣν τοῖς περὶ Σέρραν, εἰ μὴ τῇ τοῦ Ἀετίου καθαιρέσει καὶ τῷ ἑσπερίῳ τόμῳ ὑπογράψαιεν, τῆς ἱερωσύνης ἀφαίρεσις ἢ ζημία διωρίζετο. ἑκατέρας δὲ τῶν εἰρημένων προελθούσης πράξεως, τοὺς τόμους ἀποστέλλειν τοῖς περὶ Εὐδόξιον παρεσκευάζοντο. ἀλλ' ὁ κατὰ τῶν Χριστιανῶν ἀνυπόστατος διωγμὸς τὴν ὁρμὴν περιέκοψε. Vgl. VIII 2 [BIDEZ-WINKELMANN, 105,1–3]: Ὅτι Εὐζώϊος, φησί,

gegangen wäre, sich bei Julian durch ein Einlenken gegenüber Aetius und Eunomius in ein besseres Licht zu rücken, hätte Euzoius sicher Mittel und Wege gefunden, diese Synodalbeschlüsse auch bekanntzumachen, was um so leichter gewesen wäre, als Julian inzwischen in Antiochien residierte.

Inzwischen hatten sich Anhänger des Aetius, vornehmlich Libyer, in Konstantinopel versammelt und Aetius (und außer ihm noch andere) zu Bischöfen geweiht[19].

Die geradezu lächerliche Rolle, die Philostorgius in diesem Zusammenhang den Bischof von Konstantinopel spielen läßt, ist angesichts des sonst bei Eudoxius durchaus entwickelten und nachweisbaren episkopalen Selbstbewußtseins völlig unglaubwürdig[20]. Es ist undenkbar, daß Eudoxius eine derartige Rolle auf einer von Fremden einberufenen Synode in Konstantinopel, seinem eigenen Bischofssitz, gespielt haben sollte. Dahinter könnte als von Philostorgius zur Groteske verzerrte Tatsache stehen, daß Eudoxius angesichts der politischen Situation keinerlei Möglichkeit hatte, diese Synode zu verhindern oder auch nur zu behindern. Unter Umständen hatte er ihr sogar beiwohnen und Räume und andere Hilfe zur Verfügung stellen müssen. Die anhomöische Synode von Konstantinopel zeigt keinerlei Übereinstimmung zwischen den Anhomöern um Aetius und Eunomius und dem Bischof von Konstantinopel, sondern kann nur als Demütigung für den einst so mächtigen Bischof der Reichshauptstadt angesehen werden[21]. Es gibt keinen Beleg dafür, daß Eudoxius die Verurteilung des Aetius je zurückgenommen hat[22].

Wenn die aetianische Synode von Konstantinopel, die Aetius und andere zu Bischöfen weihte, kirchengründenden Charakter hatte, und anders wird man die Weihe einer größeren Zahl von Bischöfen hier nicht verstehen können, muß

καὶ οἱ σὺν αὐτῷ τὸν μὲν ὑπὲρ ᾽Αετίου καὶ τοῦ δόγματος τόμον ἐξέθεσαν, οὐ μήν γε περαίνειν ταῦτα διανέστησαν.

[19] Philost., h. e. VII 6 [BIDEZ-WINKELMANN, 84,1–85,1]: ῞Οτι, ἐν Κωνσταντινουπόλει διατρίβοντος τοῦ ᾽Αετίου καὶ Εὐνομίου. . . . καὶ συναθροισθέντες χειροτονοῦσι τὸν ᾽Αέτιον· καὶ ἦν αὐτοῖς αὐτός τε καὶ Εὐνόμιος ἅπαντα. . . (Fortsetzung wie Anm. 16).

[20] Philostorgius liebt es, die Gegner seiner Haupthelden Aetius und Eunomius hilflos und lächerlich zu zeigen, um so die absolute Überlegenheit von Aetius und Eunomius zu demonstrieren, z. B. h. e. IV 12 die Überlegenheit von Aetius und Eunomius auf der Synode von Konstantinopel (vgl. oben S. 50 ff.); VI 4: die lächerliche und demütigende Rolle des Acacius auf der antiochenischen Synode angesichts der rhetorischen Überlegenheit des Eunomius (vgl. oben S. 75, Anm. 82).

[21] Gegen ALBERTZ, SIMONETTI, KOPECEK (vgl. Anm. 13).

[22] Das bestätigt auch der falsch in die Zeit des Valens datierte Bericht des Sokrates über die endgültige Trennung zwischen Eudoxius und Eunomius, h. e. IV 13,1 f. (vgl. V 24,1). Sokrates weiß nur, daß die endgültige Trennung auf die Weigerung des Eudoxius zurückgeht, Aetius dogmatisch zu rehabilitieren [HUSSEY II 502]: Περὶ δὲ τούσδε τοὺς χρόνους Εὐνόμιος Εὐδοξίου χωρισθεὶς κατ᾽ ἰδίαν τὰς συναγώγας ἐποιήσατο, ὅτι πολλάκις αὐτοῦ παρακαλοῦντος δεχθῆναι τὸν καθηγητὴν ἑαυτοῦ ᾽Αέτιον, Εὐδόξιος οὐχ ὑπήκουσε. Sokrates weiß nichts von einem politisch motivierten opportunistischen Annäherungsversuch des Eudoxius an Aetius und Eunomius. Derselbe Grund für die Trennung klingt an bei Thdt., h. e. II 29. Theodoret weiß allerdings nicht von einem Versuch des Eunomius, Aetius zu rehabilitieren.

die Gründung einer selbständigen aetianischen Kirche in dem von Philostorgius berichteten Zusammenhang als Ausdruck der bewußten Trennung von der die dogmatische Rehabilitierung des Aetius noch verweigernden homöischen Reichskirche folglich in die Zeit Julians datiert werden. Nichts weist darauf hin, daß Eudoxius erst nach dem Tode Julians, und dies dann wieder aus politischer Opportunität, in Gegensatz zu dieser aetianischen Kirche geriet; er muß von Anfang an in scharfer Opposition zu ihr gestanden haben[23]. Nach dem mißlungenen Versuch des Eunomius, Eudoxius für die Rehabilitierung des Aetius zu gewinnen, wobei Eudoxius in politisch geschickter, theologisch und ethisch jedoch angesichts der geschilderten Verhältnisse eher fragwürdiger Weise dieses Problem an Euzoius weitergereicht hat, zeigt sich das zum Beispiel darin, daß schon beim beginnenden Ausbau der hierarchischen Strukturen dieser Kirche Eudoxius einen gewissen Theodosius unterstützt, der sich durch die von Aetius ordinierten Bischöfe Candidus und Arrian in seinen Befugnissen eingeschränkt sieht, und daher zum Gegner von Aetius und Eunomius wird[24]. Euzoius, offenbar darüber verärgert, wie Eudoxius sich im Falle des Aetius ihm gegenüber verhalten hat, mißbilligt anfangs angesichts der von ihm zu vertretenden Synodalbeschlüsse zur Rehabilitierung des Aetius solche strikte Opposition des Eudoxius gegen die Aetianer und ihre Kirche[25], bricht dann aber etwas später

---

[23] Seit Loofs, RE V 597 f., ist es üblich, die endgültige Trennung der Homöer von den Anhomöern in die Zeit nach dem Tode Julians während der Herrschaft Jovians zu datieren und diese Trennung mit der angeblichen kirchenpolitischen Wende unter Jovian zu begründen, so vor allem die die Forschung in dieser Frage weithin bis auf den heutigen Tag bestimmende Arbeit von Loofs' Schüler Albertz, (1909) 228 ff.; vgl. auch Abramowski, RAC VI 937; Simonetti, (1975) 358; Weis, (1973) 277, Anm. 1. Ritter, TRE X 525, läßt die Möglichkeit einer anhomöischen eigenen Kirchenbildung schon unter der Regierung Julians offen; Kopecek, (1979) 414, datiert sie in die Regierungszeit Julians. Wenn man die aetianische Synode von Konstantinopel als kirchengründend ansieht, fällt der Beginn der anhomöischen selbständigen Kirchenorganisation in die Zeit der Regierung Julians, war aber natürlich bei dessen Tode noch nicht abgeschlossen. Ebenso datiert den Beginn der anhomöischen Kirche Epiph., haer. 76,54,36. Juln. Imp., ep. 46 (28 Weis), kann die überlieferte Adresse „'Αετίῳ ἐπισκόπῳ" nicht stimmen, da Aetius zu dieser Zeit noch im Exil war; so auch Bidez-Cumont, (1922) 52; Bidez, I 2,39; Weis, (1973) 276 f. Der Zusatz „ἐπισκόπῳ" in der Adresse kann aber nicht (wie einige andere Veränderungen in den Adressen der Briefe Julians; vgl. ep. 90) auf die alexandrinisch-christliche Redaktion der Briefe zurückgehen, sondern nur auf die erste, bald nach dem Tode des Kaisers durch Libanius zusammengestellte Briefsammlung Julians. Für Libanius war Aetius nach 363 zweifellos ein Bischof, für die alexandrinische christliche Tradition dagegen nie.

[24] Philost., h. e. VIII 3–7. Der Konflikt des Theodosius mit Aetius und Eunomius gehört nach Philostorgius noch in die Zeit Julians. Die berichtete Auseinandersetzung einschließlich der VIII 4 erwähnten Synode gegen Aetius und Eunomius fand statt, bevor Candidus und Arrian sehr bald nach dem Nachricht vom Tode Julians nach Edessa zu Jovian reisten. In Alexandrien wurde der Tod Julians nach dem Zeugnis der Historia Athanasii (IV 1) am 19. 8. 363 bekanntgegeben. Wenn Eudoxius aus opportunistischen Gründen mit den Anhomöern gebrochen hätte, wäre das erst nach der erfolglosen Mission der beiden anhomöischen Gesandten bei Jovian sinnvoll gewesen. Anders Albertz, (1909) 228 ff.

[25] Philost., h. e. VIII 7.

auch definitiv mit ihr und ihren Häuptern[26]. Mit der Bestellung eigener aetianischer Bischöfe für Konstantinopel und Antiochien findet die endgültige Trennung von Homöern und Aetianern auch ihren sichtbaren Ausdruck[27]. Der Prozeß der seit 360 sich vollziehenden theologischen Trennung zwischen Homöern und Anhomöern hat damit unter Julian, dessen Regierung der günstigste Zeitpunkt für eine eigene anhomöische Kirchengründung war, in einer eigenen Hierarchie mit für die verschiedenen Provinzen gewählten Bischöfen seinen Abschluß gefunden[28].

Fünftes Kapitel

Die Verfolgungs- und Märtyrertraditionen

1. Das chronicon paschale

Die christliche Überlieferung hat in Julian nicht nur den Apostaten gesehen, der das Heidentum erneuern wollte, sondern viel mehr noch den Verfolger in der Tradition eines Nero, Decius oder Diokletian[1]. So hat sich auch eine größere Anzahl von Märtyrergeschichten aus der Zeit Julians erhalten[2]. Daß sich unter den von der Tradition der julianischen Zeit zugeschriebenen Martyrien in der stetig gewachsenen hagiographischen Überlieferung auch eine Menge von Unechtem findet, überrascht nicht[3]. Als unecht auszuscheiden sind alle abendländischen angeblichen Martyrien[4]; im Abendland hat es nach unserer Kenntnis

---

[26] Philost., h. e. IX 3. Philostorgius will den Eindruck einer Spaltung zwischen Eudoxius und Euzoius erwecken, wofür es aber keinerlei Anhaltspunkte gibt.

[27] Philost., h. e. VIII 2, nennt für Konstantinopel einen anhomöischen Bischof, Poemenius, und dessen Nachfolger, Florentius, und Theophil den Inder als anhomöischen Bischof von Antiochien; vgl. dazu ALBERTZ, (1909) 232 (allerdings unter der falschen Voraussetzung der Trennung von den Homöern erst nach Julians Tod und seitens der Homöer aus opportunistischen Gründen).

[28] Nach Philostorgius haben die Anhomöer ihre Kirche provinzial organisiert und auch ihre Bischöfe je für Provinzen, nicht für civitates, wie in der Reichskirche, ordiniert. Ein anhomöischer Bischof betreute also das Gebiet eines reichskirchlichen Metropoliten. Das besondere Bischofsamt des Aetius ist in seiner Definition unklar. Zur Organisation der anhomöischen/ eunomianischen Kirche vgl. ALBERTZ, (1909) passim; KOPECEK, (1979) 361 ff.

[1] Chron. pasch. [PG 92,740 A]: Ἰουλιανὸς γνοὺς Κωνσταντίου τοῦ Αὐγούστου τελευτὴν, τὴν ἑαυτοῦ ἀποστασίαν καὶ ἀσέβειαν φανερὰν καθιστῶν, διατάγματα κατὰ τοῦ Χριστιανισμοῦ καθ᾽ ὅλης τῆς οἰκουμένης, ἀποστέλλων τὰ εἴδωλα πάντα ἀνανεοῦσθαι προσέταττεν. Vgl. auch unten Anm. 5.

[2] TILLEMONT, VII 332–423; 717–745. Soweit die Märtyrertraditionen auch ins *Martyrologium Romanum* eingegangen sind, vgl. DE GAIFFIER, (1956).

[3] TILLEMONT, passim; DE GAIFFIER, (1956) passim, bes. 21 ff.

[4] DE GAIFFIER, (1956) 27 ff.; vgl. schon TILLEMONT, VII 350–55.

keine Opfer der antichristlichen Politik Julians gegeben; auch die Kirchenhistoriker des fünften Jahrhunderts kennen keine. Grundsätzlich wird man überhaupt zunächst nur die bei den Kirchenhistorikern und Schriftstellern des vierten und fünften Jahrhunderts bezeugten Martyrien für echt halten können, obwohl auch die spätere hagiographische Überlieferung hier und da noch echte Erinnerung bewahrt haben kann und auch bei den im vierten und fünften Jahrhundert bezeugten Martyrien nicht alles echt sein muß.

Sowohl in den knappen Bemerkungen der alten kirchlichen Schriftsteller als auch in der breiteren hagiographischen Überlieferung wird deutlich, daß es bei der sogenannten julianischen Verfolgung nicht um eine planmäßige Christenverfolgung wie zum Beispiel unter Diokletian ging[5], sondern vorwiegend um Pogrome der heidnischen Bevölkerung gegenüber den Christen, die durch die Untätigkeit der Behörden und die vielerlei offenen Schikanen gegenüber den Christen geradezu angestiftet wurden[6]. Allerdings wurden diese Pogrome zum Teil durch das provozierende Verhalten der Christen besonders gegenüber heidnischen Kultstätten herausgefordert[7]. Extreme Feindschaft gegen alles Heidnische zeigt sich besonders bei Märtyrern, die eindeutig der homöischen Tradition zuzurechnen sind. Ein antiheidnischer Zelos, der auch vor Gewalttaten nicht zurückschreckt, scheint geradezu ein Kennzeichen homöischen Märtyrertums zu sein.

Im folgenden soll daher bei jedem überlieferten Martyrium versucht werden, das kirchliche Umfeld genauer zu bestimmen.

Die umfangreichste und wichtigste Märtyrertradition der julianischen Zeit stammt, wie gesagt, aus homöischer Tradition. Aus anderer Tradition hat sich keine größere geschlossene Märtyrerüberlieferung erhalten, und hat es wohl auch nie eine gegeben[8].

Im *chronicon paschale* ist der in sich geschlossene Block einer Märtyrerliste erhalten, die mit Sicherheit auf den homöischen Eusebfortsetzer zurückzuführen ist[9]. Zum Jahr 362 notiert das *chronicon paschale* – nach einigen deutlich die homöische Tradition verratenden[10] grundsätzlichen Bemerkungen zur heidni-

---

[5] Philost., h. e. VII 1. 4, und Soz., h. e. V 2,1, wollen allerdings den Eindruck planmäßiger Verfolgung erwecken, ebenso der homöische Historiker im *chronicon paschale,* vgl. oben Anm. 1.

[6] Greg. Naz., or. IV 61; vgl. oben S. 96 ff. und die Einzeluntersuchungen S. 116 ff.

[7] Vgl. Gwatkin, (1900) 219–23 (die dort aufgeführte erste Gruppe von Martyrien); zu den Einzelbeispielen unten S. 116 ff.

[8] Siehe oben S. 96 ff.

[9] PG 92, 740 A–745 B; dazu Bidez-Winkelmann, CLI ff. Im folgenden behandele ich die einzelnen Martyrien nach der vom *chronicon paschale* vorgegebenen Reihenfolge; anschließend Überlieferungen, die zwar nicht im *chronicon paschale* überliefert sind, aber mit ziemlicher Sicherheit ebenfalls aus der im *chronicon paschale* bruchstückhaft überlieferten homöischen Chronik stammen; zum Schluß das Sondergut aus den Kirchenhistorikern.

[10] [PG 92, 740 A]: Μετὰ τελευτὴν Κωνσταντίου τὸ Αὐγούστου ἡ εἰρήνη τῶν ἐκκλησιῶν διεκόπη.

schen Restaurationspolitik Julians[11] eine Anzahl von Martyrien im Orient und andere Maßnahmen gegen die Christen.

a) Die Ermordung Georgs von Alexandrien

᾽Εφ᾽ οἷς ἐπαρθέντες οἱ κατὰ τὴν ᾽Ανατολὴν ῞Ελληνες εὐθέως ἐν ᾽Αλεξανδρείᾳ τῇ κατ᾽ Αἴγυπτον Γεώργιον τὸν ἐπίσκοπον τῆς πόλεως συλλαβόμενοι ἀνεῖλον καὶ τὸ λείψανον αὐτοῦ ἀσεβῶς ἐνύβρισαν· καμήλῳ γὰρ ἐπιθέντες δι᾽ ὅλης τῆς πόλεως περιέφερον, καὶ μετὰ τοῦτο διαφόρων ἀλόγων νεκρὰ σώματα μετὰ τῶν ὀστέων συναγαγόντες καὶ συμμίξαντες αὐτοῦ τῷ λειψάνῳ καὶ κατακαύσαντες διεσκόρπισαν[12].

Daß ein Bericht über die Ermordung Georgs von Alexandrien als eines christlichen Martyriums nur aus einer homöischen Märtyrertradition stammen kann, liegt bei dem Abscheu, den die gesamte orthodoxe Überlieferung diesem Gegner des Athanasius gegenüber empfand, auf der Hand. Der homöische Historiograph scheint dagegen seinen Bericht über die Martyrien der julianischen Zeit mit Georg begonnen zu haben[13], ein Zeichen für die hohe Wertschätzung Georgs in homöischen Kreisen.

Über die Ermordung des alexandrinischen Bischofs sind wir auch unabhängig von der homöischen Tradition ziemlich gut informiert[14]. Nach Ammianus Marcellinus[15] wurde der bei der heidnischen Bevölkerung wegen seines radikalen Vorgehens gegen die Heiden verhaßte Georg auf die Nachricht hin von der Hinrichtung des dux Aegyptiae, Artemius[16], zusammen mit zwei ebenfalls durch besonders antiheidnischen Eifer hervorgetretenen Beamten, dem praepositus monetae, Dracontius, und einem gewissen Diodor[17], gelyncht; seine Leiche wurde dann auf einem Kamel durch die Stadt geführt und anschließend verbrannt. Aus Angst vor der Entstehung eines Märtyrerkults wurde seine Asche ins Meer gestreut. Den Bericht des Ammianus bestätigt bis auf die

---

[11] Vgl. oben Anm. 1.

[12] PG 92, 740 B; zu Georg von Alexandrien vgl. GORCE, DHGE f. 115,602–10.

[13] Der Übergang von den allgemeinen Bemerkungen zu Georg scheint bruchlos; vgl. auch die Parallelüberlieferungen, die BIDEZ, BIDEZ-WINKELMANN, 227, bequem zusammengestellt hat. *Michael Syrus* hat die Ermordung des Georg aus seiner Vorlage nicht aufgenommen.

[14] Eine Übersicht über alle Quellen und eine ausführliche Diskussion aller hier nicht zu behandelnden chronologischen und historischen Probleme bei DUMMER, (1971).

[15] Amm., XXII 11,3–11. Zur eventuellen Benutzung des homöischen Historikers durch Ammianus Marcellinus vgl. 130, Anm. 80.

[16] Vgl. unten S. 127–131.

[17] PLRE I 271: Dracontius 1; 255: Diodorus 2. Zu Diodorus vgl. Amm., XXII 11,9 [SEYFARTH III 42,10 f.]: *et Diodorus quidam veluti comes;* und Hist. Ath. II 10 [MARTIN, 148,49 f.]: *(populus) . . . produxit de carcere Georgium nec non etiam comitem qui cum ipso erat . . .* PLRE und MARTIN, (1985) 189, Anm. 65–69, interpretieren *comes* technisch im Sinne des Beamtentitels. Anders SEYFARTH, III 43,9 f. (vgl. dazu S. 212, Anm. 156): *und ein gewisser Diodorus, gleichsam sein Gefährte* (sc. im Tode). Ebenso wie bei Ammianus Marcellinus scheint mir auch für die Hist. Ath. die untechnische Übersetzung besser zu sein.

(jedenfalls jetzt) im *chronicon paschale* fehlenden Gründe seiner Ermordung die dort bewahrte homöische Tradition. Ammianus bemerkt noch, daß Georg auch bei den Christen verhaßt war[18]. Daß er wegen seines extrem antiheidnischen Eifers ermordet wurde, bestätigt auch Julian, der die Ermordung ohne Gerichtsurteil zwar tadelt, aber offensichtlich ohne Folgen für die Mörder zu verzeihen bereit ist[19].

Mit Sicherheit von dem im *chronicon paschale* nur epitomiert vorliegenden Martyrium des Georg sind Theophanes und Theophylact abhängig, vielleicht auch Hieronymus, der die spätere lateinische Historiographie geprägt hat[20]. Gregor von Nazianz, der mit seinen Pamphleten gegen Julian zeitlich den Ereignissen am nächsten steht, erwähnt or. IV 86 nur grausame Vorfälle in Alexandrien, ohne auf Einzelheiten einzugehen[21]. Philostorgius hat den Homöer hier relativ frei benutzt und berichtet vom Tode Georgs nur im Zusammenhang der Wiederkehr des Athanasius nach Alexandrien[22].

---

[18] Amm., XXII 11,10. Die Beliebtheit des Athanasius bei der alexandrinischen Bevölkerung ist außerhalb christlicher Quellen durch Juln. Imp., ep. 110 bis 112 (61 f. 43 WEIS), bezeugt, wobei es sich hier aber nur um die Oberschicht Alexandriens handelt. Aber auch mit einer nicht unbeträchtlichen Anhängerschaft Georgs, obwohl im Gegensatz zu dem gebürtigen Alexandriner Athanasius ein Fremder, ist durchaus zu rechnen, sonst wäre die Sorge der Heiden vor der Entstehung eines Georgskultes und die sofortige Wahl des Lucius zum Nachfolger des ermordeten Bischofs (Sok., h. e. III 4,2; Soz., h. e. V 7,1) unverständlich.

[19] Ep. 60 (53 WEIS). Der Brief ist nur Sok., h. e. III 3,4–25, überliefert; vgl. BIDEZ-CUMONT, (1922) 65 f.; BIDEZ, I 2,42–44; WEIS, (1973) 318–20. Nach BIDEZ, I 2,44, dem WEIS, (1973) 319, folgt, muß der Brief wegen der in ihm zum Ausdruck kommenden Milde gegenüber den Mördern Georgs im Gegensatz zu dem Amm., XXII 11,11, berichteten strengen Verurteilung dieses bestialischen Mordes durch den Kaiser als christlich interpoliert angesehen werden. Gegen diese Hypothese, für die BIDEZ und WEIS keinerlei Beweis vorbringen können, spricht:
1. Die Bevorzugung des Ammianus vor dem bei Sokrates überlieferten Brief ist zumindest in ihrer nicht einmal mehr für diskussionsbedürftig gehaltenen Selbstverständlichkeit methodisch problematisch; dahinter steht das bei vielen Philologen und Historikern des neunzehnten und frühen zwanzigsten Jahrhunderts selbstverständliche Axiom der grundsätzlich größeren Glaubwürdigkeit der heidnischen Überlieferung gegenüber der christlichen.
2. Amm., XXII 11,11, sagt ausdrücklich, daß sich der Kaiser aber zur Milde umstimmen ließ, wenn er auch das Geschehene verurteilte. Damit in voller Übereinstimmung stehen Sok., h. e. III 3,1–3, und Soz., h. e. V 7,9. Ammianus Marcellinus geht also in seiner Interpretation des uns bei Sokrates vorliegenden Briefes mit den beiden Kirchenhistorikern zusammen.
3. Die bei Ammianus Marcellinus erwähnte Ermahnung, die Gesetze zu achten, findet sich auch im Brief Julians, BIDEZ, I 2, 70,20–71,10 = WEIS, 172. Ep. 60 ist für Julians Verhalten gegenüber den Christen ganz typisch. Er verurteilt zwar verbal alle tumultarischen Ausschreitungen gegen Christen, unternimmt aber nichts und ermuntert im Grunde dadurch zu solchen Ausschreitungen. Daher sehe ich keinerlei Anlaß, eine christliche Interpolation von ep. 60 anzunehmen.

[20] Theophyl. 13 [PG 126,169 A = BIDEZ-WINKELMANN, 227,21–27]; Theophan., chron. [DE BOOR I 47,16 ff. = BIDEZ-WINKELMANN, 227,16–20]; Hieron., chron. [HELM, 242,16–18 = BIDEZ-WINKELMANN, 227,37 f.].

[21] Vgl. auch or. XXI 26 aus dem Jahre 379.

[22] Philost., h. e. VII 2. Es ist nicht ausgeschlossen, daß die homöische Quelle auch über die Rückkehr des Athanasius berichtet hat, vgl. Chron. pasch. [PG 92,741 BC], wo die Rückkehr

Eine eigene alexandrinische, nicht homöische Tradition bietet Hist. Ath. 2,8–10, die zum Teil im Widerspruch zu den anderen Überlieferungen steht, zum Teil sie ergänzt. Nach der Historia Athanasii wurde Georg nur vier Tage nach seiner Rückkehr nach Alexandrien auf die Nachricht von Konstantius' Tod hin zunächst nur verhaftet, nach vierundzwanzig Tagen Haft zusammen mit dem Beamten Dracontius vom heidnischen Pöbel am 24. 12. 361 gelyncht[23].

Von der in der Historia Athanasii überlieferten Form der Tradition ist Epiphanius abhängig, der aber auch die homöische Überlieferung zu kennen scheint[24]; ebenfalls die alexandrinische Tradition kennt Sozomenus[25].

Eine selbständige, aber wohl ursprünglich homöische Tradition über die Ermordung Georgs bietet Sokrates, der ausführlich berichtet, wie Georg und die Christen Alexandriens die Heiden zu dem Pogrom, dessen Opfer dann Georg werden sollte, gereizt hatten[26].

Die Ermordung des alexandrinischen Bischofs Georg war offenbar ein so

---

der Bischöfe, namentlich die des Meletius nach Antiochien, zu den antichristlichen Maßnahmen Julians gezählt wird.

[23] MARTIN, (1985) 148,40–55 (dazu die Anmerkungen 62–72 auf S. 188–90). Zu Dracontius vgl. oben Anm. 17.

[24] Epiph., haer. 68,11,1 f. Außer der *Historia Athanasii* kennen nur Epiphanius und Sozomenus die Haft Georgs. Daß Epiphanius die homöische Tradition kennt, zeigt die bei ihm berichtete Zerstreuung der Asche Georgs, von der die alexandrinische Tradition nichts weiß. Von Ammianus Marcellinus kann Epiphanius schon chronologisch nicht abhängig sein; seine Herkunft aus dem syrisch-palästinischen Raum legt eine Kenntnis homöischer Traditionen nahe. Ob er schon die etwa gleichzeitig mit seinem Werk entstandene homöische Chronik kannte, ist nicht feststellbar. Zur Chronologie des Epiphanius vgl. SCHNEEMELCHER, RAC V 909–18.

[25] H. e. V 7,2; vgl. HANSEN, BIDEZ-HANSEN, LIV. Nicht sicher auszumachen ist, woher die Sok., h. e. III 4, und Soz., h. e. V 7,1 f., überlieferte Tradition von der sofortigen Wahl des Lucius zum Nachfolger Georgs stammt. Die in der *Historia Athanasii* bewahrte alexandrinische Tradition kennt sie nicht. Hist. Ath. IV 7 wird Lucius während der Regierung Jovians von einer hochrangig besetzten homöischen Synode als Presbyter zu Jovian geschickt (vgl. unten S. 173 f.), als Bischof erscheint er sogar erst im Jahre 367 (Hist. Ath. V 11–13. Soz., h. e. VI 5,3, ist hier von Hist. Ath. abhängig; vgl. zu den Vorgängen im einzelnen unten S. 236 ff.). Daß Lucius sofort nach dem Tode des Georg gewählt und ordiniert wurde, muß auf eine homöische Tradition zurückgehen, der Sok./Soz. gegenüber der athanasianisch-alexandrinischen Tradition der ihnen bekannten und von ihnen sonst oft benutzten *Historia Athanasii* hier den Vorzug gegeben haben; vgl. auch Theophan., chron. [DE BOOR I 47,23 f.] und Theod. Anagnost., Epit. 130. Daß Philost., h. e. VII 2, die Wahl des Lucius nicht berichtet, besagt angesichts der fragmentarischen Überlieferung nichts; die im *chronicon paschale* erhaltenen Stücke des homöischen Historikers sind in erster Linie an den Martyrien interessiert.

[26] H. e. III 2,2–10. Trotz einiger Anklänge an die Überlieferungen des *chronicon paschale* wird man diese Tradition zwar nicht der homöischen Chronik zuweisen können, aber sie muß aus homöischem Milieu stammen:

1. Georg erscheint als der legitime Bischof aller Christen von Alexandrien und die Christen ganz allgemein als die Gemeinde des Georg (2,6. 7. 10: οἱ χριστιανοί).

2. Die Tradition enthält keine negative Beurteilung Georgs; die angebundene Kritik, 2,7, ist Meinung des Sokrates.

spektakuläres Ereignis, daß davon verschiedene Traditionen überliefert sind, deren Beziehungen zueinander nicht mehr sicher zu bestimmen sind.

Daß Georg bei den Homöern als Märtyrer verehrt wurde, scheint aus der im *chronicon paschale* überlieferten Märtyrerliste gefolgert werden zu dürfen, auch wenn kein positiver Beweis mehr vorhanden ist. Ob es einen Georgskult gab, ist nicht zu ermitteln; der Hinweis auf die Zerstörung der Gebeine und die Vermischung ihrer Asche mit Tierasche und ihre Zerstreuung als bewußte Verunmöglichung eines Kultes könnte das Fehlen eines Georgkultes erklären wollen[27]. Als einer der durch die Schriften des Athanasius in der orthodoxen Tradition am meisten bekannten *Arianer* ist Georg nicht in die orthodoxe Märtyrertradition eingegangen. Daß Georg von Alexandrien nicht das Vorbild für den im Osten wie Westen so beliebten Heiligen gleichen Namens abgegeben hat, hat schon *Görres* gegen die Behauptung *Gibbons* und anderer erwiesen[28].

b) Die Schändung der Gebeine Johannes' des Täufers

Unmittelbar im Anschluß an den Bericht über die Ermordung Georgs fährt das *chronicon paschale* fort:

Καὶ ἐν Παλαιστίνῃ δὲ τοῦ ἁγίου Ἰωάννου τοῦ Βαπτιστοῦ τὰ λείψανα ἐν Σεβαστῇ τῇ πόλει κείμενα ἀνορύξαντες διεσκόρπισαν[29].

(In deutlicher Abhängigkeit von der homöischen Quelle des *chronicon paschale* auch Theodoret und Rufin.)[30] Über das *chronicon paschale* hinaus berichtet Philostorgius, wohl ebenfalls aus der homöischen Quelle, daß mit den Gebeinen Johannes' des Täufers auch die des Propheten Elisas (beide waren gemeinsam in Sebaste begraben) aus dem Grab genommen, verbrannt, die Asche mit Tierasche vermischt und dann verstreut worden sei[31].

---

[27] Auch in der homöischen Reichskirche unter Valens scheint es keinen Kult des Georg gegeben zu haben; vgl. GORCE, DHGE f. 115 f., 602–10.

[28] GÖRRES, (1887¹); DUMMER, (1971) 172, Anm. 3; HAUBRICHS, TRE XII 380. Für GÖRRES ist Georg als Ketzer natürlich auch kein Märtyrer, vgl. GÖRRES, (1887²) 64: . . ., *das schreckliche Ende des Gegners des heiligen Athanasius war kein Martyrium. Ihm, dem die Heiden keineswegs seine Gewaltthaten gegen den Cultus der Olympier allein vorzuwerfen hatten, und der auch bei den Katholiken mit Grund verhaßt war, traf nur die gerechte Vergeltung.*

[29] PG 92,740 B. Die Zusammengehörigkeit beider Texte zeigt sich auch an der gemeinsamen Schlußvokabel διεσκόρπισαν; vgl. unten Anm. 35.

[30] Thdt., h. e. III 7,2 [PARMENTIER-SCHEIDWEILER, 182,16–18]: ἐν Σεβαστῇ δὲ (καὶ αὕτη δὲ εἰς τὸ προειρημένον ἔθνος τελεῖ) Ἰωάννου τοῦ Βαπτιστοῦ τὴν θήκην ἀνέῳξαν πυρί τε παρέδοσαν τὰ ὀστᾶ καὶ τὴν κόνιν ἐσκέδασαν, Ruf, h. e. XI 28 [MOMMSEN, 1033,20–1034,3]: *ex quo accidit, ut apud Sabasten Palaestinae urbem sepulchrum Iohannis baptistae mente rabida et funestis manibus invaderent, ossa dispergerent atque ea rursum collecta igni cremarent et sanctos cineres pulveri inmixtos per agros et rura dispergerent.* Bei Rufin folgt eine orthodox-nizänische Fortsetzung der Geschichte mit Athanasius in der Hauptrolle.

[31] H. e. VII 4 [BIDEZ-WINKELMANN, 80,4–8]: . . ., καὶ τόδε τοῖς ἀσεβέσι κατὰ Παλαιστίνην δεδραματούργηται. τὰ τοῦ προφήτου Ἐλισσαίου ὀστᾶ καὶ τοῦ βαπτιστοῦ Ἰωάννου (ἐκεῖ γὰρ ἄμφω ἐτέθαπτο) τῶν θηκῶν ἐξελόμενοι καὶ ζῴων ὀστοῖς

Sebaste, das biblische Samaria, kirchlich direkt Caesarea unterstellt, muß zur Zeit Julians im Hinblick auf seine christliche Gemeinde als homöisch angesehen werden. Bischof Euseb von Sebaste hatte an der Synode von Seleukia auf der Seite der Akakianer teilgenommen und das homöische Bekenntnis des Acacius unterschrieben[32].

In Sebaste gab es unter dem homöischen Bischof Euseb einen Johannes- und Elisakult, der offenbar große Anziehungskraft ausübte und den Heiden ein besonderes Ärgernis war. Die Tradition von der Profanierung dieser Kultstätte stammt aus dem homöischen Historiographen, von dem alle anderen Erwähnungen dieses Ereignisses literarisch abhängig sind[33].

c) Die Schändung der Gebeine des Patrophilus von Skythopolis

Ἔτι δὲ καὶ τοῦ ἁγίου Πατροφίλου ἐπισκόπου τῆς ἐν Σκυθοπόλει Ἐκκλησίας γενομένου ἀνορύξαντες ἀπὸ τοῦ τάφου τὰ λείψανα τὰ μὲν ἄλλα διεσκόρπισαν, τὸ δὲ κρανίον ἐφυβρίστως κρεμάσαντες ὡς ἐν σχήματι κανδήλας ἐνέπηξαν[34].

Außer im *chronicon paschale* nur noch bei Theophanes und Nikephorus überliefert; alle drei Berichte müssen von einer gemeinsamen homöischen Quelle abhängig sein[35].

ἀλόγων συγκαταμίξαντες, ὁμοῦ πρὸς κόνιν κατέκαυσαν καὶ εἰς τὸν ἀέρα διεσπείραντο (die nach BIDEZ wörtlichen Entlehnungen aus der homöischen Chronik sind im Druck hervorgehoben und hier unterstrichen). Art. P. 57 [BIDEZ-WINKELMANN, 80,30ff.] folgt nicht Philostorgius, sondern offenbar der homöischen Chronik: die Ortsangabe *Sebaste* z. B. findet sich bei Philostorgius nicht; vgl. auch Niceph., X 13. Bei Theophanes fehlt dieses Stück.

[32] Epiph., haer. 73,26,7 HOLL III 301,3]; zu Euseb von Sebaste vgl. LE QUIEN, II 651 B.

[33] Greg. Naz., or. V 29, erwähnt nur ganz allgemein die Schändung von Heiligengebeinen. TILLEMONT, VII 361f., konnte die homöische Tradition dieses Berichtes noch nicht erkennen. Zum Johanneskult in Sebaste, der mit dem Bericht über die Profanierung der Gebeine des Täufers erstmals bezeugt ist, vgl. BAGATTI, BALDI-BAGATTI, (1980) 72–74, der den homöischen Hintergrund nicht erkennt. Zum Elisakult in Sebaste vgl. KOPP, (1964) 177–83; BALDI-BAGATTI, (1980) 72–74. In der Pilgerliteratur des fünften und sechsten Jahrhunderts werden das Grab Elisas und Johannes des Täufers mehrfach erwähnt; vgl. DONNER, (1979), das Register s. v. *Samaria*. Die Vernichtung der Gebeine der beiden Heiligen hat wahrscheinlich zu einer nur kurzen Unterbrechung des Kultes geführt. Hieronymus weiß in seiner Übersetzung von Eusebs Onomastikon, daß in Sebaste die Gebeine des Johannes begraben seien; dazu KOPP, (1964) 179. Die von Rufin, h. e. XI 28 (vgl. oben Anm. 30), berichtete Geschichte von der Rettung und Aufbewahrung der Gebeine soll die Tradition über deren Vernichtung mit der Tatsache eines Kultes am Grabe des Täufers ausgleichen. Euseb kannte noch keinen Kult am Grabe des Johannes; vgl. KOPP, (1964) 178. Der Johanneskult in Sebaste kann demnach erst unter Konstantius begonnen haben.

[34] PG 92,740 B.

[35] Theophan. [DE BOOR I 47,25–28]; Niceph., h. e. X 13 [PG 146,476]. DE BOOR, I 47,25, dem BIDEZ-WINKELMANN, 228,19, folgt, hat mit dem Paris. Reg. 1711 gegen die gesamte übrige hs. Überlieferung des Theophanes in Anlehnung an den im *chronicon paschale* hier besser überlieferten Homöer der Lesung ἅγιος Πατρόφιλος den Vorrang gegeben. Daß der im *chronicon paschale* überlieferte Text für ihn den Ausschlag gegen die hs. Überlieferung gab, zeigt seine Anm. im Register des zweiten Bandes, 687, s. v. Πατρόφιλος: *In loco, quem Theophanes e*

Daß die orthodoxen Kirchenhistoriker die Tradition von der Schändung der Gebeine des Patrophilus von Skythopolis nicht übernommen haben, liegt an dessen eindeutigem Engagement für Arius schon am Anfang des arianischen Streites. Bis zu seinem Tode gehört er zu den erklärten Gegnern des Athanasius und der Beschlüsse von Nizäa. In Seleukia war er von den Homöusianern in Abwesenheit abgesetzt worden[36], was angesichts des für die Homöusianer katastrophalen Ausgangs der Synode keinerlei Auswirkungen haben konnte, aber deutlich macht, daß er 359 zu den führenden Homöern gezählt wurde.

Wenn 362 in Skythopolis, dem biblischen Bethschean, schon ein Patrophilus-kult am Grabe des Bischofs existierte, der bei den Heiden Ärgernis erregte, muß Patrophilus bald nach der Synode von Seleukia gestorben sein. Daß seine beiden Nachfolger ebenfalls Homöer waren, bezeugt ausdrücklich Epiphanius[37]; nur so ist auch der Kult am Grabe eines besonders profilierten Homöers denkbar. Ob nach dem Tode Julians unter Valens der Patrophiluskult trotz der fehlenden Gebeine wiederbelebt werden konnte, ist wegen der sonst fehlenden Bezeugung dieses Kultes nicht festzustellen[38].

---

fonte Ariano hausit, ἅγιος *dicitur*. Bei der Auslassung des ἅγιος handelt es sich m. E. um eine bewußte Korrektur des Theophanes an seiner homöischen Quelle. Nicephorus streicht außer ἅγιος auch noch ἐπίσκοπος. Dem Text des Jac. GOAR, (1635), den MIGNE nachgedruckt hat, und der nach der hs. Überlieferung bei Theophanes ἅγιος streicht, gehört hier also der Vorrang.

[36] Patrophilus ist der erste bezeugte Bischof von Skythopolis, dem biblischen Bethschean, der Metropolis der Provinz Palaestina secunda. Schon vor der Synode von Nizäa gehörte Patrophilus zu den Verteidigern des Arius, seither zu den wichtigsten Gegnern der Beschlüsse dieser ersten ökumenischen Synode und vor allem des Eustathius von Antiochien und des Athanasius. Er ist einer der Hauptakteure bei der Absetzung des Eustathius und ersten Verbannung des Athanasius. Für Thdt., h. e. V 7, gehört er zu den führenden Arianern. Nach Sok., h. e. II 40, wurde er in Seleukia von den Homöusianern abgesetzt und exkommuniziert. Eine Zusammenstellung der wichtigsten Quellen bei LE QUIEN, III 682–85; vgl. auch VENABLES, DCB IV 216 f.

[37] Epiph., haer. 73,24,4; vgl. 73,37,6. Aller Wahrscheinlichkeit nach hat Philippus, nach Epiph., haer. 73,24,4, der direke Nachfolger des Patrophilus, sehr bald nach dem Tode seines Vorgängers einen Kult an dessen Grabe initiiert. Zu den Nachfolgern des Patrophilus vgl. LE QUIEN, III 686 f.

[38] Für die Zeit der homöischen Reichskirche unter Valens, als Skythopolis homöische Bischöfe hatte, fehlen alle Nachrichten. 381 ist Skythopolis auf der Synode von Konstantinopel durch den Nizäner Saturninus vertreten (LE QUIEN, III 687). Falls es in der Zeit des Valens einen erneuerten Patrophiluskult gegeben hat, wird der nach der kirchenpolitischen Wende durch Theodosius bei der eindeutigen dogmatischen und kirchenpolitischen Zuordnung des Patrophilus bald aufgehört haben. Die Pilgerliteratur seit dem ausgehenden vierten Jahrhundert kennt in Skythopolis jedenfalls keine Verehrung des Patrophilus. Der Archidiakon Theodosius berichtet Anfang des sechsten Jahrhunderts nur vom Kult eines Märtyrers Basilius in Skythopolis (CSEL 39,137,15 f.); vgl. DONNER, (1979) 200, Anm. 10.

d) Die Märtyrer von Gaza und Askalon

Ἐν δὲ Γάζῃ καὶ ᾿Ασκάλωνι πρεσβυτέρους καὶ παρθένους ἀναιροῦντες καὶ μετὰ τοῦτο ἀναπτύσσοντες καὶ τὰ σώματα αὐτῶν κριθῶν πληρώσαντες τοῖς χοίροις παρέβαλον³⁹.

Obwohl es sich um Märtyrerberichte aus dem homöischen Kirchenhistoriker und somit auch aus homöischer Tradition handelt, die bereits Gregor von Nazianz aus einer anderen Quelle – wahrscheinlich der, die auch der homöische Historiker benutzte – vorlag, sind die auf so schändliche und grauenvolle Weise ermordeten heiligen Jungfrauen und Priester aus Gaza und Askalon⁴⁰ über ihre Erwähnung bei Theodoret, Sozomenus und Gregor in das offizielle Synaxarium von Konstantinopel eingegangen⁴¹:

e) Das Martyrium des Diakons Kyrill in Heliopolis in Phoenizien

Καὶ ἐν Φοινίκῃ δὲ Κύριλλον διάκονον Ἡλιουπολίτην ἀνελόντες τοῦ ἥπατος αὐτοῦ ἀπεγεύσαντο, ἐπειδὴ τὰ εἴδωλα αὐτῶν ἐπὶ τοῦ μακαρίτου Κωνσταντίνου κατέστρεψεν. ὁ δὲ ἀνατεμὼν τὸν διάκονον καὶ ἀπογευσάμενος τοῦ ἥπατος αὐτοῦ, ὅπως κατέστρεψε τὸν ἑαυτοῦ βίον, ἄξιον ἐπιμνησθῆναι· τήν μὲν γλῶσσαν σαπεῖσαν ἀπώλεσεν, τοὺς δὲ ὀδόντας θρυβέντας ἀπέβαλεν, τοὺς δὲ ὀφθαλμοὺς ἐπὶ

---

³⁹ PG 92,741 A. Von der Quelle des *chronicon paschale* sind außerdem abhängig: Theophan., chron. [DE BOOR I 47,28–30] und Thdt., h. e. III 7; vgl. auch Theophyl. [PG 126,169 A] (der Text von Theophanes und Theophylact auch bei BIDEZ-WINKELMANN, 228). Greg. Naz. kennt diese Tradition ebenfalls, vermischt sie aber or. IV 87 mit Einzelheiten des im *chronicon paschale* folgenden Martyrium des Kyrill von Heliopolis (vgl. unten S. 123, Anm. 42; vgl. auch BERNARDI, (1983) 218, Anm. 2), ohne den Namen des Märtyrers zu nennen und die Tradition zu lokalisieren. Soz., h.e. V 10,5–7 (7 ist ein Kommentar des Sozomenus), folgt ebenfalls der homöischen Tradition, verlegt die Ereignisse aber nach Heliopolis. Vgl. den Beginn bei Chron. Pasch. [PG 92,741 A]: ἐν δὲ Γάζῃ καὶ ᾿Ασκαλώνι mi Soz., h. e. V 10,5 [BIDEZ-HANSEN, 207,1]: Οὐ παρὰ μόνοις δε Γαζαίοις καὶ ᾿Αλεξανδρεῦσι..., obwohl über Gaza und Alexandrien direkt vorher nichts gesagt ist. Hier scheint noch der ursprüngliche Wortlaut der Quelle des Sozomenus durchzuschimmern. Aus Gaza kannte Sozomenus noch andere Traditionen aus der julianischen Verfolgung (s. unten S. 148), darum verändert er „Askalon" zu „Alexandrien" und berichtet von den ermordeten Jungfrauen im Zusammenhang der Ereignisse von Heliopolis, der nächsten in seiner Quelle genannten Stadt. Gegen BERNARDI, (1983) 220, Anm. 1, scheint mir Sozomenus eher von der homöischen Quelle als von Gregor abhängig zu sein. Zu den verschiedenen Überlieferungen vgl. AS März III 771–73. GWATKIN, (1900) 221, hält Heliopolis für den historisch wahrscheinlichen Ort der Ereignisse; die homöische Tradition lokalisiert sie aber in Gaza und Askalon.

⁴⁰ So Chron. pasch.; Thdt.; Theophan.

⁴¹ Synax. Cpel., 568,5ff.; vgl. AS März III 771. 773. Über das Synaxarium von Konstantinopel gelangten die Märtyrer von Gaza und Askalon zusammen mit Kyrill von Heliopolis in das Martyrologium Romanum (zum 28. 3. Nr. 2; vgl. Komm. Mart. Rom., 117). Daß auch diese Märtyrer aus homöischer Tradition kommen, haben TILLEMONT, VII 359f., und GÖRRES, (1887²) 220ff., noch nicht bemerkt, vgl. auch DE GAIFFIER, (1956) 11f.

πολὺ καὶ σφοδρότερον ὀδυνηθεὶς ἐπηρώθη, καὶ δι' ὅλου τοῦ σώματος βασανιζόμενος δεινῶς ἀπέθανεν[42].

Wegen der Überlieferung durch die homöische Chronik wird man das Martyrium des Diakons Kyrill aus Heliopolis[43], dessen Leber nach dem Bericht des homöischen Historikers die Heiden verzehrten[44], auch homöischem Milieu zuschreiben müssen[45]. Dennoch wurde auch der Diakon Kyrill – vermutlich wegen seiner Erwähnung bei Theodoret – in den griechischen Heiligenkalender und das Synaxarium von Konstantinopel aufgenommen und gelangte so auch in das Martyrologium Romanum[46].

[42] PG 92,741 A (= BIDEZ-WINKELMANN, 228,10ff., ebenda, 228,25ff. die Parallelüberlieferung des Theophanes nach DE BOOR I 47,30ff.). Ebenfalls von der homöischen Tradition sind abhängig Thdt., h. e. III 7,3; Niceph., h. e. X 9.

[43] Zu Heliopolis/Baalbeck und dem dort noch lange mächtigen und agressiven Heidentum vgl. EISSFELD, RAC I 1113–1118. Das Christentum war hier erst unter Konstantin und Konstantius eingeführt worden.

[44] Für die christliche Tradition handelt es sich dabei um einen Akt von besonderer Grausamkeit, ebenso wie der Herausreißen der σπλάγχνα bei den Märtyrern von Gaza; vgl. Theophan., chron. [DE BOOR I 47,28f. = BIDEZ-WINKELMANN, 228,22f.]: ... πρεσβυτέρους καὶ ἀειπαρθένους ἀναιροῦντες ἀνέπτυσσον τὰ σπλάγχνα αὐτῶν, ... Angesichts des Verzehrens eines Teiles der σπλάγχνα stellt sich hier die Frage nach einem kultischen Hintergrund dieser Morde. Die σπλάγχνα sind die Teile eines Opfers, die vor der eigentlichen Opferung entfernt werden, um dann von den Opfernden gegessen zu werden; vgl. LIDDELL-SCOTT, s. v. σπλάγχνα. Diese Art des Opferschmauses ist in römischer Zeit für Menschenopfer allerdings nicht bezeugt. REITZENSTEIN, (1921) 180, vermutete nach Joseph., c. Ap. II 89ff., in Berythos einen Kronos-Helioskult mit Menschenopfern, was aber BICKERMAN, (1980) 225ff., widerlegt hat. Bei seiner Interpretation von c. Ap. II 91ff. hat BICKERMAN das Material zu scheinbaren Menschenopfern in der hellenistisch-griechischen Literatur zusammengetragen (S. 229–31) und erwiesen, daß diese Art des angeblichen Menschenopfers mit Kultmahl sowohl im hellenistischen Abenteuerroman als auch in der politischen Polemik zum festen Topos geworden ist. Der Vorwurf des Menschenopfers gehört zur Diskriminierung des politischen Gegners. Vor allem gehört das (unterstellte) Menschenopfer zu allen politischen Verschwörungen. Ein wirklicher kultischer Hintergrund ist nach BICKERMAN bei keinem Beleg über angebliche Menschenopfer mehr auszumachen. In diesem Zusammenhang weist BICKERMAN auf den gegenüber Christen erhobenen Vorwurf hin, rituelle Morde zu begehen. Dieser Vowurf wurde später dann auch zum Topos der orthodoxen Polemik gegen Häretiker (die Belege bei BICKERMAN, 230–33). Wenn die homöische Überlieferung vom Verzehren der Leber des Diakons Kyrill berichtet, so handelt es sich aller Wahrscheinlichkeit nach hier um massive antiheidnische Polemik, wie sie den Homöern nicht fremd war. Für den Hinweis auf den mir sonst sicher entgangenen Aufsatz BICKERMANs danke ich Herrn Professor Dr. MARTIN HENGEL.

[45] Nach dem *chronicon paschale* soll er zur Zeit Konstantius heidnische Heiligtümer demoliert haben. Es scheint nicht unwahrscheinlich – allerdings nicht beweisbar – daß in der homöischen Chronik ursprünglich Κωνστάντιος statt Κωνσταντίνος gestanden hat und bei der Übernahme in die orthodoxe Geschichtsschreibung verändert wurde. Die Streichung des bei Chron. pasch. und Theoph. überlieferten μακαρίτου (Theophan.: μακάριος) könnte ein Indiz dafür sein. Derartige Tumulte gegen den Diakon Kyrill aufgrund von nahezu drei Jahrzehnte zurückliegenden Ereignisse scheinen außerdem nicht recht überzeugend zu sein; zur Überlieferung vgl. auch GWATKIN, (1900) 221 (f.).

[46] Synax. Cpel., 567,5–568,4; vgl. 567,27; vgl. auch Suda 2746 [ADLER III 219,21–23], Martyr. Rom. zum 28. 3. Nr. 2.

f) Die Aufstellung eines Dionysosbildes in der großen Kirche von Emesa

Ἐν δὲ Ἐμίσῃ τῇ μεγάλῃ ἐκκλησίᾳ ἐπελθόντες τὸ τοῦ Διονύσου εἴδωλον ἵδρυσαν[47].

(Mit geringfügigen Abweichungen so auch bei Theodoret und Theophanes[48].)

Die von Julian beschlagnahmte und durch das heidnische Kultmal geschändete Kirche des in der Mitte des vierten Jahrhunderts wichtigsten Bischofssitzes der Provinz Phoenicia secunda war die Kathedrale des Bischofs Paulus von Emesa, der die homöischen Beschlüsse der Synode von Seleukia im Jahre 359 unterzeichnet hatte[49]. Bei der Konfiszierung und Profanierung der Kirche von Emesa muß man an eine geplante Aktion gegen die reichskirchliche Organisation in der Provinz Phoenicia secunda denken. Es handelt sich hier nicht um eine spontane Reaktion der heidnischen Bevölkerung wie in den bisher besprochenen Fällen.

g) Die Profanierung der Kirche von Epiphaneia und der heilige Eustathius

Ὁμοίως δὲ καὶ ἐν Ἐπιφανείᾳ πόλει τῆς Συρίας ἐπελθόντες οἱ Ἕλληνες τῇ ἐκκλησίᾳ εἴδωλα εἰσήγαγον μετὰ αὐλῶν καὶ τυμπάνων. ὁ δὲ μακάριος Εὐστάθιος, ὁ τῆς αὐτῆς ἐκκλησίας ἐπίσκοπος τυγχάνων, ἀνὴρ εὐλαβὴς καὶ εὐσεβής, ἀκούσας τῶν αὐλῶν καὶ πυθόμενος τὸ ποῦ ἂν εἴη ταῦτα καὶ γνοὺς ὅτι ἐν τῇ ἐκκλησίᾳ, ζῆλον ἔχων ἐν πίστει καὶ εὐλαβείᾳ, ἀθρόως ἀκούσας ἐκοιμήθη, προσευξάμενος μὴ ἰδεῖν ταῦτα τοῖς ἑαυτοῦ ὀφθαλμοῖς[50].

Epiphaneia in Syrien muß ebenfalls als Stadt mit einer homöischen christlichen Gemeinde angesehen werden. Eustathius von Epiphaneia, den die Quelle des *chronicon paschale* offenbar als Märtyrer betrachtet, ist ebenfalls als Teilnehmer der Synode von Seleukia auf der Seite der Homöer durch seine Unterschrift unter die homöischen Beschlüsse dieser Synode bezeugt[51].

Hier enden im *chronicon paschale* die Aufzeichnungen für das Jahr 362. Ab-

---

[47] PG 92,741 B = BIDEZ-WINKELMANN, 229,4 f. Die Kirche erwähnt auch Soz., h. e. III 17.

[48] Thdt., h. e. III 7,5; Theophan., chron. [DE BOOR I 48,12 f. = BIDEZ-WINKELMANN, 229,14 f.]; Niceph., h. e. X 9 [PG 146,465 B] folgt Theodoret. Theophanes bietet über Chron. pasch. wahrscheinlich aus der homöischen Quelle noch: ..., τὴν δὲ παλαιὰν ἐκκλησίαν κατέστρεψεν. Chron. pasch./Theophan. bezeichnen die Kirche, in der das Dionysiusstandbild errichtet wurde als ‚μεγάλη ἐκκλησία‘; Thdt., vielleicht dem Sprachgebrauch seiner Zeit in Emesa folgend oder aus stilistischen Gründen: νεόδμητος.

[49] Epiph., haer. 73,26,2 [HOLL III 300,9]; vgl. LE QUIEN, II 837–40. Schon der Vorgänger, Euseb, gehörte zum antinizänischen reichskirchlichen Lager. Unter Nemesius, dem Nachfolger des Paulus, wurde die Kirche von Emesa orthodox nizänisch. Der Zeitpunkt dieses Überganges ist nicht genau zu bestimmen, steht aber vermutlich im Zusammenhang mit der Kirchenpolitik Theodosius' des Großen.

[50] PG 92,741 B = BIDEZ-WINKELMANN, 230,1–7 (nur im *chronicon paschale* überliefert; vgl. GWATKIN, (1900) 221 (h)).

[51] Epiph., haer. 73,26,3 [HOLL III 300,10]; vgl. LE QUIEN, II 915–17.

schließend für 362 berichtet der homöische Historiker, daß Julian, als er sich in Konstantinopel aufhielt, während Eudoxius dort Bischof war, die früher wegen ihrer verkehrten Lehre abgesetzten Bischöfe in ihre Diözesen zurückkehren ließ[52]. Für die Quelle des *chronicon paschale,* deren homöischer Charakter an keiner anderen Stelle auf den ersten Blick so deutlich ist, soll die Amnestie von den durch Konstantius zu Recht abgesetzten Bischöfen im Zusammenhang des Berichteten offenbar in die Verfolgungsmaßnahmen eingereiht werden[53]. Als gravierendes Beispiel für die Folgen dieses Amnestiegesetzes, das die Kirche in Unruhen versetzte, berichtet der Chronist von der für ihn illegalen Rückkehr des Meletius nach Antiochien im Jahre 362. Meletius war, so der Homöer, wegen ἀσέβεια und verschiedener Verbrechen zu Recht abgesetzt worden. Mit ihm verbündeten sich nun einige, ebenfalls von einer heiligen Synode zu Recht abgesetzte Presbyter und okkupierten mit Gewalt die *Alte Kirche*[54]. Zum Jahr 363, die Jahresangabe zerreißt den ursprünglich durchlaufenden Erzählungszusammenhang[55], notiert die homöische Quelle des *chronicon paschale* verschiedene Fälle von Apostasie im Heer[56] und zwei Fälle von Apostasie christlicher Kleriker in Antiochien, des antiochenischen Klerikers Theotecnus und des sich gerade in Antiochien aufhaltenden Bischofs Heron aus der Thebais. Beide erhalten die ihnen dafür gebührende Strafe[57].

---

[52] PG 92,741 BC. Das *chronicon paschale* bzw. seine homöische Quelle setzt mit der Rückkehr der Bischöfe auch ihre Wiedereinsetzung voraus.

[53] [PG 92,741 BC = BIDEZ-WINKELMANN, 230,8–13]: Ἔτι δὲ καὶ ἐν Κωνσταντινουπόλει ἐπιβὰς ὁ Ἰουλιανός, Εὐδοξίου τε ἐπισκόπου ἐν αὐτῇ ὄντος, πολυτρόπως κατὰ τῆς Ἐκκλησίας μηχανώμενος ἐπιβουλάς, εἰς σύγχυσιν καὶ τὰ κατ' αὐτὴν ἤγαγεν, βουληθεὶς ἅπαντας τοὺς καθαιρεθέντας πρὸ τούτου ἐπὶ διαφόροις ἀτόποις κακοδοξίαις ἐπαφεῖναι ταῖς Ἐκκλησίαις, προφάσεις ἐκ τῶν γενομένων ταραχῶν ἐπινοῶν κατὰ τῶν Ἐκκλησιῶν τοῦ Θεοῦ.

[54] PG 92,741 C–744 A = BIDEZ-WINKELMANN, 230,14–22. Zur Rückkehr des Meletius vgl. oben S. 98 f.

[55] Die Jahresangaben stammen aus den *consularia Constantinopolitana* und wurden relativ willkürlich an irgendeiner Stelle in den Erzählungszusammenhang eingeschoben; hier u. U. wegen der Zeitbestimmung: ἐν τούτῳ τῷ χρόνῳ; vgl. MOMMSEN, chron. min. I 240.

[56] PG 92,744 B = BIDEZ-WINKELMANN, 232,1–4. Aus derselben Quelle Theophan, chron. [DE BOOR I 50,34 ff. = BIDEZ-WINKELMANN, 232,25 ff.].

[57] PG 92,744 BC = BIDEZ-WINKELMANN, 232,5 ff.; Theophan., chron. [DE BOOR I 50,37 ff. = BIDEZ-WINKELMANN, 232,29 ff.]; M. Syrus bei BIDEZ-WINKELMANN, 232,33 f. In dem im *chronicon paschale* und bei Theophanes gut erhaltenen Erzählungszusammenhang gehören die Fälle von Häresie und Apostasie zusammen. Von der homöischen Quelle ist auch abhängig Philost., h. e. VII 13, dem Niceph., h. e. X 29 [PG 146,532 AB] folgt (vgl. bei Philost. und Niceph. die gegenüber Chron. pasch. und Theophan. vertauschte Reihenfolge der Erzählungen.

h) Das christliche Bekenntnis Valentinians (Jovians und Valens)

Ἐν τούτοις καὶ Οὐαλεντινιανός, τριβοῦνος τότε ὢν τάγματος κορνούτων οὕτω λεγομένῳ νουμέρῳ , τῇ εἰς Χριστὸν ὁμολογίᾳ διέπρεπεν. οὐ μόνον γὰρ τοῦ ἀξιώματος κατεφρόνησεν, ἀλλὰ καὶ ἐξορίᾳ ὑποβληθεὶς γενναίως καὶ προθύμως ὑπέμενεν. ὃς μετὰ ταῦτα ὅπως ἐτιμήθη ὑπὸ τοῦ θεοῦ, βασιλεὺς Ῥωμαίων γενόμενος, ἐν τοῖς ἑξῆς δηλωθήσεται[58].

Wenn die Geschichte vom christlichen Zeugnis des späteren (orthodoxen[59]) Kaisers Valentinian[60] nicht in einem geschlossenen Stück homöischer Überlieferung tradiert wäre, könnte man sie wohl kaum für homöischen Ursprungs halten. Allerdings muß Valentinian, bevor er Augustus des Abendlandes und ein Vertreter der nizänischen Orthodoxie wurde, zu dieser Zeit als loyales Glied der homöischen Reichskirche gelten, ohne daß die dogmatischen Auseinandersetzungen ihn interessiert haben werden, wie sie ihn auch während seiner Herrschaft nicht sonderlich beschäftigten[61].

Theophanes, der sehr eng von der homöischen Chronik abhängig ist, überliefert, daß es um das Christuszeugnis Valentinians und Jovians in dieser Situation ging[62]. Sokrates, die von ihm benutzte Quelle hier anders als Sozomenus unzensiert benutzend, überliefert, daß Valentinian, Jovian und Valens wegen ihres Christuszeugnisses unter Julian ihren militärischen Rang verloren[63]. Daß Sokrates von sich aus Valens zum Confessor gemacht hätte, ist angesichts des von ihm im IV. Buch seiner Kirchengeschichte über die Regierungszeit des Valens Berichteten kaum denkbar. Wie Konstantius ist Valens als Arianer und Unterdrücker der Kirche in die orthodoxe Kirchengeschichtsschreibung eingegangen. Die homöische Quelle unserer Zeugen muß demnach alle drei Nachfolger Julians als Bekenner genannt haben[64]. Wenn die homöische Tradition zur Zeit des Valens oder bald nach seinem Tod die drei Nachfolger Julians für sich beansprucht,

---

[58] PG 92,744 C–745 A = BIDEZ-WINKELMANN, 233,11 ff.

[59] Zu Valentinian vgl. unten S. 183 ff.

[60] Nach Thdt., h. e. III 16, erlangte er wegen dieses Bekenntnisses später die Augustuswürde.

[61] Vgl. die von Hil., c. Aux., beschriebenen Ereignisse in Mailand, wo es auch während der Regierung des Nizäners Valentinian nicht gelang, den homöischen Bischof Auxentius abzusetzen; vgl. dazu MESLIN, (1967) 41–44; NAGL, PW II 7,2,2198–2201.

[62] Chron. [DE BOOR I 51,7 ff. = BIDEZ-WINKELMANN, 233,11 ff.]; Theophyl. [PG 126,165 CD = BIDEZ-WINKELMANN, 233,34 ff.].

[63] Sok., h. e. III 13,4; IV 1,8 f.

[64] Nur Valentinian nennen: Thdt., h. e. III 16; Philost., h. e. VII 6 f.; Soz., h. e. VI 6.3 ff. (in bewußter Korrektur zu Sokrates!); Zon. XIII 15,4 [PG 134,1160 C]. Da Valens als Bekenner für die orthodoxe Tradition unerträglich war, ist sein Verschwinden aus der Überlieferung leicht verständlich. Auch der Verfasser des *chronicon paschale* und Theophanes sind orthodoxe Christen, die keine arianische Tradition überliefern wollen. Valens galt für die orthodoxe Tradition als notorischer Ketzer und Christenverfolger; vgl. unten S. 181 ff. Auch für den Eunomianer Philostorgius konnte Valens unmöglich ein Bekenner sein. Zu Philostorgius' Beurteilung des Valens vgl. das Register bei BIDEZ-WINKELMANN, 298, s. v. Οὐάλης. Erstaunlich ist, daß allein Sokrates den ursprünglichen Bestand der homöischen Quelle bewahrt hat, paßt aber gut in den

dann ist damit auch der Anspruch verknüpft, allein die wahre *ecclesia catholica* als Reichskirche zu sein[65].

i) Das Martyrium des Artemius

Ἀρτέμιος δὲ δοὺξ ὢν τῆς Αἴγυπτον διοικήσεως, ἐπειδήπερ ἐν τοῖς καιροῖς τῆς αὐτοῦ ἀρχῆς ἐπὶ τοῦ μακαρίτου Κωνσταντίου τοῦ Αὐγούστου ζῆλον πολὺν ὑπὲρ τῶν ἐκκλησιῶν ἐνεδείξατο ἐν τῇ Ἀλεξανδρέων, ἐδημεύθη καὶ τὴν κεφαλὴν ἀπετμήθη, μηνσικακήσαντος αὐτὸν τοῦ Ἰουλιανοῦ[66].

Das Martyrium des Artemius, eines hohen Beamten des Konstantius, der offenbar auch das besondere Vertrauen seines Herren genoß[67], ist in vielen Einzelzügen sehr unterschiedlich in der reichen hagiographischen Tradition überliefert[68]. Dem hervorragenden philologischen Spürsinn *Bidez'* verdanken wir weithin die Aufklärung über die verwickelten literarischen Abhängigkeitsverhältnisse der verzweigten Artemiustradition[69].

Zusammenhang von h. e. IV 1, wo Sokrates Valens' Abfall vom rechten Glauben gerade im Gegensatz zu Valentinian deutlich akzentuieren will.

[65] Ob das ursprüngliche Zeugnis der homöischen Chronik vom mutigen Bekenntnis aller drei Nachfolger Julians historisch zutrifft, ist nicht mehr zu ermitteln. Wichtig ist in diesem Zusammenhang nur, daß diese Tradition ursprünglich aus der homöischen Chronik kommt und von dort – wenn auch weitgehend unter Streichung des Valens – in die gesamte orthodoxe Kirchengeschichtsschreibung übergegangen ist und daß diese Tradition ursprünglich vom christlichen Zeugnis der drei späteren Kaiser vor Julian berichtet haben muß. Aus homöischer Tradition wäre ein Bericht über das christliche Bekenntnis nur Valentinians oder Valentinians und Jovians und ein Übergehen des Protektors der homöischen Reichskirche über eineinhalb Jahrzehnte, Valens, unvorstellbar. Das verkennt Gwatkin, (1900) 221 f., der annimmt, Sokrates hätte den Namen des Valens hinzugefügt. Bidez, für den diese Tradition ebenfalls aus der homöischen Chronik stammt, geht auf dieses Problem nicht ein. Die homöische Tradition konnte in gewisser Hinsicht alle drei Nachfolger Julians für sich beanspruchen, weil auch Valentinian und Jovian reichskirchlich-homöischem Milieu entstammten und nie als dezidierte Gegner der Homöer aufgetreten sind; vgl. unten S. 178 ff.; 181 ff.

Die Zuordnung Jovians zu den Nizänern entstammt allein alexandrinischer Propaganda (vgl. unten S. 178 ff.), Valentinian hat sich erst im Abendland mit der dortigen nizänischen Mehrheit identifiziert.

Der unübersehbare Anspruch, der sich in dieser homöischen, alle drei Nachfolger des Julian beanspruchenden Tradition dokumentiert, könnte u. U. schon auf die Zeit der Herrschaft Theodosius' des Großen als Abfassungszeit der homöischen Chronik hinweisen, als diesem Anspruch keine Realität mehr entsprach, die Homöer die Führung der Reichskirche verloren hatten und nun als Häretiker in die Illegalität gedrängt wurden; vgl. unten S. 241 f.

[66] PG 92,745 A Georg von Alexandrien = Bidez-Winkelmann, 234,4–8.

[67] Zu Artemius PLRE I 112: Artemius 2; Dummer, (1971).

[68] Art. P. 9 [PG 96,1260 B]: Ὁ δὲ μέγας Ἀρτέμιος συνῆν τῷ Κωνσταντίῳ ἐν παντὶ καιρῷ τε καὶ πράγματι, ὡς ἅτε φίλος ἄριστος, καὶ τῶν ἐπ' ἀρετῇ καὶ παιδείᾳ λαμπρυνομένων, καὶ τῆς Χριστιανῶν πίστεως διάπυρος ἐραστής. Nach Art. P. 9 [PG 96,1260 BC]; 16 f. [PG 96,1265 CD] war Artemius von Konstantius mit der Translation der Reliquien der Apostel Timotheus, Andreas und Lukas nach Konstantinopel beauftragt worden; vgl. auch Niceph., h. e. X II [PG 146,472 BC] und Zon. XIII [PG 134,1144 C]; Dummer, (1971) 142 f.

[69] BHG 169 y–174 c; Dummer, (1971) 121–123; Dummer, (1979) 142 f.

Daß die historische Gestalt Artemius[70], ein enger Vertrauter nicht nur des Konstantius, sondern vor allem auch des alexandrinischen Georg, nur ein homöischer Christ gewesen sein kann, war schon lange bekannt, bevor man von der Existenz eines homöischen Historikers als unserer wichtigsten Quelle für die Überlieferung über die Verfolgungen und Martyrien unter Julian etwas wußte. Die Peinlichkeit, diesen Arianer und Verfolger des heiligen Athanasius infolge des eben nicht hinreichend kritischen Gelehrtenfleißes des Kardinals *Baronius* auch noch im Martyrologium Romanum zu haben, hatte bereits zu verschiedentlicher Behandlung dieses für die katholische Forschung noch im neunzehnten Jahrhundert unerfreulichen Falles geführt[71]. Die seit nachjustinianischer Zeit bis weit ins Mittelalter überaus lebendige hagiographische Tradition, die Aufnahme in den Märtyrerkalender der griechischen Kirche und von dort die Übernahme ins Martyrologium Romanum[72] verdankt Artemius in erster Linie offensichtlich einem lebendigen Kult in einer Kirche seines Namens in Konstantinopel[73]. Schon Theodoret kannte nur noch den Märtyrer Artemius und wußte nichts mehr von Artemius, dem Vollstrecker der Kirchenpolitik des Konstantius und Georgs von Alexandrien[74].

Der Kult des heiligen Artemius, aller Wahrscheinlichkeit nach zur Zeit der erneuerten homöischen Reichskirche während der Herrschaft des Valens begonnen, überlebte das Ende dieser Reichskirche und konnte so nach dem kirchenpolitischen Umschwung unter Theodosius als Kult eines orthodoxen Heiligen fortbestehen[75].

Nach *Janin,* (1953) 58, ist der Artemiuskult in der Kirche Johannes des Täufers in Konstantinopel allerdings vor dem sechsten Jahrhundert nicht nachweisbar. Ein Kult muß aber noch zur Zeit der homöischen Reichskirche entstanden sein, nach dem Tod des Valens und dem Ende der homöisch gelenkten Reichskirche ist die Entstehung eines Artemiuskultes schwer vorstellbar. *Delehaye,* (1933) 239 f., erwähnt den Bau einer Artemiuskirche unter Kaiser Anastasius (491–518) nach Patr. Const. III 51

---

[70] BIDEZ, BIDEZ-WINKELMANN, XLIV–LXVIII.

[71] TILLEMONT, VII 381 f. 731–33; GÖRRES, (1887²) 220–51; bes. 236 ff. GÖRRES geht es allerdings in erster Linie darum, gegen BARONIUS, durch den Artemius in das *Martyrologium Romanum* aufgenommen worden war, zu polemisieren, und gegen die, die diese (falsche) Entscheidung bis zur Gegenwart verteidigten. Noch BATIFFOL, (1889) 252 ff., versucht, das für ihn peinliche Problem, daß ein Verfolger des Athanasius in das *Martyrologium Romanum* Zugang gefunden hatte, durch die Annahme zweier Artemii zu lösen; dagegen überzeugend BIDEZ, BIDEZ-WINKELMANN, LVII f.; vgl. auch DUMMER, (1971) 121 f.

[72] Synax. Cpel., 148,48 (zum 18. 10.); 151,13 (zum 20. 10.): Translation der Apostelgebeine nach Konstantinopel. Mart. Rom. zum 20. 10. Nr. 5, S. 464 (mit dem Kommentar); vgl. GÖRRES, (1887²) 236 ff.; DE GAIFFIER, (1956) 15 f.

[73] DUMMER, (1971) 121–23, zum Artemiuskult in Konstantinopel ebenda, 122, Anm. 2.

[74] Thdt., h. e. III 18 (aus dem homöischen Historiker). Zu Artemius als Verfolger des Athanasius vgl. Keph. XXXII des Osterfestbriefes für 360 [ALBERT, (1985) 260 f.]; dazu ALBERT, (1985) 297 f., Anm. 79; DUMMER, (1971) 124–127. Zu der in Keph. XXXII in diesem Zusammenhang berichteten Folterung der Eudaemonis, vgl. DUMMER, (1971) 125, Anm. 2–5.

[75] Vgl. oben Anm. 72 f.

[PREGER, 235,21]. Dort ist allerdings nur vom Bau einer Johanniskirche unter Anastasius die Rede, die später, nachdem dort die Gebeine des Artemius aufbewahrt wurden, den Namen des Artemius erhielt: Ἡ Ὀξεῖα (der Name des Stadtviertels) ὁ ἅγιος Ἀρτέμιος· τὸν δὲ ναὸν τοῦ Προδρόμου ἀνήγειρεν Ἀναστάσιος ὁ Δίκορος ὁ ἀποσελεντιάριος ὁ Δυρραχιώτης. Ὄντος γὰρ αὐτοῦ πρωτοασηκρήτης ἐκεῖσε ᾤκει· μετὰ δὲ τὸ κομισθῆναι τὸ λείψανον τοῦ ἁγίου Ἀρτεμίου ὠνομάσθη ὁ ναὸς οὕτως.

In der *Artemii Passio* des Johannes Damascenus ist Artemius dann schon ganz zum Märtyrer für das nizänische Bekenntnis geworden. Art. P. 65 f. [PG 96. 1312D–1313A]: Gebet des Artemius: Ἰδοὺ γὰρ τὰ θυσιαστήριά σου κατεσκάφησαν, καὶ τὸ ἁγίασμά σου ἐμπέπρησται, καὶ ἡ εὐπρέπεια τοῦ οἴκου σου ἐξηφάνισται, καί τὸ αἷμα τῆς διαθήκης σου ἐξουδένωται, διὰ τὰς ἁμαρτίας ἡμῶν, καὶ τὰς βλασφημίας ἃς ἐξέχεεν Ἄρειος κατὰ σοῦ τοῦ Μονογενοῦς καὶ τοῦ ἁγίου σου Πνεύματος, ἀλλοτριῶν σε τῆς τοῦ Πατρὸς ὁμοουσιότητος καὶ ἀποξενῶν σε τῆς αὐτοῦ φύσεως, κτίσμα σε ἀποκαλῶν τὸν δημιουργὸν πάσης τῆς κτίσεως, καὶ ὑπὸ χρόνον τιθεὶς τὸν τοὺς αἰῶνας δημιοθυργήσαντα φάσκων οὑτωσί. Ἦν ποτε ὅτε οὐκ ἦν ὁ Υἱός· βουλήσεως καὶ θελήσεως Υἱόν σε ἀποκαλῶν ὁ παρανομώτατος.

Wenn *Görres,* (1887) bei der *Artemii Passio* an eine Fälschung denkt und annimmt, daß Artemius durch diese bewußte Fälschung des Martyriums zum Märtyrer auch der orthodoxen Tradition geworden sei, stellt er die Fakten auf den Kopf. Mit den Kirchen von Konstantinopel wurden unter Theodosius auch die dort verehrten Märtyrer orthodox. In Konstantinopel interessierte man sich wahrscheinlich überhaupt im Zusammenhang mit Artemius zuerst für seine Rolle bei der Überführung der Apostelreliquien in die Hauptstadt, dann für sein Martyrium unter Julian, nicht aber für den historischen Dux Aegyptiae unter Kaiser Konstantius.

Das *chronicon paschale* überliefert nur ein Teil der homöischen Artemiustradition, was einmal mehr deutlich macht, wie epitomiert die Quelle des *chronicon paschale* die homöische Chronik überliefert. Deutlich von derselben Tradition sind abhängig: Theodoret, Theophanes, Kedrenos, Zonaras und Nikephorus[76]; außerdem Philostorgius, wie *Bidez* anhand der in der *Artemii Passio* nachgewiesenen und bei Photius nicht überlieferten Philostorgiusfragmente gezeigt hat[77].

Zu der im *chronicon paschale,* Theodoret, Theophanes und Kedrenos überlieferten Nachricht, daß Artemius wegen seines Eifers für das Christentum zum Märtyrer wurde (ein Eifer, der sich auch in der Zerstörung heidnischer Kultdenkmäler kundtat, so Nikephorus[78], der hier ebenfalls dem homöischen Chronisten folgt), fügen Zonaras, Nikephorus und aller Wahrscheinlichkeit nach auch Philostorgius hinzu, Artemius sei unter dem Vorwand hingerichtet worden, an der Ermordung des Gallus beteiligt gewesen zu sein. Die wahre Ursache

---

[76] Thdt., h. e. III 18; Theophan, chron. [DE BOOR I 51,14–16 = BIDEZ-WINKELMANN, 234,21–23]; Kedr. [PG 121,584 CD]; Zon. XII 12 [PG 134,1154 A]; Niceph., h. e. X 11.

[77] BIDEZ, BIDEZ-WINKELMANN, LIV ff.

[78] H. e. X 11 [PG 146,472 B]: τὸ μὲν ἀληθὲς, ὅτι ζήλῳ θείῳ πυρούμενος, πολλὰ τεμένη τῶν εἰδώλων συνέτριψε καὶ κατέβαλε, Κωνσταντίῳ ὑπηρετούμενος.

seines Todes sei aber sein Eifer für das Christentum gewesen[79]. Auch Ammianus Marcellinus, ein von der hagiographischen Tradition unabhängiger Zeuge, sieht die Hinrichtung des Artemius im Zusammenhang mit der Hinrichtung anderer hoher Beamter des Konstantius, denen Julian Mitschuld an der Ermordung seines Bruders Gallus vorwarf[80].

Unsicher ist die Lokalisierung des Artemiusmartyriums in der homöischen Tradition. Die später herrschende Antiochientradition scheint zumindest Theodoret, der an antiochenischer Tradition besonders interessiert war, noch nicht gekannt zu haben[81].

Die Artemiustradition der homöischen Chronik muß einigermaßen umfangreich gewesen sein, läßt sich aber im einzelnen nur noch vage bestimmen. Als ihr wahrscheinlicher Inhalt ist der Sache nach anzunehmen:

1. Die enge Verbindung von Artemius mit Konstantius[82];
2. Die Hinrichtung wegen christlichen Zelos', besonders wegen der Beseitigung von heidnischen Kultmälern[83];
3. Eine Beteiligung an der Ermordung des Gallus als Vorwand der Hinrichtung[84];
4. Die Verbindung des Artemius mit der Translation der Apostelgebeine nach Konstantinopel unter Konstantius[85];

Unklar scheinen mir in ihrer Herkunft zu sein:

---

[79] BIDEZ-WINKELMANN, LIV ff. Eine bequeme Zusammenstellung dieser Repräsentanten der ebenfalls direkt von der homöischen Chronik abhängigen sogenannten *Zwillingsquelle* bei BIDEZ-WINKELMANN, CII ff.

[80] Amm., XXII 11,3. Zur Frage einer eventuellen Abhängigkeit des Ammianus von der homöischen Tradition vgl. DUMMER, (1971) 132 ff.

[81] Zumindest bezieht Theodoret das Artemiusmartyrium nicht ausdrücklich auf Antiochien. Die homöische Tradition gibt, soweit erkennbar, keinen Ort des Martyriums ausdrücklich an; anders DUMMER, (1971) 132, Anm. 6, mit m. E. falscher Berufung auf BIDEZ, BIDEZ-WINKEL-MANN, LIV f. Erst die sogenannte *Alte Passio* und nach ihr die *Artemii Passio* des Johannes Damascenus lokalisieren die Passio in Antiochien bzw. Daphne. Für DUMMERS Auffassung könnte allerdings sprechen, daß sowohl bei Ammianus Marcellinus als auch bei der homöischen Tradition, soweit sie im *chronicon paschale*, bei Theodoret, Theophanes, Nicephorus, Kedrenos und Zonaras noch erkennbar ist, das Martyrium des Artemius zwar nicht in Antiochien lokalisiert wird, aber chronologisch in die Zeit von Julians Antiochienaufenthalt eingeordnet wird. Angesichts der fragmentarischen Überlieferung reicht die Einordnung des Geschehens in den chronologischen Rahmen aber noch nicht aus, Antiochien als Ort des Martyriums mit Sicherheit zu bestimmen. Diese Übereinstimmung des Ammianus mit der homöischen Tradition könnte u. U. ein Hinweis auf Ammians Benutzung des homöischen Historikers sein.
Kedrenos und Zonaras, die Repräsentanten der Zwillingsquelle, kennen bereits die *Artemii Passio* und von daher die Verbindung des Artemiusmartyriums mit dem in Antiochien lokalisierten Martyrium des Eugenius und Makarius; vgl. unten Anm. 88.

[82] Art. P. 9.

[83] *Chronicon paschale,* Theodoret, Theophanes, Kedrenos, Nicephorus.

[84] Zonaras, Nicephorus.

[85] Zonaras.

1. Die Tradition von der Hinrichtung in Antiochien[86];
2. Die Tradition von der Überführung der Gebeine des Artemius nach Konstantinopel[87].

Sicher nicht in die ursprüngliche homöische Artemiustradition gehört die Verbindung mit den Märtyrern Makarius und Eugenius, auch wenn beide selbst vielleicht ebenfalls homöischer Tradition entstammen[88].

j) Das Martyrium Aemilians von Dorostorum

Ἐμαρτύρησεν δὲ καὶ ἐν Δωροστόλῳ τῆς κατὰ τὴν Θρᾴκην Σκυθίας Αἰμιλιανὸς ἀπὸ στρατιωτῶν, πυρὶ παραδοθεὶς ὑπὸ Καπετολίνου οὐικαρίου· πολλοί τε ἄλλοι κατὰ διαφόρους τόπους καὶ πόλεις καὶ χώρας διέπρεψαν τῇ εἰς Χριστὸν ὁμολογίᾳ. ὧν οὐκ ἔστιν ῥᾴδιον τὸν ἀριθμὸν ἐξειπεῖν καὶ τὰ ὀνόματα[89].

Das Summarium zeigt offenbar den Schluß der homöischen Quelle des *chronicon paschale* über die Märtyrer der julianischen Zeit an[90].

Aemilian von Dorostorum ist in die orthodoxe orientalische und abendländische Märtyrertradition übergegangen[91]. Über sein kirchliches Amt wird in der

---

[86] Alte Passio; Art. P.

[87] Theodoret, Art. P.

[88] Die Verbindung der beiden Traditionen außer im Alten Martyrium und Art. P. nur bei den Vertretern der Zwillingsquelle, Kedrenos, Zonaras, die hier von Art. P. abhängig sind. Die im Chron. pasch., Thdt. und Theophan. bewahrte homöische Tradition kennt diese Verbindung nicht; BIDEZ-WINKELMANN, CLXI, erwägt BIDEZ allerdings, ob nicht das Martyrium des Eugenius und Makarius in der alten Passio Artemii (BIDEZ-WINKELMANN, Anhang III) ebenfalls aus der homöischen Chronik stammen könnte, allerdings dort nicht aus dem Zusammenhang des Artemiusmartyriums. Ein Eugenius begegnet in der homöischen Chronik bei Chron. Pasch. [PG 92,724 A = BIDEZ-WINKELMANN, 215,9] als Kleriker des Leontius von Antiochien. Ein Paar Eugenius/Makarius in der historisch allerdings recht problematischen Vita des Presbyters Basilius von Ankyra als Vertraute des Eudoxius von Konstantinopel bei Disziplinarmaßnahmen gegen den homöusianischen ankyranischen Kleriker Basilius; dazu unten S. 149f. Von den Namen der Kleriker des Eudoxius in Konstantinopel auf Identität mit den antiochenischen Märtyrern Eugenius und Makarius der Alten Passio Artemii zu schließen und noch den als Kleriker des Leontius genannten Kleriker Eugenius einzubeziehen, halte ich methodisch für zu gewagt. Die Herkunft des Martyriums des Eugenius und Makarius aus homöischem Milieu halte ich angesichts der Menge der homöischen Tradition und der Verhaftung dieses Martyriums in Antiochien durchaus für möglich. Das von HALKIN, (1960) 41–52, nach Cod. Vindebon. hist. 3, saec. XI, fol. 195ᵛ–200ᵛ edierte Μαρτύριον τῶν ἁγίων καὶ ἐνδόξων τοῦ Χριστοῦ μαρτύρων Εὐγενίου καί Μακαρίου kennt keine Verbindung mit dem Martyrium des Artemius.

[89] PG 92,745 AB = BIDEZ-WINKELMANN, 234,9ff.; aus derselben Tradition Theophan., chron. [DE BOOR I 51,16–18 BIDEZ-WINKELMANN, 9ff.]; Hieron., chron. [HELM, 243,2f. = BIDEZ-WINKELMANN, 234,35f.]; Thdt., h. e. III 7,5; Niceph., h. e. X 9 (von Thdt. abhängig).

[90] Im *chronicon paschale* folgt das Strafe des Thalassius (vgl. unten S. 132f.) und dann für die julianische Zeit nur noch das Martyrium des Dometius (vgl. unten S. 133f.).

[91] Synax. Cpel. 827,1ff.; Mart. Hieron., 328; Mart. Rom. zum 18. 7. Nr. 3, 294 (mit dem Kommentar). Acta: BHG 33; eine kritische Ausgabe von BHG 33b besorgte HALKIN, (1972) 27–35; vgl. AS Julii IV 371–73; DELEHAYE, (1912) 260–65, (1933²) 57; DE GAIFFIER, (1956) 13.

homöischen Tradition nichts gesagt; nach Hieronymus hat er sich durch das Umstürzen heidnischer Altäre hervorgetan, ein für die homöische Tradition und wohl für homöische Christen und ihr Milieu typischer Grund, vom Erleiden des Martyriums unter Julian zu berichten[92]. Das Martyrium Aemilians fällt somit nicht sachlich, aber in jeder Hinsicht geographisch aus dem Rahmen des homöischen Chronisten. Es handelt sich um das einzige Beispiel eines Martyriums aus den zum Osten des Reiches zählenden Teilen der Donauprovinzen.

Dorostorum im Moesia inferior, politisch zum Osten gehörig, kulturell dem zweisprachigen Grenzland zwischen Ost- und Westreich zuzurechnen[93], muß als ein Zentrum des illyrischen Homöertums angesehen werden. In unmittelbarer Nachbarschaft siedelte die ebenfalls homöische Gruppe der Westgoten um Wulfila; später ist eine Zeitlang für Dorostorum als Bischof der nichtgermanische Schüler des Wulfila, Auxentius, bezeugt, bis er unter Theodosius vertrieben wurde[94].

Es ist mit Sicherheit davon auszugehen, daß zur Zeit Julians in Dorostorum, und überhaupt in ganz Moesien, homöisches Christentum vorherrschte und der Märtyrer Aemilian nicht nur ursprünglich der homöischen Tradition angehört, sondern auch wirklich selbst ein Homöer war[95].

k) Der Tod des Thalassius

Im *chronicon paschale* folgt auf das zusammenfassende Summarium, nach dem es noch unendlich viele Martyrien an vielen Orten gegeben haben soll, die kurze Notiz, daß ein moralisch in jeder Hinsicht verkommener Thalassius, der sogar seine eigene Tochter zur Prostitution aufgefordert hatte, von seinem einstürzenden Haus erschlagen wurde[96]. Diese Begebenheit, die im Zusammenhang des *chronicon paschale* an dieser Stelle gar keinen Sinn zu haben scheint, findet sich bei Theophanes, offensicht-

---

Daß Aemilian schon so früh in die abendländische hagiographische Tradition aufgenommen wurde, so daß er bereits im *Martyrologium Hieronymianum* erscheint, verdankt er vermutlich seiner Erwähnung in der Chronik des Hieronymus, von wo aus er in die abendländische historiographische Tradition gelangte; vgl. Helm, 243, Anm. a.

[92] Vgl. S. 123 f.; 146 f. u. ö.

[93] Fluss, PW XV 2350 ff.; Lippold/Kirsten, RAC IV 147 ff.; zur ungefähren Sprachgrenze vgl. die Karte bei Lippold/Kirsten, 149 f.

[94] Zu Moesia inferior als Zentrum homöischen Christentums vgl. Zeiller, (1918) 164–69; Fluss, PW XV 2362. 2393 f.; Lippold/Kirsten, RAC IV 176. Zum sogenannten „illyrischen" Arianismus zusammenfassend Gryson, (1980¹) 101–72. Zur Wulfilagruppe Schäferdiek, RAC X 497–501; ders. (1979); Wolfram, (1979) 59 ff.; 83 ff.: Lippold, PW II 9,1,512–31. Zu Auxentius von Dorostorum Meslin, (1967) 44–58 (sehr problematisch, dazu Nautin, (1970) 85); Gryson, (1980¹) 58–63.

[95] Dagegen spricht jedenfalls nicht die Anspielung auf das Martyrium des Aemilian bei Amb. ep. 40,17. Das mit Sicherheit homöische Bekenntnis des Aemilian haben Delehaye und Halkin (vgl. oben Anm. 91) nicht erwogen.

[96] PG 92,745 B = Bidez-Winkelmann, 235,3 ff.

lich aus derselben Quelle, viel breiter dargestellt[97]. Nach Theophanes war besagter Thalassius ein mit Julian eng verbundener heidnischer Priester, dem in Antiochien die Eingeweideschau oblag, und in dem man sicher einen radikalen Christenfeind vermuten darf. Als sein Haus einstürzt, wird er mit seinem Eunuchen erschlagen, alle Christen seiner Familie aber auf wunderbare Weise gerettet. Wie schon an anderer Stelle, will der homöische Chronist auch an diesem Beispiel zeigen, daß Gott die Abtrünnigen und die Christenverfolger straft[98]. Der tröstende und erbauliche Zweck der Geschichte des Thalassius ist in der im *chronicon paschale* überlieferten epitomierten Form der homöischen Chronik allerdings verlorengegangen.

l) Das Martyrium des Dometius[99]

Der Bericht über das Martyrium des Dometius folgt im *chronicon paschale* deutlich abgehoben von den übrigen Martyrien und unterscheidet sich in jeder Hinsicht von den mit Sicherheit aus der homöischen Chronik stammenden Martyrien[100]. Bidez hat dieses Stück daher nicht zum homöischen Chronisten gerechnet. – Mit dem außerhalb des *chronicon paschale* überlieferten Gut des homöischen Historiographen ist die Ähnlichkeit des Dometiusmartyriums allerdings wesentlich größer. Da das Martyrium des Dometius auch bei dem – für die Verfolgungen unter Julian ebenfalls vom Homöer abhängigen – Nikephorus überliefert ist, halte ich es für immerhin möglich, wenn auch nicht für sehr wahrscheinlich, daß auch diese Tradition ursprünglich homöischer Überlieferung entstammt[101].

---

[97] Theophan., chron. [de Boor I 51,19ff. = BIDEZ-WINKELMANN, 235,10–17].

[98] Z. B. die Mörder des Diakons Kyrill von Heliopolis (vgl. oben S. 123 f.), die Apostaten Heron und Theotecnus (vgl. oben S. 125) und der Comes Julian und seine Spießgesellen (vgl. unten S. 141).

[99] PG 92,745 BC; außerdem bei Mal., chron. XIII [PG 97,489 BC]; Niceph., h. e. X 9 [PG 146,465 C].

[100] Er wirkt im *chronicon paschale* wie nachträglich angefügt. Die Martyrien waren mit dem Schlußsummarium, 745 B, eigentlich abgeschlossen. Stilistisch unterscheidet dieser Bericht sich von den anderen Martyrien, die Chron. pasch. aus der homöischen Tradition überliefert, durch wörtliche Rede, inhaltlich dadurch, daß hier von einem μοναχός berichtet wird.

[101] Die epitomierte Form bei Niceph., h. e. X 9, ist allerdings den homöischen Martyrien im Chron. pasch. stilistisch wieder sehr ähnlich. Unklar ist, woher die Tradition bei Malalas, der älter als Chron. pasch. und Niceph. ist, kommt. Malalas, von dem Chron. Pasch. das Martyrium des Dometius haben könnte, kannte es vielleicht aus der ihm nahestehenden monastischen Tradition. Allerdings muß Malalas für seine Darstellung der Herrschaft des Konstantius auch homöische Traditionen benutzt haben, vgl. [PG 97,485 B]: Κωνστάντιος . . . ἦν δὲ μεγαλόψυ-χος, was dann mit der Bemerkung ἑξακιονίτης ὅ ἐστιν Ἀρειανός von dem orthodoxen Chronisten nur notdürftig relativiert wird. Auch die col. 488 A berichtete Inschrift, die Konstantius an der großen Kirche von Antiochien anbringen ließ, scheint in homöische Überlieferung zu gehören; vgl. auch die für orthodoxe Geschichtsschreibung außerordentlich positive Sicht der Herrschaft des Valens. So ist letztlich auch ein homöischer Hintergrund der Dometi-ustradition nicht mit Sicherheit auszuschließen.

Die späten *Acta Dometii* der längst orthodoxen hagiographischen Tradition tragen für die historischen Zusammenhänge nichts aus[102].

2. *Martyrien aus dem homöischen Historiographen, die nicht im chronicon paschale überliefert sind*[103]

a) Markus von Arethusa

Ἐν δὲ Ἀρεθούσῃ φοβερὰ κατὰ Χριστιανῶν διεπράξατο ἐν οἷς καὶ Μάρκον τὸν ἁγιώτατον μοναχόν, τὸν καὶ σώσαντα καὶ κρύψαντα Ἰουλιανὸν ἐν τῷ ἀνελεῖν τὸν στρατὸν τὸ γένος Κωνσταντίου, τούτου τὰ σπλάγχνα ζῶντος[104].

Von derselben Quelle abhängig sind die *Suda* und Theophylakt[105]; ein ausführlicher Bericht über die Leiden des Bischofs Markus von Arethusa findet sich auch bei Gregor von Nazianz[106].

Weil Markus unter Konstantius[107] einen Tempel zerstört hatte, richtet sich der Zorn der Heiden gegen ihn. Markus weigert sich jedoch, den Tempel wieder aufzubauen und entzieht sich der Verfolgung durch Flucht. Damit nicht andere für ihn leiden müssen, liefert er sich dann aber selbst aus. Ausführlich berichtet Gregor die Martern, die Markus erdulden muß. Als er aber standhaft bleibt, läßt Julian ihn frei. Wie Theophanes und Theophylact weiß auch Gregor davon, daß Markus einst dem jungen Julian das Leben geettet hatte[108], nämlich bei dem Militärputsch, dem außer Julian selbst und seinem Bruder Gallus die ganze Familie nach Konstantins Tod zum Opfer gefallen war.

Libanius bestätigt im wesentlichen die Darstellung Gregors und erwähnt noch, daß Markus dann wegen der unter Julian erduldeten Qualen höchste

---

[102] AB 19 (1900) 286–317, die vita brevior ebenda, 318–320.

[103] Die Stücke sind aus Anhang VII bei BIDEZ-WINKELMANN, 228 ff., zusammengestellt.

[104] Theophan., chron. [DE BOOR I 48,8–12 = BIDEZ-WINKELMANN, 229,10–13]. Bei Theophanes werden die Martern des Markus zwischen dem Martyrium des Kyrill von Heliopolis und der Profanierung der Kirche von Emesa berichtet. Das *chronicon paschale* hat die Markustradition nicht übernommen, u. U. weil er nicht den Märtyrertod gestorben war.

[105] Suda [ADLER III 330]; Theophyl. 10 [PG 126,165 BC = BIDEZ-WINKELMANN, 229,18–29]. Nur bei Theophanes wird der Bischof von Arethusa zum Mönch, was sicher nicht aus der homöischen Chronik stammt.

[106] Or. IV 88–91.

[107] [BERNARDI, 220]: Οὗτος, ἐπὶ Κωνσταντίου τοῦ πάνυ κατὰ τὴν τότε δεδομένην ἐξουσίαν χριστιανοῖς δαιμόνων τι καθελὼν οἰκητήριον.

[108] Or. IV 91; vgl. BIDEZ, (1940) 21 f. (mit den Belegen). Die Sicherheit, mit der BIDEZ die Schuld des Konstantius an diesem Blutbad behauptet, kann ich nicht teilen; vgl. schon die Zweifel bei STEIN, (1928) 203; v. BORRIES, PW X 70 und KLEIN, (1978) 11, die Julians in seiner Rede an die Athener aufgestellte Behauptung, Konstantius sei an der Ermordung seiner Familie schuld, in Julians Bemühungen, seine Usurpation zu rechtfertigen, einordnen.

Verehrung bei den Christen genoß[109]. Im ganzen mit Gregor übereinstimmend berichten auch Theodoret und Sozomenus[110]. Die gesamte Markusüberlieferung (auch Gregor von Nazianz, dem der homöische Historiograph noch nicht vorgelegen haben kann) stammt aus einer Tradition, die ebenfalls homöischen Ursprungs gewesen sein muß. Wie ausführlich die homöische Chronik dann allerdings über die Martern des Markus berichtet, ist nicht mehr festzustellen[111].

Doch nicht nur die literarische Überlieferung legt nah, den Bericht über die Qualen des Markus von Arethusa der homöischen Tradition zuzuschreiben: Markus von Arethusa ist in der Geschichte des arianischen Streites in der Zeit nach Nizäa nicht unbekannt. In Antiochien (341), Serdika (342) und Sirmium (351) gehört er zu den führenden orientalischen Bischöfen; die zwischen Homöusianern und Homöern am Hof in Sirmium als Kompromiß ausgehandelte vierte sirmische Formel wird in ihrer endgültigen Formulierung ihm zugeschrieben[112]. In Seleukia stand er 359 auf der Seite der Homöer um Acacius[113]; daß er dann auch den Beschlüssen von Konstantinopel zugestimmt hat, wird man annehmen können. Zur Zeit Julians muß Markus als reichskirchlich-homöischer Bischof gelten. Spätere Zeugnisse über ihn gibt es nicht mehr; da die Überlieferung ihn in dieser Zeit schon als Greis bezeichnet, wird er bald gestorben sein[114].

Obwohl seine Stellung in den theologischen und kirchenpolitischen Ereignissen der Zeit durch die orthodoxen Kirchenhistoriker auch später nicht unbekannt war, ist er wahrscheinlich vor allem wegen der erbaulichen Ausmalung seiner Qualen bei Gregor in den Heiligenkalender der griechischen Kirche aufgenommen worden[115].

---

[109] Liban., ep. 819 (51 FATOUROS-KRISCHER). Nach FATOUROS-KRISCHER, 391, gehört der Brief in die erste Hälfte des Jahres 363.

[110] Thdt., h. e. III 7,6–10, kann nicht von Gregor abhängig sein, sondern benutzt die homöische Chronik. Soz., h. e. V 10,8–14, bietet eine andere Tradition: Markus erleidet das Martyrium, weil er unter Konstantius Heiden zwangsweise zum Christentum bekehrt hatte.

[111] Theophanes und Theophylakt sind direkt von der homöischen Chronik abhängig. Gregor hat den Bericht anhand einer ihm vorliegenden Quelle (dieselbe, die der homöische Historiker benutzte?) frei und weitgehend selbständig gestaltet.

[112] Vgl. oben S. 14.

[113] Epiph., haer. 73,26,1 [HOLL III 299,26].

[114] Soz., h. e. V 10,8; vgl. TILLEMONT, VII 367–70. 726 f.; LE QUIEN, II 915 f., der nach Soz. das Martyrium voraussetzt.

[115] Synax Cpel., 565,8 ff.: zum 28. 3. Nr. 1. VALESIUS' Versuch, den Heiligen von dem *Arianer* durch die Einführung zweier Personen dieses Namens zu trennen (PG 67,1244 D, n. 90) trägt deutlich apologetische Züge und ist schon von TILLEMONT, VII 727, zu Recht verworfen worden, was BATIFFOL nicht daran gehindert hat, das gleiche Verfahren wiederum erfolglos bei Artemius anzuwenden; vgl. oben S. 128, Anm. 71.

b) Dorotheus von Tyrus

Theophanes berichtet aus der homöischen Chronik vom Martyrium des πολύ-
αθλος ἐπίσκοπος Dorotheus von Tyrus, der schon unter Diokletian und Licinius
als Bekenner hervorgetreten und außerdem als Kirchengeschichtsschreiber be-
rühmt war[116]. Die Herkunft dieser Tradition aus der homöischen Chronik
macht der Überlieferungszusammenhang wahrscheinlich[117]. Ein Bischof Dorotheus ist für Tyrus während der Zeit Julians allerdings nicht nachweisbar und
auch nicht wahrscheinlich[118]. Das Martyrium des Dorotheus muß als unecht
gelten, stammt aber aus der homöischen Chronik und ist in die orthodoxe
Märtyrertradition der griechischen wie auch der lateinischen Kirche eingegangen[119].

c) Die Ereignisse in Antiochien

In der gesamten christlichen Überlieferung über die Regierungszeit Julians
spielen die Ereignisse, die sich während des antiochenischen Aufenthaltes des
Kaisers von Sommer 362 bis Frühjahr 363 in der syrischen Hauptstadt abspielten
und zu verschiedenen Zusammenstößen zwischen Julian und der christlichen
Gemeinde von Antiochien geführt hatten, eine herausragende Rolle[120].

---

[116] Theophan., chron. [DE BOOR I 48,27 ff. = BIDEZ-WINKELMANN, 231,1–7]. Nach derselben
Quelle Theophyl. 13 [PG 126,169 B = BIDEZ-WINKELMANN, 231,27–34]; Niceph. h. e. X 9 [PG
146,465]; M. Syr. (eine lateinische Übersetzung bei BIDEZ-WINKELMANN, 231,35–37).

[117] Wohl darum von BIDEZ als Nr. 34 in seine Sammlung der Fragmente der homöischen
Chronik aufgenommen. Unmittelbar vorher [DE BOOR I 48, 18–27] berichtet Theophanes in
wörtlicher Aufnahme aus Theod. Anagn., Epit. 131–133 [HANSEN, 58,13–22] über Athanasius
und Titus von Bostra. Dieses Stück stammt mit Sicherheit nicht aus der homöischen Chronik,
wenn auch Titus zu dieser Zeit dem reichskirchlich-homöischen Teil des östlichen Episkopats
zuzurechnen ist (vgl. oben S. 103). Über Dorotheus berichtet Theod. Anagn., Epit., dann
nichts mehr, so daß die Herkunft aus der homöischen Quelle auch anhand der Parallelüberlieferungen wahrscheinlich ist.

[118] Vgl. die ziemlich gewaltsamen Versuche von LE QUIEN, II 803–805, ihn sogar vor
Paulinus, dem Zeitgenossen Eusebs von Caesarea, in die Reihe der Bischöfe von Tyrus
einzuschieben. Dorotheus wäre demnach ein Bischof im Ruhestand gewesen. Zur älteren
Debatte um Dorotheus von Tyrus, der aller Wahrscheinlichkeit nach aus dem Eus., h. e. VII
32,3, erwähnten antiochenischen Presbyter Dorotheus entstanden ist, vgl. SCHERMANN (TU
31,3) 174–81; dort eine Auseinandersetzung mit den gewagten Rekonstruktionen DELITZSCHs
zur Rettung der Historizität des Dorotheus.

[119] Synax. Cpel., 124: zum 9. 10. Nr. 10; vgl. auch 731: zum 6. 6. Nr. 1; Mart. Rom. zum
5. 6. Nr. 4 (mit dem Kommentar S. 224 (wegen Eus., h. e. VII 32 im Mart. Rom. als *Dorotheus
presbyter*); zur hagiographischen Überlieferung AS Jun. I 392. 435 ff.; Aug. I 1 ff.; Oct. XII
688 ff.; BHG 2114–16. Zur Echtheitsfrage und martyrologischen Überlieferung DE GAIFFIER,
(1956) 19 f.

[120] Nach SEECK, (1919) 210–12, hat Julian von Juni 362 bis Mitte März 363 in Antiochien
residiert. Zum Antiochienaufenthalt vgl. zusammenfassend BIDEZ, (1940) 292 ff.; vgl. auch
BIDEZ, I 2,92 ff. und dazu epp. 82–136; dazu BIDEZ-CUMONT, (1922) 160–64 und die aus
Antiochien erlassenen Gesetze ebenda, 174 bis 207; vgl. DOWNEY, (1961) 380–97.

α) *Die Überführung der Gebeine des Babylas*

Im nahe gelegenen Vorort Daphne gab es einen heiligen Hain mit einem Apollotempel, der sich bei Julians Regierungsantritt in ziemlich desolatem Zustand befunden haben muß[121]. Ebenso traurig war es um den Kult an diesem Tempel bestellt, wie Julian nach seiner Ankunft in Antiochien selbst erfahren mußte[122]. Auch das an der Quelle Kastalia bei Daphne unweit des Apollotempels gelegene Orakel war seit geraumer Zeit verstummt. Ammianus Marcellinus berichtet, daß Julian die in der Nähe des alten Orakels beerdigten Toten umbetten ließ, um das Orakel wiederzubeleben[123].

Wahrscheinlich um das heidnische Orakel und den Apollokult in Daphne zu entwerten und zu übertrumpfen, hatte Julians Bruder Gallus die Gebeine des antiochenischen Bischofs und Märtyrers (aus der decischen Verfolgung), Babylas, unter Bischof Leontius nach Daphne transferieren lassen und ihm dort, in unmittelbarer Nähe des Apollotempels, eine memoria errichtet[124]. Sicher wird man diese spektakuläre antiheidnische Maßnahme Leontius selbst zuschreiben müssen, dem bis zu seinem Tode im Jahre 359 führenden östlichen „*Arianer*". Gallus kommt hier wohl nur als das die Ideen des Bischofs ausführende staatliche Organ in Betracht. Babylas war der wichtigste und am meisten verehrte Märtyrer der vorkonstantinischen Zeit nach Ignatius für Antiochien und seine christliche Gemeinde, die zur Zeit Julians unter Führung des Euzoius in der Tradition des Leontius stand. Die Eustathianer um Paulinus und die seit der Absetzung ihres Bischofs ebenfalls abgesonderte Gemeinde des Meletius (der inzwischen nach Antiochien hatte zurückkehren können) hatten am Babylaskult in Daphne zu jener Zeit keinen Anteil[125]. Der Kult am Grabe des antiochenischen Märtyrerbischofs Babylas muß als herausragende Demonstration der homöischen Reichskirche angesehen werden und von den Heiden als besondere Demütigung empfunden worden sein.

---

[121] Juln. Imp., ep. 80 (12 WEIS); vgl. BIDEZ-CUMONT, (1922) Nr. 42, S. 47–49; BIDEZ, I 2,81 f.; WEIS, (1973) 252–55; DOWNEY, (1961) 384 f.

[122] Juln. Imp., Misopog. 361/62 [LACOMBRADE, 186–88].

[123] Amm., XXII 12,8; vgl. DOWNEY, (1961) 387.

[124] DOWNEY, (1961) 364, mit Anm. 217. Die memoria ist archäologisch bisher nicht nachgewiesen.

[125] Das verschweigen natürlich die orthodoxen Schriftsteller, durch die allein wir direkt über die Vorgänge informiert sind. Wahrscheinlich war es ihnen selbst nicht mehr bewußt. Durch die sicher spektakuläre Übernahme der Babylasgebeine durch Meletius, nachdem Theodosius die Herrschaft im Osten angetreten hatte und durch den Bau der gewaltigen Memorialanlage für Babylas, in der dann auch Meletius seine letzte Ruhe finden sollte, war der Kult des Babylas für die Autoren des fünften Jahrhunderts selbstverständlich orthodox-nizänisch und damit auch die gesamte Babylastradition. Meletius hatte den Homöern nicht nur die Gebeine und den an ihnen nun einmal haftenden Kult des Babylas unter schneller Ausnutzung der neuen politischen Situation wegnehmen können, sondern auch die gesamte Babylastradition. Zur Übernahme des Babylaskultes durch Meletius und zum Bau der neuen Memoria, die das Vorbild für die großartigste Memorialanlage des Ostens überhaupt, Kal'at Šiman, werden sollte, vgl. ELTE-STER, (1937) 282 f.; DOWNEY, (1938); ders. RBK I 186; LASSUS, (1938).

In vielfältiger Überlieferung berichten nun die christlichen Schriftsteller und Kirchenhistoriker seit Ende des vierten Jahrhunderts, daß Julian vor dem Perserkrieg den Rat des Orakels in Daphne einholen wollte, wegen der in der Nähe bestatteten Gebeine des christlichen Märtyrers Babylas aber keine Antwort bekam und daraufhin befahl, die Gebeine wegzubringen. Anders als der heidnische Mob in Sebaste und Skythopolis zeigte Julian sich hier ganz als der gemäßigte Erneuerer des heidnischen Kultes. Er läßt keine Schändung der Gebeine des Heiligen zu, sondern die Christen dürfen ihn selbst abholen und wieder zu dem Coemeterium in Antiochien bringen, wo er bestattet war, bis ihn Gallus vor etwa einem Jahrzehnt nach Daphne geholt hatte. Eine Schändung der Gebeine des populären Heiligen hätte Julian in Antiochien wohl nicht gewagt, wahrscheinlich im Gedenken an seinen Bruder auch nicht gewollt.

Die Prozession der antiochenischen Christen, die die Gebeine des Babylas nach Antiochien brachte, gestaltete sich zu einem Triumphzug ohnegleichen, den Julian und die Heiden als unerhörte Provokation ansehen mußten, und der angesichts des immer wieder als Refrain zu verschiedenen Psalmengesängen angestimmten Ps 96,7 wohl auch als Provokation gedacht war[126]. Den Anstoß, den Julian aus den genannten Gründen gegenüber den Christen hatte vermeiden wollen, begingen nun diese selbst, sicher unter der Führung ihres Bischofs Euzoius; ohne ihn als Amtsträger ist eine derartige Prozession mit den Gebeinen eines Märtyrerbischofs nicht denkbar. Auch diese Tradition geht auf die in oder bei Antiochien beheimatete homöische Chronik zurück; daß sie auch historisch in ein homöisches Milieu gehört, steht außer Frage[127].

β) Der Bekenner Theodorus:

Soweit erkennbar, berichtet Rufin als erster, daß Julian wegen dieser christlichen Provokation entgegen dem Rat des Präfekten Salutius[128] befahl, die Anführer dieser Prozession zu verhaften. In diesem Zusammenhang wurde nach

---

[126] Thdt., h. e. III 10; Ruf., h. e. X 36 f.; Sok., h. e. III 18,1; Soz., h. e. V 19,4ff.; Theophan. chron. [DE BOOR I 49,28 ff.]; Art. P 55; Zon. XIII 12 [PG 134,1152]; vgl. auch Joh. Chrys., In s. Babyl. 16 [PG 50,557]; ders. de s. Babyl. 2 [PG 50,530 f.]. Die Episode ist in der Literatur häufig beschrieben; vgl. z. B. DOWNEY, (1961) 387 f.

[127] BIDEZ-WINKELMANN, CLVII; PARMENTIER, (1911) LXXVII f. Vermutlich hat auch Philostorgius von der Überführung der Gebeine des Babylas von Daphne nach Antiochien berichtet, wie aus der hier von Philostorgius abhängigen *Artemii Passio* des Johannes von Damaskus noch deutlich ist; vgl. Philost., h. e. VII 8, mit den Parallelen aus Art. P. 54–56 und Suda, BIDEZ-WINKELMANN, 86–92. Rufin, Theodoret, Sokrates und Sozomenus müssen auf den homöischen Historiker zurückgehen, von dem Theophanes hier nur eine Kurzfassung überliefert. Keinesfalls kann Theophanes hier (wie sonst öfter) von der Epitome des Theodorus Anagnostes abhängig sein und damit letztlich von den synoptischen Kirchenhistorikern, da Theod. Anagn., Epit. 140, nach seinen Vorlagen die Babylasaffäre bereits mit der Theodorusgeschichte verbindet, die Theophanes weder in diesem Zusammenhang, noch überhaupt kennt. Zur Theodorustradition als Einschub in die Babylasüberlieferung vgl. S. 139.

[128] Saturninus Secundus Salutius; vgl. PLRE I 814–17.

Rufins Bericht ein gewisser Theodor verhaftet, gefoltert und, nachdem ihm alle Foltern keinen Schmerz zufügen konnten, freigelassen.

Rufin bezeugt, diesen Theodor noch selbst in Antiochien gesehen zu haben[129]. Nach Rufin haben Theodoret, Sokrates und Sozomenus die Geschichte von der Standhaftigkeit des Theodor in enger Verbindung mit der Translation der Gebeine des Babylas von Daphne nach Antiochien berichtet[130].

Die übrige Tradition, die unabhängig von Rufin und den Synoptikern ist, aber ebenfalls auf den homöischen Historiker zurückgeht, kennt die Geschichte von der Standhaftigkeit des Theodor weder im Zusammenhang der Babylastradition noch überhaupt[131]. Sie scheint von Rufin aus eigener Kenntnis antiochenischer Tradition zum Stichwort von den zahlreichen Verhaftungen nach der Prozession in die Babylastradition eingefügt worden zu sein. Tatsächlich zeigt die Geschichte von Theodor, löst man sie aus ihrem jetzigen, von Rufin künstlich hergestellten Zusammenhang heraus, in sich keinerlei Anknüpfungspunkte zur Babylastradition; nichts weist zum Beispiel auf Theodor als einen Anführer der Prozession hin[132]. Die Theodorüberlieferung gehört somit nicht in die homöische Chronik und hat ursprünglich nichts mit der Tradition der Translation der Gebeine des Babylas zu tun. Es handelt sich offenbar um eine Ende des vierten Jahrhunderts in Antiochien lebendige Lokaltradition, die sich aber nicht in einem bestimmten christlichen Milieu der Stadt festmachen läßt[133].

---

[129] Ruf., h. e. X 36. Ein Antiochienaufenthalt Rufins ist nicht nachweisbar, aber für die Zeit seines Palästinaaufenthaltes nicht auszuschließen.

[130] Thdt., h. e. III 11; Sok., h. e. III 19; Soz., h. e. V 20.

[131] Theophan., chron. [DE BOOR I 49,28ff. = BIDEZ-WINKELMANN, 231,8ff.]; Zon. XIII 12 [PG 134,1152]; Art. P. 56 [PG 97,1304 AB] berichten nach der Translation der Babylasgebeine direkt das Feuer im Apollotempel und die Schließung der Kathedrale durch Julian. Auch Johannes Chrysostomus kennt das Martyrium Theodors nicht im Zusammenhang mit der Babylastradition.

[132] Das Martyrium des Theodor ist literarkritisch sehr leicht aus dem Zusammenhang der Babylastradition zu lösen. Alle Quellen berichten zunächst (nach dem homöischen Historiker) Maßnahmen gegen die Anführer der Babylasprozession (Ruf., h. e. X 36 Schluß; Thdt., h. e. III 11,1f.; Sok., h. e. III 19,1–5; Soz., h. e. V 20,1f.). Anschließend wird, deutlich getrennt, Theodor eingeführt, der offensichtlich mit der Babylasprozession nichts zu tun hat. Rufin widmet ihm ein völlig eigenes Kapitel (X 37; vgl. Thdt., h. e. III 11,2f.; Sok., h. e. III 19,6–8; Soz., h. e. V 20,2–4). Aus dem Zusammenhang bei Theodoret, der den homöischen Historiker besonders treu bewahrt hat, läßt sich die Theodorpassage ohne Schwierigkeiten einfach herausnehmen.

[133] PARMENTIER, (1911) LXXXVIIf., hat das Martyrium Theodors dem homöischen Historiker zuordnen wollen, und auch angenommen, daß Philostorgius diese Tradition enthalten haben muß. Dagegen sprechen folgende Gründe:

1. Theophan., Art. P., Zon. bieten die Babylastradition ohne das Martyrium des Theodor; vgl. oben Anm. 131.

2. Es gibt keinerlei Gründe für die Annahme, das Martyrium Theodors habe auch bei Philostorgius gestanden.

3. Die Theodortradition läßt sich literarkritisch ohne Schwierigkeiten aus der Babylastradition herausnehmen, mit der sie ursprünglich nichts zu tun hat.

4. Rufin beruft sich auf eigene Überlieferung.

γ) *Die Zerstörung des Apolloheiligtums und die Schließung der großen Kirche:*

Direkt im Zusammenhang mit dem Eklat um die Gebeine des Babylas berichten die christlichen Schriftsteller, daß das Apolloheiligtum in Daphne durch ein Feuer zerstört wurde; daß man den Christen dafür die Schuld gab und deswegen die große, von Konstantin begonnene und von Konstantius am 6. 1. 341 feierlich eingeweihte Kirche geschlossen wurde[134]. Ammianus Marcellinus bestätigt den Brand des Heiligtums und teilt als Datum dieses Ereignisses den 22. Oktober 362[135] mit. Über die Schließung der großen Kirche, die Bischofskathedrale des Euzoius[136], berichtet am ausführlichsten Theodoret[137]. Er bemerkt ausdrücklich, daß zu dieser Zeit die große Kirche im Besitz der *Arianer*, d. h. der Homöer, war[138]. Theodoret erwähnt auch, wie der antiochenische Bischof Euzoius sich gegen die Schändung der Kirche durch den Comes Julian, den Onkel des Kaisers, und die Beamten Elpidius und Felix wehrt und anschließend mißhandelt wird[139].

Aus derselben Quelle berichten von diesen Ereignissen Sozomenus, Theophanes, Zonaras und die Passio Artemii[140]. Wie schon die Babylasüberlieferung, so gehört auch diese Tradition über die Verfolgungen unter Julian in Antiochien in die homöische Chronik. Das zeigt der Überlieferungszusammenhang bei Theophanes, Zonaras und der Passio Artemii[141]. Auch ist eine Tradition über das mutige Auftreten des Bischofs Euzoius, der dadurch zum Confessor wird, sachlich nur im Zusammenhang homöischer Tradition denkbar. Daß Theodoret

---

5. Die von PARMENTIER behaupteten Unterschiede zwischen Rufin und den Synoptikern sind so geringfügig, daß die Abhängigkeit der Synoptiker von Rufin angenommen werden kann; Sokrates, dem Sozomenus als Vorlage diente, bestätigt sie sogar; Theodoret hat zumindest Gelasius von Caesarea, Rufins Hauptquelle, ausgiebig benutzt.

6. Theodoret [PARMENTIER-SCHEIDWEILER, 187,25]: τοῦτον ἤροντό τινες, und Sozomenus [BIDEZ-HANSEN, 226,25 f.]: λέγεται δὲ zeigen an, daß diese Überlieferung nicht aus der sonstigen Vorlage stammt.

Völlig richtig ist aber PARMENTIERs Feststellung, daß die Überlieferung über die Translation der Babylasgebeine aus dem homöischen Historiker stammt.

[134] Thdt., h. e. III 11,4–12,9; Soz., h. e. V 20,5 f. (es fehlt der Bericht über die Schließung der großen Kirche); Art. P. 56 f.; Theophan., chron. [DE BOOR I 50,2 ff.]; Zon. XIII 12 [PG 134,1152 B] (nur eine ganz kurze Notiz); Rufin und Sokrates haben diese Ereignisse nicht mitgeteilt.

[135] Amm., XXII 13,1 f.; in § 3, das Gerücht, daß der Philosoph Asclepiades durch Leichtsinn das Feuer verursacht habe; zu Asclepiades PLRE I 114: Asclepiades 4.

[136] Über diese bisher archäologisch nicht nachgewiesene Kirche ELTESTER, (1937) 251 ff.

[137] H. e. III 12, f.

[138] H. e. III 12,1 [PARMENTIER-SCHEIDWEILER, 188,23 f.]: οἱ δὲ τῆς ᾿Αρείου συμμορίας ταύτην τηνικαῦτα κατεῖχον.

[139] H. e. III 12,2. Im selben Zusammenhang und aus derselben Quelle auch Kap. 13 die Strafen, die Julian und Felix für ihre Schandtaten erhielten. Zu Julian, dem Onkel des Kaisers, PLRE I 470: Julianus 12; zu Felix PLRE I 332: Felix 3; zu Elpidius PLRE I 415: Helpidius 6.

[140] Vgl. oben Anm. 134. Allein die Schließung der Kirche berichtet Hieron. chron. ad. a. 362 [HELM, 243].

[141] PARMENTIER, (1911) LXXXVII–LXXXIX; BIDEZ-WINKELMANN, 231 f.

den standhaften Euzoius nicht aus seiner Darstellung gestrichen hat, ist auffällig. Die – angesichts der furchtbaren Strafe für die Frevler – besonders hervortretende Erbaulichkeit der Geschichte hat hier darüber gesiegt, daß Euzoius für ihn einer der führenden arianischen Ketzer war[142].

3. Überlieferungen unsicherer Herkunft

a) Die Zerstörung der Christusstatue in Paneas (Caesarea Philippi)

Philostorgius berichtete im Zusammenhang der antichristlichen Maßnahmen Julians nach einem langen gelehrten Exkurs über die durch Euseb bezeugte Christusstatue in Paneas, dem biblischen Caesarea Philippi, daß dieses Christusbild unter Julian von den heidnischen Einwohnern zerschlagen wurde. Die später renovierte Statue, so Photius, bezeugt Philostorgius selbst gesehen zu haben[143]. Das Philostorgiusexzerpt schließt wieder mit allerlei gelehrten Bemerkungen über die verschiedenen Namen der Stadt Paneas[144].

Johannes von Damaskus bringt in der *Passio Artemii* die Zerstörung der Christusstatue nach Philostorgius[145]. Nach Theophanes[146] wurde anstelle dieser Statue ein Bildnis Julians errichtet, das durch Feuer vom Himmel vernichtet wurde, wogegen man das gerettete Bild Christi während der Zeit Julians in der Kirche von Paneas aufbewahrte; ähnlich Sozomenus[147]. Alle Überlieferungen scheinen mir auf eine ursprünglich homöische Tradition zurückzugehen, bei der es sich aber aller Wahrscheinlichkeit nach nicht um den anonymen homöischen Historiker handelt[148].

---

[142] Allein bei Theodoret hat sich die Nachricht erhalten, daß Euzoius den Beamten Julian, Felix und Elpidius entgegentrat. Die übrigen orthodoxen Tradenten haben Euzoius als Bekenner gestrichen. Auch für Theodoret war Euzoius einer der führenden Arianer; vgl. PARMENTIER-SCHEIDWEILER, 399 das Register s. v. Εὐζώϊος.

[143] Philost., h. e. VII 3 [BIDEZ-WINKELMANN, 79,7]. Über die Christusstatue von Paneas Eus., h. e. VII 17f. Zur Diskussion um diese ursprünglich Asklepios oder einen anderen Heilgott darstellende Statue, deren Deutung als Christusbild spätestens zu Beginn des vierten Jahrhunderts durch Euseb bezeugt ist, und zu der an ihr haftenden Legende vgl. v. DOBSCHÜTZ, (1899) 197–205. 250*–273* (Belege), eine andere Deutung bei WEBER, (1927) 37–40; vgl. auch SCHULTZE, (1925), der sich gegen WILPERTS Theorie von dem Standbild in Paneas als einem Porträt Christi wendet.

[144] BIDEZ-WINKELMANN, 97,8–98,2.

[145] Art. P. 57.

[146] Theophan. chron. [DE BOOR I 49,9ff.].

[147] H. e. V 21,1ff., nach Sozomenus Theod. Anagn., Epit. 142 [HANSEN, 60,14–22].

[148] Von BIDEZ deshalb auch nicht unter die Fragmente des homöischen Historikers in Anhang VII der Philostorgiusausgabe aufgenommen. Ob Theophanes über die Epitome des Theodorus Anagnostes von Sozomenus oder von der homöischen Quelle des Philostorgius abhängt, ist schwer zu entscheiden. Theophanes hat die Epitome benutzt (vgl. HANSEN, XXIXf.) und ist hier wie an vielen anderen Stellen von ihr abhängig, wie auch der Kontext zeigt. Da die *Artemii Passio* von Philostorgius abhängig ist, kann die Überlieferung nicht weiter

b) Maris von Chalkedon

Der historische Maris von Chalkedon gehörte nach dem Zeugnis der Kirchenhistoriker des fünften Jahrhunderts zu den führenden homöischen Theologen und Kirchenmännern[149]. Obwohl wesentlich älter, muß er ein enger Vertrauter Eudoxius' von Konstantinopel gewesen sein[150]. Die Tradition vom Bekenntnis des greisen und blinden Maris vor Julian kann nur aus homöischem Milieu stammen.

Schwieriger zu beantworten ist dagegen, woher die Erzählung vom Zeugnis des Maris ursprünglich stammt.

Sokrates berichtet über eine Begegnung zwischen Julian und dem blinden Maris, bei der Maris den Kaiser als ἀσεβής, ἀποστάτης, ἄθεος beschimpft, worauf sich Julian über die Blindheit des Greises mokiert, dem sein Gott nicht einmal helfen kann. Als Antwort des Maris überliefert Sokrates:

Εὐχαριστῶ, τῷ φησὶ Θεῷ τυφλώσαντί με, ἵνα μὴ ἴδω τὸ πρόσωπόν σου οὕτως ἐκπεπτωκὸς πρὸς τὴν ἀσέβειαν[151].

In verkürzter Form, aber deutlich von Sokrates abhängig, berichtet Sozomenus dieselbe Episode, die außerdem noch von der Epitome der Kirchengeschichte des Theodorus Anagnostes, Theophanes und Zonaras überliefert ist[152], bei Theophanes in relativ enger Verbindung mit eindeutig der homöischen Chronik zugehörigen Stücken[153]. Wenn auch – Zonaras mit Sokrates/Sozomenus und dem von Sozomenus abhängigen Verfasser der Epitome auf einer gemeinsamen homöischen Überlieferung beruhen, ist doch nicht feststellbar, ob diese Überlieferung über Maris von Chalkedon, einem der führenden Bischöfe der Homöer, auch aus dem homöischen Fortsetzer Eusebs stammt, da Theophanes hier eindeutig nicht von ihm abhängt, obwohl diese homöische Chronik ja nicht nur für

---

als bis Sozomenus und Philostorgius zurückverfolgt werden. Beide müssen aber ältere Überlieferungen benutzt haben. Über die christliche Gemeinde von Paneas/Caesarea Philippi in der Mitte des vierten Jahrhunderts ist sonst nichts bekannt. Angesichts des homöischen Metropoliten Acacius und des sonst für Palästina bezeugten homöischen Milieus, wird man auch für Paneas/Caesarea Philippi reichskirchlich-homöisches Milieu unterstellen dürfen.

[149] Eine Zusammenstellung der Zeugnisse bei Le Quien, I 599f.; vgl. auch Hole, DCB III 833 (Maris 2).

[150] Aller Wahrscheinlichkeit nach hatte Maris von Chalkedon die Synode von Konstantinopel am Jahresbeginn 360 geleitet, er steht in der im *Chronicon paschale* überlieferten Teilnehmerliste (PG 92,736 B) jedenfalls an erster Stelle. Maris hatte so gewiß wesentlichen Anteil an der Karriere des Eudoxius auf dieser Synode. Philost., h. e. V 3 [Bidez-Winkelmann, 68,7]: Οἱ ἀμφὶ Μάριν καὶ Εὐδόξιον machen Eunomius zum Bischof von Kyzikos; vgl. dazu oben S. 63. Zum gemeinsamen Vorgehen von Eudoxius und Maris gegen die Anhomöer unter der Regierung Julians vgl. Philost., h. e. VIII 4 und oben S. 107ff.

[151] Sok., h. e. III 12,4 [Hussey I 418].

[152] Soz., h. e. V 4,8f.; Theod. Anagn., Epit. 127 [Hansen, 58,1–3]; Theophan. chron. [de Boor I 48,13–16]; Zon. XIII 12 [PG 134,1149C].

[153] Bei Theophanes folgt der Bericht über Maris von Chalkedon unmittelbar auf den über die Profanierung der Kirche von Emesa; siehe oben S. 124f.

das *chronicon paschale,* sondern auch für Theophanes und Zonaras als Hauptquelle für die Ereignisse unter Julian angesehen werden muß.

Zonaras kann nicht von Sokrates/Sozomenus oder der Epitome des Theodorus Anagnostes direkt abhängig sein. Die Vorwürfe gegen Julian sind bei Zonaras anders als in der übrigen Überlieferung: [PG 134,1149]: ἀλάστορα αὐτὸν καὶ ἀρνησίχριστον ἐκάλει. Sok., h. e. III 12,1 [HUSSEY I 417]: πολλὰ τὸν βασιλέα προσελθὼν, περιύβρισε, τὸν ἀσεβῆ καλῶν, τὸν ἀποστάτην, τὸν ἄθεον. Unterschiedlich wird auch die Reaktion des Kaisers geschildert. Zon. XIII 12 [PG 134,1149C]: Ὁ δὲ τὸ ἀνεξίκακον προσποιούμενος „Ἄπιθι, εἶπε, ταλαίπωρε, καὶ ἀποκλαίου σου τῶν ὀμμάτων τὴν πήρωσιν". ἦν γὰρ πάσχων ταύτην ἐξ ἐπιχύσεως. Sok., h. e. III 12,2 [HUSSEY I 417]: Ὁ δὲ λόγοις τὰς ὕβρεις ἠμύνετο, τυφλὸν καλέσας· καὶ οὐκ ἄν, φησιν, οὐδὲ ὁ Γαλιλαῖός σου Θεὸς θεραπεύσειε σέ.

Allein die Antwort des Maris ist bei Zonaras und Sokrates und den von ihm abhängigen Autoren einigermaßen ähnlich überliefert und bildet somit wahrscheinlich den Kern der Tradition.

Zon. XIII 12 [PG 134,1149C]: Ὁ δὲ, „Εὐχαριστῶ τῷ Σωτῆρί μου Χριστῷ", ἀντεπήνεγκεν, „ὅτι μου προεμηθεύσατο μὴ ἰδεῖν σου τὸ ἀσεβέστατον καὶ ἀναιδέστατον πρόσωπον". Sok., h. e. III 12,4 [*Hussey* I 418]: Εὐχαριστῶ, φησὶ, τῷ Θεῷ τυφλώσαντί με, ἵνα μὴ ἴδω τὸ πρόσωπόν σου οὕτως ἐκπεπτωκὸς τὴν ἀσέβειαν. Sokrates (nach ihm Sozomenus, Theod. Anagn., Epit., Theophanes) und Zonaras repräsentieren zwei verschiedene Überlieferungen, die beide von einer homöischen Tradition abhängen müssen. Das Schema ist bei beiden gleich: Treffen zwischen Maris und Julian ––––– Anklage des blinden Maris ––– Antwort Julians ––– Gegenantwort des Maris. Die Schlußbemerkung über das Schweigen des Kaisers fehlt bei Zonaras.

Interessant ist bei der von Sokrates ausgehenden Tradition die jeweilige Deutung des Schweigens des Kaisers:

Sok., h. e. III 12,4 [*Hussey* I 418]: Οὐδὲν πρὸς ταῦτα ὁ βασιλεὺς ἀπεκρίνατο. Soz., h. e. V 4,9 [*Bidez-Hansen,* 198,13f.]: καὶ ὁ βασιλεὺς μηδὲν ἀποκρινάμενος παρέδραμεν. Dazu der Kommentar des Sozomenus: „ᾤετο γὰρ ταύτη μᾶλλον τὸν Ἑλληνισμὸν κρατῦναι, ἀνεξίκακον καὶ πρᾶον ἀδοκήτως τῷ πλήθει τῶν Χριστιανῶν ἑαυτὸν ἐπιδεικνύς.

Daraus wird bei Theod. Anagn., Epit. 127 [*Hansen,* 58,2f.]: ὁ δὲ ὡς φιλόσοφος δῆθεν ἐκαρτέρησεν ὑβριζόμενος (vgl. Theophan. chron. [*de Boor* I 48,15f.]: ὁ δὲ ὡς φιλόσοφος δῆθεν τὰς ὕβρεις ὑπήνεγκεν).

Die Deutung des Schweigens des Kaisers verschiebt sich in der Tradition in positiver Richtung. Der Julian bei Zonaras zeigt sich gar nicht philosophisch, sondern ist ein unbeherrschter Despot, dem der greise und blinde Bischof Maris in jeder Hinsicht überlegen ist.

Obwohl Zonaras der jüngste unter den Autoren ist, die diese Geschichte überliefern, scheint er mir die ursprünglich homöische Tradition am reinsten bewahrt zu haben.

c) Theodoret

α*) Der Sohn des Priesters*

Allein Theodoret berichtet[154] von einem zum Christentum bekehrten Sohn eines heidnischen Priesters in Antiochien, der bei Meletius vor den Verfolgern Schutz sucht, aber entdeckt und gefoltert wird. Meletius, der den jungen Mann versteckt hat, passiert bei alledem erstaunlicherweise nichts.

Es muß sich um eine antiochenische Lokalüberlieferung aus meletianischen Kreisen handeln, denen Theodoret selbst nahestand. Er bezeugt, die Geschichte von dem inzwischen greisen Manne selbst gehört zu haben[155]. Es handelt sich bei dieser (nur bei Theodoret bewahrten) Überlieferung um die einzige Tradition der julianischen Verfolgungen, die mit Sicherheit im meletianischen Milieu von Antiochien zu lokalisieren ist[156]; aus eustathianischem Milieu hat sich keinerlei Überlieferung im Zusammenhang mit den julianischen Verfolgungen erhalten.

β*) Juventinus und Maximinus*

In Antiochien feierte man jährlich den Jahrestag der unter Julian wegen ihres christlichen Bekenntnisses hingerichteten hohen Offiziere Juventinus und Maximinus, deren Martyrium Theodoret berichtet[157]. Die Popularität des Kultes der beiden Offiziersmärtyrer bezeugen außer Theodoret Johannes Chrysostomus und Severus von Antiochien, der eine Hymne auf beide verfaßt hat, von der nur noch Reste auf syrisch erhalten sind[158]. Ob der Kult auch über Antiochien hinaus

---

[154] H. e. III 14.

[155] H. e. III 14,9. Direkt aus Theodoret ist der Sohn des Priesters als Anonymus in den Heiligenkalender der griechischen Kirche gekommen; vgl. Synax. Cpel., 180,55 (vgl. auch 181,18 M): Διήγησις Θεοδωρήτου ἐπισκόπου περὶ βίου καὶ ἀθλήσεως ὁμολογητοῦ τινος ἀνωνύμου.

[156] Im Martyrium der Heiligen Bonosus und Maximilianus 11 [AS Aug. IV 431] heißt es über die Hinrichtung der beiden hohen Offiziere, die sich geweigert hatten, das konstantinische Labarum zu verändern und die heidnischen Götter zu verehren: *Meletius episcopus cum fratribus suis et coepiscopis laetantes eos ad campum usque prosecuti sunt, quae universa tunc civitas laetata est, quae sibi martyres provenire gaudebat.* Gegen die allein vom Herausgeber Ruinart verteidigte Echtheit schon Tillemont, VII 740–44. Die griechische Tradition kennt diese Märtyrer nicht, die Passio BHL 1427 [AS Aug. IV 430–32] stammt wohl aus dem Westen und setzt Meletius als Bischof von Antiochien, der mit den Bischöfen seiner Umgebung in kirchlicher Gemeinschaft steht, für die Zeit des Julian voraus, knüpft damit an eine bereits zur Selbstverständlichkeit gewordenen Meletiushagiographie an. Das Martyrium des Bonosus und Maximilianus kann somit, ganz abgesehen von seiner Unechtheit, auch nicht der meletianischen Überlieferung entstammen.

[157] Thdt., h. e. III 15; vgl. Niceph., h. e. X 12 [PG 146,476 AB]; Malal. XIII [PG 97,489 A]; M. Syr. VII 5,4–9 [Chabot I 287]. Nach Theodoret sind Juventinus und Maximinus in das Synax. Cpel., 121,29ff.: zum 9. 10. Nr. 2, gekommen; vgl. Tillemont, VII 733f. (note XXIV). Als Datum des Martyriums hat Peeters, (1924), den 29. 1. 363 wahrscheinlich gemacht; vgl. auch de Gaiffier, (1956) 10f.

[158] Joh. Chrys. In SS. Martyr. Juventinum et Maximum [PG 50,571–78]; Sever. Ant. [PO VII 611 f.]; vgl. Peeters, 1. c.

verbreitet war, ist nicht sicher zu ermitteln[159]; immerhin feiern auch zwei spätere jakobitische Kalender das Andenken der beiden Märtyrer[160].

Bei diesen hohen Offizieren, die offenbar unter Konstantius als Christen im Heer aufgestiegen waren (und von denen Malalas[161] sogar behauptet, sie seien Verwandte Julians und damit auch des Konstantius gewesen), kann es sich nur um treue Glieder der Reichskirche des Konstantius gehandelt haben, selbst wenn man zögern wird, diese Offiziere ausdrücklich als Homöer zu bezeichnen. Mit Sicherheit aber gehört das Martyrium des Juventinus und Maximinus ursprünglich zur homöischen Tradition und ins homöische Milieu. Ob dieses Martyrium auch bei dem homöischen Historiographen überliefert war, ist nicht mehr zu entscheiden. Da Theodoret und Michael Syrus wie auch Malalas für ihre Darstellung der Verfolgung unter Julian den homöischen Historiographen benutzt haben, ist es zumindest denkbar, daß er auch das Martyrium der beiden Offiziere ursprünglich überliefert hat.

Ihr Kult in Antiochien muß schon bald nach dem Martyrium während der Regierung des Kaisers Valens unter Bischof Euzoius begonnen haben; für Chrysostomus ist er bereits völlig selbstverständlich und traditionsreich[162].

γ) Die Diakonisse Publia

Wohl aus antiochenischer Lokaltradition berichtet Theodoret, h. e. III 19, wie die Diakonisse Publia durch antiheidnische Psalmgesänge den Kaiser provozierte. Das Stück gehört in einen antiochenischen Traditionszusammenhang. Wenn auch die Parallele zur Prozession bei der Translation der Gebeine des Babylas homöischen Traditionshintergrund als möglich erscheinen läßt, ist diese Geschichte nicht in ein bestimmtes kirchliches Milieu von Antiochien einzuordnen[163].

δ) Der Ratsherr von Beröa

Das christliche Bekenntnis eines Ratsherren (πολιτευμένος) von Beröa in Anwesenheit des Kaisers steht bei Theodoret, h. e. III 22; die Geschichte ist sonst nicht überliefert.

Aus Julian, ep. 98 vom März 363, wissen wir von Spannungen zwischen ihm

---

159 PEETERS, 1. c.

160 PO X 29–48.

161 Malal. XIII [PG 97,489 A].

162 Vgl. In SS. Martyr. Juventinum et Maximinum 1 [PG 50,571 f.].

163 Über Theodoret ist Publia in das Synaxarium von Konstantinopel eingegangen; vgl. Synax Cpel., 123, zum 9. 10. Nr. 3, von dort aus in das *Martyrologium Romanum* (zum 9. 10. Nr. 8). Bis ins 16. Jahrhundert war Publia in den abendländischen Heiligenkalendern unbekannt; vgl. DE GAIFFIER, (1956) 14 f. Schon TILLEMONT, VII 737, hatte die Behauptung des BARONIUS zurückgewiesen, daß in den griechischen Menologien Publia als Mutter von Johannes Chrysostomus angesehen werde; vgl. DELEHAYE, Mart. Rom., 444 (Kommentar).

und der christlichen Oberschicht Beröas. Teile der bei Theodoret überlieferten Geschichte sind dem Selbstzeugnis des Julian in seinen Briefen so ähnlich, daß mit großer Wahrscheinlichkeit die Tradition vom Bekenntnis des christlichen Ratsherrn von Beröa aus ep. 98 und anderen Briefen Julians herausgesponnen ist. Theodoret hat die Geschichte wahrscheinlich bereits als feste Tradition kennengelernt[164].

Beröa, das heutige Aleppo, gehörte kirchlich, wie ganz Syrien, zu den Homöern. 360 hatte sich Meletius, als er noch ganz den Homöern zuzurechnen war, hier aufgehalten. 363 jedoch nimmt während der kurzen Herrschaft Jovians Anatolius von Beröa an der meletianischen Synode von Antiochien teil und trennt sich somit von den Homöern[165]. Ob die von Theodoret überlieferte, vielleicht aus Julians Briefen herausgesponnene Legende in homöischen Kreisen Beröas entstanden ist, wird man bei unserer geringen Kenntnis über die christliche Kirche der Stadt nicht sicher entscheiden können.

d) Sokrates/Sozomenus

α) Das Martyrium des Makedonius, Theodulus und Tatian[166]

Eine nur bei Sokrates/Sozomenus bezeugte Überlieferung, die im phrygischen Meiros lokalisiert ist. Inhaltlich und stilistisch steht das Martyrium des Makedonius, Theodulus und Tatian dem homöischen Historiker nahe, ohne daß man es ihm deshalb einfach zuschreiben könnte. Die Überlieferung läßt zwar homöischen Traditionshintergrund als wahrscheinlich vermuten, aber nicht sicher belegen[167]. Phrygien muß um 360, wie die – allerdings in ihrer Datierung

---

[164] Thdt., h. e. III 19,1, setzt historisch dieselbe Situation voraus wie Juln. Imp., ep. 98 (24 WEIS). Der Brief Julians ist nach WEIS, (1973) 267f., etwa zwischen dem 10. und 12. 3. 363 verfaßt; vgl. auch BIDEZ-CUMONT, (1922) 155. Julian sagt deutlich, daß es gerade in der Religionsfrage zu Meinungsverschiedenheiten zwischen ihm und dem Rat der Stadt kam. Man stimmte ihm höflich zu, aber nur wenige ließen sich überzeugen (ep. 98, BIDEZ I 2, 180,20–23 = WEIS, (1973) 56). Zu den Toleranz heischenden Worten Julians an den Vater bei Theodoret vgl. Juln. Imp., ep. 83 (49 WEIS). Ep. 98 (24 WEIS) bietet einen Rahmen, den die bei Theodoret berichtete Episode nicht verläßt: der Aufenthalt in Beröa nach der Abreise aus Antiochien, das Treffen mit den Ratsherren, Spannungen zwischen Julian und den Ratsherren in der Glaubensfrage. Diesen Rahmen hat die christliche Tradition aus Beröa unter Umständen etwas aufgefüllt und vor allem konkretisiert, um auf diese Weise mit Hilfe des unbezweifelbaren Faktums des Besuchs Julians in Beröa wenigstens auch einen Bekenner vorweisen zu können.

[165] Zum Aufenthalt des Meletius in Beröa nach seinem Scheitern in Sebaste vgl. oben S. 69. Zu Anatolius von Beröa LE QUIEN, II 781 f. (der ihn fälschlich als Nachfolger des Meletius ansieht). Die Trennung des Anatolius von Beröa – und damit der Kirche von Beröa – von den Homöern erfolgte erst unter Jovian; vgl. Sok., h. e. III 25.

[166] Sok., h. e. III 15,1–4; Soz., h. e. V 11,1–3. Bei Theophyl. 12 [PG 126,168 C] wurde offensichtlich durch ein Mißverständnis aus dem ersten überlieferten Namen *Macedonius* die geographische Angabe *in Macedonia*.

[167] Typisch für die homöische Überlieferung die Zerstörung heidnischer Kultgegenstände und das Stichwort ζῆλος (Sok., h. e. III 15,2). Trotz verschiedener Differenzen vor allem am

sehr unsichere – Synode von Laodicea zeigt, ebenfalls als Zentrum homöischen Christentums angesehen werden[168].

β) *Das Martyrium des Presbyters Theodorit in Antiochien*

Im Zusammenhang der Ereignisse in Antiochien, die zur Schließung der Bischofskathedrale des Euzoius geführt hatten[169], erwähnt Sozomenus aus einer sonst nirgends bezeugten Überlieferung das Martyrium des Presbyters Theodorit, der sich der Konfiszierung der heiligen Gefäße in der großen Kirche widersetzte und dafür mit dem Leben büßte. Die Tradition konkurriert mit der bei Theodoret überlieferten, mit Sicherheit aus der homöischen Chronik stammenden Überlieferung vom Widerstand des Bischofs Euzoius selbst, den die Theodorittradition vor der Verfolgung geflohen sein läßt[170].

Wenn somit die Tradition vom Martyrium des Presbyters Theodorit auch nicht dem homöischen Historiographen selbst entnommen ist, so muß sie dennoch homöisch sein. Sie bezeugt eine gegen den homöischen Bischof Euzoius gerichtete Verfolgung und ist an der homöischen Kathedrale des Bischofs lokalisiert, zu dessen Klerus jener Theodorit in führender Position zu rechnen ist[171].

Anfang des Textes zwischen Sokrates und Sozomenus (statt *Merum* als Ort des Geschehens liest Soz. *Misum!*) scheint Sozomenus dennoch von Sokrates abhängig zu sein, Theophylact von der bei Sozomenus überlieferten Fassung.

Das Martyrium von Macedonius, Theodolus und Tatian, das einzige Martyrium unter Julian, das in das *Martyrologium Syriacum* (PO X 7 f.) aufgenommen wurde, gelangte schon früh ins Abendland; vgl. Synax. Cpel., 38,13 ff. und 40,40 ff.; Martyrol. Hieron., 384, zum 19. 7.; Martyr. Rom., 392 f. zum 12. 9. Nr. 8. Martyr. Hieron. feiert die Märtyrer mit den Syrern zusammen, Martyrol. Rom. dagegen mit Synax. Cpel. Zur Überlieferung vgl. AS Nov. II, LIX und DE GAIFFIER, (1956) 14.

[168] Der homöische Hintergrund der nicht sicher zu datierenden Synode, die aber zwischen 341 und 381 stattgefunden haben muß, wird allgemein daraus geschlossen, daß im *Decretum Gratianum* ein Bischof Theodosius als ihr Leiter genannt wird, der mit Theodosius von Philadelphia gewöhnlich identifiziert wird, nach Epiph., haer. 73,26,5 [HOLL III 300,22] ein Unterzeichner der akakianischen Beschlüsse von Seleukia; nach Philost., h. e. VIII 3 f., weigerte er sich in Konstantinopel 360, die Verurteilung des Aetius zu unterzeichnen. Beim Ausbau einer eigenen anhomöischen Hierarchie trennte er sich aber 362 wieder von Eunomius und Aetius und stand von nun an mit Eudoxius in Gemeinschaft. Zur Synode von Laodicea vgl. unten S. 190, Anm. 67.

[169] Vgl. oben S. 136 ff.

[170] Soz., h. e. V 8,1.

[171] Sozomenus nennt ihn φύλαξ τῶν κειμηλίων [BIDEZ-HANSEN, 203,18]. Man muß also in Antiochien u. U. mit mehreren Märtyrertraditionen aus der Zeit Julians rechnen. Es handelt sich hier um eine unabhängige Parallelüberlieferung zu der bei Theodoret aus der homöischen Chronik erhaltenen Überlieferung über den Tod des Comes Julian; vgl. oben S. 141. Über Sozomenus ist das Martyrium des Theodorit in die hagiographische Überlieferung eingegangen; vgl. Synax Cpel., 502; 504,14; 661,50; 680,31; 689,57; 694,24 zum 2. 3. Nr. 7. Zu den aus dem Bericht des Sozomenus gewachsenen Acta, BHG 2425, BHL 8074–76, vgl. AS Oct. X

γ) *Das Martyrium des Euseb, Nestabus und Zeno*

Im Anschluß an das Martyrium des Theodorit berichtet Sozomenus aus Gaza die Martyrien von Euseb, Zeno und Nestabus, die von der heidnischen Bevölkerung Gazas wegen antiheidnischer Ausschreitungen zur Zeit des Konstantius grausam ermordet wurden[172]. Die Tradition scheint erst aus orthodox-nizänischer Zeit des Kaisers Theodosius zu stammen, als ein Vetter der Märtyrer, Zeno, Bischof von Gaza geworden war. Diesen Zeno von Gaza hat Sozomenus noch selbst erlebt[173].

Daß in Gaza die Heiden unter Julian mit besonderer Grausamkeit gegen die Christen vorgingen, war schon beim homöischen Historiographen deutlich geworden[174]. Auch wenn ein Kult und eine besondere mit ihm verbundene Tradition der Märtyrer Euseb, Nestabus und Zeno in Gaza erst in theodosianischer Zeit als orthodox-nizänische Tradition begonnen hat, so sind diese Märtyrer dennoch historisch dem homöischen kirchlichen Milieu von Gaza zuzurechnen[175]; letztlich gehören sie in den gleichen Traditionszusammenhang wie die zu Gaza ermordeten Jungfrauen und Priester der homöischen Tradition.

δ) *Hilarion*

Wahrscheinlich aus eigener Familientradition berichtet Sozomenus, daß der berühmte Einsiedler Hilarion, der die Großeltern des Kirchenhistorikers einst zum Christentum bekehrt hatte[176], vor den Verfolgungen Julians hat fliehen müssen[177]. In der übrigen Hilariontradition spielt die julianische Verfolgung keine besondere Rolle[178]. Hieronymus berichtet, daß zur Zeit Julians, als Hilarion Palästina bereits verlassen hatte, von ihm gegründete Klöster zerstört

---

40–45. Der Verweis auf Ruf., h.e. X 35 f. in BHL 8074–76 verwechselt Theodorit mit dem antiochenischen Märtyrer Theodorus; dazu siehe oben S. 139.

[172] Soz., h.e. V 9.

[173] Soz., h.e. VII 28, ebenfalls Sondergut des Sozomenus, dessen Vorfahren nach h.e. V 15,14ff. aus der Gegend von Gaza kamen und wegen der Verfolgungen unter Julian ihre Heimat verlassen hatten (vgl. auch h.e. VI 32). Soz., h.e. V 9,8 will erklären, warum ein Kult der Märtyrer Euseb, Nestabus und Zeno erst so viel später unter Kaiser Theodosius aufkam. Das Martyrium dieser drei Männer ist sonst nur in von Sozomenus abhängigen Texten bekannt; vgl. BHG 2131 (Euseb) und Synax. Cpel., 66f. zum 21. 9. Nr. 4.

[174] Siehe oben S. 122.

[175] Typisch für homöisches Milieu ist, daß auf antiheidnische Ausschreitungen während der Herrschaft des Kaisers Konstantius als Ursache des Martyriums verwiesen wird (Soz., h.e. V 9,2). Die antiheidnischen Ausschreitungen unter Konstantius kamen sicher nicht aus den kirchlichen Kreisen, die in Opposition zur Kirchenpolitik dieses Kaisers standen.

[176] H.e. V 15,14ff.

[177] H.e. V 10,1.

[178] Hieron., vita Hilarionis [PL 23,29–54]. Von der historisch wertlosen vita ist die gesamte Hilarionhagiographie abhängig; vgl. GRÜTZMACHER, RE VIII 54–56; KÖTTING, LThK V 334; CAMELOT, Cath. V 736.

wurden[179]. Ob die Abreise des Hilarion tatsächlich mit den antichristlichen Maßnahmen Julians zu tun hatte, scheint fraglich.

Da Hilarion und seine Klöster eindeutig nicht dem homöischen Milieu zuzurechnen sind, sondern einem nizänischen, wie es im Ägypten des Athanasius beheimatet war, bezeugt Hieronymus dadurch auch Verfolgung nizänischen Christentums in Palästina unter Julian[180].

ε) Das Bekenntnis des Busiris

Aus unbekannter Sonderüberlieferung berichtet Sozomenus die Qualen, die ein gewisser Busiris, offenbar kein Kleriker, in Ankyra wegen seines Christusbekenntnisses erdulden mußte[181]. Ausdrücklich vermerkt Sozomenus, daß Busiris, der zur Zeit des Theodosius noch in Ankyra gelebt hat, zu den Enkratiten gehörte, was homöischen Traditionszusammenhang ausschließt[182].

η) Das Martyrium des Presbyters Basilius in Ankyra

Dieses Martyrium ist ebenfalls bei Sozomenus überliefert, von dem die gesamte hagiographische Tradition abhängig ist[183].

Nach Sozomenus widerstand dieser Basilius während der Herrschaft des Konstantius den Arianern, so daß Eudoxius und seine Gefährten ihm die Abhaltung von Gottesdiensten untersagten[184].

Sozomenus formuliert hier in der Terminologie seiner Zeit, wenn er Basilius *während der Herrschaft des Konstantius* zum Gegner allgemein der *Arianer* macht. Aus der Bemerkung, daß Eudoxius und dessen Anhänger ihm das Predigen verwehrten, geht hervor, daß Basilius ein Presbyter aus dem Klerus des gleichnamigen Bischofs von Ankyra gewesen sein muß und nach der Absetzung seines Bischofs auf der Synode von Konstantinopel im Jahre 360 und der Einsetzung

---

[179] Hieron., vita Hilar. 33 [PL 23,48 A].

[180] Allerdings bietet die *vita Hilarionis* kaum historisch verwertbare Fakten. Aus diesem Grund ist auch dieser Nachricht gegenüber Vorsicht geboten. Vor allem übertreibt Hieronymus die Bedeutung des palästinischen Mönchtums für diese Zeit maßlos. Die Schrift ist ein Panegyricus nicht nur auf Hilarion, sondern überhaupt auf das Mönchtum in Palästina. Von der Gattung der Schrift her sind auch die Verfolgungsaussagen zu bewerten: man wird zumindest mit einer etwas zu starken Unterstreichung und Heraushebung dieser Verfolgungsmaßnahmen in der vita zu rechnen haben.

[181] H. e. V 11,4–6 im Anschluß an das Martyrium von Macedonius, Theodolus und Tatian.

[182] Enkratiten sind für Kleinasien durch Epiphanius, Amphilochius von Ikonium und Basilius von Caesarea sowie inschriftlich belegt; vgl. auch CTh XVI 5,7. 11 und 381 und 383 (Verurteilung von Enkratiten als Manichäer); dazu BLOND, (1943); CHADWICK, RAC V 353.

[183] Soz., h. e. V 11,7. 9–11; davon abhängig die vita BHG 242 [AS März III 12*–15*]; davon BHG 243; vgl. Synax. Cpel., 551–56 zum 22. 3. Nr. 1; Martyr. Rom. zum 22. 3. Nr. 4; zur hagiographischen Tradition AS März III 377–81; DE GAIFFIER, (1956) 11.

[184] Soz., h. e. V 11,9.

des Athanasius zum neuen Bischof von Ankyra (durch Eudoxius und Acacius)[185] von diesem und seinem Klerus an der Ausübung seines Presbyteramtes gehindert wurde. Somit ist der Presbyter Basilius von Ankyra wie sein gleichnamiger Bischof als Homöusianer anzusehen. Die Tradition vom Martyrium des Presbyters Basilius entstammt somit homöusianischer bzw. makedonianischer Überlieferung und ist die einzige Überlieferung über die julianische Verfolgung aus homöusianisch-makedonianischen Kreisen[186].

ϑ) Das Martyrium des Eupsychius von Caesarea

Aus den Briefen des Basilius von Caesarea aus der Zeit seines Episkopats ist bekannt, daß im kappadokischen Caesarea am 7. September das Fest des heiligen Eupsychius und seiner Gefährten, die gemeinsam unter Julian das Martyrium erlitten hatten, mit großem Aufwand gefeiert wurde[187]. Offenbar hatte Basilius eine im Zusammenhang mit diesem großen Fest alljährlich tagende Diözesansynode eingeführt[188]. Ob der Kult des Eupsychius und seiner Gefährten[189] erst von Basilius nach seiner Einsetzung zum Bischof von Caesarea eingeführt wurde, scheint fraglich. Wahrscheinlicher ist, daß Basilius einen bald nach dem Martyrium begonnenen Märtyrerkult ausgebaut hat[190].

Sozomenus berichtet ohne ersichtlichen Bezug auf die Briefe des Basilius, daß die Christen in Caesarea schon zur Zeit des Kaisers Konstantius Tempel zerstört hatten, nun im Zusammenhang mit dem Besuch Julians in Caesarea

---

[185] Vgl. oben S. 56 ff.

[186] Tillemont, VII 728–30 (note XX f.), will mit Hilfe der späteren hagiographischen Tradition den Presbyter Basilius zu einem Kleriker und Anhänger des Markell von Ankyra und so zu einem homousianischen Nizäner machen, wogegen aber das eindeutige Zeugnis unserer einzigen Quelle, Sozomenus, steht. Die hagiographische Tradition hatte offensichtlich das Bedürfnis, Basilius aus der Verbindung mit dem inzwischen als häretisch geltenden Bischof Basilius von Ankyra zu lösen. In der Vita BHG 243 heißen die Anhänger des Eudoxius, die Basilius an der Ausübung seines Presbyteramtes hindern, Eugenius und Makarius. Zur Frage der Identität dieser beiden Eudoxiusanhänger mit den gleichnamigen Märtyrern eines Zweiges der Artemiustradition vgl. oben S. 131, Anm. 88.

[187] Basil., ep. 100 (von 372); ep. 142 (von 373); ep. 176 (von 374); ep. 252 (von 376).

[188] Basil., epp. 142; 252. Knorr, (1968) 50, denkt an eine kappadokische Provinzialsynode mit auswärtigen Gästen, dagegen aber die Adresse von ep. 252: ἐπισκόποις τῆς ποντικῆς διοικήσεως.

[189] Basil. epp. 176; 252.

[190] Vgl. ep. 100 vom Sommer 372 [Courtonne I 219,20–22]: παρακαλοῦμεν ἐπὶ τῆς συνόδου γενέσθαι ἣν δι’ ἔτους ἄγομεν ἐπὶ τῇ μνήμῃ τοῦ μακαριωτάτου μάρτυρος Εὐψυχίου. Da Basilius im Herbst 370 Bischof von Caesarea wurde und hier schon einen Brauch voraussetzt, muß das Fest des Eupsychius und Genossen schon bald nach deren Martyrium entstanden sein. So auch Aubert, DHGE XV 1419 f., und Knorr, (1968) 49 f. mit Anm. 31.

auch den Tempel der Tyche von Caesarea[191]. Julian ließ einige Schuldige hinrichten, unter denen der jungvermählte Eupsychius als Angehöriger der Oberschicht von Caesarea namentlich erwähnt wird[192].

Der Bischof von Caesarea, Dianius, hatte die Beschlüsse von Konstantinopel nachträglich unterschrieben[193]; Basilius und seine monastischen Anhänger, die auf der Seite der in Konstantinopel unterlegenen Homöusianer gestanden hatten, konnten sich nicht durchsetzen. Daß Basilius (wohl 363) nicht als Nachfolger des Dianius zum Bischof von Caesarea gewählt wurde und die Opposition gegen ihn besonders aus der Oberschicht der Stadt kam[194], ist unter Umständen (wenn auch nicht in erster Linie) auch als Reflex auf seine Haltung gegenüber der Kirchenpolitik des Konstantius zu sehen. Die Kirche von Caesarea muß am Ende der Regierung des Konstantius und während der Herrschaft Julians als homöisch gelten. Eupsychius scheint sich durch seinen für homöische Frömmigkeit offenbar typischen antiheidnischen Eifer als Vertreter dieser Reichskirche besonders hervorgetan zu haben, während gerade Basilius und seine Freunde sich seit der Reichssynode von Konstantinopel zurückgezogen hatten[195]. So nützlich der tote Eupsychius dem Bischof Basilius auch war, und so sehr er den Märtyrer verehrte, gegen den lebenden Eupsychius wird Basilius in heftiger Opposition gestanden haben. Als Basilius bereits faktisch die inzwischen durch seinen Einfluß nizänisch gewordene und in Opposition zur homöischen Kirchenpolitik des Kaisers Valens stehende Kirche von Caesarea leitete, ist der in Caesarea verehrte Märtyrer Eupsychius dann zum Märtyrer der nizänischen

---

[191] Soz., h. e. V 4,1 f.; vgl. Theod. Anagn. Epit. [126 HANSEN, 57,17–22] = Theophan. chron. [DE BOOR I 48,3–8]. Dazu KNORR, (1968) 44–49.

[192] Soz., h. e. V 11,7 f.; vgl. Greg. Naz., or. IV 92; XVIII 34. Nach Basil., ep. 252 [COURTONNE III 93,7], hieß einer der Gefährten des Eupsychius Damas.

[193] Vgl. oben S. 60.

[194] Vgl. unten S. 226 ff.

[195] KNORR, (1968) 44–52. KNORRS Vermutung, daß das Rhetorenedikt die Erbitterung auslöste, die zur Zerstörung des Tychetempels führte, ist schon chronologisch unmöglich, da das Edikt erst am 17. 6. 362 von Antiochien aus erlassen wurde (vgl. oben S. 106, Anm. 47). Die Zerstörung des Tychetempels muß vor dem Antiochienaufenthalt des Kaisers passiert sein. Die Reaktivierung der heidnischen Kulte löste derartige Tumulte aus, nicht Maßnahmen wie das Rhetorenedikt. *Knorrs* Hinweis auf Gregor von Nazianz, für den das Rhetorenedikt in der Tat die schlimmste antichristliche Maßnahme des Kaisers war, führt hier in die Irre; vgl. dazu oben S. 105. Zu den Ereignissen in Caesarea um die Zerstörung des Tychetempels, die Unsicherheiten in der Datierung und zur Rolle des Basilius in Caesarea während der Herrschaft Julians vgl. HAUSCHILD, TRE V 303. Nach Greg. Naz., or. XVIII 34, war der Kaiser über die Wahl des Euseb zum neuen Bischof von Caesarea nach dem Tode des Dianius zornig. KNORR, (1968) 48, vermutet, daß die Tatsache, daß ein Mitglied der Kurie von Caesarea sich hatte zum Bischof weihen lassen und sich dadurch seinen Pflichten entzog, den Zorn des Kaisers erregt hätte. Dieses Problem hätte man leicht juristisch lösen können und hat es zeitweilig auch getan. Mir scheint eher wahrscheinlich, daß Euseb zur Zeit seiner Wahl auch als Vertreter des reichskirchlich-homöischen Kurses gelten mußte. Durch die Wahl Eusebs (und nicht des Basilius!) hatte Caesarea deutlich gemacht, daß es kirchenpolitisch weiterhin dem Programm des Konstantius treu blieb.

Orthodoxie geworden. Auch hier haftet die Märtyrerverehrung am Ort des Grabes und des Kultes und nicht am ursprünglich kirchlichen Milieu der historischen Person. Durch den populären und von Basilius auch propagandistisch eingesetzten Kult in Caesarea ist Eupsychius in die Märtyrertradition nicht nur der griechischen Kirche eingegangen, sondern auch sehr früh in die der lateinischen[196].

4. Anonyme Soldatenmartyrien

Die nicht namentlich genannten, von Gregor von Nazianz und Theodoret bezeugten Soldatenmartyrien[197], auf die im einzelnen hier nicht einzugehen ist, müssen ihrem Ursprung nach wahrscheinlich sämtlich dem reichskirchlich-homöischen Milieu zugerechnet werden. Es handelt sich wie bei den namentlich bekannten Soldatenmartyrien um hohe Militärs aus dem Offizierscorps des Konstantius, deren Bindung an den Kaiser zum Teil noch in den Berichten durchscheint[198]. Ganz sicher ist bei ihnen allen nicht, ob die Bindung an Konstantius oder ihr Christentum Grund für das Martyrium war. Wie Artemius und andere unter Julian hingerichtete hohe Beamte der Konstantiuszeit, müssen auch sie als Vertreter des reichskirchlichen Kurses unter Konstantius gelten.

5. Zusammenfassung

Die schon dem fünften Jahrhundert bekannte Märtyrertradition über die Opfer der julianischen Verfolgungsmaßnahmen zeigt, daß der anonyme homöische Chronist als die qualitativ wie quantitativ wichtigste Quelle über die

---

[196] Die hagiographische Tradition verwechselt Eupsychius von Caesarea gelegentlich mit einem unter Hadrian umgekommenen Eupsychius; vgl. AUBERT, DHGE XV 1419f. Synax. Cpel. feiert am 7. 9. den unter Hadrian zum Märtyrer gewordenen Eupsychius, am 9. 4. dagegen Eupsychius von Caesarea. Einen Märtyrer Damas erwähnt Synax. Cpel. zum 28. 8., Martyrol. Hieron. zum 8. und 10. 9.; vgl. Martyrol. Hieron., 496, Anm. 60; 499, Anm. 1. Martyrol. Rom. feiert, Synax. Cpel. folgend, am 9. 4. das Gedächtnis des Eupsychius von Caesarea und am 7. 9. den Märtyrer der Hadrianzeit. Zu den verschiedenen vitae vgl. AS April I 819–21. BHG 2130 lokalisiert den unter Hadrian zum Märtyrer gewordenen Eupsychius ebenfalls im kappadokischen Caesarea.

[197] Greg. Naz., or. IV 65f. 84; Thdt., h. e. III 17.

[198] Vgl. Thdt., h. e. III 15,5, die Rede Juventins und Maximins vor Julian [PARMENTIER-SCHEIDWEILER, 193,15–17]: ἐν εὐσεβείᾳ τραφέντες, ὦ βασιλεῦ, καὶ νόμοις ἀξιεπαίνοις δεδουλευκότες (Κωνσταντίνου γὰρ καὶ τῶν ἐκείνου παίδων ἦσαν οἱ νόμοι). Die Treue einiger Offiziere zum Labarum (vgl. oben S. 144f. zu Juventin und Maximin; zur Abschaffung des Labarums durch Julian vgl. Greg. Naz., or. IV 65f.) ist nicht ausschließlich als christliches Bekenntnis interpretierbar, sondern auch als Treue zu Konstantin und seinem Sohn Konstantius.

Märtyrer der julianischen Zeit zu gelten hat[199]. Auch die nicht dieser Quelle zuzuordnenden Märtyrer- und Verfolgungstraditionen stammen bis auf wenige Ausnahmen aus homöischem Milieu oder sind mit großer Wahrscheinlichkeit homöischem Milieu zuzuordnen[200]. Aus meletianischer und homöusianischer Tradition hat sich nur je ein Bericht erhalten[201], aus nizänischer Tradition nur der Bericht über die Flucht des Athanasius und eventuelle Berührungen der Hilariontradition mit der julianischen Verfolgung. Aus der Hilariontradition scheint hervorzugehen, daß man in Palästina gegen das nizänische Mönchtum vorging[202]. Aus dem Kreise der häretischen Sondergemeinden ist allein das Martyrium des Busiris von Ankyra überliefert[203].

Ein besonderes Problem bildet die spätere hagiographische Tradition über die Verfolgung unter Julian, die eine Fülle von historisch nicht nachweisbaren Märtyrern enthält[204]. Es wäre eine Untersuchung wert, festzustellen, ob Märtyrerlegenden von unhistorischen Märtyrern noch in größerem Maße der homöischen Tradition entstammen und wie weit die homöische Tradition überhaupt auf die hagiographische Entwicklung, bewußt oder unbewußt, eingewirkt hat[205].

Wenn aber mit ganz wenigen Ausnahmen die im fünften Jahrhundert nachweisbare kirchliche Tradition über die Verfolgungen unter Julian und die Martyrien dieser Zeit aus homöischen Quellen der zweiten Hälfte des vierten Jahrhunderts stammen, kann es keine andere größere Märtyrertradition gegeben haben; die Historiker des fünften Jahrhunderts hätten sonst irgend etwas davon überliefert.

Die spontanen, meist aufgrund von christlichen Provokationen ausbrechenden lokalen Aktionen gegen Christen während der Regierung Julians haben, wie

---

[199] Siehe oben S. 93 f.

[200] Siehe oben S. 134 ff.

[201] Thdt., h. e. III 14: Der Sohn des heidnischen Priesters (oben S. 144) und Soz., h. e. V 11,7. 9–12: Das Martyrium des Presbyters Basilius von Ankyra (oben S. 149 f.).

[202] Hieron., vita Hilarionis 33; zu den historischen Unsicherheiten vgl. oben S. 148 f. Zur Vertreibung des Athanasius aus Alexandrien oben S. 104 ff.

[203] Soz., h. e. V 11,4–6.

[204] Über die unhistorischen Martyrien der Julianzeit schon TILLEMONT, VII 350 ff.; DE GAIFFIER, (1956) 5–49, über die unhistorischen Märtyrer im Martyrologium Romanum und dem Synaxarium von Konstantinopel bes. S. 45–49. In Übernahme einer Formulierung von A. DUFURCQ kann DE GAIFFIER, (1956) 49, bei der hagiographischen Tradition von einer Tendenz zur *Julianisation* zahlreicher Märtyrer sprechen.

[205] Nach BIDEZ-WINKELMANN, CLIX, kommt hierfür mit Sicherheit Theophylact, passio XV mart. [PG 126,151–222], in Betracht, aber auch das *Alte Martyrium* des Artemius BHG 169 yz [BIDEZ-WINKELMANN, Anhang III], die *Passio Eusignii* [BHG 638–40], die *Passio Theodoriti* (dazu oben S. 147), die *Passio Bonosi et Maximiliani* [AS Aug. IV 430–32]. Ebenso scheinen die historisch nicht verifizierbaren Märtyrer Eugenius und Makarius homöischer Tradition zu entstammen; vgl. BIDEZ-WINKELMANN, CLX–CLXII und oben S. 131. Beide sind in die griechische und lateinische orthodoxe Märtyrertradition eingegangen: BHG 2126 f.; BHL 5103; Synax. Cpel., 330,26 zum 20. 12. Nr. 2; Martyrol. Rom., 594 zum 20. 12. Nr. 5. Zur hagiographischen Überlieferung TILLEMONT, VII 730; AS Oct. VIII 871; DE GAIFFIER, (1956) 17.

oben postuliert, in erster Linie die homöische Reichskirche und Christen aus homöischem Milieu betroffen. Mit der seit den sechziger Jahren des vierten Jahrhunderts voranschreitenden Entstehung einer nizänischen Orthodoxie im Osten ist langsam auch die ursprünglich homöische Märtyrertradition orthodox-nizänisch geworden. Ohne Probleme geschah das wie von selbst dort, wo unter Führung des Bischofs die ganze Gemeinde einer Stadt (und mit ihr dann natürlich auch die Kirchen, die Märtyrergräber und der Kult an ihnen) in das Lager der entstehenden nizänischen Orthodoxie überwechselte, ohne daß die meisten Christen dabei einen Wechsel empfanden; so besonders deutlich im Falle des heiligen Eupsychius von Caesarea[206].

Nach der Umorientierung durch Theodosius, der nun – auch wieder mit Gewalt – die Homöer zur bald bedeutungslosen Sekte werden ließ, hat sich dieser Prozeß natürlich beschleunigt. Daß man nun gelegentlich einen Märtyrer und seine Tradition bewußt den Homöern wegnahm und in den Dienst der eigenen Propaganda stellte, zeigt besonders eindrücklich das Beispiel des heiligen Babylas von Antiochien, an dem eben auch ein wichtiger Teil der homöischen Tradition der julianischen Verfolgung haftete, und den Meletius als den wichtigsten Märtyrer Antiochiens – angesichts der nun veränderten politischen Verhältnisse – den Homöern zu lassen nicht willens war[207].

Märtyrer oder Bekenner der homöischen Tradition, die als *Arianer* der theologischen und kirchenhistorischen Literatur zu bekannt und als notorische Ketzer geradezu unerträglich waren, wie Georg von Alexandrien, gingen nicht in den orthodoxen Märtyrerkult ein; anderen, wie vor allem Artemius, hat ihr *arianisches* (homöisches) Engagement nicht geschadet; sie wurden in der hagiographischen Überlieferung zu orthodoxen Märtyrern und Bekennern[208]. Schon den Schriftstellern des ausgehenden vierten und des fünften Jahrhunderts war es möglich, in hohem Maße unbefangen die inzwischen schriftlich fixierte und offenbar auch weit verbreitete homöische Märtyrerüberlieferung unter Ausmerzung der allzu typisch homöischen Anklänge auszuschreiben; spätere bemühten sich – wahrscheinlich aus Unkenntnis – nicht einmal mehr, die deutlich homöischen Spuren zu beseitigen, oder taten das so ungeschickt, daß der ursprünglich homöische Charakter der Überlieferung deutlich sichtbar geblieben ist[209]. Selbst die orthodox übertünchte homöische Überlieferung zeigt daher noch typische Züge des östlichen homöischen Christentums.

Auffälligstes Merkmal der homöischen Märtyrertradition ist, daß für sie faktisch alle Martyrien unter Julian durch trotzige Provokation des Heidentums herausgefordert wurden, wobei die Provokationen selbst zum Teil schon zu Lebzeiten des Konstantius, also gleichsam unter staatlichem Schutz vorgefallen waren, so wie jetzt die Racheakte der Heiden. Außerdem berichtet die homö-

---

[206] Vgl. oben S. 150–152.
[207] ELTESTER, (1937) 277. 282; DOWNEY, (1938); ders., (1961) 415 f.
[208] Vgl. oben S. 127 ff. passim.
[209] So besonders im *chronicon paschale* und Theophanes.

ische Tradition mit besonderer Vorliebe von Provokationen auch direkt gegenüber Julian[210]. Die wichtigste Ursache für die Martyrien unter Julian sind nach
der Tradition sowohl des homöischen Historiographen als auch nach den ihm
nicht sicher zuzuordnenden Quellen aus ebenfalls homöischer Tradition die
Zerstörung heidnischer Tempel und heidnischen Kultgerätes[211]. Hierin zeigt
sich noch ein weiterer auffälliger Zug der homöischen Tradition und besonders
des homöischen Historiographen: das kultische Interesse. Die Provokationen
gegen das Heidentum sind kultische Provokationen. Besonderes Interesse zeigt
der Chronist ferner an der Angst der Heiden vor dem christlichen Kult. Jeder
christliche Märtyrerkult soll unmöglich gemacht werden. Kirchen werden,
wie in Emesa und Epiphaneia, zu Tempeln gemacht[212], die Ausübung von Kult
soll durch die Verbrennung der Märtyrergebeine, die Vermischung der
Märtyrerasche mit Tierasche und ihre Zerstreuung unterbunden werden[213].

Hieran wird die wichtige Rolle der Märtyrerverehrung in der homöischen
Tradition deutlich. Noch in der bruchstückhaften Überlieferung zeigt sich der
tröstende und stark erbauliche Charakter der homöischen Märtyrertradition.
Gott straft sofort den Frevler und Abtrünnigen. Die Mörder des Kyrill von
Heliopolis sterben einen grauenvollen Tod, wie auch der Comes Julian und
seine ebenfalls vom christlichen Glauben abgefallenen und zu seinen Werkzeu-
gen gewordenen Spießgesellen[214]. Auch Theotecnus und Heron, die sogar als
Kleriker vom Glauben abgefallen waren, werden für ihren Abfall mit dem
Tode bestraft[215], ebenso Thalassius[216], der einflußreiche kultische Berater des
Kaisers, den man wohl auch als Ursache mancher Verfolgungsmaßnahmen
ansah. Schließlich trifft auch Julian selbst die Strafe für seinen frevlerischen
Abfall vom Christentum und für seine Schandtaten gegenüber der Kirche[217].
Aber die Strafe trifft nicht nur den Frevler, sie trifft auch den widergöttlichen
heidnischen Götzenkult. Das Julianstandbild in Paneas wird zerstört wegen des
Frevels an der dort früher stehenden Christusstatue; das Standbild des Apoll in

---

[210] Zum Beispiel der Zusammenstoß zwischen Maris von Chalkedon und Julian (oben
S. 142 f.) und die von der Kirche von Antiochien – wahrscheinlich unter Führung des Euzoius
– veranstaltete Prozession mit den Gebeinen des Babylas (oben S. 137 f.).

[211] Vgl. oben S. 122 f.; 131 f.; 146 f.; 148; 150–152.

[212] Vgl. oben S. 124 f. Man wird allerdings fragen müssen, ob es sich bei diesen Beispielen
nicht vielleicht um ursprüngliche Tempel oder deren Grundstücke gehandelt haben könnte,
die unter Konstantin und Konstantius der Kirche gegeben und zu Kirchen umgebaut worden
waren, bzw. um Kirchen, die an Stellen früherer Tempel errichtet worden waren, und die
gemäß dem Restitutionsedikt ihre ursprüngliche Funktion zurückerhalten sollten. Diese Frage
existiert für die Märtyrerüberlieferung natürlich nicht. Zum Restitutionsedikt vgl. oben
S. 101 f.

[213] Chron. Pasch. III [PG 92,740 BC].

[214] Vgl. oben S. 141.

[215] BIDEZ-WINKELMANN, 232 f. mit den Parallelüberlieferungen; vgl. Philost., h. e. VII 13
[BIDEZ-WINKELMANN, 98 f.]; dazu oben S. 125.

[216] BIDEZ-WINKELMANN, 235 f.; vgl. oben S. 132 f.

[217] BIDEZ-WINKELMANN, 236 f.

Daphne wird wegen der Schändung der Gebeine des heiligen Babylas vom Feuer zerstört[218].

Wie der Standhafte dagegen von Gott belohnt wird, zeigt sich besonders deutlich am Beispiel der drei tapferen Offiziere Valentinian, Jovian und Valens – sie erhalten nach dem Tode des Apostaten nacheinander die Augustuswürde[219].

Interessant und in deutlichem Gegensatz zur gesamten vorkonstantinischen Märtyrertradition ist in der homöischen Überlieferung, daß es keine Martyrien wegen des schlichten Bekenntnisses des christlichen Glaubens gibt. Das *christianus sum* der sonstigen Märtyrertradition begegnet nie. Martyrien um das Bekenntnis des christlichen Namens willen tauchen dann erst in der späteren hagiographischen Tradition der julianischen Martyrien auf[220].

Nach der homöischen Tradition erfolgen christliche Martyrien – abgesehen von der Hinrichtung hoher Beamter und Offiziere des Konstantius – wo die eigentliche Ursache der Hinrichtung oft nicht mehr deutlich erkennbar ist – nur auf christliche Provokation des Heidentums hin, wobei es sich für den Homöer selbst nicht um Provokationen, sondern um Bekenntnisakte handelt, um Glaubenseifer für Christus, der dem Heidentum gegenüber keine Duldung oder Toleranz kennt[221].

Interessant ist, daß das von Gregor v. Nazianz so heftig bekämpfte Rhetorengesetz in der homöischen Juliantradition keine Rolle gespielt zu haben scheint. Die nichthomöische Märtyrer- und Verfolgungstradition, die allerdings quantitativ so gering ist, daß jeder Vergleich mit der homöischen Überlieferung problematisch bleiben muß, zeigt jedoch ein deutlich anderes Bild. Sie kennt keine christlichen, gezielten Provokationen gegen das Heidentum; hier ist allein der christliche Glaube die Ursache des Martyriums oder der Verfolgung, wie besonders in der Theodorustradition deutlich wird, löst man sie aus dem Zusammenhang der homöischen Babylasüberlieferung heraus, aber auch an den Martyrien des Enkratiten Busiris und des Presbyters Basilius in Ankyra[222]. Auch

---

[218] Vgl. oben S. 140f. Die erhaltene Überlieferung sagt das zwar nicht mehr ausdrücklich, legt diesen Zusammenhang aber nahe.

[219] Vgl. oben S. 126f.

[220] Als für beinahe die gesamte spätere Überlieferung typisch sei in diesem Zusammenhang nur auf das *Alte Martyrium* des Artemius und die *Artemii Passio* des Johannes von Damaskus verwiesen.

[221] Von Artemius heißt es Chron. Pasch. [PG 92,745 A = BIDEZ-WINKELMANN, 234,6]: ζῆλον πολὺν ὑπέρ τῶν ἐκκλησιῶν ἐνεδείξατο, Theophan. chron. [DE BOOR I 51,15f. = BIDEZ-WINKELMANN, 234,22]: ξῆλον κατὰ τῶν εἰδώλων πολὺν ἐνεδείξατο. Das Stichwort ζῆλος auch Sok., h. e. 15,1 (Martyrium des Makedonius, Theodosius und Tatian); Synax. Cpel., 593,13: ζήλῳ θείῳ πυρωθεὶς (über Eupsychius von Caesarea; oben S. 150–152); Thdt., h. e. III 16,1 (von Valentinian; vgl. auch Sok., h. e. IV 1,8f.); Chron. pasch. [PG 92,741 B = BIDEZ-WINKELMANN, 230,6f.] (über Eustathius von Epiphaneia). In dieser ganz spezifischen Bedeutung ist ζηλόω bei LAMPE nicht erfaßt.

[222] Theodorus: Ruf., h. e. X 36; Sok., h. e. III 19; Soz., h. e. V 20; Thdt., h. e. III 11. Busiris und Basilius: Soz., h. e. V 11,4–12; vgl. oben S. 139; 149f.

die Tradition vom vierten Exil des Athanasius kennt keine derartige bewußte
Provokation des Bischofs von Alexandrien gegen das Heidentum[223].

Extremer antiheidnischer Furor, der sich in Tumulten entladen konnte, wie
aus späterer Zeit noch vielfach, und bei der Ermordung der Philosophin Hypa-
thia in besonders abstoßender Form bezeugt, scheint in der Situation der heidnischen Restauration Julians ein besonderes Merkmal homöischen Verständnisses
von Christentum gewesen zu sein und war so für den homöischen Historiker
nicht etwa entschuldbar oder legitim, sondern ein unbedingt gegenüber diesem
Heidentum, das mit seinem Götzenkult das Reich wieder beherrschen will,
gefordertes Glaubenszeugnis.

---

[223] Vgl. aber oben S. 104.

III. Teil

Die homöische Reichskirche vom Tode Julians bis zum Beginn der Herrschaft Theodosius' des Großen (363–378)

1. Kapitel

Jovians Restituierung der Kirchen (363–364)

1. Die Überlieferung

Für die Frage nach der kirchengeschichtlichen Bedeutung der Regierung Kaiser Jovians kann von der heidnischen Geschichtsüberlieferung weithin abgesehen werden[1]. Unter Umständen könnte Eutropius, was den äußeren Rahmen der Geschichte der Regierung dieses Kaisers anbelangt, eine Vorlage für die zuerst bei dem anonymen homöischen Historiographen sichtbare christliche Geschichtsschreibung abgegeben haben[2]. Auf den homöischen Historiographen geht der Rahmen der Geschichte der Herrschaft Jovians dann in der gesamten übrigen christlichen Überlieferung zurück[3]. Die homöische Tradition kennt

---

[1] Am wichtigsten die allerdings durchweg negative Darstellung des Zeitgenossen und Teilnehmers des Perserfeldzuges, Ammianus Marcellinus, XXV 5 ff. und Zosimus, hist. III 30–36 (dazu der gründliche Kommentar in der Edition Paschouds).

[2] Eutr., brev. X 17, stimmt besonders in seiner positiven Beurteilung der Wahl Jovians zum Kaiser und des Friedensschlusses mit den Persern völlig mit dem mit dem homöischen Historiker beginnenden christlichen Geschichtsschreibung überein. Eutrop schrieb sein Werk im Auftrage des Valens. Damit tritt es in eine gewisse Parallele zur homöischen Chronik, bei der es sich ebenfalls um quasi offizielle christliche Geschichtsschreibung der Valenszeit handelt. Über den Charakter von Eutrops Geschichtsschreibung vgl. die Widmung Eutrops an Valens [Droysen, 3, 1–6]: *Domino Valenti maximo perpetuo Augusto Eutropius v. c. magister memoriae. Res Romanas ex voluntate mansuetudinis tuae ab urbe condita ad nostram memoriam quae in negotiis vel bellicis vel civilibus eminebant per ordinem temporum brevi narratione collegi strictim, additis etiam his quae in principum vita egregia extiterunt, ut tranquillitatis tuae possit mens divina laetari prius se inlustrium virorum facta in administrando imperio secutam quam cognosceret lectione.* Eutrop berichtet nichts über den Tod des Kaisers in Dadastana. Neben Eutrop muß es zahlreiche Geschichtswerke über Julians mißlungenen und dann von Jovian beendeten Feldzug gegen die Perser gegeben haben, wie z. B. das Sok., h. e. III 21,14, erwähnte Werk eines Kallistos in epischer Dichtung, das nach M. Syrus, Chron. VII 6,147 [Chabot I 291] auch die Herrschaft Jovians behandelt haben soll. Zu Kallistos PLRE I 176; Seeck, PW S IV 864.

[3] Von Bidez aus Theophanes durch Ausscheidung der dort Athanasius betreffenden Stücke

Jovian als treuen Christen und Confessor unter Julian[4] und beurteilt den Kaiser ohne jede Einschränkung positiv[5]. Ihr Schwerpunkt liegt auf der Restitution der Kirche durch diesen Kaiser nach Julian in Anknüpfung an die Tradition Konstantins und Konstantius[6]. Die zweite wichtige christliche Tradition ist die athanasianische oder alexandrinische Überlieferung über die Restituierung des Athanasius nach seiner Absetzung durch Julian und die dogmatische Belehrung des als Vertreter des Nizänum gesehenen Kaisers durch den alexandrinischen Bischof[7].

Beide Traditionen überliefern die Kirchenhistoriker des fünften Jahrhunderts zum Teil so getrennt, daß noch zu erkennen ist, daß sie ursprünglich voneinander unabhängig gewesen sind[8]. Bei den von den Historikern des fünften Jahrhunderts abhängigen byzantinischen und syrischen Historikern sind dann beide Traditionen eng miteinander verbunden[9].

---

rekonstruiert; vgl. die Fragmente 38–40 im Anhang VII, BIDEZ-WINKELMANN, 237 f. Zum Gesamtzusammenhang bei Theophanes vgl. DE BOOR I 53,24–54,21. Als Schwerpunkte des homöischen Berichtes über die Herrschaft des Jovian sind noch erkennbar: eine positive Deutung des Friedensschlusses mit den Persern (Frg. 39), die Restitution der Kirchen (Frg. 40), die Reise nach Konstantinopel und der plötzliche Tod in Dadastana (Frg. 41). Sozomenus und Theodoret haben zumindest diesen Rahmen teilweise übernommen; vgl. Soz., h. e. VI 3; 6,1; Thdt., h. e. IV 2,1–3 (zur angeblichen Übergabe der Kirchen an die Nizäner vgl. unten S. 179, Anm. 120). Der bei Theophanes nicht überlieferte Bericht über die Wahl Jovians könnte ebenfalls aus der homöischen Tradition stammen. Direkt von der homöischen Chronik abhängig sind Hieronymus. M. Syrus und chron. misc. (vgl. den Paralleldruck bei BIDEZ-WINKELMANN, 237 f.), außerdem Art. P. 66 und wohl auch teilweise *Chron. pasch.* [PG 92,749 B–753].

4 Vgl. oben S. 126.

5 [BIDEZ-WINKELMANN, 238,16 f.]: Ἰουβιανὸς ὁ Χριστιανικώτατος, vgl. überhaupt die Fragmente 38–41 und die Anm. 3 genannten von dem Homöer abhängigen Historiker. In ihrer positiven Einschätzung dieses Kaisers stimmt die homöische Tradition ganz mit Eutrop überein.

6 Frg. 40 [BIDEZ-WINKELMANN, 238,3–6]: Νόμους δὲ γενικοὺς κατέπεμψεν (näml. ὁ Ἰουβιανὸς) ὑπὲρ τῶν ἐκκλησιῶν εἰς πᾶσαν γῆν Ῥωμαίων, τὴν ἐπὶ τοῦ μακαρίου Κωνσταντίνου τοῦ μεγάλου κατάστασιν καὶ τιμὴν τῇ καθολικῇ ἐκκλησίᾳ ἀποδιδούς. Theod. Anagn., Epit. 154 [HANSEN, 62,11–13] liest Κωνσταντίου. Da HANSEN den Text nach Theophanes gibt und diese Abweichung im Apparat nicht vermerkt, vermute ich hier einen Druckfehler in HANSENS Edition. Allerdings wird die Stelle im Register ebenfalls entsprechend s. v. Κωνστάντιος zitiert. DE BOOR (I 53 f.) weist aus der hs. Überlieferung kein Beispiel dieser Lesart nach. Für den Titel ὁ μέγας konnte ich für Konstantin keinen sicheren Beleg finden; vgl. aber Greg. Naz., or. IV 88 [BERNARDI, 220,4]: Κωνσταντίου τοῦ πάνυ.

7 Ruf., h. e. XI 1; Epiph., haer. 68,11; Hist. Ath. IV 3 f. 7; Ep. fest. Keph. XXXV f.; vgl. auch Joh. v. Nikiou, Chronicon, Kephalaion zu Kap. LXXX (LXXXI) [ZOTENBERG, 232] und Kap. LXXXI [ZOTENBERG, 321–23]. Diese Tradition geht auf die Jovian betreffenden Stücke der Athanasiusüberlieferung zurück: (Ps.) epistula Jovianii [OPITZ, 330,11–14 = PG 26,813 AB], nach OPITZ (z. St.) unecht; eine überarbeitete und erweiterte Form, die Jovian zum eifrigen Anhänger des Nizänum macht, bei Joh. v. Nikiou, chron. LXXXI [ZOTENBERG, 322; ep. ad Jovianum [OPITZ, 330,15–333,26 = PG 26,813 B–819 A], außerdem bei Thdt., h. e. IV 3; Petitiones Arianorum [OPITZ, 334–336 = PG 26,819 AB–24 A].

8 Sok., h. e. III 24,3; Soz., h. e. VI 5; Thdt., h. e. IV 2,4 f. 3 (ep. ad Jovian.).

9 Noch nicht deutlich bei Theod. Anagn., Epit. 155 f. [HANSEN, 62,13–19]; aber bei dem von der Epitome abhängigen Theophanes [DE BOOR I 53,24–54,26 – das in den Zusammenhang eingearbeitete Athanasiusstück 54,2–10]; vgl. Zon. XIII 12 [PG 134,1157 BC]; Kedr. [PG

Aus Sabinus ist eine aus homöusianischen Kreisen stammende Überlieferung über die meletianische Synode von 363 erhalten, die eine sehr kritische Einschätzung dieser Synode enthält. Sabinus hat auch das Synodalschreiben dieser Synode an Jovian überliefert und einen Bericht über den erfolglosen Versuch der in Konstantinopel 360 abgesetzten homöusianischen Bischöfe, von Jovian restituiert zu werden[10].

Philostorgius berichtet aus eigener eunomianischer Tradition von dem Versuch einer Kontaktaufnahme eunomianischer Bischöfe mit Jovian[11].

2. Jovian als Nachfolger Julians

Am 26. Juni 363 war Julian an den Folgen einer in der Schlacht erhaltenen Verletzung gestorben[12], ohne einen Nachfolger zu benennen, wie Ammianus Marcellinus, selbst ein Teilnehmer dieses unglücklichen Perserfeldzuges, berichtet. Ammianus meint, darin ein weiteres Zeugnis für die große Weisheit und den politischen Scharfblick seines Helden sehen zu sollen[13]. Schon am folgenden Tag bekleidete das Heer in offenbar großer Einmütigkeit Jovian, einen Offizier der kaiserlichen Palastgarde, mit dem Purpur[14]. Ammianus Marcellinus, der deutlich erkennen läßt, daß er diese Wahl für die denkbar schlechteste hält[15], berichtet allerdings, daß die Wahl Jovians erst zustande kam, nachdem Salutius, der Vertraute Julians, aus Alters- und Krankheitsgründen die Wahl abgelehnt hatte[16]. Geradezu durch eine Verschwörung minderwertiger Elemente, so Ammian, war der für dieses Amt gänzlich unfähige Jovian an die Macht gebracht worden[17]. Die Geschichtsschreibung des neunzehnten und der ersten Hälfte des zwanzigsten Jahrhunderts ist einhellig Ammianus Marcellinus, dem scheinbar

---

121,588 AC]; Suda [ADLER III 638f.]; M. Syr. chron, VII 6,147 [CHABOT I 289–92]. Daneben hat sich bis in byzantinische Zeit ein Zweig der christlichen Joviantradition erhalten, die die Verbindung mit der Athanasiusüberlieferung nicht kennt; vgl. Malal. XIII [PG 97,500–504]; Leo Grammaticus [BEKKER, 95]; chron. misc. [BROOKS-CHABOT, 104f.]; Chron. pasch. [PG 92,749B–753A]. Die homöische Tradition, die auf beide Traditionszweige eingewirkt hat, besonders deutlich auf Theophanes auf der einen und das *chronicon miscellaneum* auf der anderen Seite, kannte natürlich keine Athanasiusüberlieferung. Zur Verbindung der homöischen mit der athanasianischen Tradition bei Theophanes oben Anm. 3.

[10] Sok., h. e. III 25; Soz., h. e. VI 4,6f.; vgl. unten S. 168f.

[11] Philost., h. e. VIII 6; vgl. unten S. 169.

[12] SEECK, (1919) 213.

[13] Amm., XXV 3,20. Konstantius hatte dagegen noch unmittelbar vor seinem Tode – wahrscheinlich um einen Bürgerkrieg zu verhüten und die Herrschaft der konstantinischen Dynastie zu erhalten – den Usurpator Julian, dem die Macht zu entreißen er von Antiochien aufgebrochen war, zu seinem Nachfolger und damit zum rechtmäßigen Augustus ernannt.

[14] SEECK, (1919) 213. Abgesehen von Ammianus Marcellinus ist sich die übrige heidnische und christliche Tradition über die Einmütigkeit bei der Wahl Jovians einig.

[15] Amm., XXV 5,4–9.

[16] Amm., XXV 5,3.

[17] Amm., XXV 5,8.

objektiven Historiker, in seiner völlig negativen Beurteilung dieses Kaisers gefolgt[18]. *Raban von Haehling* hat vor einigen Jahren in Anlehnung an die neuere kritische Ammianus-Marcellinus-Forschung mit guten Gründen den Bericht des Ammianus Marcellinus über die Wahl Jovians zum Kaiser, der der gesamten übrigen Überlieferung widerspricht, für unglaubhaft erklärt und damit der bisher als tendenziöse Geschichtsfälschung abgelehnten christlichen Geschichtsschreibung ihre Glaubwürdigkeit weitgehend zurückgegeben[19]. Rekonstruierbar erscheint das Folgende: Aller Wahrscheinlichkeit nach war es seine enge Bindung an Konstantius, die Jovian beim Militär empfahl und bei Ammianus Marcellinus dagegen natürlich in Mißkredit bringen mußte[20]. Keine Rede kann davon sein, daß er nur ein Kompromißkandidat zweiter oder dritter Wahl war, wie nach Ammianus Marcellinus, der darin nicht einmal von der übrigen heidnischen Überlieferung bestätigt wird, die moderne Forschung behauptet hat[21]. Der neue Kaiser hatte die undankbare Aufgabe, Julians leichtfertig begonnenen, ungenügend vorbereiteten und – trotz Ammianus Marcellinus – dilettantisch geführten, völlig sinnlosen und nur aus einer von Julian vertretenen romantischen Alexanderideologie heraus begonnenen Perserfeldzug[22] aus einer inzwischen militärisch fast aussichtslosen Lage heraus zu beenden und die ihm anvertrauten Truppen möglichst ohne Verluste ins Reich zurückzubringen. Jovian schloß dazu mit den Persern einen für das Imperium Romanum im Moment demütigenden Frieden, in dem das Reich an seiner Ostflanke Gebiete an die Perser abtreten mußte, darunter auch, was als besonders schmerzlich empfunden wurde, die Stadt Nisibis, deren Einwohner – unter ihnen Ephraem – teilweise nach Edessa auswanderten, um nicht unter persische Herrschaft zu kommen[23].

Dieser „Schandfriede"[24] hat in erster Linie das Bild Jovians bei Ammianus Marcellinus und der ihm folgenden Geschichtsschreibung negativ geprägt. Fast noch mehr als für Ammianus erschien dieser Friedensschluß Jovians mit den Persern der national und nationalistisch geprägten europäischen Geschichtsschreibung des 19. und 20. Jahrhunderts als unerträgliches militärisches, politi-

---

[18] Z. B. SEECK, (1922) 358–71; STEIN, (1928) 263–66; SCHULTZE, (1887) 176–79; GEFFCKEN, (1929) 141. Die Liste ließe sich beliebig um die Namen auch ausländischer Gelehrter verlängern.

[19] v. HAEHLING, (1977); vgl. auch WIRTH, (1984).

[20] Nach Amm., XXI 16,20, hatte Jovian den Leichnam des Konstantius nach Konstantinopel überführt. An ein persönliches Vertrauensverhältnis zwischen Jovian und Konstantius denkt auch WIRTH, (1984) 363.

[21] Für die ältere historische Forschung vgl. SEECK, (1922) und STEIN, (1928), für die kirchenhistorische GWATKIN, (1900) 229f.; vgl. dazu v. HAEHLING, (1977).

[22] Zur Ideologie und dilettantischen Durchführung dieses Feldzuges WIRTH, (1978); ders., (1984) 353f.

[23] WIRTH, (1984) 358ff. Zur Übersiedlung Ephraems nach Edessa vgl. MURRAY, TRE IX 756; DRIJVERS, TRE IX 285.

[24] Vgl. WIRTH, (1984) 358ff.

sches und auch moralisches Versagen[25]. Als „Verräter von Nisibis"[26], der ohne zwingenden militärischen Grund[27], allein um seine Herrschaft auch im Westen abzusichern[28], römisches Land aufgab, ist Jovian in die moderne Geschichtsschreibung eingegangen.

Gerhard Wirth ist inzwischen eine gründliche Korrektur dieses an die Auseinandersetzungen um den „Schandfrieden" von Versailles erinnernden Bildes von der Herrschaft Jovians zu verdanken[29]. Weithin in Übereinstimmung mit der gesamten und von der älteren (auch kirchenhistorischen) Forschung in diesem Fall sträflich vernachlässigten christlichen Überlieferung betont *Wirth* nicht nur die zwingende Notwendigkeit dieses Friedens, sondern sieht in ihm gerade einen Beweis für die großen politischen Fähigkeiten dieses Kaisers, dem es hierdurch gelang, das Reich – wenn auch nicht ohne Verluste – aus der durch Julians politische Unfähigkeit entstandenen Lage herauszuführen[30]. Nach *Wirth* setzte Jovian, soweit das im Augenblick nach Julians dilettantischer Außenpolitik überhaupt möglich war, die auf Frieden und politischen Ausgleich zwischen den beiden Großmächten zielende Ostpolitik des Konstantius – nicht nur für den Moment, sondern auch für die Zukunft – erfolgreich fort. „Der Friede von 363 wird nicht zuletzt dadurch zum Markstein innerhalb der römischen Geschichte. Nicht nur, daß Voraussetzungen wie Folgen ihresgleichen bisher nicht kennen. Großmächte formulieren erstmals, wie sehr sie aufeinander angewiesen sind, und das Bewußtsein, damit eine neue Epoche von gemeinsamen Aufgaben einzuleiten, hat sich sichtbar durch die folgenden Jahrhunderte erhalten. Es hat nicht nur die Auseinandersetzungen relativiert, die von da an noch für Rom und Persien zu verzeichnen sind: Bis zur islamischen Eroberung scheinen beide Reiche allein von dem Grundaxiom auszugehen, daß man aufeinander angewiesen sei. Damit aber erhält gleichsam als Ansatz der Vertrag von 363 zugleich welthistorischen Sinn."[31]

---

[25] So vor allem bei SEECK, (1922) 363 u. ö.

[26] GEFFCKEN, (1929) 141.

[27] SEECK, (1922) 361 f.

[28] Amm., XXV 8,7 ff.; SEECK, (1922) 363. 365, betont diesen Aspekt Ammians ganz stark.

[29] WIRTH, (1984).

[30] WIRTH, (1984), bes. 358 ff. Für Ephraem, c. Jul. II 15–18, liegt die Schuld am Verlust von Mesopotamien und natürlich besonders von Nisibis ausschließlich bei Julian.

[31] WIRTH, (1984) 369. Es scheint mir ganz offensichtlich, daß WIRTHs Interpretation des Friedens von 363 ebenso von der gegenwärtigen politischen Diskussion geprägt ist, wie die nationalen und nationalistischen Deutungen dieses Friedens durch die Forschung des ausgehenden neunzehnten und beginnenden zwanzigsten Jahrhunderts auch von den nationalen politischen Grundüberzeugungen des europäischen Bürgertums geprägt waren. In den politischen Denkkategorien des beginnenden zwanzigsten Jahrhunderts mußten Konstantius und Jovian negativ beurteilt werden, besonders natürlich nach der Katastrophe von 1918. Konnte man doch in Jovians Perserfrieden ein Paradigma für den – in den Augen des konservativen Bürgertums in Deutschland – skandalösen Abschluß des Friedens von Versailles durch die deutsche Regierung sehen. Die durch v. HAEHLING und WIRTH eingeleitete Wende in der Beurteilung Jovians beruht so auch auf einer tiefgreifenden Änderung unserer politischen Grundüberzeu-

Nur langsam rückte Jovian in Richtung Antiochien vor[32], wo er vor dem 22. Oktober von Hierapolis kommend eingetroffen sein muß[33]. Sowie er den Boden des Reiches betreten hatte, nahm er – äußerst vorsichtig – die Reparatur auch der inneren Schäden der Regierung Julians, vor allem seiner verfehlten Religionspolitik, in Angriff[34].

In Antiochien scheint sich die Bevölkerung dem neuen Kaiser gegenüber wegen der Übergabe von Nisibis an die Perser feindselig verhalten zu haben[35]. Johannes von Antiochien will wissen, daß Jovian den Unmut der antiochenischen Bevölkerung noch vermehrte, indem er einen von Hadrian erbauten Trajantempel, in dem Julian eine Bibliothek eingerichtet hatte, auf Betreiben seiner fanatisch christlichen Frau Charito[36] niederbrennen ließ[37]. An dem Brand des von Julian zu einer vermutlich strikt antichristlichen Bibliothek umgestalteten Tempels ist angesichts des antiheidnischen Furors auch der christlichen Bevölkerung Antiochiens und nach den antichristlichen Maßnahmen Julians, die die Christen von Antiochien besonders hart getroffen hatten und sogar zur Schließung der bischöflichen Kathedrale der Stadt geführt hatten, sicher nicht zu zweifeln[38]. Daß aber der Tempel auf Jovians Veranlassung hin niedergebrannt wurde, ist nach allem, was über die Politik dieses Kaisers bekannt ist, kaum vorstellbar[39]. Nach dem Zeugnis der byzantinischen Historiker Kedrenos und Zonaras hat Jovians Frau Charito ihren Mann nie als Kaiser zu Gesicht bekommen; ihre Anwesenheit in Antiochien während des kurzen Aufenthalts Jovians in der östlichen Hauptstadt ist sonst nicht belegt und wäre mit großen chronologischen Problemen belastet[40].

Schon im November verließ Jovian wieder Antiochien[41], um in die Reichshauptstadt zu reisen. Am 1. Januar 364 trat er in Ankyra zusammen mit seinem kleinen Sohn Varronianus den Konsulat an[42]. Am 17. Februar starb der Kaiser

---

gungen, die eine gründlichere Analyse der Quellen offenbar erst ermöglichte. Daß die ältere Forschung zugunsten ihres negativen Jovianbildes die Quellen selektiv benutzte, sich eigentlich nur auf Ammianus Marcellinus stützte und meinte, die gesamte übrige Tradition vernachlässigen zu können, verwundert bei so profunden Kennern der Quellen und gründlichen Gelehrten wie z. B. SEECK und STEIN dennoch.

[32] WIRTH, (1984) 369 f.
[33] SEECK, (1919) 213; WIRTH, (1984) 370.
[34] Über Jovians Selbstverständnis als *Restitutor* WIRTH, (1984) 369 ff.
[35] Jovian kann frühestens Mitte Oktober in Antiochien eingetroffen sein und muß es Anfang November bereits wieder verlassen haben; am 12. 11. ist er bereits in Mopshuestia nachweisbar; vgl. SEECK, (1919) 213 f.
[36] PLRE I 201; SEECK, PW III 2127. Ihr Name wird in diesem Zusammenhang aber nicht genannt.
[37] Joh. Ant., frg. 181 [FHG IV 607] = Suda 401 [ADLER II 638,32 ff.].
[38] Vgl. oben S. 140 f.
[39] Über seine Toleranz gegenüber dem Heidentum vgl. Themist. or. V; dazu auch SCHULTZE, (1887) 181–85; GEFFCKEN, (1929) 141 f.; WIRTH, (1984) 381–84.
[40] Zon. XIII 14 [PG 134,1160]; Kedr. [PG 121,588 C].
[41] SEECK, (1919) 213.
[42] SEECK, (1919) 214. Bei dieser Gelegenheit, also wenige Wochen *nach* der Jovian von

nach kaum achtmonatiger Regierungszeit in Dadastana, einer nicht mehr genau lokalisierbaren mansio im bythinisch-galatischen Grenzgebiet etwa in der Mitte zwischen Ankyra und Nizäa, völlig unerwartet an einer Kohlenmonoxydvergiftung[43].

3. Jovians Kirchenpolitik

Die christliche Tradition geht in voller Übereinstimmung davon aus, daß Jovian Christ war[44]. Ob er getauft war, ist nicht bekannt; während seiner achtmonatigen Herrschaft hat er sich nach den erhaltenen Quellen jedenfalls nicht taufen lassen[45].

Gregor von Nazianz und Ephraem, die beiden in unmittelbarem zeitlichen Zusammenhang mit den politischen Ereignissen noch während der kurzen Herrschaft Jovians ihre Antijulianschriften schrieben[46], setzten große Hoffnungen auf diesen christlichen Herrscher, von dem Ephraem die Fortsetzung der christlichen Politik des Konstantius erwartete, und der ihm als dessen legitimer Nachfolger erschien[47].

Johannes von Antiochien zur Last gelegten Brandschatzung eines Tempels in Antiochien, hielt Themistius sein Enkomion auf Jovian (or. V); vgl. SCHENKL-DOWNEY, 91.

[43] SEECK, (1919) 214. Zu den verschiedenen Vermutungen über die Todesursache vgl. SEECK, PW IX 2011. Der Verdacht, daß Jovian einem Verbrechen zum Opfer fiel, schon bei Hieron., chron. ad a. 364 [HELM, 243].

[44] Greg. Naz., or. V 15, noch zurückhaltend [BERNARDI, 320,4]: ἀνὴρ ἐπιφανὴς τά τε ἄλλα καὶ τὴν εὐσέβειαν καὶ τὸ εἶδος ἀληθῶς τυραννίδος ἄξιος, vgl. auch Ephraem, carm. Nis. XXI. Der homöische Historiker, frg. 41 [BIDEZ-WINKELMANN, 238,16] = Theophan. chron. [DE BOOR I 54,19f.]: Ἰουβιανὸς ὁ χριστιανικώτατος. So im Prinzip die gesamte christliche Überlieferung, die Amm., XXV 10,15 bestätigt. Zu Jovian als Confessor unter Julian vgl. oben S. 126f. Über seine Haltung in den theologischen Auseinandersetzungen und die orthodoxe Tradition, die ihn als Vertreter der Beschlüsse von Nizäa ansieht, unten S. 178ff. Art. P. 70 [PG 96,1317D]: τῇ τῶν Ἀνομοιητῶν αἱρέσει προσετέθη, ἤγουν Εὐνομιανῶν, ist ein offensichtlicher Trugschluß des Johannes Damascenus aus der Darstellung des Philostorgius, bes. h. e. VIII 5f. 8. Wegen des Amm., XXV 6,1, berichteten Opfers nach der Kaiserproklamation hatte GIBBON, II 444, den christlichen Glauben Jovians ohne Grund bezweifelt, fand aber darin keine Nachfolger. Wegen Amm., XXV 10,15 [SEYFARTH III 196, 13]: *edax tamen et vino venerique indulgens,* hatte GWATKIN, (1900) 230, gemeint, die Echtheit von Jovians Christentum in Frage stellen und ihn überhaupt als exemplarisch unmoralischen Menschen sehen zu müssen, eine Einschätzung, die GWATKIN ganz als Kind seiner viktorianischen Zeit zeigt. Mit seiner Behauptung, erst seit Rufin habe die christliche Geschichtsschreibung das Christentum Jovians akzentuiert, übergeht v. HAEHLING, (1977) 356f., die Zeugnisse Gregors, Ephraems und der homöischen Chronik. Auch die von v. HAEHLING konstatierte Steigerung der christlichen Gesinnung durch die Kirchenhistoriker des ausgehenden vierten und dann vor allem des fünften Jahrhunderts vermag ich so nicht zu sehen. Von Anfang an sieht die christliche Tradition Jovian als überzeugten Christen.

[45] Thdt., h. e. IV 5, scheint seine Taufe vorauszusetzen.

[46] Zur Datierung der Antijulianschriften Gregors und Ephraems vgl. oben S. 84f.

[47] Ephraem, carm. Nisib. XXI 14. 21.

Die wenig später einsetzende christliche Geschichtsschreibung berichtet, daß Jovian nach seiner Proklamation zum Augustus das hohe Amt zunächst mit der Begründung abgelehnt hätte, er könne als christlicher Kaiser nicht über ein heidnisches Heer gebieten. Daraufhin hätte das Heer sich wie aus einem Munde zum christlichen Glauben bekannt, und erst daraufhin habe Jovian sein Amt angenommen[48]. Die Szene wird in dieser Form von der Forschung einhellig und mit Recht als unhistorisch angesehen[49]. Hinter ihr steckt aber als Kern die Tatsache, daß der neugewählte Augustus sich angesichts der Politik seines Vorgängers offen zu seinem christlichen Glauben bekannte, und das besonders in seinem Offizierscorps noch weithin von Konstantius geprägte Heer sich ebenso als christlich zu erkennen gab. Mit einer solchen Proklamation gab Jovian von vornherein seinen der Politik Julians strikt entgegengesetzten Kurs zu erkennen. Auf der anderen Seite muß als sicher gelten – auch wenn die gesamte christliche Überlieferung davon schweigt –, daß nach der Wahl Jovians zum Kaiser für ihn ein Opfer dargebracht und die Haruspizien befragt wurden[50]. Allerdings scheint die Initiative dazu nicht von Jovian, sondern von Teilen des Heeres ausgegangen zu sein. Zweifellos hat Jovian aber dieses Opfer geduldet[51].

---

[48] Die früheste Bezeugung dieser Episode Ruf., h. e. XI 1; dann Sok., h. e. III 22,4f.; Soz., h. e. VI 3,1 (nur als Anspielung); Thdt., h. e. IV 1,4–6. Von Sokrates ist abhängig Theod. Anagn., Epit. 151 [HANSEN, 62,1–4] (wörtlich übernommen von Theophan., chron. [DE BOOR I 53,19–31] und Leo Grammaticus [BEKKER, 95,15–18]. Für die byzantinische Tradition vgl. noch Kedr. [PG 121,588A]; Zon. XIII 14 [PG 134,1157B]; Malal. XIII [PG 97,500B]; die syrische Tradition bei M. Syrus, chron. VII 6,147 [CHABOT I 289f.] (nach Sokrates). Die Herkunft dieser Überlieferung ist unklar. BIDEZ hat sie nicht als Teil der homöischen Chronik angesehen. Sicher hat Theophanes, auf den BIDEZ sich für die Rekonstruktion der homöischen Chronik über diesen Zeitraum in erster Linie stützt, diesen Bericht aus der von Sokrates abhängigen Epitome des Theodorus Anagnostes. Dennoch vermute ich, daß dieses Überlieferungsstück auch aus homöischer Überlieferung, wenn auch nicht aus der von BIDEZ rekonstruierten Chronik kommen muß, wie die bei Theodoret bewahrte Form noch deutlich erkennen läßt. Vgl. die Antwort der Soldaten an Jovian nach Thdt., h. e. IV 1,5 [PARMENTIER-SCHEIDWEILER, 211,8–14]: μὴ ἐνδοιάσῃς ὦ βασιλεῦ, μηδὲ τὴν ἡμετέραν ὡς πονηρὰν φύγῃς ἡγεμονίαν· Χριστιανῶν γὰρ βασιλεύσεις καὶ μαθήμασιν εὐσεβέσι συντεθραμμέων. οἱ μὲν γὰρ ἐν ἡμῖν γεραίτεροι καὶ τῆς Κωνσταντίνου διδασκαλίας ἀπήλαυσαν, οἱ δὲ μετ' ἐκείνους τῶν Κωνσταντίου μετέλαχον παιδευμάτων· τούτου δὲ τοῦ τεθνεῶτος ὀλίγος τῆς ἡγεμονίας ὁ χρόνος καὶ οὐχ ἱκανὸς τοῖς ἐξηπατημένοις ἐνιδρῦσαι τὴ λώβην. Ein derartig positiver Bezug auf die „Lehren des Konstantius" ist nur in homöischem Milieu denkbar und muß Theodoret in seiner Quelle vorgelegen haben, von ihm selbst kann diese Formulierung nicht stammen. Gegen v. HAEHLING, (1977) 357, handelt es sich nicht um eine erst Ende des vierten Jahrhunderts entstandene Tradition, sondern um eine Überlieferung der homöischen Kirche, wahrscheinlich aus der Zeit des Valens.

[49] V. HAEHLING, (1977) 357; WIRTH, (1984) 373; vgl. schon SEECK, RE IX 2007 und SCHULTZE, (1887) 179.

[50] Amm., XXV 6,1.

[51] WIRTH, (1984) 375. Gegen WIRTH kann ich in dieser Opferhandlung keine Programmatik des Kaisers für seine zukünftige Kirchenpolitik als eine Politik der Nichteinmischung in die dogmatischen Angelegenheiten der Kirche erkennen. Da sicher ein erheblicher Teil des Heeres aus Heiden bestand, mußte Jovian angesichts der Lage dieses Opfer zulassen.

Nur einen Monat nach Bekanntwerden von Julians Tod wurde am 16. September in Alexandrien ein Edikt des neuen Kaisers proponiert, das dem Christentum seine unter Konstantin und Konstantius einst innegehabte Stellung in vollem Umfang zurückgab: *ut tantum Deus excelsus colatur et Christus et ut in ecclesiis colligentes populi celebrent religionem*[52]. Sozomenus hat daraus den sicher nicht zutreffenden Schluß gezogen, daß unter Jovian als einzige Religion das Christentum erlaubt war[53]. Tatsächlich verlor das Heidentum nur seine unter Julian erlangten Privilegien wieder zugunsten des Christentums. Zwar fielen die Grundstücke und andere Liegenschaften, die Julian den Tempeln übergeben hatte, wieder an die res privata zurück, wurden also den Domänen einverleibt[54], dennoch wurde dem Heidentum Toleranz gewährt, was Themistius in seinem bei Jovians Konsulatsantritt am 1. Januar 364 in Ankyra in Gegenwart des Kaisers gehaltenen Enkomion ausdrücklich erwähnt hat[55]. Wenn die christliche Überlieferung von der Schließung von Tempeln[56] oder von Beseitigung des Götterkultes berichtet[57], dann wird man dabei in erster Linie an die Rückgabe von unter Julian in Tempel verwandelte Kirchen denken müssen[58]. Einige unter Umständen vorgekommene Zerstörungen von Tempeln wie vielleicht in Antiochien wird man nicht dem Kaiser, sondern der Wut christlicher Bevölkerungskreise nach dem Bekanntwerden von Julians Tod anlasten müssen[59].

Jovian restituiert also den Zustand der Kirche von 361 und stellt so die Reichskirche des Konstantius wieder her, allerdings ohne sich selbst in die dogmatischen Auseinandersetzungen einzumischen[60]. Aber konnte überhaupt

---

[52] Hist. Ath. IV 2 [MARTIN, 152,6–8]. Mit MARTIN, (1985) 153, Anm. 90, scheint mir SCHWARTZens, (1960, 24, Anm. 3) Umdatierung auf den 6. September nicht zwingend.

[53] Soz., h. e. VI 3,3 [BIDEZ-HANSEN, 239,23]: καὶ μόνην εἶναι σεβαστὴν τοῖς ἀρχομένοις τὴν τῶν Χριστιανῶν πίστιν.

[54] CTh X 1,8 vom 4. 2. 364. Wenn das überlieferte Datum stimmt, muß das Gesetz gegen den Titel von Jovian erlassen worden sein, so auch SEECK, (1919) 214. Statt *Med*(iolano) in der Unterschrift (MOMMSEN-KRÜGER I 2,529) ist mit SEECK, (1919) 214, *Mnizo* zu lesen.

[55] Themist., or. V; vgl. WIRTH, (1984) passim.

[56] Sok., h. e. III 24,5 f.; vgl. Joh. von Nikiou, chron. LXXXI.

[57] Joh. von Nikiou, chron. LXXXI; Art. P. 66.

[58] Art. P. 66 [PG 96,1313 C]: καὶ πᾶσαι ἐκκλησίαι ἐλευθερωθήσονται τῆς εἰδωλομανίας. Zur Umwandlung von Kirchen in Tempel unter Julian vgl. oben S. 124 f.

[59] GEFFCKEN, (1929) 142, und – wohl reichlich übertrieben – SEECK, (1922) 367 f. Zu der von Johannes Antiochenus, frg. 181, berichteten Zerstörung eines Tempels durch Jovian vgl. oben S. 163. Zur Heidenpolitik Jovians allgemein WIRTH, (1984) 381 mit Anm. 173.

[60] Soz., h. e. VI 3,4 f. [BIDEZ-HANSEN, 239,24–240,2]: ἀπέδωκε δὲ καὶ τὰς ἀτελείας ἐκκλησίαις τε καὶ κλήροις, χήραις τε καὶ παρθένοις, καὶ εἴ τι πρότερον ἐπ' ὠφελείᾳ τε καὶ τιμῇ τῆς θρησκείας δωρηθὲν ἢ νομοθετηθὲν ἐτύγχανεν ὑπὸ Κωνσταντίνου καὶ τῶν αὐτοῦ παίδων, ὕστερον δὲ ἐπὶ Ἰουλιανοῦ ἀφῃρέθη. Theod. Anagn., Epit. 154 [HANSEN, 62,11–13] = Theophan chron. [DE BOOR I 53,33–54,2]: Νόμους δὲ γενικοὺς κατέπεμψεν (sc. Ἰοβιανός) ὑπὲρ τῶν ἐκκλησιῶν εἰς πᾶσαν γῆν Ῥωμαίων, τὴν ἐπὶ τοῦ μακαρίου Κωνσταντίνου (zur Lesart Κωνσταντίου bei Epit. in HANSENs Edition vgl. oben S. 159, Anm. 6) τοῦ μεγάλου κατάστασιν καὶ τιμὴν τῇ καθολικῇ ἐκκλησίᾳ ἀποδιδούς. Philost., h. e. VIII 5 [BIDEZ-WINKELMANN, 106,28–107,3]: Ὅτι ὁ βασιλεὺς Ἰωβιανὸς εἰς τὸν ἀρχαῖον κόσμον ἀποκαθ-

ein christlicher Kaiser in dieser von Konstantin und Konstantius geschaffenen Reichskirche, so wie sie inzwischen konstruiert war, in den theologischen und kirchenpolitischen Auseinandersetzungen auf eine Stellungnahme verzichten, ohne gleich den gesamten Bau dieser Reichskirche zu gefährden? Konstantin hatte von seinem kaiserlichen Amt und dem damit verbundenen Amt des Pontifex maximus – das er und seine Söhne nun christlich verstanden – zunächst zurückhaltend Gebrauch gemacht, hatte dann aber immer entschiedener und energischer in die kirchlichen Dinge eingegriffen. Das gilt noch mehr für seine Söhne und in besonderem Maß für Konstantius.

Auch Jovian hätte dem wahrscheinlich weder entgehen können noch wollen, wenn er sein Amt in Kontinuität zu Konstantin und Konstantius aufgefaßt hat, wofür manches spricht[61]. Die Regierungszeit Jovians war indes zu kurz, um ein Urteil über die möglicherweise geplante Kirchenpolitik des Kaisers zu wagen. Wie er seine Kirchenpolitik nach Kenntnis der Lage im Westen und einem Zusammentreffen mit dem Bischof der Reichshauptstadt, Eudoxius, möglicherweise gestaltet hätte, muß gegen manche allzu sicher vorgetragene Behauptung offen bleiben[62]. Auch Konstantius' Kirchenpolitik war in den ersten Jahren seiner Herrschaft außerordentlich abwartend, wie gerade an seiner Stellung zu Athanasius deutlich wird[63]. Daß jede Zurückhaltung des Kaisers, in der dogmatischen Frage Stellung zu beziehen, von Anfang an Probleme aufwerfen mußte, ergibt sich schon daraus, daß die dogmatische Frage immer auch an Personen und ihr Schicksal geknüpft war.

Sokrates berichtet jedenfalls, daß alle kirchlichen Gruppen sich sofort bemühten, die Gunst des neuen Kaisers zu erlangen[64]. Sicher überliefert ist allerdings nur, daß die unter Konstantius von der Reichskirche ausgeschlossenen Gruppen zunächst Kontakt zum Kaiser suchten[65].

ίστησι τὰς ἐκκλησίας, πάσης αὐτὰς ἀπαλλάξας ἐπηρείας ὅσην αὐταῖς ὁ ἀποστάτης ἐπήνεγκεν. ἀνακαλεῖται δὲ καὶ οὓς ἐκεῖνος τῆς εὐσεβείας οὐ μεθιεμένους ἐφυγάδευσεν. Die Deutung der Kirchenpolitik Jovians als Restitution der Reichskirche des Konstantius muß auf die homöische Tradition zurückgehen. Sie steht im Widerspruch zu dem Nizäner Jovian der orthodoxen Tradition; vgl. unten S. 169ff; 178ff. Unklar ist, welche Bischöfe außer Athanasius aus der Verbannung zurückkehren durften; vgl. Greg. Naz., or. XXI 33, und den von Gregor abhängigen Theodoret, h. e. IV 2,3. Die Rückkehr der verbannten Bischöfe nach Thdt. auch bei Theod. Anagn., Epit. 155 [HANSEN, 62,14f.] nach Thdt. und über die Epitome in der übrigen byzantinischen Tradition. Bei Thdt. ist die Rückkehr der verbannten Bischöfe eng mit dem Fall des Athanasius verbunden. Nach Sok., h. e. III 24,4, kehrten alle unter Konstantius verbannten Bischöfe zurück, aber die hatten ja bereits unter Julian zurückkehren dürfen; vgl. oben S. 96ff.

[61] WIRTH, (1984) 374f., überinterpretiert die Zurückhaltung des Kaisers, in die dogmatischen Fragen einzugreifen.

[62] Zu der die gesamte Forschung beherrschenden Auffassung von Jovian als Vertreter des Nizänum vgl. unten S. 178ff.

[63] TETZ, TRE IV 337–341.

[64] Sok., h. e. III 24,1; 25,1.

[65] Es gibt in den zur Verfügung stehenden Quellen keinerlei Hinweis darauf, daß die Homöer ebenfalls versucht hätten, so schnell wie möglich Kontakt mit dem Kaiser zur Durchsetzung irgendwelcher kirchenpolitischer Ziele zu bekommen. Erst in Antiochien versuchten sie, die

Nach Sokrates und Sozomenus, die hier wohl beide auf Sabinus fußen[66], haben die Homöusianer unter Federführung von Basilius von Ankyra sich als erste schriftlich an den Kaiser gewandt, unmittelbar nachdem er die Reichsgrenze überschritten hatte[67]. Nach Sokrates baten die Homöusianer den Kaiser um die Beseitigung der Anhomöer von den Bischofssitzen; Sozomenus ergänzt, daß die Homöusianer Jovian außerdem baten, die Beschlüsse der Synoden von Rimini und Seleukia zu bestätigen[68]. Es kann sich bei der Petition der Homöusianer an den Kaiser – und das läßt die Überlieferung auch noch erkennen – nur um die Bitte der von der Synode von Konstantinopel 360 abgesetzten homöusianischen Bischöfe gehandelt haben, sie wieder in ihre Bistümer einzusetzen, wie auch Athanasius – allerdings geschickter und dann auch erfolgreicher als die Homöusianer – den Kaiser um seine Anerkennung als Bischof von Alexandrien bat[69]. Die Bitte der Homöusianer muß sich also gegen die noch immer die Mehrheit der Bischöfe ausmachenden und die Reichskirche als Organisation tragenden Homöer gerichtet haben[70]. Interessant ist in diesem Zusammenhang der Vorschlag der Homöusianer, vorerst auf eine große Reichssynode zu verzichten und alle anstehenden Probleme von Provinzialsynoden behandeln zu lassen[71]. Jovian hat nach den Quellen auf diese schriftliche Petition, der die

---

Anerkennung des Lucius als Bischof von Alexandrien zu erlangen; vgl. unten S. 172ff. Die Homöer sahen sich als die legitimen Vertreter der Reichskirche, deshalb lag für sie vorerst kein Grund vor, von sich aus schnell Kontakt mit dem neuen Kaiser zu suchen. Nach SCHWARTZ, (1960) 49, bemühten sich Athanasius und Meletius so eifrig um die Gunst des Kaisers, weil sie in ihm einen Anhänger der (so noch gar nicht existierenden) nizänischen Orthodoxie vermuteten. Gegen diese These sprechen vor allem die gleichzeitigen Versuche der Homöusianer und der Eunomianer, Kontakt mit dem Kaiser herzustellen. Es ging allen von Konstantius gemaßregelten Bischöfen darum, rehabilitiert zu werden. Allein die Homöer als die Vertreter der Reichskirche hatten dies eben nicht nötig.

[66] HANSEN, BIDEZ-HANSEN, LX; HAUSCHILD, (1970) 125.

[67] Sok., h. e. III 24,1; 25,2; Soz., h. e. VI 4,3. Die Homöusianer heißen bei Sokrates und Sozomenus jetzt immer οἱ Μακεδονιανοί, Μακεδόνιος und HUSSEY, II 869, s. v. Macedoniani; vgl. MEINHOLD, PW XXI 1, 1066–1078.

[68] Sok., h. e. III 25,2; Soz., h. e. VI 4,3f. Die Homöusianer haben natürlich nur um die Bestätigung der Beschlüsse der homöusianischen Mehrheit von Seleukia gebeten. Ἀριμήνῳ ist fälschlich in den Text gelangt. Ob diese Lesart Sozomenus schon in seiner Quelle vorlag, von ihm selbst irrtümlich ergänzt wurde, oder in einem frühen Stadium dem Sozomenustext zugewachsen ist, vermag ich nicht zu entscheiden. Die hs. Überlieferung bietet einheitlich Ἀριμήνῳ καὶ Σελευκείᾳ, ebenso Niceph, h. e. X 40 [PG 146,573 A]. Cassiodor-Epiphanius hat dieses Stück nicht aufgenommen. WIRTH, (1984) 375, Anm. 131, hält die von Soz. überlieferte Lesart für ursprünglich.

[69] Vgl. unten S. 169ff.

[70] Sok., h. e. III 25,2 [HUSSEY I 461]: ἀξιοῦντες ἐξωθεῖσθαι μὲν τῶν ἐκκλησιῶν τοὺς τὸ ἀνόμοιον δογματίζοντας, ἑαυτοὺς δὲ ἀντεισάγεσται. Soz., h. e. VI 4,4 [BIDEZ-HANSEN, 240,22–24]: ἐζήτουν δὲ ἢ τὰ ἐν Ἀριμήνῳ καὶ Σελευκείᾳ πεπραγμένα κύρια μένειν καὶ τὰ σπουδῇ καὶ δυνάμει τινῶν γενόμενα ἀργεῖν (scil. die Beschlüsse von Konstantinopel aufheben). Τὸ ἀνόμοιον δογματίζοντας bei Sokrates ist die bei Sabinus öfter belegte Polemik gegen die Homöer; Anhomöer hatten keine reichskirchlichen Bischofssitze inne.

[71] Soz., h. e. VI 4,4.

Homöusianer das Angebot beigefügt hatten, im Notfalle auch selber im kaiserlichen Lager zu erscheinen, nicht reagiert. Eine Aufhebung der Beschlüsse von Konstantinopel, denn darauf lief die Bitte der Homöusianer um ihre Restituierung letztlich hinaus, hätte in dieser Situation eine ungeheuere Unruhe in den Kirchen des Ostens hervorgerufen und kam für den Kaiser schon deshalb im Moment nicht in Frage. Ihm geht es um die Bewahrung der ὁμόνοια, nicht um Stärkung einer Partei[72].

Auch die Anhänger von Aetius und Eunomius, noch im Aufbau ihrer eigenen Kirchenorganisation begriffen, sandten eiligst zwei Bischöfe, Candidus und Arrian – nach Philostorgius Verwandte des Kaisers – an das kaiserliche Hoflager nach Edessa, um dort auf die Belange dieser nun selbständigen Kirche, der von den Führern der Reichskirche und unter ihnen besonders vom Bischof der Reichshauptstadt stark zugesetzt wurde, aufmerksam zu machen. Auch in dieser Angelegenheit traf Jovian keinerlei Verfügungen[73].

4. Athanasius und Jovian

Athanasius, durch Julian offiziell aus Alexandrien und Ägypten verbannt[74], befand sich in einer besonders schwierigen Situation. Wenn er auf eine offizielle Genehmigung zur Rückkehr nach Alexandrien wartete, mußte er damit rechnen, daß Lucius sich inzwischen des alexandrinischen Bistums bemächtigte. Auch wenn in Alexandrien der Anhang des Athanasius sicher größer als der des Homöers Lucius war, so gab es zweifellos eine größere Zahl von Homöern in der ägyptischen Metropole, die in der Person des Lucius über einen am Ort anwesenden Bischof verfügte[75] und die in dessen Vorgänger Georg auch einen

---

[72] Sok., h. e. III 25,4 [Hussey I 461]: Τούτων δεξάμενος τὸ βιβλίον ὁ βασιλεὺς ἀναποκρίτους αὐτοὺς ἀπέπεμψε· μόνον δὲ τοῦτο ἐφθέγξατο· ἐγώ, ἔφη, φιλονεικίαν μισῶ, τοὺς δὲ τῇ ὁμονοίᾳ προστρέχοντας ἀγαπῶ καὶ τιμῶ. Zu ὁμόνοια καὶ εἰρήνη als kirchenpolitisches Programm des Jovian vgl. WIRTH, (1984) 375.

[73] Philost., h. e. VIII 6. Sie trafen Jovian in Edessa, bevor der Kaiser in Hierapolis Athanasius traf. Die Behauptung des Philostorgius, daß sie Athanasius zuvorkommen wollten, ist so kaum glaubhaft. Der theologische und vor allem kirchenpolitische Gegner der Anhänger von Aetius und Eunomius war nicht Athanasius, sondern Eudoxius. Der gesamte Kontext bei Philostorgius handelt über die Auseinandersetzung zwischen den Eunomianern und Eudoxius, von Athanasius ist in diesem Zusammenhang nicht die Rede. Vermutlich hat Photius oder ein anderer orthodoxer Leser den Text des Philostorgius hier geändert oder kommentierend ergänzt. Um Philostorgius mit der Athanasiusüberlieferung in Übereinstimmung zu bringen, läßt NORDBERG, (1963) 57–61, Jovian gemeinsam mit Athanasius von Hierapolis nach Edessa reisen und macht Athanasius sogar zum theologischen Berater des Kaisers, wofür es allerdings keinerlei Anhaltspunkte gibt. Gegen NORDBERG steht auch fest, daß Jovian von Edessa aus über Hierapolis nach Antiochien reiste; vgl. SEECK, (1919) 214. Zu NORDBERGS auch sonst höchst problematischen Thesen oben S. 170 ff.

[74] Vgl. oben S. 104 f.

[75] Nach Sok., h. e. III 4,2, wurde Lucius gleich nach dem Tode Georgs gewählt und war nach

Märtyrer der julianischen Verfolgung vorweisen konnte[76]. Wenn Lucius einmal als Bischof von Alexandrien anerkannt wäre – und Euzoius von Antiochien, selbst ehemaliger alexandrinischer Presbyter und seit jeher geschworener Gegner des Athanasius, würde nach Ankunft des Kaisers im antiochenischen Winterquartier dazu das Seine zweifellos tun – hätte Athanasius kaum mehr eine Möglichkeit, die Kathedra des Markus zurückzugewinnen. Der Verlust des alexandrinischen Bischofssitzes wäre auch ein schwerer Schlag für die sich jetzt langsam sammelnde Gruppe jener Theologen, die auch für den Osten die Beschlüsse von Nizäa als alleinige Grundlage des Glaubens annehmen wollten, und als deren Führer sich Athanasius zu diesem Zeitpunkt zweifellos ansieht, wie die Beschlüsse der alexandrinischen Synode von 362 gezeigt haben[77]. Athanasius mußte also alles daran liegen, Lucius und Euzoius zuvorzukommen, und das heißt, seine Anerkennung als Bischof von Alexandrien von Jovian zu erwirken, bevor der Kaiser nach Antiochien kam.

Die Versuche der Homöusianer und Anhomöer, die Gunst des Kaisers zu erlangen, konnten Athanasius in keiner Weise gefährlich werden, hatten aber andererseits deutlich gemacht, daß Jovian um des äußeren Friedens der Kirche willen – zumindest vorerst – nicht geneigt war, personell in der Kirche einzugreifen[78].

Athanasius, der offenbar über gute Informationsmöglichkeiten verfügte, hatte sich nach Bekanntwerden von Julians Tod und der Wahl des Christen Jovian zum neuen Kaiser sofort heimlich nach Alexandrien begeben[79]. Dort muß er eilends eine Synode ägyptischer Bischöfe versammelt haben[80], die ihn als den rechtmäßigen Bischof der ägyptischen Metropole bestätigte. Schon am 6. September machte er sich zu Schiff auf den Weg nach Syrien,

---

IV 1,14 homöischer Bischof von Alexandrien neben Athanasius; vgl. auch oben S. 118, Anm. 25.

[76] Vgl. oben S. 116–119.

[77] Vgl. oben S. 108.

[78] Vgl. oben S. 168 f.

[79] Hist. Ath. IV 4. Eine andere Interpretation bei Sok., h. e. III 24,3 [HUSSEY I 459 f.]: Καὶ ἀναρρώννυσι μὲν διὰ γραμμάτων τὸν τῆς Ἀλεξανδρείας ἐπίσκοπον Ἀθανάσιον, ὃς εὐθὺς μετὰ τὴν τελευτὴν Ἰουλιανοῦ τῆς ἐκκλησίας τῶν Ἀλεξανδρέων ἐγκρατὴς ἐγένετο. Nach WIRTH, (1984) 377, hatte Athanasius dadurch Fakten geschaffen, die Jovian zum Handeln zwangen. Die hastige Reise des Athanasius zu Jovian wäre dann allerdings nicht nötig gewesen. Gegen WIRTH scheint mir die Überlieferung der *Historia Athanasii* den Vorzug zu verdienen.

[80] *Non pluribus cognito* [MARTIN, 152,17 f.] spricht nicht dagegen. Es kann sich um eine kleine Synode treuer Athanasiusanhänger gehandelt haben. Athanasius brauchte eine synodale Bestätigung seiner Stellung als Bischof von Alexandrien und Primas von Ägypten und Libyen, wenn er von Jovian in sein Amt wiedereingesetzt werden wollte. Eine Synode nimmt auch an SIMONETTI, (1975) 373; VALESIUS, PG 26,811, dagegen denkt an eine Synode ägyptischer Bischöfe in Antiochien.

wo er den Kaiser noch in Hierapolis antraf[81]. Hier muß es ihm gelungen sein, von Jovian als Bischof von Alexandrien und damit als Primas von Ägypten und Libyen bestätigt zu werden[82]. Daß er bei dieser Gelegenheit versucht hat, den Kaiser auch theologisch auf die Seite des entstehenden nizänischen Lagers zu ziehen, zeigt der in seiner überlieferten Form wahrscheinlich stark interpolierte Synodalbrief der alexandrinischen Synode an Jovian, den Athanasius nach Hierapolis mitgebracht hatte[83]. Ob Athanasius mit dem Versuch, den Kaiser auch theologisch zu gewinnen, irgendwelchen Erfolg gehabt hat, wie die von Atha-

---

[81] Hist. Ath. IV 4; Keph. ep. fest. XXXV [ALBERT, 265]. SCHWARTZ, (1960) 49, und NORDBERG, (1963) 57–61, gehen irrtümlich davon aus, daß Athanasius schon am 6. 9. in Hierapolis eintraf. Nach Epiph., haer. 68,11,3, und Ruf., h. e. XI 1, wurde Athanasius an das Hoflager des Kaisers gerufen. Soz., h. e. VI 5,1, kennt diese Version, bezweifelt sie aber. Nach Sozomenus, der *Historia Athanasii* und den *Kephalaia* der Osterfestbriefe des Athanasius ging die Initiative zu dieser Reise allein von Athanasius aus. So auch WIRTH, (1984) 378 f.

[82] Die sich als Rückberufung des Athanasius gebende *Epistula Jovianii* [OPITZ, 330] ist unecht; vgl. SCHWARTZ, (1960) 50, (Opitz, Komm. z. St.; WIRTH, (1984) 378, Anm. 14 und oben S. 159; anders SIMONETTI, (1975) 373, Anm. 62; MARTIN, 196, Anm. 98; SEECK, PW IX 2010. Vgl. damit die Fassung bei Joh. von Nikiou, chron. LXXXI. Die vollständige Restituierung des Athanasius erfolgte in Hierapolis, vgl. Hist. Ath. IV 4 [MARTIN, 152,18–20]: *Et post, ecclesiasticis rebus conpositis, accipiens litteras, uenit Alexandriam;* vgl. Greg. Naz., or. XXI 33; Epiph., haer. 68,11,3; Ruf., h. e. XI 1. WIRTH, (1984) 376 f., interpretiert die Anerkennung des Athanasius als Bischof von Alexandrien durch Jovian ausschließlich politisch. Aber Athanasius war als der rechtmäßige Bischof von Alexandrien von Julian vertrieben worden. Der rechtliche Aspekt scheint mir bei der Wiedereinsetzung des Athanasius eine ebensogroße Rolle zu spielen wie der politische. Jovian korrigiert eine von ihm als illegitim angesehene Entscheidung Julians. Ganz anders dagegen im Fall der ebenfalls an ihn appellierenden Homöusianer und Eunomianer: die Beschlüsse der (von Jovian offenbar als legitim angesehenen) Reichssynode von Konstantinopel, die die Zustimmung des Konstantius gefunden hatten, korrigiert Jovian eben nicht.

[83] Ep. ad Jov. [OPITZ, 330–33]. Es handelt sich bei diesem Synodalschreiben an den Kaiser um eine große Apologie des Nizänums, die in ihrer vorliegenden Form nicht echt sein kann. Es fehlt z. B. jeder Hinweis auf die erbetene Restitution des Athanasius. Wegen dieser rein dogmatischen Darlegung hätte Athanasius nicht so eilig nach Hierapolis aufbrechen müssen. Zweifel an der Echtheit schon bei BATIFFOL, (1901) 139, WIRTH, (1984) 379, Anm. 152 (allerdings begründet WIRTH seine Zweifel an der Authentizität von *Ad Jovianum* mit der irrtümlichen Behauptung, Theodoret habe den Hinweis auf die angebliche Bitte des Kaisers um Unterweisung nicht überliefert; vgl. aber Thdt., h. e. IV 3,2 [PARMENTIER-SCHEIDWEILER, 212,18 f.]. Der Synodalbrief gibt sich in seiner überlieferten Form als Antwort auf diese Bitte des Kaisers an Athanasius, im christlichen Glauben unterwiesen zu werden; vgl. Ep. ad Jov. 1,2 [OPITZ, 331,3 f. = PARMENTIER-SCHEIDWEILER, 212,18 f.]: θελησάσης τοίνυν τῆς σῆς εὐσεβείας μαθεῖν παρ' ἡμῶν τὴν τῆς καθολικῆς ἐκκλησίας πίστιν. Vgl. auch Ruf., h. e. XI 1; Thdt., h. e. IV 2,4; Theod. Anagn., Epit. 155 = Theophan. chron. [DE BOOR I 54,3 f.]; Suda 401 [ADLER II 638], Kedr. [PG 121,588 B], die alle von diesem Satz aus Ep. ad Jov. abhängen. Wenn Athanasius am 6. 9. nach Hierapolis aufbrach, muß die alexandrinische Synode Ende August oder in den ersten Septembertagen getagt haben. Vor August kann Jovian das Reichsgebiet noch gar nicht erreicht haben. Die Bitte Jovians an Athanasius um Glaubensbelehrung in diesem Zusammenhang ist also schon chronologisch unmöglich und auch sachlich mit der Kirchenpolitik dieses Kaisers nur schwer in Einklang zu bringen; vgl. auch unten S. 178 ff. Echt scheint mir dagegen gegen WIRTH, (1984) 379, Anm. 152, die Situation des Synodalbriefes zu sein, der aber ursprünglich zumindest auch den Fall des Athanasius enthalten haben muß. NORDBERG, (1963) 57–61, hat die These vertreten, Athanasius hätte seine beiden Apologien *de*

nasius beeinflußte Kirchengeschichtsschreibung spätestens seit Rufin zu berichten weiß, ist völlig unklar; direkte Zeugnisse dafür gibt és jedenfalls nicht[84].

In Antiochien hatte sich inzwischen unter Leitung des Euzoius eine homöische Synode versammelt, um in Alexandrien die Einsetzung und Bestätigung des Athanasius zu verhindern und Lucius als Bischof von Alexandrien beim Kaiser durchzusetzen[85]. Eine von Lucius geleitete homöische Delegation brachte die Synodalbeschlüsse mit Bitte um Bestätigung beim Kaiser vor. Wenn auch das in den Schriften des Athanasius überlieferte „Protokoll" dieser Verhandlungen mit den Homöern entweder von Athanasius selbst oder nach seinem Tode von einem Anhänger stark redigiert ist, so ist wenigstens das Vorgehen der Homöer gegen Athanasius noch einigermaßen deutlich zu erkennen[86]: Zunächst bittet Lucius den Kaiser einfach um seine Bestätigung als Bischof von Alexandrien, als ob Athanasius und sein Anspruch nicht existiere[87]. Als daraufhin Jovian Lucius und seine Begleiter auf die schon in Hierapolis erfolgte Bestätigung des Athanasius hinweist[88], entgegnen die Homöer, daß Athanasius unter Konstantin und Konstantius mehrfach rechtmäßig abgesetzt und aus Alexandrien verbannt worden war[89]. Ganz bewußt sprechen die Homöer damit den Kaiser als den Nachfolger der Konstantiner an. Auch solche Argumente konnten den Kaiser nicht umstimmen, der sich wahrscheinlich auch aufgrund der Mehrheitsverhältnisse in Alexandrien, die eindeutig für Athanasius sprachen, für ihn entschieden hatte.

---

incarnatione und *contra gentes* für Jovian verfaßt. Gegen diese völlig unbeweisbare Behauptung ist KANNENGIESSERS Widerlegung, (1970) 383–428, voll zuzustimmen.

[84] Ruf., h. e. XI 1 [MOMMSEN, 1002,11 f.]: *ab ipso* (sc. Athanasius) *formam fidei et ecclesiarum disponendarum suscepit* (sc. Jovian) *modum.* Rufin bezieht sich hier nur auf die Ep. ad Jov. berichtete Bitte des Kaisers um Unterweisung. Von irgendwelchen Folgen weiß er in Wahrheit nichts; vgl. unten S. 178 ff.

[85] Hist. Ath. IV 7 [MARTIN, 158] Bei dem nach Soz., h. e. VI 5,1, angeblich von Euzoius für das Bischofsamt vorgeschlagenen Eunuchen Probatios muß es sich entweder um einen Irrtum des Sozomenus (bzw. seiner Quelle) oder um Polemik handeln (Eunuche!). Nach Soz., h. e. VI 5,4, und pet. Art. 4,5 war Probatios ein mit Euzoius und Lucius sympathisierender Beamter am Hofe; vgl. PLRE I 733 (Probaius 2).

[86] Die *petitionis Arianorum* [OPITZ, 334–336 = PG 26,820 A–824 A] erscheinen in der hs. Überlieferung als Anhang zu ep. ad Jov.; vgl. MARTIN, (1985) 203, Anm. 125 und oben S. 159. Hist. Ath. V 7 setzt dieses Protokoll voraus; Soz., h. e. VI 5,3 f., gibt eine Zusammenfassung. Die Überarbeitung wird schon in der Überschrift deutlich: ἑτέρων τινῶν Ἀριανῶν. Ἀριανοί als Bezeichnung für die Legaten der Synode von Antiochien kann nicht dem Protokoll, sondern nur einer orthodoxen Redaktion entstammen. Völlig undenkbar gerade im Mund der Homöer ist auch: καὶ ἐπὶ τοῦ θεοφιλεστάτου καὶ φιλοσοφωτάτου καὶ μακαριωτάτου Ἰουλιανοῦ ἔσχε τὴν ἐξόρισιν [OPITZ, 335,6 f.]; vgl. auch die Bezeichnung der Legaten als Häretiker 3,12 f. [OPITZ, 335,31 f.], Athanasius als Maßstab des wahren Glaubens 3,15 [OPITZ, 336,1 f.]. Daß die *petitiones Arianorum* redigiert wurden, nimmt auch OPITZ in seinem Kommentar an.

[87] Pet. Ar. 1.7 [OPITZ, 334,13 f.]: Οἱ Ἀρειανοὶ εἶπον· Δεόμεθά σου τοῦ κράτους καὶ τοῦ βασιλείου σου, ἐπίσκοπον ἡμῖν δός.

[88] Pet. Ar. 1,8 [OPITZ, 334,15 f.]: Ὁ βασιλεὺς εἶπεν· ἐκέλευσα τὸν πρότερον, ὅνπερ εἴχετε τὸ πρότερον Ἀθανάσιον, καθέζεσθαι ἐν τῷ θρόνῳ. Vgl. auch 3,5.

[89] Pet. Ar. 2,1. Zum Hinweis auf die Verbannung unter Julian vgl. oben Anm. 86.

Auch die nun vorgebrachten Klagen über Unterdrückungen und Verfolgungen, die die Homöer unter Athanasius zu erdulden hatten, konnten am Urteil des Kaisers nichts ändern[90]. Sogar der Einsatz des antiochenischen Bischofs Euzoius für Lucius blieb erfolglos[91]. In Alexandrien mußten die Homöer unter der Regierung Jovians eine schwere Niederlage hinnehmen, auch wenn ihnen Jovian Kultfreiheit zusicherte[92]. Über die theologische Stellung des Kaisers sagt die Bestätigung des Athanasius dagegen nichts aus[93]. Aus der Tatsache der Anerkennung des Athanasius als Bischof von Alexandrien auf eine privilegierte Stellung des alexandrinischen Bischofs bei Jovian zu schließen oder Athanasius gar als den theologischen Berater und *Hofbischof* Jovians zu sehen, wie es *Nordberg* versucht hat, findet in den Quellen keinerlei Bestätigung[94]. Daß Athanasius noch über die Abreise Jovians hinaus in Antiochien blieb, ist mit seinem (vergeblichen) Versuch, in die verfahrene kirchliche Lage Antiochiens einzugreifen, zur Genüge zu erklären[95].

5. Die Synode der Meletianer in Antiochien

Sokrates und Sozomenus haben aus Sabinus den Synodalbrief einer unter der Leitung des Meletius tagenden antiochenischen Synode an Jovian überliefert[96]. Unklar ist die genaue Datierung dieser Synode[97]. In einer außerordentlich

---

[90] Pet. Ar. 3.

[91] Pet. Ar. 4,5.

[92] Pet. Ar. 3,15.

[93] Soz., h.e. V 5, will den Anschein erwecken, daß damit eine Entscheidung für das Bekenntnis von Nizäa gefallen war [BIDEZ-HANSEN, 243,4–6]: Ὧδε μὲν τῶν ἐν Νικαίᾳ συνεληθότων ἡ πίστις, τὸν ἐν μέσῳ χρόνον πολεμηθεῖσα, ὡς ἐν τοῖς πρόσθεν εἴρηται, αὖθις ἐπὶ τῆς παρούσης ἡγεμονίας ὑπερέσχεν. Ebenso durch die *petitiones Arianorum* durch ihre Betonung der Orthodoxie des Athanasius und der Häresie des Lucius und seiner Anhänger. Jovian hat die Beschlüsse der Reichssynode von Konstantinopel nicht aufgehoben und keinen homöischen Bischof abgesetzt. Athanasius wurde – wenn auch gegen den Willen und Widerstand der Homöer – als ein von Julian gemaßregelter Bischof wieder eingesetzt. Auch Konstantius hatte Athanasius 346 wieder eingesetzt, ohne deshalb zu einem Verfechter der Beschlüsse von Nizäa zu werden, auch der erklärte Homöer Valens sollte später Athanasius als Bischof von Alexandrien bestätigen; vgl. unten S. 209ff.

[94] NORDBERG, (1963) 57–61.

[95] Jovian hatte Antiochien schon im November verlassen; vgl. oben S. 163. Athanasius war nach ep. fest. Keph. XXXVI erst am 19. Februar 364 nach Alexandrien zurückgekommen.

[96] Sok., h.e. III 25,6–18 (der Brief selbst 10–17); Soz., h.e. VI 4,6–11 (der Brief 7–10); vgl. Hieron., chron. ad a. 364 [HELM, 243]; Theod. Anagn., Epit. 157 [HANSEN, 62]; Theophan. chron. [de Boor I 54,7–9]; M. Syr. chron. VII 6,147 [CHABOT I 291]; Ruf., h.e. X 31. Über diese Synode CAVALLERA, (1905) 99–127; GWATKIN, (1900) 211–15; SIMONETTI, (1975) 371–77. Erstaunlich ist, daß der besonders an den antiochenischen Ereignissen interessierte Meletiusverehrer Theodoret nichs von dieser Synode weiß.

[97] Sok., h.e. III 25,8 [HUSSEY I 462]: Τοῦτο δὲ ἐποίησαν, ἐπειδὴ τιμώμενον ὑπὸ τοῦ βασιλέως ἑώρων ἐκεῖ τότε διάγοντος, das hieße Oktober oder November 363. WIRTH, (1984)

polemischen Einleitung zu diesem Synodalbrief, die von Sokrates zwar selbst formuliert ist, m. E. aber dem Urteil des Sabinus über die Synode folgt[98], geht die Initiative zu dieser Synode allein von den *Akakianern* aus, die sich immer auf die Seite der Machthaber zu stellen wüßten und sich deshalb dem bei Jovian in hohem Ansehen stehenden Meletius anbiedern wollten[99]. Bei dem aus Sabinus stammenden Bericht spielt Meletius überhaupt keine Rolle[100]. Die von Sokrates und Sozomenus geprägte byzantinische Geschichtsschreibung läßt sogar Acacius von Caesarea, dessen Unterschrift unter den tomos der Synode Sokrates aus Sabinus überliefert hat, zum alleinigen Initiator dieser Synode werden[101]. Rufin und Hieronymus dagegen lassen die Initiative zu dieser Synode noch von Meletius ausgehen[102]. Gegen die Auffassung von *Eduard Schwartz* hat die politische Situation m. E. nur insofern eine Rolle für die antiochenische Synode

---

375, Anm. 131, verlegt ohne ersichtlichen Grund die Synode in den Sommer und läßt Legaten den Synodalbrief nach Edessa bringen.

[98] Nach HAUSCHILD, (1970) 125, der allerdings eine falsche Inhaltsangabe des Abschnittes gibt, stammt der Bericht ganz aus Sabinus, nach Sok., h. e. III 25,18, gilt das nur für den Synodalbrief selbst.

[99] Sok., h. e. III 25,6–8. Richtig daran ist, daß alle Teilnehmer der Synode aus dem Kreis der aktiven Vertreter der Beschlüsse der Reichssynode von Konstantinopel, d. h. aus dem Lager der Homöer kamen und nicht von den in Opposition zur Kirchenpolitik des Konstantius stehenden Homöusianern. So auch SIMONETTI, (1975) 374 f. Ohne Anhalt in den Quellen dagegen GWATKIN, (1900) 211 ff., der annimmt, wegen der Tätigkeit des Lucifer von Calaris hätte Meletius sich wieder enger an Acacius angeschlossen.

Für das Ansehen, das Meletius bei Jovian genossen haben soll, gibt es sonst kein Zeugnis. Theodoret berichtet, daß Jovian Meletius *die neuerbaute Kirche* gab: h. e. IV 24,4 [PARMENTIER-SCHEIDWEILER, 263,1 f.]: ἐδεδώκει καὶ τὴν νεόδμητον ἐκκλησίαν. ELTESTER, (1937) 275, Anm. 87, vermutet, daß damit die *Große Kirche,* also die Bischofskathedrale des Euzoius, gemeint sein muß (so auch CAVALLERA, (1905) 126; DEVREESSE, (1945) 26; DOWNEY, (1961) 397 f.). SCHULTZE, (1930) 124, vermutet, daß Jovian für Meletius eine neue Kirche erbauen ließ. Für die Identifizierung der νεόδμητη ἐκκλησία mit der großen Kirche gibt es gegen ELTESTER keinen Anhaltspunkt. Sie taucht in der antiken Literatur nie unter diesem Namen auf. Die Kirchengeschichtsschreibung des fünften Jahrhunderts geht davon aus, daß Euzoius ohne Unterbrechung seit 361 Bischof von Antiochien war und auch beim plötzlichen Tode des Jovian im Besitz der Kathedra von Antiochien, vgl. Sok., h. e. IV 15, und unten S. 231 ff.

Pet. Ar. 4,6 setzt ebenfalls Euzoius als Bischof von Antiochien während der kurzen Anwesenheit des Kaisers in der Stadt voraus. So wie Jovian den alexandrinischen Homöern gegen Athanasius Kultfreiheit zugesichert hatte (vgl. oben S. 173), so mag er in Antiochien auch für eine weitere Versammlungsstätte für die Meletianer in Antiochien gesorgt haben, um den kirchlichen Frieden zu sichern. Das große Ansehen, das Meletius bei Jovian gehabt haben soll, braucht Sabinus/Sokrates nur, um die *Akadianer* des politischen Opportunismus bezichtigen zu können. Darin ist ihnen die Forschung bis auf den heutigen Tag weitgehend gefolgt; vgl. CAVALLERA, (1905) 122; SIMONETTI, (1975) 371 ff.; LE BACHELET, DTC II 1836; DOWNEY, (1961) 397 f.; DEVREESSE, (1945) 23.

[100] Sok., h. e. III 25,6–9. Im Widerspruch dazu führt Meletius die Unterschriftenliste unter den Synodalbrief an Jovian an (h. e. III 25,16; vgl. Soz., h. e. VI 4,6).

[101] Vgl. Theod. Anagn., Epit. 157; Theophan. chron. [DE BOOR I 54,7–9]. Dieser Tradition folgt unkritisch WIRTH, (1984) 376, Anm. 132.

[102] Ruf., h. e. X 31; Hieron. chron. ad a. 364 [HELM, 243].

gespielt, als nach dem Tode Julians unter einem christlichen Kaiser eine Synode nun wieder viel einfacher zu organisieren war[103]. Der Anlaß für diese Synode lag nicht in einer eilfertigen Anpassung an neue kirchenpolitische Gegebenheiten, wie *Schwartz* für Meletius und die große Mehrheit der Forschung nach Sabinus/ Sokrates für die übrigen Teilnehmer, die *Akakianer,* angenommen hat[104], denn Jovian hatte bisher noch keine kirchenpolitischen Präferenzen erkennen lassen.

Problematisch erscheint die von Sabinus bezeugte und von der Forschung – wenn ich recht sehe – ohne Ausnahme vertretene Teilnahme des Acacius von Caesarea an dieser Synode und seine Unterschrift unter ihre Beschlüsse. Sein Name in der Liste der Unterschriften des Synodalbriefes an den Kaiser (Sok., h. e. III 25,18; vgl. Soz., h. e. VI 4,6) ist offensichtlich der Anlaß für den von Sabinus/Sokrates erhobenen und von der Forschung bis heute ziemlich einmütig geteilten Vorwurf des politischen Opportunismus dieser Synode (Sok., h. e. III 25,6–9).

Gegen die Teilnahme des Acacius von Caesarea an der meletianischen Synode in Antiochien und gegen seine Unterschrift unter den Brief der Synode an Jovian sprechen aber verschiedene Gründe:

1. Keine andere Quelle des vierten Jahrhunderts weiß von einem Bruch zwischen Acacius und den übrigen Homöern. Besonders Athanasius, der Acacius zum letztenmal in *de synodis* erwähnt, hätte eine Zustimmung des Acacius zum Nizänum nicht unerwähnt gelassen und kirchenpolitisch ausgenutzt, wie er auch die Zustimmung des Euseb in Nizäa in *de decretis Nicaenae synodi* ausgiebig gegen die Eusebianer verwertet hatte.

2. Wenn Acacius an der meletianischen Synode teilgenommen hätte, wäre ihm mit Sicherheit die Leitung der Synode zugefallen, auf keinen Fall stünde dann seine Unterschrift an sechster Stelle, wie in der erhaltenen Liste.

3. Im Jahre 364 wurde Acacius zusammen mit Eudoxius von Konstantinopel von der homöusianischen Synode von Lampsakus verurteilt (Sok., h. e. IV 4,3; dazu unten S. 206 ff.). Die homöusianischen Synodalen in Lampsakus hätten demnach nicht gewußt, daß Acacius sich ein Jahr zuvor von den Homöern getrennt hatte. Diese unmögliche Annahme wird von der Forschung durch eine Acacius unterstellte erneute politisch motivierte theologisch-kirchenpolitische Wende umgangen. Diese erneute Wende des inzwischen greisen Acacius stößt schon auf chronologische Schwierigkeiten. Die Synode von Lampsakus fand ganz zu Beginn der Herrschaft des Valens statt, als der Kaiser noch keine Bevorzugung der Homöer hatte erkennen lassen. Diese angebliche erneute theologisch-kirchenpolitische Wende des Acacius ist eine Erfindung der Forschung, die nur den Zweck hat, seine angebliche Unterschrift

---

[103] Zu den Schwierigkeiten, die Euzoius hatte, während der Herrschaft Julians in Antiochien eine Synode zu organisieren vgl. oben S. 111.

[104] Nach SCHWARTZ, (1960) 50 f., wollten Meletius und seine Anhänger mit dieser Synode den von SCHWARTZ undiskutiert vorausgesetzten nizänischen Tendenzen des Kaisers entgegenkommen. Zu Jovians Stellung in den dogmatischen Auseinandersetzungen vgl. oben S. 178 ff. Zum selbstverständlich unterstellten politischen Opportunismus des Acacius und seiner Anhänger vgl. oben Anm. 99. Die unbeugsame Haltung einiger dieser Bischöfe, die unter Valens deshalb ins Exil mußten, erweist ihren angeblichen politischen Opportunismus unter Jovian als Polemik; vgl. zum Exil von Meletius, Euseb v. Samosata und Pelagius von Laodicea unten S. 231 ff.

unter die das Nizänum akzeptierenden Beschlüsse der antiochenischen Meletianer-synode mit der eindeutig bezeugten Verurteilung durch die homöusianische Synode von Lampsakus in Einklang zu bringen.

4. Sok., h. e. IV 1,7, setzt zu Beginn der Herrschaft des Valens den Bruch zwi-schen Meletius und Acacius als schon länger bestehend voraus. Trotz der Bezeugung durch Sabinus/Sokrates kann Acacius nicht die Beschlüsse der antiochenischen Syn-ode von 363 unterschrieben haben. Die Unterschriftenlisten von Synodalbriefen wurden oft auch ohne Ortsangaben überliefert, wie die Beispiele Ath., apol. sec. 48–50, zeigen. Da Acacius von Caesarea zweifellos der bekannteste Acacius der Zeit war, ist es leicht vorstellbar, daß ein ohne Ortsnamen in der Liste überlieferter Acacius mit dem von Caesarea identifiziert wurde. Dies um so leichter, als feststand, daß es sich bei den in Antiochien versammelten Bischöfen um ehemalige Anhänger des caesaräischen Acacius gehandelt hatte. Ob Sabinus selbst aus seiner profunden Kenntnis der Synodalgeschichte die Ortsnamen ergänzt hat, wird man nicht mehr entscheiden können. Daß er seine Texte durchaus bearbeitet hat, zeigt gerade der Synodalbrief dieser Synode, aus dem Sabinus den ursprünglich mitgegebenen Text des Nizänum gestrichen hat (Sok., h. e. III 25,17). Sicher scheint, daß ein Acacius in Antiochien unterschrieb, den man mit dem berühmten Acacius von Caesarea identi-fizierte (u. U. könnte es sich um den 360/61 als Anhänger des Acacius von Caesarea zum Nachfolger des Silvanus in Tarsus eingesetzten Acacius handeln; vgl. *Le Quien* II 872 und unten S. 196.

Der Anlaß für die Synode war ein rein theologischer. Meletius und seine theologischen Weggenossen, die von den Homöern herkamen, sich aber theolo-gisch inzwischen von ihnen getrennt hatten, mußten jetzt ihren theologischen Standort – auch und gerade angesichts der Lage in Antiochien – endlich selbst definieren. Dazu war bisher keine Gelegenheit gewesen. Meletius wollte mit dieser Synode eine theologische Antwort auf das alexandrinische Synodalschrei-ben von 362 und das am Ende allerdings höchst unglückliche selbstbewußte Eingreifen des Athanasius in die Angelegenheiten Antiochiens geben[105]. Daß Meletius den tomos der Synode auch an den neuen Kaiser schickte, von dem er sich sicherlich eine Anerkennung als Bischof von Antiochien erhoffte, entsprach inzwischen kirchlichem Brauch und hat nichts damit zu tun, dem Kaiser theolo-gisch nach dem Mund zu reden. Die Synode bekennt sich ausdrücklich zur Ekthesis von Nizäa, die im Wortlaut gegeben wird[106] und namentlich zum ὁμοούσιος, das aber ganz homöusianisch als ὅμοιος κατ᾽ οὐσίαν im Sinne des Basilius von Ankyra verstanden wird[107]. Allerdings hatten Basilius und die

---

[105] Vgl. oben S. 108. Die Synode nimmt weder die von Athanasius im *tomus ad Antiochenos* akzeptierte Form der Dreihypostasenlehre noch die Lehre vom heiligen Geist in ihr Synodal-schreiben auf. Darin wird man wohl auch einen Protest gegen das Eingreifen des Athanasius in die antiochenischen Angelegenheiten sehen müssen.

[106] Sok., h. e. III 25,13. 17; Soz., h. e. VI 4,8. 10 (den Text des Nizänum selbst hat Sabinus nicht aufgenommen).

[107] Sok., h. e. III 25,14 [Hussey I 463]: Ὁπότε καὶ τὸ δοκοῦν ἐν αὐτῇ τισὶν ὄνομα, τὸ τοῦ ὁμοούσιου φαμὲν, ἀσφαλοὺς τετύχηκε παρὰ τοῖς πατράσιν ἑρμηνείας, σημαινούσης ὅτι ἐκ τῆς οὐσίας τοῦ πατρὸς ὁ υἱὸς ἐγεννήθη, καὶ ὅτι ὅμοιος κατ᾽ οὐσίαν τῷ πατρί. Auffällig ist,

Homöusianer die Gleichsetzung von ὅμοιος κατ' οὐσίαν und ὁμοούσιος gerade immer abgelehnt und deshalb den Begriff ὁμοιούσιος vorgezogen[108]. Daß Sabinus als Homöusianer und erklärter Gegner des Nizänum diese theologische Position, die nun ausgerechnet von Vertretern des ehemaligen *linken* homöischen Flügels der Eusebianer vertreten wurde, als Verrat empfand und entsprechend brandmarkte, ist so nicht weiter verwunderlich[109].

Im Grunde vertreten die in Antiochien versammelten Bischöfe, die in ihrer Mehrheit die akakianischen Beschlüsse der Synode von Seleukia 359 und 360 auch die der Synode von Konstantinopel unterschrieben hatten, eben doch nicht die homöusianische Auffassung[110]. Ihre Position gleicht viel eher der, die Hilarius von Poitiers 359 in seiner (angesichts der Vorbereitungen der großen Reichssynode) um die Homöusianer werbenden Schrift ohne Erfolg vertreten hatte[111].

Theologisch zielt dieser Synodalbrief eindeutig gegen die Eunomianer. Um die anhomöische Theologie eindeutiger ablehnen zu können, ist man bereit, Nizäa zu akzeptieren. In der Abwehr der anhomöischen Position scheint überhaupt die Position der Meletianer begründet zu sein[112].

Als Verrat am Nizänum und an der für sie unaufgebbaren Einhypostasentheologie empfanden dagegen diesen Synodalbrief die antiochenischen Eustathianer um Paulinus, wie die unter den Schriften des Athanasius überlieferte, von einem anonymen Autor stammende *Refutatio hypocrisis Meletii et Eusebii Samosatensis, adversus Consubstantialitatem* zeigt[113].

---

daß ὅμοιος κατ' οὐσίαν hier mit der nizänischen Formel ἐκ τῆς οὐσίας τοῦ πατρός erklärt werden kann. Zu der eigentlich homöusianischen Formel ὅμοιος κατ' οὐσίαν vgl. oben S. 5 ff.

[108] Siehe oben S. 5 ff.

[109] Zum streng homöusianischen Standpunkt des Sabinus vgl. HAUSCHILD, (1970) 105–26; dazu auch unten S. 221 die Beschlüsse der homöusianischen Synode im karischen Antiochien gegen die Identifizierung von ὅμοιος κατ' οὐσίαν mit ὁμοούσιος.

[110] Zum homöusianischen Kompromiß einer via media zwischen ὁμοούσιος und bloßem ὅμοιος vgl. Sok., h. e. III 10,4 ff.; Bas., epp. 128; 212.

[111] *De synodis;* vgl. BRENNECKE, (1984) 346 ff.

[112] Sok., h. e. III 25,15 [HUSSEY I 463]: οὔτε δὲ ὡς πάθους τινὸς περὶ τὴν ἄρρητον γέννησιν ἐπινοουμένου, οὔτε κατά τινα χρῆσιν Ἑλληνικὴν λαμβάνεται τοῖς πατράσι τὸ ὄνομα τῆς οὐσίας, εἰς ἀνατροπὴν δὲ τοῦ ἐξ οὐκ ὄντων, περὶ τοῦ Χριστοῦ ἀσεβῶς τολμηθέντος παρὰ τοῦ Ἀρείου, ὅπερ καὶ οἱ νῦν ἐπιφοιτήσαντες ἀνόμοιοι ἔτι θρασύτερον καὶ τολμηρότερον ἐπὶ λύμῃ τῆς ἐκκλησιαστικῆς ὁμονοίας ἀναισχύντως παρρησιάζονται. Zu οὔτε δὲ ὡς πάθους vgl. oben S. 18. Die Frage nach der Entstehung der nizänischen Position ausgerechnet bei den Meletianern kann hier nicht weiter behandelt werden. Als Zielpunkt scheint mir jedenfalls die Theologie des Eunomius, der sich in seinem *Apologetikos* begrifflich den Homöern so angenähert hatte, daß er theologisch von dieser Seite her fast unangreifbar war (vgl. oben S. 75 f.), deutlich zu sein. Aus der theologischen Position von Eudoxius und Euzoius war Eunomius eben nur noch kirchenpolitisch oder mit Polemik, nicht aber überzeugend theologisch zu bekämpfen. Das muß einigen Vertretern der Homöer deutlich geworden sein. Die Möglichkeit der theologischen Differenzierung zwischen οὐσία und ὑπόστασις, die aber eigenartigerweise von der antiochenischen Synode noch nicht aufgenommen wurde, bot nun die Möglichkeit, die Formulierungen von Nizäa mit einer Dreihypostasentheologie zu versöhnen und so das Nizänum anzunehmen; vgl. ABRAMOWSKI, (1979).

[113] CPG 2242 [PG 28,85–90]. Aus der Sicht der Paulinianer auch Hieron., chron. ad a. 364

Eine Reaktion des Athanasius auf diese erste theologische Standortbestim-
mung der neuen theologischen Gruppierung um Meletius kennen wir nicht[114].
Es kam jedenfalls zu keiner kirchlichen Gemeinschaft zwischen Athanasius und
Meletius[115]. Athanasius blieb trotz seiner grundsätzlichen Anerkennung der
Möglichkeit einer Dreihypostasentheologie[116] in Gemeinschaft mit Paulinus[117]
und machte es in erster Linie aus diesem Grund Meletius unmöglich, die nach
dem Zeugnis des Basilius von Caesarea von Athanasius gewünschte Gemeinschaft aufzunehmen.

Basilius hat diese unnötige Zersplitterung der orientalischen Nizäner später
noch oft zu beklagen Anlaß gehabt[118].

Besonders erstaunlich ist, daß die antiochenische Synode das ὁμοούσιος von
Nizäa in der homöusianischen Begrifflichkeit aufnimmt und die theologisch viel
bessere und weiterführende Lösung der Differenzierung von οὐσία und
ὑπόστασις, wie sie Athanasius in seinem Synodalbrief an die Antiochener vorher
bereits akzeptiert hatte, nicht erwähnt. Schließlich war die theologische Differenzierung von Usia und Hypostasis nach unseren (hier aber sehr unvollkomme-
nen) Kenntnissen zuerst in Antiochien bei den Anhängern des Meletius als
theologische Möglichkeit aufgetaucht, das Nizänum im Sinne einer recht verstandenen Dreihypostasentheologie zu interpretieren und so auch anzunehmen[119]. Offenbar war dieses neue theologische Modell, von der Einheit und
doch Unterscheidbarkeit in der Trinität zu reden, den meisten der in Antiochien
versammelten syrischen Bischöfe noch nicht zuzumuten.

6. Jovians Position in den theologischen Auseinandersetzungen

Bei seinen kirchenpolitischen Entscheidungen hatte Jovian, – soweit erkennbar – große Zurückhaltung hinsichtlich der theologischen und kirchenpolitischen Auseinandersetzungen gezeigt und keine der kirchlichen Parteien eindeutig begünstigt. Seit den Kirchenhistorikern des fünften Jahrhunderts scheint aber

---

[HELM, 243,21–24]: *Synodus Antiochiae a Melitio et suis facta, in qua homousio anomoeoque reiecto
medium inter haec homoeuosion Macedonianum dogma uindicauerunt.* Hieronymus interpretiert die
meletianische Auslegung des ὁμοούσιος durch ὅμοιος κατ᾽ οὐσίαν als homöusianisch.

[114] Athanasius muß während der Synode sich in Antiochien aufgehalten haben; vgl. oben
S. 169ff.

[115] Ruf., h. e. X 31; Bas., epp. 89,2; 214,2; 258,3.

[116] Das im Pap. Berol. 11948 überlieferte Fragment eines Osterfestbriefes [CSCO 150,69f. –
eine deutsche Übersetzung von PIEPER, ZNW 37 (1938) 75,11–21], das Athanasius als Vertreter
der Dreihypostasentheologie erscheinen läßt, ist nach LAMINSKI, (1969) 115, unecht; vgl. auch
TETZ, TRE IV 341.

[117] SCHWARTZ, (1960) 49; vgl. LIÉBAERT, Cath. VIII 1116–22. Ohne Anhalt in den Quellen
vermutet SIMONETTI, Diz. pat. II 2205f., daß Acacius von Caesarea Athanasius die Anerkennung des Meletius unmöglich machte und so die Anerkennung des Paulinus zustande kam.

[118] Vgl. unten S. 226ff.

[119] Vgl. ABRAMOWSKI, (1979).

festzustehen, daß Jovian das nizänische Bekenntnis vertrat[120]. In ihrer Einschätzung des kirchlich-theologischen Standpunktes Jovians ist die moderne Forschung fast ausnahmslos den Kirchenhistorikern des fünften Jahrhunderts gefolgt[121]. Die Frage nach Herkunft und Glaubwürdigkeit dieser Tradition ist, wenn ich recht sehe, nie gestellt worden[122].

In seinen wohl noch während der kurzen Herrschaft Jovians verfaßten Antijulianschriften weiß Gregor von Nazianz nur vom christlichen Glauben des neuen und von Gregor begrüßten Kaisers[123]. Ephraem sieht Jovian gerade auch kirchenpolitisch ganz in Kontinuität zu Konstantius[124]. Der anonyme homöische Historiker kennt ebenfalls nur den Christen Jovian und weiß nichts von einer Parteinahme für das Nizänum[125]. Die vom homöischen Historiker abhängigen Chroniken, beginnend mit Hieronymus und Philostorgius, wissen ebenfalls nichts vom nizänischen Bekenntnis Jovians[126].

Bei allen Texten dagegen, in denen Jovian als Nizäner erscheint, geschieht das im Zusammenhang mit seiner angeblichen Bitte an Athanasius, ihm den rechten Glauben darzulegen, zuerst bei Epiphanius und Rufin[127]. Für Sokrates und Theodoret, die ebenfalls vom angeblichen Briefwechsel zwischen Athanasius und Jovian wissen, ist Jovian schon von jeher ein Vertreter des Nizänum[128]. Durch die Epitome des Theodorus Anagnostes und ihre vielfältige Aufnahme in

---

[120] Ruf., h. e. X 31 [MOMMSEN, 1002,11 f.]: *ab ipso formam fidei et ecclesiarum disponendarum suscepit modum;* vgl. oben S. 172, Anm. 84; Sok., h. e. III 24,2 [HUSSEY I 459]: Ὁ δὲ ἐξ ἀρχῆς μὲν τῇ ὁμοουσίῳ πίστει προσέκειτο. Soz., h. e. VI 5,5 [BIDEZ-HANSEN, 243,4–6]: Ὧδε μὲν τῶν ἐν Νικαίᾳ συνεληλυθότων ἡ πίστις, τὸν ἐν μέσῳ χρόνον πολεμηθεῖσα, ὡς ἐν τοῖς πρόσθεν εἴρηται, αὖθις ἐπὶ τῆς παρούσης ἡγεμονίας ὑπερέσχεν. Thdt., h. e. IV 2,3 [PARMENTIER-SCHEIDWEILER, 212,3 f.]: καὶ τὰς ἐκκλησίας ἀποδοθῆναι παρεγγυῶντα τοῖς τὴν ἐκτεθεῖσαν ἐν Νικαίᾳ πίστιν διατετηρηκόσιν ἀκήρατον.

[121] Vgl. aber WIRTH, (1984) 373, Anm. 118.

[122] WIRTH, 1. c., hat in diesem Zusammenhang schon auf die Athanasiustradition verwiesen.

[123] Greg. Naz., or. V 15. Selbst or. XXI 33, erst während der Herrschaft des Theodosius geschrieben, als Gregor selbst zu den führenden Nizänern zählte, weiß nichts vom nizänischen Bekenntnis Jovians. Gregor weiß nur, daß Athanasius Jovian das nizänische Bekenntnis zugeschickt hatte, kennt also zu diesem Zeitpunkt die *epistula ad Jovianum.*

[124] Ephraem, carm. Nis. XXI 14. 21; vgl. oben S. 85.

[125] Vgl. die aus Theophanes emendierten Fragmente 40 f. [BIDEZ-WINKELMANN, 237 f.]. Daß der homöische Historiker nicht etwa das nizänische Bekenntnis des Kaisers verschwiegen haben kann, zeigt die durchweg positive Würdigung Jovians; vgl. auch Ephraem und Gregor, die 363 noch nicht als Nizäner angesehen werden können; vgl. oben S. 85.

[126] Hieron., chron. ad a. 363/64 [HELM, 242 f.]; Philost., h. e. VIII 5; Chron. pasch. [PG 92,749 B–753 A]; Zon. XIII 14 [PG 134,1157 BC] (allerdings kennt Zonaras die Restituierung des Athanasius); Malal. XIII [PG 97,501 C]; Leo Grammaticus [BEKKER, 95]; chron. misc. [BROOKS-CHABOT, 104 f.].

[127] Epiph., haer. 68,11, und Ruf., h. e. X 31 (vgl. den Text oben Anm. 120) behaupten noch nicht ausdrücklich, daß Jovian Nizäner war, legen aber diesen Schluß nahe.

[128] Vgl. oben Anm. 120. Bei beiden steht diese Aussage in unmittelbarem Zusammenhang mit dem Bericht über den Briefwechsel zwischen Athanasius und Jovian; vgl. auch Sok., h. e. III 24,2 f. und Thdt., h. e. IV 2,3–5. Die Wiederherstellung der Beschlüsse von *Nizäa* bei Sozomenus, h. e. V 5,6, im Zusammenhang des in sich geschlossenen Athanasiuskapitels (V 5).

der byzantinischen Historiographie ist diese Auffassung dann bestimmend geworden[129]. Die Überlieferung von Jovian als nizänisch gesonnenem Kaiser hängt eindeutig und ausschließlich an der Athanasiusüberlieferung. Die drei Jovian und Athanasius betreffenden Texte der Athanasiusschriften begegnen in der handschriftlichen Überlieferung der Athanasiuscorpora nur als in sich geschlossener Block[130]. Ihre Kenntnis ist seit Epiphanius bei allen Kirchenhistorikern vorauszusetzen, der Bezug auf sie ist überall deutlich[131]. Die _epistula ad Jovianum_ will zwar in der überlieferten Form den Kaiser davon überzeugen, daß allein das Nizänum der wahre Ausdruck des christlichen Glaubens sei; eine Reaktion des Kaisers darauf wird jedoch nicht berichtet[132]. Der Kaiser selbst erscheint ausdrücklich als Nizäner nur in der unechten _epistula Jovianii_ und den stark redigierten _petitiones Arrianorum_[133]. Die Umstände des Zusammentreffens von Athanasius und Jovian geben dagegen keine Anhaltspunkte, Jovian als Nizäner zu sehen.

Wahrscheinlich während der Herrschaft des Homöers Valens wurden diese drei Texte so zusammengestellt, nicht nur um angesichts der historisch unanfechtbaren Restitution des Athanasius als Bischof von Alexandrien durch Jovian die Position der alexandrinischen Nizäner damit begründen zu können, daß Athanasius also anerkanntermaßen sein Amt rechtmäßig ausgeübt hatte, sondern, um außerdem Jovian gegenüber Valens als Nizäner zu reklamieren. Vermutlich geschah die Redaktion dieser drei Texte nach dem Tod des Athanasius, als Lucius sich gegen den designierten Nachfolger doch durchsetzen konnte und Petrus und den Anhängern des Athanasius den Bischofsthron entriß[134].

Die Tradition vom nizänischen Bekenntnis Jovians fußt also allein auf den in Alexandrien zu apologetischen Zwecken gegen den Anspruch des Homöers Lucius auf das alexandrinische Bischofsamt zusammengestellten Texten über die Restituierung des Athanasius durch Jovian. Jovian selbst kann von daher nicht als Vertreter des Glaubens von Nizäa angesehen werden. Nizänisches Christentum ist im Osten in diesem Zeitraum überhaupt erst im Entstehen, wie die alexandrinische und die antiochenische Synode gezeigt hatten[135]. Mit den zur

---

[129] Theod. Anagn., Epit. 155 [HANSEN, 62]; Theophan. chron. [DE BOOR I 54,2–6]; M. Syr. chron. VII 6,147 (von Thdt., h. e. IV abh.); Kedr. [PG 121,588 B]; Suda, 401 [ADLER II 638].

[130] Vgl. den Apparat bei OPITZ, 330–333. Die _Epistula Jovianii_ ist hs. immer eng mit _ad Jovianum_ verbunden, die _petitiones Arrianorum_ sind überhaupt nur als Anhang zu _ad Jovianum_ überliefert; vgl. oben S. 159.

[131] Vgl. oben Anm. 127 f.

[132] Vgl. oben S. 171 f.

[133] In ep. Jov. eigentlich nur indirekt: [OPITZ, 330,7 f.]: ὡς σκύβαλα ἡγησάμενος τῆς φίλης σοι ὀρθοδόξου πίστεως τοὺς οἴακας κατέχων. Viel deutlicher nizänisch und bewußt antiarianisch zeichnet Jovian die bei Johannes von Nikiou überlieferte Rezension des Briefes [ZOTENBERG, 322]. Johannes von Nikiou repräsentiert die alexandrinische Tradition über den Nizäner Jovian in einer zugespitzten Form. Vgl. auch pet. Ar. 3,7. 13. 15.

[134] Vgl. unten S. 236 ff.

[135] Vgl. oben S. 108; 173 ff.

Verfügung stehenden Nachrichten kann man Jovian keiner der 363/64 existierenden kirchlichen Parteien zuordnen. Er verstand sich als Christ und Glied der Reichskirche, wie sie durch Konstantin und dann im Osten vor allem durch Konstantius organisiert worden war. An die Tradition des Konstantius wollte er auch kirchenpolitisch anknüpfen[136]. Ihm ging es wie seinen Vorgängern darum, in der Kirche εἰρήνη καὶ ὁμόνοια zu bewahren[137].

2. Kapitel

Die Restaurierung der homöischen Reichskirche durch Valens (364–367)

1. Die Überlieferung

Über die reichlich vierzehnjährige Regierung Kaiser Valens' im Osten des Reiches (364–378) sind wir im Hinblick auf die politischen und vor allem militärischen Ergebnisse durch die sehr umfängliche Darstellung des Ammianus Marcellinus (Buch XXVI–XXXI), dessen Geschichtsschreibung mit Valens' Tod auf dem Schlachtfeld bei Adrianopol endet, und durch Zosimus' *historia nova* (IV 1–24) einigermaßen gut unterrichtet. Allerdings ist bei diesen beiden heidnischen Schriftstellern, von denen Ammianus Marcellinus ein Zeitgenosse des Valens ist, ihre grundsätzliche Ablehnung dieses christlichen Kaisers zu beachten[1]. Die byzantinische Überlieferung hat außerdem Fragmente einiger griechischer Historiker über die Regierung des Valens bewahrt[2]. Eutropius, der offizielle Historiograph des Valens, hat leider über die Herrschaft und Regierungszeit seines Auftraggebers selbst nichts mehr berichtet[3].

Von dem anonymen homöischen Historiographen haben sich nach der Rekonstruktion *Bidez*[4] nur einige kümmerliche und kirchengeschichtlich unspezi-

---

[136] Amm., XXV 10,14f. [SEYFARTH III 196,9]: *et aemulari malebat Constantium*.

[137] Vgl. die Adresse des Briefes der meletianischen Synode von Antiochien an den Kaiser, Sok., h. e. III 25,11 [HUSSEY I 462]: Τὴν ἐκκλησιαστικὴν εἰρήνην τε καὶ ὁμόνοιαν ὅτι σοῦ καὶ πρώτη πρεσβεύειν ἐσπούδασεν ἡ εὐσέβεια, εὖ ἴσμεν καὶ αὐτοί, θεοφιλέστατε βασιλεῦ. Zu ὁμόνοια καὶ εἰρήνη bei Jovian vgl. auch WIRTH, (1984) 376.

[1] Trotz mancher Vorzüge, die Ammianus in seiner zusammenfassenden Würdigung, Amm., XXXI 14, Valens zubilligt, war dieser in seinen Augen für das Amt des Augustus unfähig; vgl. auch Zos. IV 3.

[2] Die gesamte Überlieferung bei NAGL, PW II 7,2,2097–2137; übersichtlicher bei LIPPOLD, Der kleine Pauly V 1090f.

[3] Nach dem Bericht über den Tod Jovians schließt Eutrop [DROYSEN, 182,8–11]: *quia autem ad inclitos principes venerandosque perventum est, interim operi modum dabimus. nam reliqua stilo maiore dicenda sunt. quae nunc non tam praetermittimus quam ad maiorem scribendi diligentiam reservamus.*

[4] Vgl. oben S. 93ff.

fische Reste über die Regierungszeit des Valens erhalten[5]. Spuren dieser homöischen Historiographie lassen sich über die Zeit des Valens außer bei Theophanes
noch bei Philostorgius, Michael Syrus, dem *chronicon miscellaneum*, Hieronymus
und m. E. vor allem im *chronicon paschale* nachweisen[6]. Inwieweit die orthodoxen Historiker des fünften Jahrhunderts, die den homöischen Anonymus gekannt und bei ihrer Darstellung der Herrschaft Julians auch benutzt haben, ihn
auch hier ausgeschrieben haben, läßt sich anhand der wenigen halbwegs sicher
zu identifizierenden Fragmente kaum bestimmen.

Von den zeitgenössischen christlichen Schriftstellern ist das Briefcorpus des
Basilius von Caesarea besonders wichtig[7], das sich ganz auf diesen Zeitraum
beschränkt und vor allem in die Verhältnisse Kappadokiens einen relativ guten
Einblick gestattet[8]. Gregor von Nazianz und Gregor von Nyssa ergänzen zwar
Basilius hie und da, bleiben im ganzen aber relativ unergiebig[9]. Von den übrigen
zeitgenössischen christlichen Schriftstellern berichtet nur Ephraem über die

---

[5] Frg. 42–48 [BIDEZ-WINKELMANN, 239–41]. BIDEZ emendierte die Stücke aus Theophanes
(DE BOOR I 54–65), indem er einfach die in der Epitome des Theodorus Anagnostes ebenfalls
überlieferten Stücke aus dem Text des Theophanes ausschied. Zumindest für Frg. 48 scheint
mir die Entscheidung von BIDEZ wegen der engen Verwandtschaft zu Epit. 217 fraglich.

[6] Vgl. BIDEZ-WINKELMANN, ebenda. Das *chronicon paschale* (PG 92,753 ff.) hat BIDEZ nicht
unter die Parallelüberlieferungen für den homöischen Historiker aufgenommen. Aber die
Valens betreffenden Notizen des *chronicon paschale* berühren sich durchaus mit dem von BIDEZ
aus Theophanes emendierten Historiker. Auffälligerweise fehlt auch im *chronicon paschale* im
Gegensatz zur orthodoxen christlichen Tradition jede Kritik an Valens. Die kurze Notiz οὗτος
Οὐάλης ὁ ἀδελφὸς Οὐαλεντινιανοῦ ἦν Ἀρειανός [PG 92,756 A] ist als Erklärung des
orthodoxen Redaktors leicht verständlich. Zumindest muß dem Redaktor des *chronicon paschale*
auch über die Zeit der Regierung des Valens Material aus dem homöischen Historiker vorgelegen haben, das natürlich für die orthodoxe Geschichtsschreibung nicht so gut benutzbar mehr
war wie die homöischen Märtyrertraditionen der julianischen Zeit. Ebenfalls auffällig ist das
aus bewußt orthodoxer Sicht gegebene und dennoch recht positive Valensbild bei Malal.,
chron. XIII [PG 97,509 B].

[7] Ed. COURTONNE I–III.

[8] Zur Chronologie der Basiliusbriefe vgl. LOOFS, (1898) 52 f.; HAUSCHILD, (1973) 9–7, und
die den Maurinern folgende Datierung der Briefe bei COURTONNE. Die überwiegende Zahl der
Briefe gehört in die Zeit des Episkopats des Basilius.

[9] In den orationes Gregors von Nazianz aus der Zeit des Valens finden sich kaum Anspielungen auf Zeitereignisse, Schlüsse auf eventuelle Verfolgunssituationen wird man aus diesen
Anspielungen nicht ziehen können. Or. XV, die Makkabäerrede, hätte genügend Möglichkeiten für Anspielungen auf Zeitereignisse und Hinweise auf Verfolgung der orthodoxen Kirche
geboten, aber sie fehlen ganz. Erst die Reden aus theodosianischer Zeit gehen auf die – dann
allerdings dramatisch gezeichneten – kirchengeschichtlichen Ereignisse während der Herrschaft des Valens ein; vgl. bes. or. XXI *(in laudem Athanasii)* und or. XLIII *(in laudem Basilii
magni)*, die ihres enkomiastischen Charakters wegen beide historisch nur mit aller Vorsicht
auswertbar sind. Die einzigen deutlicheren Anspielungen auf Zeitereignisse finden sich (wenn
auch nur sehr vereinzelt) in den Briefen des Gregor: In ep. 19 (aus dem Jahre 365) bittet Gregor
seinen Freund Basilius, angesichts des bevorstehenden Besuches des Valens nach Caesarea zu
kommen und sich mit dem Bischof Euseb wieder zu versöhnen; vgl. auch unten S. 212 ff. Epp.
64–66 sind an Euseb von Samosata im Exil adressiert; epp. 72 und 74 an Gregor von Nyssa nach
seiner Vertreibung (zu den Hintergründen vgl. unten S. 227). Auch bei Gregor von Nyssa

kirchlichen Zustände in Edessa und der Osrhoëne während der Herrschaft des Valens[10].

Im ganzen bieten die Zeitgenossen gerade auch durch ihr Schweigen ein Bild, das in auffälligem Gegensatz zu den Historikern des fünften Jahrhunderts steht. Die breiten Darstellungen Rufins und der synoptischen Kirchenhistoriker des fünften Jahrhunderts, die die Zeit der Herrschaft des Valens als die Zeit der schlimmsten Verfolgungen beschrieben haben, die die Kirche je erlebt hat, sind dagegen für das Bild dieser Zeit bis hin zur modernen Kirchengeschichtsschreibung prägend geworden[11]. Für die chronologischen Verhältnisse und besonders für die Ereignisse in Ägypten sind die *historia Athanasii (historia acephalaia)* und die *Kephalaia* zu den Festbriefen des Athanasius wichtig[12], für Edessa die *edessenische Chronik*[13]. Für die byzantinische Tradition ist vor allem die Epitome der Kirchengeschichte des Theodorus Anagnostes[14] prägend geworden, von der Theophanes, abgesehen von den Fragmenten des homöischen Historikers, hier ganz abhängt[15]. Eigenes Material aus der sonst verlorenen anhomöischen Tradition bietet Philostorgius[16].

2. Die Homöer und die Kirchenpolitik des Valens bis zum ersten Gotenkrieg

a) Der Beginn der Herrschaft des Valens

Nach dem unerwarteten Tod Jovians erhob das Heer in Nizäa den Pannonier Valentinian zum Kaiser, einen erfahrenen Truppenführer schon des Konstantius[17]. Nach Philostorgius, der hier wahrscheinlich auf dem homöischen Historiographen fußt, verlangte das Heer von Valentinian einen Mitregenten[18]. Nur einen Monat nach seiner Wahl zum Kaiser erhob Valentinian in Konstantinopel seinen Bruder Valens, der in niedriger Funktion ebenfalls bisher im Heer gedient hatte, zum ihm untergebenen Mitherrscher[19]. Julian und Jovian waren nur

---

begegnen Anspielungen auf die Zeit der Herrschaft des Valens erst in den Schriften aus theodosianischer Zeit; vor allem in c. Eun. I 120 ff.

[10] Carm. Nis. XXV–XXXIV; *de fide;* vgl. dazu BECK, CSCO 219, IV; CSCO 155, I–IV und unten S. 234 f.

[11] Ruf., h. e. XI 2–19; Sok., h. e. IV; Soz., h. e. VI 6–40; Thdt., h. e. IV 6–37.

[12] Hist. Ath. IV f.; ep. fest. Keph. XXXVII–XLV.

[13] Chron. Edess. XXVII–XXXIII.

[14] Theod. Anagn., Epit. 158–218 [HANSEN, 62–75].

[15] Theophan. chron. [DE BOOR I 54–65]; vgl. Zon. XIII 14 f.

[16] Philost., h. e. VIII 8; IX.

[17] SEECK, (1919) 214; NAGL, PW II 7,2,2158–2204.

[18] Philost., h. e. VIII 8.

[19] SEECK, (1919) 214; NAGL, PW II 7,2,2097–2137, dort alles wichtige über Valens als Herrscher. Der Abschnitt über seine Religions- und Kirchenpolitik (col. 2132–2135) ist allerdings völlig unzureichend. Valens' Wahl zum Mitkaiser wird in der gesamten kirchengeschichtlichen Überlieferung berichtet; Thdt., h. e. IV 6,3, irrt allerdings, wenn er Valens aus Panno-

nominell Alleinherrscher gewesen, da sie die Herrschaft im Westen de facto nicht hatten ausüben können. Von daher bekommt die von Philostorgius berichtete Forderung des Heeres nach einem Mitkaiser durchaus ihren Sinn. Wenn die homöische Tradition stimmt, hatte auch Valens unter Julian seinen Glauben bekannt[20]. Noch im Frühjahr zogen beide Kaiser gemeinsam von der Hauptstadt nach Illyrien[21]. In Sirmium, der von Konstantius häufig benutzten Residenz, teilten sie ihr Herrschaftsgebiet auf. Valentinian behielt sich die beiden abendländischen Präfekturen vor, Valens bekam die orientalische und beherrschte damit genau dasselbe Gebiet, das auch Konstantius regiert hatte, bevor er nach dem Sieg über Magnentius noch einmal Alleinherrscher geworden war[22].

Während Valentinian in der christlichen Überlieferung eine einhellig positive Beurteilung erfahren hat[23], haben heidnische und christliche Überlieferung – wenn auch aus verschiedenen Gründen – ein absolut negatives Urteil über Valens gefällt[24]. Diesem Urteil ist die kirchenhistorische Forschung weithin gefolgt[25]. Das Urteil der christlichen Tradition über Valens liegt in der unterschiedlichen Stellung der beiden kaiserlichen Brüder in den theologischen Auseinandersetzungen ihrer Zeit begründet. Valentinian gilt in der christlichen Überlieferung als Homousianer und Anhänger des Nizänum[26], Valens dagegen als vom wahren nizänischen Glauben abgefallen. Unter dem Einfluß seiner Frau Domnica und des Bischofs der Reichshauptstadt, Eudoxius, hatte er sich – so die orthodoxe Überlieferung – dem Arianismus zugewandt[27] und als Arianer die bisher schlimmste Verfolgung der Anhänger des Bekenntnisses von Nizäa durchge-

---

nien, der Heimat der beiden kaiserlichen Brüder, anreisen läßt. Da die innen- und außenpolitischen Aspekte der langjährigen Herrschaft dieses Kaisers hier ebensowenig wie seine Bedeutung für Kultur- und Sozialgeschichte der Spätantike berücksichtigt werden können, sei zu diesen Fragen nur auf den umfangreichen Artikel von ASSUNTA NAGL verwiesen. Eine auch diese Aspekte umfassende Gesamtdarstellung der Herrschaft des Valens bereite ich für ANRW vor.

[20] Sok., h. e. IV 1,8 f.; vgl. oben S. 126 f.

[21] SEECK, (1919) 215 f.; NAGL, PW II 7,2,2098 f.

[22] Amm., XXVI 5; Zos., IV 3; Sok., h. e. VI 6,9; Thdt., h. e. IV 6,4. Daß das Herrschaftsgebiet des Valens sich mit dem ursprünglichen des Konstantius deckte, betont (aus homöischer Quelle) Philost., h. e. VIII 8. Zur Reichsteilung SEECK, (1919) 215; NAGL, PW II 7,2,2099.

[23] Vgl. die Panegyrici der Kirchenhistoriker: Ruf., h. e. XI 2; Sok., h. e. IV 1; Soz., h. e. VI 6,2–8; Thdt., h. e. IV 6.

[24] Vgl. oben S. 181–183.

[25] Hier sei nur auf die für das Thema repräsentativen Gesamtdarstellungen von GWATKIN, (1900) 231 ff., und SIMONETTI, (1975) 390 ff., verwiesen.

[26] Sok., h. e. IV 1,5; Soz., h. e. VI 6,10. Ohne es ausdrücklich zu sagen, setzen dies aber voraus: Ruf., h. e. XI 2; Thdt., h. e. IV 6. Die Forschung ist dem weitgehend gefolgt; vgl. NAGL, PW II 7,2,2198. STEIN, (1928) 268, gibt dagegen allerdings zu bedenken, daß Valentinian vielleicht nur deshalb Nizäner war, weil eben die Mehrheit im Westen „nizänisch" war.

[27] Ruf., h. e. XI 2 [MOMMSEN, 1003,4 f.]: *sed Valens favendo haereticis abiit in viam patrum suorum.* Vgl. Sok., h. e. IV 1,5–7; Soz., h. e. VI 6,10; Thdt., h. e. IV 6,3; 12,1–4; Chron. pasch. [PG 92, 756 A]; Theod. Anagn., Epit. 158; 193; Leo Grammaticus [BEKKER, 99]; Malal. XIII [PG 97,509 B].

führt. So ist Valens als Apostat und Verfolger, dabei durchaus auf einer Linie mit früheren Verfolgern und Julian gesehen, in die christliche Überlieferung eingegangen[28]. Unterschiedlich wird nur beurteilt, ob Valens vom Beginn seiner Herrschaft an als Arianer gelten muß, oder aber erst durch die von Eudoxius empfangene Taufe zum Arianer wurde. Die Vertreter der zweiten Hypothese geraten dann allerdings in ziemliche Schwierigkeiten bei der Interpretation der eindeutig bezeugten homöischen, besser: reichskirchlichen Kirchenpolitik des Valens seit 365[29].

Für Valentinian und Valens hat sich diese Frage zu Beginn ihrer gemeinsamen Herrschaft gar nicht gestellt. Die Auffassung, daß beide Herrscher ursprünglich dem Bekenntnis von Nizäa anhingen, findet sich bezeichnenderweise noch nicht in den Quellen des vierten Jahrhunderts, sondern zuerst bei Rufin[30]. Für die Schriftsteller des fünften Jahrhunderts ist Arianismus (Homöismus) grundsätzlich Abfall vom wahren nizänischen Glauben. Da Valentinian als Kaiser im Abendland erwiesenermaßen die dortige nizänische Mehrheit unterstützte und sich auch zu ihr zählte, mußte er für die Schriftsteller des fünften Jahrhunderts von vornherein als Nizäner gelten[31]. Außer in Ägypten hatte es im Osten aber, abgesehen von wenigen Eustathianern, Markellianern oder Anhängern des Apollinaris von Laodicea bisher keine Homousianer gegeben. Die östliche nizänische Orthodoxie im Sinne der neunizänischen Theologie war noch im Entstehen. Eine Hinwendung zum Nizänum in neuer Interpretation war von Teilen der Homöusianer (Basilius) und der von den Homöern kommenden Gruppe um den abgesetzten Meletius erst nach dem Tode des Konstantius unter der Herrschaft Julians ausgegangen[32]. Es ist ziemlich schwer vorstellbar, wie ein Militär, der während der letzten Zeit ununterbrochen gegen die Perser im Einsatz gewesen war, an dieser rein theologischen Entwicklung, die sich einstweilen

---

[28] Ruf., h. e. XI 2–9; Sok., h. e. IV 2,6f.; 6; 9; 11; 15–18; 22; 24; 32; Soz., h. e. VI 7,10; 9; 13; 14; 15; 16; 18–21; 36,6; Thdt., h. e. IV 13–15 (eigene Überlieferung über Euseb von Samosata); 16–18 (Edessa); 19 (Basilius); 21 f. (Ägypten); Thdt., hist. relig. 8 (Aphraat). Von den Kirchenhistorikern sind alle späteren Berichte über die Verfolgungen unter Valens abhängig, besonders die mit der Epitome des Theodorus Anagnostes beginnende byzantinische Tradition; Epit 167; 174–177 (= Theophanes). Zur syrischen Überlieferung über die Verfolgungen unter Valens vgl. chron. Edess. und HAASE, (1925) 169f.
  Die Kirchenhistoriker haben ihr Material aus verschiedenen Lokalüberlieferungen (so besonders Theodoret) und der enkomiastischen Literatur des späten vierten Jahrhunderts. Besonders wirksam bei den Kirchenhistorikern ist Greg. Naz., or. XLIII 28–53, das berühmte Enkomion auf Basilius, geworden; vgl. Sok., h. e. IV 26; Soz., h. e. VI 15 f.; Ruf., h. e. XI 9; Thdt., h. e. IV 19.
[29] Für Soz., h. e. VI 6,10, und besonders Thdt., h. e. IV 12, wurde Valens erst durch die von Eudoxius kurz vor Beginn des ersten Gotenkrieges empfangene Taufe zum Arianer. Dieser aus der Sicht des fünften Jahrhunderts selbstverständlichen, aber doch völlig ahistorischen Sicht folgen v. HAEHLING, (1978) 561 f., und NOETHLICHS, (1971) 92; richtig dagegen SIMONETTI, (1975) 390, Anm. 31, vgl. unten S. 222.
[30] H. e. XI 2; vgl. oben Anm. 27.
[31] Vgl. oben S. 184, Anm. 23.
[32] Vgl. oben S. 107 ff.

noch ganz im Schoße der Reichskirche abspielte, teilgehabt haben könnte[33]. Noch ging es bei der Herausbildung der östlichen Nizäner nur um eine Debatte unter Theologen. Valentinian und Valens haben sich beide, so wird man annehmen müssen, als Glieder der von Konstantius geformten Reichskirche verstanden. Daß sie von den dogmatischen Auseinandersetzungen unter den Theologen etwas gewußt haben sollen, ist unwahrscheinlich[34].

Dezidiert als Nizäner kann man Valentinian erst nach seiner Abreise in den Westen ansehen, wo er sich auf den Boden der jetzt mehrheitlich nizänischen abendländischen Kirche stellte. Als einen Bruch in seiner christlichen Existenz wird er diesen Wechsel von der orientalischen Kirche zur abendländischen, bzw. vom Bekenntnis von Konstantinopel zu dem von Nizäa, kaum empfunden haben[35].

Dasselbe gilt umgekehrt für Valens. Für eine nizänische Vergangenheit spricht nichts. Die homöische Tradition kennt beide späteren Kaiser als Confessoren (und das heißt hier: als Confessoren der homöischen Reichskirche) unter Julian[36]. Als Herrscher über die orientalische Präfektur mußte Valens aber einen kirchenpolitischen Standpunkt einnehmen, und er stellte sich völlig selbstverständlich hinter die für die Mehrheit der östlichen Kirchen durchaus gültigen und nie aufgehobenen Beschlüsse der Reichssynode von Konstantinopel, die auch die Bischöfe von Antiochien und Konstantinopel vertraten[37]. Daß Valens in dieser Frage bei dem in der (homöischen) Kirche hochangesehenen Bischof der Reichshauptstadt, Eudoxius, um Rat gefragt hat, ist auch ohne die Vorstellung finsterer Intrigen seitens des Eudoxius leicht begreiflich[38].

b) Die Kirche der orientalischen Präfektur

Unsere Kenntnisse über die Besetzung der Bischofssitze der östlichen Provinzen in der Mitte des vierten Jahrhunderts ist, wie ein Blick in *Le Quiens Oriens Christianus* lehrt, außerordentlich gering und meist auf die Metropolitansitze beschränkt. Die ausführlichen kirchengeschichtlichen Darstellungen des fünften

---

[33] Nach Sok., h. e. IV 1,8, diente Valens unter Julian und Jovian in der kaiserlichen Garde und gehörte zu dem 363/64 von Jovian aus Persien zurückgeführten Heer; vgl. NAGL, PW II 7,2,2097.

[34] Vgl. oben S. 126 f.

[35] Vgl. oben S. 184, Anm. 26.

[36] Zur vermuteten Herkunft dieser Tradition aus homöischem Milieu vgl. oben S. 126 f.

[37] So auch SCHWARTZ, (1960) 52; im Prinzip ähnlich, aber ganz negativ beurteilend, MAY, (1976) 323: *Valens versuchte wieder, das 359/60 von Konstantius II. der Kirche aufgezwungene homöische Bekenntnis durchzusetzen. Dem ungebildeten, in kirchlichen und theologischen Fragen unerfahrenen Kaiser schien offenbar die theologisch unzulängliche, ganz aus kirchenpolitischem Kalkül geschaffene homöische Kompromißformel am besten geeignet zu sein, die gesamte Kirche zu einigen.*

[38] Den Einfluß des Eudoxius auf diese Entscheidung betont MAY, ebenda. GWATKIN, (1900) 238, und RITTER, (1965) 25, betonen dabei besonders den Aspekt der Intrigen der „Hofbischöfe" Eudoxius und Euzoius. In den Quellen findet sich dazu aber kein konkreter Anhaltspunkt.

Jahrhunderts, die besonders die theologischen Hauptentwicklungslinien deutlich zeigen, täuschen leicht über die in Wirklichkeit nur wenigen zur Verfügung stehenden Nachrichten über die kirchlichen Verhältnisse in den verschiedenen Provinzen hinweg. Dennoch soll der Versuch gemacht werden, diese wenigen Nachrichten so auszuwerten, daß ein ungefähres Bild dieser Kirche im Reichsteil des Valens zu Beginn seiner Herrschaft entsteht[39].

Die Reichshauptstadt *Konstantinopel* muß kirchlich als homöisch gelten; die Kirchen waren offenbar alle im Besitz des Eudoxius[40]. Novatianer, Eunomianer und eine kleine Gruppe von Homousianern, über die aus der Zeit des Valens so gut wie nichts bekannt ist, haben nur eine geringe Rolle gespielt[41]. Nach Absetzung und Vertreibung des Makedonius[42] hatte Eudoxius sich als Bischof fest etablieren können und scheint auch nicht nur bei dezidierten Homöern gewisses Ansehen genossen zu haben[43].

Dioecesis Thracia

Europa: Allein aus der Metropolis Heraklea sind überhaupt Nachrichten überliefert. Hypatian von Heraclea war 360 als Homöusianer von der Synode von Konstantinopel abgesetzt worden[44]. Wer zu seinem direkten Nachfolger eingesetzt wurde, ist nicht genau bekannt. 370 weiht Dorotheus von Heraklea Demophil zum Nachfolger des Eudoxius in Konstantinopel[45]. Hypatian gehörte zu den Bischöfen, die Valens um die Genehmigung baten, in Lampsakus eine

---

[39] Für die Praefectura Praetorio Orientis in der Spätantike steht neuerdings die von ERICH KETTENHOFEN im Rahmen des TAVO erstellte Karte, Östlicher Mittelmeerraum und Mesopotamien. Spätrömische Zeit (337–527) [TAVO B VI 4] Wiesbaden 1984, als vorzügliches Hilfsmittel zur Verfügung.

[40] Hist. Ath. IV 4; Sok., h. e. IV 1,16 (Theod. Anagn., Epit. 160); vgl. DAGRON, (1974) 442–47.

[41] Zur eunomianischen Kirchenorganisation in Konstantinopel vgl. oben S. 114. Die Novatianer wurden unter Valens aus Konstantinopel vertrieben; vgl. unten S. 223f. Den Homöusianern (Makedonianern) war nach Sok., h. e. IV 1,16, nur ein Privathaus verblieben. Noch 380, als Theodosius schon die Herrschaft über den Osten angetreten hatte, versammelte sich eine kleine Schar von Nizänern unter der Leitung Gregors von Nazianz ebenfalls in einem Privathaus; vgl. Greg. Naz. or. XLII 26; ders. carm. 1079–1087; dazu WITTIG, (1981) 28–40; MOSSAY, (1977); ders., TRE XIV 166.

[42] Vgl. oben S. 54ff.

[43] Abgesehen von den historisch höchst problematischen Notizen des *legendum der heiligen Notare*, Kap. 6 [FRANCHI DE CAVALIERI, 171,1ff.; 174,34ff.], über Gewaltmaßnahmen zu Beginn des Episkopats des Eudoxius schweigen die Quellen über irgendwelche Opposition gegen den von Konstantius eingesetzten Bischof. Seinem Nachfolger Demophil hat die Bevölkerung von Konstantinopel über die Wende der Kirchenpolitik unter Theodosius hinaus Anhänglichkeit bewahrt, wie Gregor von Nazianz zu Beginn seiner Wirksamkeit in Konstantinopel schmerzlich erleben mußte; vgl. carm. 652–678.

[44] LE QUIEN, I 1104.

[45] Siehe unten S. 224f.

Synode abhalten zu dürfen[46]. Wahrscheinlich hatte er unter Julian sein Bistum nicht zurückerlangen können. Es ist anzunehmen, daß der Homöer Dorotheus schon zu Beginn der Herrschaft des Valens Bischof von Heraclea war[47]. Mit der Metropolis muß auch die ganze Provinz wahrscheinlich als weitgehend in homöischem Besitz angesehen werden[48].

Haemimontus: Über die Mitte des vierten Jahrhunderts sind keine Nachrichten erhalten. Nach einer von den Kirchenhistorikern nicht bestätigten und wohl viel jüngeren Tradition gilt ein Philippus von Hadrianopel als Märtyrer der julianischen Verfolgung[49].

Scythia: Der Metropolit von Tomi, Bretanio, wurde nach Sok., h. e. VI 21, unter Valens als Homousianer vertrieben[50].

Rhodopa: Aus der Zeit des Valens liegen keine Nachrichten vor, unter Konstantius wurden die Bischöfe von Traianopolis und Ainos abgesetzt und wahrscheinlich durch homöische Bischöfe ersetzt. Es ist zu vermuten, daß die Provinz Rhodopa kirchlich ebenfalls homöisch war[51].

Thracia: Aus der für die Diözese namengebenden Provinz fehlen die Nachrichten über die kirchliche Organisation ebenfalls fast ganz. 342 hatten die thrakischen Bischöfe in Serdika auf der Seite der eusebianischen Orientalen gestanden[52]. Aus der Zeit des Valens ist allein Demophil von Beröa bekannt, der schon 357/58 im Auftrage des Konstantius den römischen Bischof Liberius dazu gebracht hatte, die homöische sirmische Formel von 357 zu unterschreiben[53]. Nach dem Tode des Eudoxius im Jahre 370, dessen Nachfolger er wurde, galt

---

[46] Siehe unten S. 206 ff.

[47] Dorotheus muß zu den führenden homöischen Theologen gerechnet werden. 376 wurde er nach dem Tod des Euzoius Bischof von Antiochien. Daß Eudoxius 360 einen Mann seines Vertrauens zum Metropoliten der Provinz Europa machte, dem er selbst kirchenrechtlich eigentlich unterstand, ist mit Sicherheit anzunehmen.

[48] Auch wenn keine anderen Nachrichten zur Verfügung stehen, wird man dennoch von der Metropole auf die Provinz schließen dürfen. Besonders in Kappadokien, aber auch in anderen Provinzen, über die mehr bekannt ist, zeigt sich immer wieder, daß die Metropoliten weitreichende Möglichkeiten hatten, die Bistümer ihrer Provinz mit Männern der eigenen theologischen Richtung zu besetzen; vgl. unten zu Ägypten S. 201 ff.; zu Palästina S. 200 f.; zu Lykaonien S. 191.

[49] Mart. Rom. zum 22. 10. Nr. 2., dort wird er als Bischof bezeichnet. Zur hagiographischen Tradition vgl. den Kommentar, Mart. Rom., 469.

[50] Das Martyrologium Romanum weiß nichts von einer Vertreibung; vgl. zum 25. 1. Nr. 6, S. 34: *Tomis in Scythia sancti Bretannionis episcopi, qui mira sanctitate et zelo catholicae fidei sub Valente imperatore arriano, cui fortiter restitit, in ecclesia floruit.* Vgl. AS Jan. II 621. Über kirchliche Beziehungen zwischen dem skythischen Tomi und Kappadokien vgl. AUNER, DACL IV 1241.

[51] Wenn unter Konstantius die wichtigsten Bistümer mit Vertretern seiner Kirchenpolitik besetzt wurden, kann man über den Zeitraum von nur drei Jahren hier eine gewisse Kontinuität voraussetzen.

[52] Bezeugt sind die Bischöfe von Philippopolis und Beröa; von anderen thrakischen Bistümern fehlen im vierten Jahrhundert überhaupt Nachrichten; vgl. LE QUIEN, I 1155–69; FEDER, (1911) 90 f., Nr. 69 f.

[53] BRENNECKE, (1984) 269.

Demophil neben Euzoius von Antiochien als Führer der homöischen Kirche[54]. Daß Thrakien kirchlich weithin homöisch geprägt gewesen sein muß, ist aus den Nachrichten über die Zeit des Konstantius und aus der Stellung, die Demophil unter den Homöern einnahm, anzunehmen.

Moesia inferior: Domninus von Markianopolis, der Metropolit von Moesia inferior zur Zeit des Valens, muß als strikter Homöer gelten[55]. In Dorostorum ist noch Anfang der achtziger Jahre der homöische Wulfilaschüler Auxentius als Bischof bezeugt[56]. Die christliche Gruppe der Westgoten unter der weltlichen und geistlichen Führung des Wulfila, der die Beschlüsse von Konstantinopel unterschrieben und bis an sein Lebensende vertreten hatte, lebten in der Umgebung von Nikopolis; u. U. war Wulfila auch reichskirchlicher Bischof von Nikopolis[57].

Für die thrakische Diözese ergibt sich mit Ausnahme des allerdings recht abgelegenen Skythien ein aller Wahrscheinlichkeit nach mehrheitlich homöisches christliches Milieu für die Zeit des Kaisers Valens[58]. Bis zum Ende des ersten Gotenkrieges hat sich Valens vorwiegend in Thrakien aufgehalten und in Marcianopolis seine Residenz gehabt, also nicht nur in Konstantinopel, sondern auch hier ganz in homöischer Umgebung gelebt[59].

---

[54] Demophil muß in weiten Kreisen auch außerhalb der homöischen Partei hohes Ansehen genossen haben; vgl. Bas. ep. 48; Greg. Naz., carm. 652–678. Über Demophil DE RIEDMATTEN, DHGE XIV 212–15. Wenn DE RIEDMATTEN, col. 212, Demophil *figure mineure de la seconde phase de la crise arienne* nennt, verkennt er die Bedeutung dieses Mannes zumindest für die homöische Reichskirche während der Regierung des Valens. DE RIEDMATTEN folgt in seiner Beurteilung dem – natürlich vernichtenden – Urteil des Philostorgius (h. e. IX 14).

[55] Keinesfalls darf man ihn wegen seiner Fürsprache für Eunomius nach der Niederschlagung der Usurpation des Prokop als Eunomianer ansehen; vgl. auch unten S. 215.

[56] Zu Auxentius von Dorostorum LIPPOLD, PW II 9,1, 512ff.; GRYSON, (1980¹) 58–63; problematisch MESLIN, (1967) 44–58, und die Arbeiten von K. K. KLEIN (1951; 1953).

[57] LIPPOLD, PW II 9,1,517, sieht Wulfila nur als Bischof der bei Nikopolis siedelnden Goten, SCHÄFERDIEK, RAC X 500, hatte die Möglichkeit erwogen, in Wulfila auch den reichskirchlichen Bischof von Nikopolis zu sehen, hat sich aber inzwischen der Auffassung LIPPOLDs vom nur ethnisch definierten Bischofsamt Wulfilas angeschlossen; vgl. SCHÄFERDIEK, (1979²) 124, Anm. 76. Bei der noch relativ dünnen Christianisierung Mösiens in dieser Zeit halte ich beide Auffassungen für kombinierbar, daß Wulfila als Bischof der um Nikopolis siedelnden Goten zugleich reichskirchlicher Bischof von Nikopolis war.

[58] Andere Nachrichten fehlen. Der homöische Metropolit und die homöischen Goten unter Führung Wulfilas berechtigen zu diesem Schluß.

[59] SEECK, (1919) 214–239; MOMMSEN-KRÜGER, (1954) I 1, CCXXXVIII–CCXLIX; NAGL, PW II 7,2, 2098ff. Die einzige Unterbrechung ist die Reise nach Antiochien, die wegen der Usurpation des Prokop im kappadokischen Caesarea abgebrochen werden mußte; vgl. unten S. 212ff. Daß Valens als Christ und Glied der Kirche immer in homöisch geprägter Umgebung gelebt hat, daß seine kirchliche Sozialisation eine ausschließlich homöische war, darf nicht unterschätzt werden. Sein Bekenntnis zum Glauben und zu den Beschlüssen von Konstantinopel war für ihn keine Entscheidung für irgendeine Partei innerhalb der Kirche, sondern die Entscheidung für den christlichen Glauben und die eine christliche Kirche.

Dioecesis asiana

Asia: Die Provinz Asia war nach den wenigen Nachrichten aus der Mitte des vierten Jahrhunderts vorwiegend homöusianisch geprägt. In der Metropolis Ephesos wurde der homöusianische Metropolit Evitos erst von Theodosius abgesetzt[60]. Dracontius von Pergamon war 360 in Konstantinopel abgesetzt und durch Barlaamus ersetzt worden, der aber 363 die Beschlüsse der meletianischen Synode von Antiochien unterzeichnete[61]. In Smyrna fand wohl 363 eine der zahlreichen homöusianischen Synoden statt, die 364–366 im westlichen Kleinasien abgehalten wurden[62].

Hellespontus: Nach Sok., h. e. IV 4, 5–7, waren die Makedonianer (= Homöusianer) vor allem in dieser Provinz verbreitet. Eleusius, der Metropolit von Kyzikos, muß nach dem Tode von Makedonius von Konstantinopel und Basilius von Ankyra als der führende homöusianische Theologe angesehen werden[63]. In Lampsakus, wo der homöusianische Bischof Marcian als Nachfolger des bald als Heiligen verehrten Parthenius bezeugt ist[64], fand noch 364 die entscheidende homöusianische Synode statt[65].

Phrygia pacatiana / Phrygia salutaris: Der Metropolit von Phrygia pacatiana, Nonnius von Laodicea, der während der Regierung des Valens in Laodicea Bischof war, muß als Homöer gelten[66]. Unter ihm hat aller Wahrscheinlichkeit nach die Synode von Laodicea stattgefunden, deren canones später auch in die orthodoxen Kanonsammlungen aufgenommen wurden[67].

Theodulos von Keretapa hatte 359 in Seleukia auf der Seite des Acacius gestanden[68], ebenso Philikados von Augustopolis in Phrygia salutaris[69]. Die wenigen Nachrichten aus Phrygien lassen die Annahme zu, daß die offizielle Kirche Phrygiens homöisch war[70].

Lydia: Heortasius von Sardes, der lydische Metropolit, war 360 von der

---

[60] Le Quien, I 675.

[61] Le Quien, I 715; Schultze, (1926) 40 f.

[62] Sok., h. e. IV 12,8; vgl. unten S. 218.

[63] Zu den Ereignissen während der Herrschaft des Valens vgl. unten S. 216 ff. Zu Eleusius vgl. de Riedmatten, DHGE XV 144 f.

[64] Le Quien, I 771 f.; zu Parthenius vgl. auch Batiffol, (1892).

[65] Sok., h. e. IV 4; Soz., h. e. VI 7; dazu unten S. 206 ff.

[66] Le Quien, I 794 f.

[67] Seit Zahn, (1890) 193 ff., hat sich diese Überzeugung weitgehend durchgesetzt. Der Text der sechzig canones bei Joannou, (1962) 130–155, zu den Unsicherheiten in der Datierung vgl. Joannou, l. c. 127–29; zu der Synode allgemein: Camelot, Cath. VI 1818 f.; Labriolle, in: Fliche-Martin, III 382–85; Bardy, DDC VI 338–343; Hennecke, RE XI 281. Nardi, Diz. pat II 1898 f., datiert diese Synode in die Zeit Theodosius des Großen. Bei seiner (unhaltbaren) Datierung handelte es sich bei der Synode von Laodicea nicht mehr um eine Synode der homöischen Reichskirche.

[68] Le Quien, I 811. Er muß zu den führenden Theologen der Akakianer gehört haben, da ihn die homöusianische Synode (ohne Erfolg) absetzte (Sok., h. e. II 40,43).

[69] Le Quien, I 845; Epiph., haer. 73,26,7 [Holl III 301,1].

[70] Von dem breiten Spektrum christlicher Gruppen in Phrygien mit eigener Organisation

Synode von Konstantinopel abgesetzt und wahrscheinlich durch einen homöischen Metropoliten ersetzt worden[71]. Drei lydische Bischöfe sind außerdem als
Unterzeichner der akakianischen Formel von Seleukia bezeugt[72].

Pisidia/Lycaonia[73]: Über die kirchlichen Verhältnisse in Pisidien zur Zeit des
Valens schweigen die Quellen[74].

Aus Lykaonien sind keine Homöer bekannt. Unter dem starken Einfluß von
Kappadokien, und hier ist vor allem an den Einfluß des kappadokischen Metro-
politen Basilius zu denken, scheint die lykaonische Kirche schon in den sechziger
Jahren eine offenbar weitgehend konfliktfreie Entwicklung zur neunizänischen
Orthodoxie im Sinne des Basilius durchgemacht zu haben. Unter dem von
Basilius eingesetzten lykaonischen Metropoliten Amphilochius von Ikonium ist
Lykaonien dann nizänisch[75].

Aus *Pamphylien* fehlen für die Zeit der Herrschaft des Valens alle prosopogra-
phischen Angaben[76].

Lycia: Drei lykische Bischöfe hatten 359 in Seleukia die akakianischen Beschlüsse unterschrieben[77]. Bis zum Tode des Konstantius muß Lykien weitgehend als homöisch im reichskirchlichen Sinne gelten. Zur Zeit des Episkopats
des Basilius von Caesarea sind dagegen mehrere nizänische Bischöfe bezeugt[78].
In Limyra hat es nach Basilius Auseinandersetzungen zwischen Anhängern des
Nizänum und ihrem wahrscheinlich homöischen Bischof gegeben[79]. In Patara
hatte um diese Zeit der Nizäner Eudaemius den Homöer Eutychianus abge-
löst[80]. Lykien zeigt, wie im Laufe der sechziger und siebziger Jahre des vierten
Jahrhunderts in Teilen von Kleinasien die neunizänische Orthodoxie langsam

---

und Hierarchien, vor allem von den Montanisten, ist hier ganz abzusehen. Es geht nur um die
Stellung der phrygischen Kirche, soweit sie sich als Teil der Reichskirche ansah.

[71] Soz., h. e. IV 24,3; vgl. LE QUIEN, I 861.

[72] Theodosius von Philadelphia, Leontius von Tripolis, Phoebus von Blaundos (Epiph. haer.
73,26,4f. [HOLL III 300,21–23]); vgl. LE QUIEN, I 868; 879; 889. Bei dem Epiph., haer. 73,26,4
[HOLL III 300,15], genannten Basileios von Kaunos (Βασίλειος ἐπίσκοπος Καυνίων τῆς
Λυδίας) muß es sich um den Bischof des lykischen Kaunos handeln; vgl. LE QUIEN, I 981;
SCHULTZE, (1926) 208; RAMSAY, (1962) 120–134 und unten Anm. 77.

[73] Lykaonien wurde erst unter Valens selbständige Provinz; vgl. RUGE, PW XIII 2256.

[74] Vgl. LE QUIEN, I 1035–1064; SCHULTZE, (1926) 350–391.

[75] Schon der Vorgänger des Amphilochius hatte ein enges Verhältnis zu Basilius; vgl. Bas.
ep. 138.

[76] Vgl. LE QUIEN, I 995–1034; SCHULTZE, (1926) 210–218.

[77] Eutychianus von Patara; Eustathius von Pinara und Basileios von Kaunos (Epiph., haer.
73,26,3f. [HOLL III 300,13–15]; LE QUIEN, I 975; 977; 981; zu Basileios von Kaunos vgl. oben
Anm. 72.

[78] Hilarius von Telmessos; Alexander von Korydalla; Eudaemios von Patara; Lollianus von
Phellos (Bas., ep. 218).

[79] Bas., ep. 218. Diatimus ist wohl als Laie anzusehen; vgl. SCHULTZE, (1926) 197. LE QUIEN,
I 971, hat ihn aufgrund von Bas., ep. 218, irrtümlich als Bischof von Limyra angesehen.

[80] LE QUIEN, I 977; vgl. oben Anm. 77.

entsteht und auch an Boden gewinnt. Über die Metropolis Myra fehlen jegliche Nachrichten[81].

Insulae: Nur für Mitylene auf Lesbos ist Euagrius (als Unterzeichner der akakianischen Beschlüsse von Seleukia) bezeugt[82]. Während der sechziger und siebziger Jahre scheinen die Eunomianer dort ziemlich stark vertreten gewesen zu sein. Ob sie den Bischofssitz selbst besetzen konnten, ist unklar[83]. Von den übrigen Inseln, vor allem auch von der Metropolis Rhodos, fehlen Nachrichten.

Caria: Prosopographische Nachrichten fehlen ganz, die Provinz muß aber wesentlich homöusianisch geprägt gewesen sein. Im karischen Antiochien, am Schnittpunkt der Provinzen Caria, Lydia, Asia und Phrygia pacatiana, versammelten sich 34 konservative homöusianische Bischöfe 366 zu einer Synode und sprachen sich gegen die Anerkennung des Nizänum aus[84].

Für die Dioecesis asiana ergibt sich nach den im Grunde sehr wenigen zur Verfügung stehenden Nachrichten ein relativ differenziertes Bild. Asia und Hellespontus müssen als Hochburgen der Homöusianer gelten, für Caria sind die Homöusianer als Mehrheit in der Kirche ebenfalls anzunehmen. Die östlichen, nicht am Meer gelegenen Provinzen der Diözese, Lydia und beide Phrygia, müssen weitgehend als homöisch angenommen werden, während das an Cappadokia grenzende Lycaonia schon in den sechziger Jahren nizänisch war. Lycia läßt den allmählichen Übergang von der homöischen Reichskirche zur nizänischen Orthodoxie im Sinne des Basilius noch erkennen. Über Pisidia und Pamphylia dagegen fehlen jegliche Nachrichten.

Dioecesis Pontica

Bithynia: Nikomedien, Metropolis von Bithynia, Hauptstadt der gesamten pontischen Diözese und wichtige Kaiserresidenz war nach Konstantinopel und Antiochien der wichtigste von den Homöern besetzte Bischofssitz[85]. Auch für

---

[81] LE QUIEN, I 967 f.; SCHULTZE, (1926) 198–203. Basilius erwähnt ep. 218 die drei nizänischen Priester Tatian, Polemon und Makarius [COURTONNE II 218,21 f.]: καὶ ἐν Κύροις Τατιανὸν κτλ. Da die hs. Überlieferung auch Μύρας bietet, hatten die Mauriner die Konjektur ἐν Μύροις vorgeschlagen (PG 32,809 40). COURTONNE hat in seiner Ausgabe weder die Varianten der hs. Überlieferung zu diesem Fall angemerkt, noch die maurinische Konjektur erwogen. Nach RAMSAY, (1962) 424–26 (dort auch die antiken Listen der lykischen Städte), gab es in Lykien kein Κυρα o. ä. (in der Liste des Hierocles nur ein Ort namens Κυανέαι). Eine Verschreibung von MYPA in KYPA scheint leicht vorstellbar. Wenn also die maurinische Konjektur richtig ist, wofür vieles spricht, böte Basilius einen Hinweis, daß die Metropolis Myra einen homöischen Bischof hatte, gegen den nizänische Priester in Opposition standen.

[82] Epiph., haer. 73,26,5 [HOLL III 300,25]; vgl. LE QUIEN, I 955.

[83] Nach Philost., h. e. IX 4, lebte Aetius auf seinem Landgut bei Mitylene; vgl. oben, S. 109, und unten S. 215.

[84] Soz., h. e. VI 12,4; dazu unten S. 221.

[85] Nach dem Tode des Cecropius bei dem Erdbeben von 358 hatte Makedonius seinen Kleriker Marathonius in Nikomenien eingesetzt, der dann von der Synode von Konstantinopel abgesetzt und durch einen Homöer namens Onesimus ersetzt worden war; vgl. Philost., h. e.

Chalkedon und Nizäa sind für die Zeit des Valens homöische Bischöfe bezeugt[86]. Die bithynische Kirche, die eine besonders enge Bindung an Konstantinopel hatte, muß als ein Zentrum des östlichen homöischen Arianismus gelten[87].

Honorias: Der Metropolit, Kallikrates von Klaudiopolis, wurde 360 als Homöusianer in Konstantinopel abgesetzt und wahrscheinlich durch einen Parteigänger des Eudoxius ersetzt. Offenbar hatte er auch unter Julian und Jovian sein Bistum nicht zurückerhalten[88]. Vermutlich wird Honorias zu Beginn der Herrschaft des Valens zumindest einen homöischen Metropoliten gehabt haben.

Paphlagonia: Als Metropolit ist für die Zeit des Valens Basilides von Gangra bezeugt[89]. Pompeiopolis scheint seit der Absetzung des Sophronius auf der Synode von Konstantinopel homöisch gewesen zu sein[90]. Besonders im südlichen Paphlagonien scheint es Ausstrahlungen des Eustathius von Sebaste gegeben zu haben, außerdem sind dort Novatianer bezeugt[91]. Die offizielle Kirche muß aber als homöisch angesehen werden[92].

Galatia prima / Galatia salutaris: Nach dem Urteil Gregors von Nyssa und des Basilius von Caesarea müssen beide Galatien kirchlich zur Zeit des Valens als

V 1, der allerdings Onesimus zum Nachfolger des Cekropius macht, vgl. oben S. 64, Anm. 37. Philostorgius folgt SCHULTZE, (1922) 291–93.

[86] Maris von Chalkedon hat wohl teilweise noch während der Herrschaft des Valens gelebt; vgl. oben S. 142 f. 381 ist für Chalkedon ein Bischof Theodulus bezeugt; vgl. LE QUIEN, I 600 f. In Nizäa starb im Jahre 370 Bischof Eugenius (Philost., h. e. IX 8). Eugenius war Teilnehmer der gegen Athanasius einberufenen antiochenischen Synode von 352 (Soz., h. e. IV 8; dazu BRENNECKE, (1984) 118–23), gehörte zu den Adressaten des Rundschreibens Georgs von Laodicea (Soz., h. e. IV 13,2), wurde aber in Konstantinopel nicht als Homöusianer abgesetzt. Vermutlich hatte er sich in Seleukia und Konstantinopel nicht der Partei der Homöusianer angeschlossen. Von daher erscheint es fraglich, ob er mit einem der beiden Bischöfe namens Eugenius in der Adresse des Briefes des Liberius an die Homöusianer (Sok., h. e. IV 12,22) identisch sein kann. Nach Philost., h. e. IX 8, waren die Bindungen zwischen Konstantinopel und Nizäa besonders eng. Es ist zu vermuten, daß Eudoxius keinen Homöusianer als Metropoliten von Bithynien geduldet hätte. Vermutlich handelt es sich bei dem als Teilnehmer der vornehmlich von bithynischen Bischöfen besuchten Synode von Konstantinopel Anfang 360 bezeugten Eugenius (Chron. pasch. [PG 92,736 B]; vgl. oben S. 54) um den Bischof von Nizäa. Anders LE QUIEN, I 641, und SCHULTZE, (1922) 320, die Eugenius von Nizäa als Homöusianer ansehen.

[87] Greg. Nyss., c. Eun. I 128, spricht von der kirchlichen Verwüstung Bithyniens unter Valens. Bithynien war aber schon 360 mehrheitlich homöisch, wie die Teilnehmerliste der Synode von Konstantinopel (Chron. pasch. [PG 92,736 BC–737 A] zeigt; vgl. auch oben S. 54 f.

[88] Nach Sok., h. e. III 25,3, gehört er zu den Unterzeichnern des Briefes der Homöusianer an Jovian und wird h. e. IV 12,22 in der Adresse des Briefes des Liberius von Rom an die Homöusianer genannt. Aus Sok., h. e. III 25,3, ist zu folgern, daß auch er im Zusammenhang mit der Synode von Konstantinopel abgesetzt worden war und sein Bistum weder unter Julian noch unter Jovian zurückerhalten hatte.

[89] Bas., epp. 226,2; 251,3.

[90] Sok., h. e. II 42,6. Daß er unter Jovian sein Bistum noch nicht zurückerhalten hatte, ist nach Sok., h. e. III 25,3 zu vermuten.

[91] SCHULTZE, (1922) 191–219.

[92] Basilius spielt an den oben Anm. 89 genannten Stellen auf frühere Auseinandersetzungen zwischen Homöern und Eusthatius in Paphlagonien an.

homöisch und auf der Seite des Kaisers stehend angesehen werden[93]. 360 war Athanasius von Eudoxius und Acacius als Metropolit von Ankyra eingesetzt worden[94]. Im Jahre 363 hatte er den Brief der meletianischen antiochenischen Synode an Jovian mitunterschrieben[95]. Nach seinem Tod hat er vermutlich wieder einen homöischen Nachfolger bekommen[96]. Von anderen galatischen Bischöfen ist nichts bekannt.

Cappadocia: Die meisten kappadokischen Bischöfe hatten 360 die Beschlüsse der Synode von Konstantinopel unterschrieben, ohne daß es dazu irgendwelcher Zwangsmaßnahmen bedurft hätte[97]. Euseb, seit 362 als Bischof von Caesarea Metropolit der Provinz, muß für den Anfang seines Episkopats ebenfalls noch als Vertreter des reichskirchlichen Kurses gelten, kann auf keinen Fall als Nizäner bezeichnet werden[98]. Erst etwa seit dem Tode Kaiser Julians wird in Kappadokien eine Änderung der theologischen Lage erkennbar, wie am älteren Gregor von Nazianz schon gezeigt wurde[99]. Basilius – schon zu Eusebs Lebzeiten der führende kappadokische Theologe und seit 370 auch Metropolit der Provinz – bewirkte in erster Linie den theologischen Umschwung zur Anerkennung des Nizänum. Unter seiner Führung wird Kappadokien während der zweiten Hälfte der Herrschaft des Kaisers Valens zum Zentrum der entstehenden neunizänischen Orthodoxie[100]. Abgesehen von einigen durch die kaiserliche Administration eingesetzten Bischöfen scheint in Kappadokien die homöische Theologie durch Basilius und seine Anhänger schon relativ früh zurückgedrängt worden zu sein. Starke und für die Entwicklung der neunizänischen Orthodoxie viel gefährlichere Wirkung als von den Homöern muß in Kappadokien von Eustathius von Sebaste ausgegangen sein, wie das Briefkorpus des Basilius immer wieder zeigt[101].

Helenopontus / Pontus Polemiacus: Die Metropolis Amasia hatte unter Konstan-

---

[93] Greg. Nyss., c. Eun. I 128; Bas., ep. 237.

[94] Vgl. oben S. 64.

[95] Sok., h. e. III 25,18.

[96] Athanasius war seiner Entscheidung von 363 treu geblieben, ohne daß ihm das unter Valens in irgendeiner Weise geschadet hätte. 367 hatte er noch an der meletianischen Synode von Tyana (Soz., h. e. VI 12,2; vgl. unten S. 220) teilgenommen. Zwischen ihm und Basilius muß es kurz vor seinem Tode zu dogmatischen Auseinandersetzungen gekommen sein (Bas., ep. 25), ohne daß über diese dogmatischen Differenzen etwas auszumachen ist. Als Nizäner im Sinne des Basilius muß er 368 oder 369 gestorben sein; vgl. Bas., ep. 29f., Greg. Nyss., c. Eun. I 37. Während des Episkopats des Basilius in Caesarea seit 370 muß Galatien als weitgehend homöisch gelten. Ep. 204 führt Basilius Galatien nicht unter den Provinzen auf, in denen es nizänische Bischöfe gibt. 375 oder 376 fand in Ankyra eine homöische Synode statt (Bas. ep. 237).

[97] Greg. Naz., or. XVIII 23f. Unter ihnen der ältere Gregor von Nazianz und der Metropolit Dianius von Caesarea; vgl. oben S. 56ff.

[98] Vgl. oben S. 61. Zu Euseb vgl. AUBERT, DHGE XV 1436f.

[99] Vgl. oben S. 60f.

[100] Vgl. unten S. 226ff.

[101] Dazu LOOFS, (1898); HAUSCHILD, (1967); ders., (1973) 1–17 und der Kommentar zu epp. 95–213; ders., TRE V 301–313; X 547–50.

tius und Valens homöische Bischöfe[102]. Von Kappadokien her sind seit dem Beginn der Herrschaft des Valens – etwa gleichzeitig beginnt die kirchenpolitische Tätigkeit des Basilius – Wirkungen zu spüren, die das Entstehen einer neunizänischen Orthodoxie vorantrieben[103]. Wenn auch die Homöer den Metropoliten stellten, so scheint unter dem Einfluß des Eustathius Helenopontus vorwiegend homöusianisch geprägt gewesen zu sein bis zur allmählichen Herausbildung der neunizänischen Orthodoxie[104].

In Pontus Polemoniacus ist über Homöer nichts bekannt; schon Mitte der sechziger Jahre hat Neocaesarea in Musonius einen nizänischen Bischof, die ganze Provinz also einen nizänischen Metropoliten, der mit Basilius befreundet war. Der Einfluß des Eustathius war jedoch auch hier sehr groß[105].

Armenia prima et secunda: Armenia prima war unter dem Einfluß des Metropoliten, Eustathius von Sebaste, eine weithin homöusianisch geprägte Provinz[106]. Meletius hatte sich als Anhänger des Acacius und der homöischen Beschlüsse von Konstantinopel hier einst nicht durchsetzen können[107]. Durch Basilius von Caesarea wird Armenien – im Auftrage des Kaisers, doch eigentlich gegen seinen Willen – zur nizänischen Provinz[108]. Gelegentliche Versuche der Administration, zugunsten der Homöer einzugreifen, haben daran nichts ändern können, bis dann Eustathius endgültig mit Basilius brach und vielleicht sogar teilweise mit den Homöern gegen Basilius paktierte[109].

Die Dioecesis Pontica ist in den sechziger und siebziger Jahren des vierten Jahrhunderts konfessionell faktisch geteilt. Bithynien und Galatien, mit starken Ausstrahlungen auf Paphlagonien und Honorias, müssen als mehrheitlich ho-

---

[102] Le Quien, I 526 AB. Eulalius von Amasia war unter Valens abgesetzt worden und kehrte unter Gratian wieder zurück. Nach Soz., h. e. VII 2, war er durch einen Homöer ersetzt worden. Welche theologische Position Eulalius vor seinem Exil eigentlich vertreten hatte, ist nicht feststellbar. Sein friedliches Angebot nach seiner Rückkehr aus dem Exil, mit seinem homöischen Nachfolger das Bischofsamt für die Zukunft gemeinsam zu verwalten, läßt auf einen letztlich doch wohl nicht sehr tiefen dogmatischen Dissens zwischen beiden schließen.

[103] Über die Aktivitäten des Basilius in Pontus Hauschild, TRE V 306.

[104] Pasinikos von Zela und Leontius von Koman hatten nach Sok., h. e. III 25,3, die Petition der Homöusianer an Jovian unterschrieben. Das heißt, daß sie zu diesem Zeitpunkt wahrscheinlich nicht ihre Bistümer regierten; vgl. oben S. 168. Über die etwa 364 oder 365 zu datierende Synode von Zela Bas., ep. 251,4 [Courtonne III 92,3–7]: Πίστις παρ' ἡμῖν οὐκ ἄλλη μὲν ἐν Σελευκείᾳ, ἄλλη δὲ ἐν Κωνσταντινουπόλει καὶ ἄλλη ἐν Ζήλοις καὶ ἐν Λαμψάκῳ ἐπὶ Ῥώμην ἑτέρα καὶ ἡ νῦν περιφερομένη διάφορος παρὰ τὰς προτέρας, ἀλλὰ μία καὶ ἡ αὐτή. Gegen Schultze, (1922) 124, sehe ich keine Möglichkeit, nach Bas., ep. 251,4, die Synode von Zela als homousianische Synode anzusehen.

[105] Le Quien, I 502f. Nach Bas., ep. 30, scheint Musonius auch einen nizänischen Nachfolger bekommen zu haben. Zum Einfluß des Eustathius vgl. Bas., epp. 204; 207 nach Neocaesarea.

[106] Hauschild, TRE X 547–50.

[107] Vgl. oben S. 66 ff.

[108] Vgl. unten S. 226 ff.

[109] Zum angeblichen Überwechseln des Eustathius zu den Homöern nach seinem endgültigen Bruch mit Basilius vgl. Bas., epp. 130; 249; 251; Hauschild, TRE X 548 und unten S. 228 f.

möisch angesehen werden, auch wenn Galatien bis 368 in Athanasius einen nizänischen Metropoliten hatte, der aber aus dem Kreise der Homöer kam. In Kappadokien, das bis zum Tode Julians weitgehend hinter den Beschlüssen der Konstantinopolitaner Synode von 360 gestanden hatte, beginnt die theologische Neuorientierung auf Nizäa. Als treibende Kraft ist in diesem sich innerhalb der Reichskirche abspielenden Prozeß vor allem Basilius anzusehen. Von Kappadokien greift diese Entwicklung auf die pontischen und armenischen Provinzen über, die beide durch die Person des Eustathius stärker homöusianisch geprägt waren.

Dioecesis Oriens

Antiochia: Als Metropolit der Provinz Syria (prima), als Hauptstadt der Dioecesis Oriens, Sitz des Praefectus praetorio per Orientum und wichtigste östliche Kaiserresidenz war Antiochien ein Bischofssitz von besonderer Wichtigkeit[110]. Hier war seit der Absetzung des Meletius noch im Jahre 360 Euzoius Bischof[111]. Hinter ihm scheint auch die Mehrheit der antiochenischen Christen gestanden zu haben, wie angesichts der Ereignisse während der Herrschaft Julians deutlich geworden war[112]. Neben der reichskirchlichen Gemeinde des Euzoius hatte nur die von ihr abgespaltene Gruppe um Meletius größere Bedeutung[113]. Paulinus und Apollinaris[114] scheinen nur wenige Anhänger gehabt zu haben, dasselbe ist für die von Theophil dem Inder[115] geleitete eunomianische Gemeinde zu vermuten.

Cilicia: Der homöusianische Metropolit von Tarsus, Silvanus, war 360 in Konstantinopel abgesetzt und durch den Homöer Acacius ersetzt worden[116]. Es ist nicht unwahrscheinlich, daß dieser Acacius 363 die Beschlüsse der meletianischen Synode von Antiochien unterschrieb[117]. Drei Bischöfe aus Cilicia prima haben den Beschlüssen der Synode zugestimmt[118]. In Anazarbus, der Metropo-

---

[110] Zur Bedeutung Antiochiens im vierten Jahrhundert vgl. DOWNEY, (1960) 317 ff. Zum Aufenthalt des Valens in Antiochien ebenda, 399 ff. und unten S. 231 ff.

[111] Vgl. oben S. 77 f.

[112] Soz., h. e. VI 21,1; vgl. ELTESTER, (1937) 275. 277 und oben S. 136 ff.

[113] ELTESTER, (1937) 275 f.

[114] CAVALLERA, (1905) 157 ff.

[115] Vgl. oben S. 114.

[116] Vgl. oben S. 64. Zu Acacius vgl. LE QUIEN, II 872. Als Homöusianer ist noch Sophronius von Pompeiopolis bezeugt, der zusammen mit Silvanus von Tarsus die Petition der Homöusianer an Jovian unterschrieben hatte (Sok., h. e. III 25,3) wahrscheinlich also ebenso wie sein Metropolit Silvanus sein Bistum an die Homöer verloren hatte. LE QUIEN, II 877, hält ihn irrtümlich für einen Anhänger des Meletius und Unterzeichner des Synodalschreibens der meletianischen antiochenischen Synode an Jovian.

[117] Sok., h. e. III 25,18, nennt allerdings ausdrücklich Acacius von Caesarea als Unterzeichner; vgl. oben S. 175 f.

[118] Pison von Adana und Patricius von Paltus waren nicht selbst anwesend, sondern stimmten den Beschlüssen durch die Unterschriften ihrer Presbyter zu. Selbst anwesend war Pison

lis von Cilicia secunda, scheint noch unter Valens der Ariusanhänger Athanasius Bischof gewesen zu sein. Auxentius von Mopsouhestia scheint ebenso wie sein Metropolit für Aetius eingetreten zu sein[119]. Ebenfalls ein Parteigänger des Arius von Anfang an war Narziss von Neronias/Irenopolis, der aber 359 schon tot gewesen sein muß[120]. Theophil von Kastabala war als Homöusianer wahrscheinlich unter Konstantius abgesetzt worden und zum Nizäner und Freund des Basilius geworden, ebenso Patrophilus von Aegeai[121]. Über die Provinz *Isauria* liegen fast keine Nachrichten vor. 360 war Neonas von Seleukia nach dem Debakel der Synode von Seleukia in Konstantinopel abgesetzt und aller Wahrscheinlichkeit nach durch einen Homöer ersetzt worden[122]. Unter Umständen ist der in der Liste der Unterzeichner der antiochenischen Synode von 363 aufgeführten Evagrius Σικελῶν aus Isaurien[123]. Kallikrates von Klaudiopolis hatte die homöusianische Petition an Jovian unterschrieben[124].

Zypern *(Cyprus)* scheint, von den dogmatischen und kirchenpolitischen Auseinandersetzungen unberührt, nizänisch im Sinne des Eustathius von Antiochien und seiner kleinen, von Paulus geleiteten Gemeinde gewesen zu sein. Um 368 ist der aus syrischem altnizänischen Milieu kommende Epiphanius Metropolit von Konstantia (Salamis) geworden[125].

Syria: Syrien war bis in die Zeit Kaiser Julians als fast geschlossen homöisches Gebiet anzusehen. Eustathius- und Apollinarisanhänger standen im Grunde außerhalb der Reichskirche. Vier syrische Bischöfe hatten außer Eudoxius 359

---

von Augusta; vgl. Sok., h. e. III 25, eine Liste der Teilnehmer der Synode aus der Diözese Oriens; nach Sokrates auch bei DEVREESSE, (1945) 129.

[119] Athanasius gehörte von Anfang an zu den Verteidigern des Arius; vgl. seinen Ath., syn. 17, überlieferten Brief (= OPITZ, Urkunde 11). Sein Todesdatum ist unbekannt, um 360 scheint er aber noch gelebt zu haben. Nach Athanasius ist bis in das fünfte Jahrhundert kein Bischof mehr für Anazarbus bezeugt. Zu Auxentius von Mopsouhestia vgl. Philost., h. e. V 2. Wegen seines Bekenntnisses unter Licinius (Suda 4450 [ADLER I 415]) wurde er von Baronius irrtümlich ins Martyrologium Romanum (18. 12. Nr. 6) aufgenommen, vgl. den Kommentar Mart. Rom., 592; daher wohl auch die falsche dogmatische Einschätzung bei LE QUIEN, II 890.

[120] LE QUIEN, II 897–99.

[121] Theophil unterschrieb die homöusianische Petition an Jovian (Sok., h. e. III 25,3) und war Teilnehmer der homöusianischen Delegation an Liberius (Sok., h. e. IV 12,3; Soz., h. e. VI 10,4 und unten S. 216ff.). An ihn adressiert ist Bas., ep. 245; vgl. auch 130,1; 244,2. Patrophilus war ursprünglich Anhänger des Eustathius; vgl. Bas., epp. 244; 250.

[122] Vgl. oben S. 54ff.

[123] Sok., h. e. III 25,18; vgl. DEVREESSE, (1945) 129, Nr. 3.

[124] Sok., h. e. III 25,3; vgl. LE QUIEN, II 1027. Kallikrates war also vermutlich nicht im Besitz seines Bistums, an seiner Stelle wird man einen Homöer vermuten können.

[125] Schon Gelasius von Konstantia (Salamis) hatte mit den übrigen Bischöfen von Zypern die Beschlüsse der Abendländer von Serdika unterschrieben und auf der Seite des Athanasius von Alexandrien gestanden; vgl. Ath., apol. sec. 50,2. Zur theologischen und kirchenpolitischen Stellung des Epiphanius während der Herrschaft des Valens vgl. NAUTIN, DHGE XV 619; SCHNEEMELCHER, RAC V 909–11; 920–24. Nach Ägypten bilden die kirchlichen Verhältnisse in Zypern eine Ausnahme.

die akakianischen Beschlüsse von Seleukia unterschrieben[126]. Unter dem Einfluß des 360 von den Homöern nach Antiochien geholten und dann nach nur einem Monat wieder abgesetzten Meletius begann in Syrien, unabhängig von der Entwicklung in Kappadokien, bei bisherigen Vertretern der Beschlüsse der konstantinopolitanischen Reichssynode von 360 eine 362/63 erstmals erkennbare theologische Entwicklung zum Nizänum hin. 363 unterschrieben auf der meletianischen Synode von Antiochien sieben syrische Bischöfe den Synodalbrief an Jovian[127]. Ob die syrischen Bischöfe allerdings unter Valens alle bei ihrer in Antiochien getroffenen Entscheidung für Nizäa blieben, ist unbekannt.

Euphratensis: Die nördliche Nachbarprovinz Syriens zeigt die analoge Entwicklung vom Homöismus zur neunizänischen Orthodoxie während der Herrschaft des Valens. Über die Metropolis Hierapolis ist nichts bekannt[128]. Eine theologisch und kirchenpolitisch überragende Rolle in der Euphratensis spielte Euseb von Samosata, der als Parteigänger des Acacius von Caesarea 360 maßgeblich daran beteiligt war, Meletius nach Antiochien zu holen, und der dann neben Meletius der führende Theologe dieser nizänisch gewordenen Homöer wurde[129]. Vor allem wohl durch ihn entstand der Kontakt zwischen den kappadokischen Homousianern um Basilius und denen aus der Gruppe um Meletius. Kyrrhos war unter Bischof Abgar und dessen Nachfolger homöisch, in Germanicia wird man als Nachfolger des Eudoxius ebenfalls einen homöischen Bischof vermuten dürfen; sein Name erscheint aber weder auf der Liste der Unterzeichner der akakianischen Beschlüsse von Seleukia, noch 363 bei den Meletianern in Antiochien[130]. Kyrion von Doliche hatte 359 die Beschlüsse von Seleukia auf der Seite der Akakianer unterschrieben, über seine spätere Haltung ist nichts bekannt[131]. Als Teilnehmer der meletianischen Synode von Antiochien erscheinen

---

[126] Markus von Arethusa, Zoilus von Larissa, Euseb von Seleukia, Eustathius von Epiphaneia (zu diesem Märtyrer der julianischen Zeit vgl. oben S. 124 f.) dazu noch Eudoxius von Antiochien, der aber vorläufig suspendiert war (oben S. 47, Anm. 43); vgl. Devreesse, (1945) 128, der die Synode aber als „semiarianisch" (d. h. homöusianisch) bezeichnet. Es handelt sich hier aber um die Unterzeichner der homöischen oder akakianischen Beschlüsse; vgl. oben S. 47.

[127] Uranius von Apamea, Zoilus von Larissa (der die homöischen Beschlüsse von Seleukia unterzeichnet hatte; vgl. vorige Anm.), Aristonicos von Seleukobelos, Magnus von Chalkis, Pelagius von Laodicea, Patricius von Paltos (von Devreesse, (1945) 129, der Provinz Phoenice zugeordnet), außerdem Meletius, der abgesetzte Bischof von Antiochien (Sok., h. e. III 25,18; vgl. Devreesse, (1945) 129).

[128] Zwischen den Synoden von Nizäa (325) und Konstantinopel (381) schweigen für Hierapolis die Quellen. Euseb von Samosata weihte Theodot erst nach dem Tode des Valens zum Bischof von Hierapolis (Thdt., h. e. V 4,5); vgl. Devreesse, (1945) 283. Noch in die Zeit des Valens verlegt die Weihe des Theodot Le Quien, II 925 f.

[129] Vgl. oben S. 66 ff. Zu Euseb von Samosata Spanneut, DHGE XV 1473–75. Über sein Exil unter Valens unten S. 234.

[130] Nach Thdt., h. e. V 4,3, muß Germanicia als homöisch gelten. Nach dem Tode des Valens setzt Meletius dort Stephanus ein.

[131] Epiph., haer. 73,26,6 [Holl III 300,26]. Offenbar blieb Kyrion Homöer. Thdt., h. e. V 4,7 ff., berichtet, wie Euseb von Samosata nach dem Tode des Valens und dem Beginn der

aus der Euphratensis außer Euseb von Samosata noch Abramios von Urima und Sabinianus von Zeugma[132].

Osrhoene: Noch kurz vor seinem Tode hatte Konstantius 361 Barses als Bischof von Edessa eingesetzt, wahrscheinlich weil er ihm als Vertreter der eigenen Reichskirchenpolitik im Sinne der Beschlüsse der konstantinopolitanischen Synode von 360 erschien[133]. Auch in Edessa und den abhängigen Bistümern entsteht nach dem Tode Julians langsam eine nizänische Orthodoxie. Für Edessa selbst dürfte dabei der aus Nisibis ausgewanderte Ephraem theologisch die wichtigste Rolle gespielt haben. Auch er selbst ist erst seit 363 oder 364 als Vertreter des Glaubens von Nizäa aufgetreten[134]. Daß überall da, wo im Osten um diese Zeit die neunizänische Orthodoxie zu entstehen anfängt, das homöische Erbe weiterhin merklich stark geblieben ist, zeigen die Schriften aus den letzten Lebensjahren Ephraems für die Osrhoëne sehr deutlich[135].

Für die ehemalige Provinz *Mesopotamia* fehlen nach der Übergabe von Nisibis an die Perser Nachrichten[136].

Phoenice et Phoenice Libanensis: Uranius von Tyrus, Paulus von Emesa und Irenaeus von Tripolis hatten 359 die akakianischen Beschlüsse von Seleukia unterschrieben[137]. Auf der meletianischen Synode von Antiochien nahm aus den beiden phoenizischen Provinzen nur Lukianos von Arke teil[138]. 367 begegnen aber Zeno von Tyrus, der Nachfolger des Uranius, und Paulus von Emesa als Teilnehmer der meletianisch-homöusianischen Synode von Tyana[139]. Zögernder als in Syria, Euphratensis und Osrhoëne hat auch in den phönizischen Provinzen die Entwicklung zur nizänischen Orthodoxie begon-

---

Herrschaft des Theodosius in Doliche ermordet wurde, als er Maris zum nizänischen Bischof von Doliche weihen wollte. Doliche muß während der Herrschaft des Valens nach Thdt., h. e. V 4,7, als homöisch gelten. Die ganze Euphratensis muß nach Thdt., h. e. V 4,5 ff., weitgehend homöisch gewesen sein.

[132] Sok., h. e. III 25,18; vgl. Devreesse, (1945) 129. Nach Bas., epp. 118; 127, und dem Synodalbrief Bas., ep. 92,1, gehörte Jovinus von Perre zum Kreis der Bischöfe um Meletius und Eusebius. Thdt., h. e. IV 15 deutet seine homöische Vergangenheit an.

[133] Vgl. oben S. 100, Anm. 22.

[134] Vgl. oben S. 85 f. Als nizänische Bischöfe sind für die Zeit des Valens außer Barses von Edessa bezeugt: Vitus von Karrhai/Harran (Bas., ep. 255), Eustathius von Himeria (Bas., ep. 184), Abramius von Batne (Bas., ep. 133); zu Barses von Edessa vgl. unten S. 234 f.

[135] Carm. Nis. XXV–XXXIV, *de fide;* vgl. unten S. 234 f.

[136] Ephraem, carm. Nis. XXI, wird Abraham von Nisibis zum letztenmal erwähnt. Zum Schicksal von Nisibis nach der Abtretung an die Perser vgl. Sturm, PW XVII 748–51.

[137] Epiph., haer. 73,26; vgl. Devreesse, (1945) 128.

[138] Sok., h. e. III 25,18. Devreesse, (1945) 129, zählt irrtümlich Patricius von Paltus zu den phoenizischen Bischöfen; vgl. oben Anm. 126.

[139] Soz., h. e. VI 12,2 f.; vgl. unten S. 220. Zu Zeno von Tyrus vgl. Le Quien, II 805 f.; Devreesse, (1945) 194; zu Paulus von Emesa Le Quien, II 839, der die Soz., h. e. VI 12,2, bezeugte Teilnahme an der Synode von Tyana übersehen hat.

nen. Phoenice Libanensis scheint dabei dem Homöismus länger treu geblieben zu sein. Nach Heliopolis werden Mitte der siebziger Jahre ägyptische Kleriker in die Verbannung geschickt, wobei für die Ortswahl wahrscheinlich das in Heliopolis ungebrochene Heidentum den Ausschlag gab[140].

Für die wenig christianisierte und in ihren Ostgrenzen nicht eindeutig definierte Provinz *Arabia* muß eine ähnliche Entwicklung angenommen werden. Mit der Synode von Antiochien, deren Beschlüsse außer dem Metropoliten und Bischof von Bostra, Titus, noch Arabion von Adraa und ein ohne Sitz genannter arabischer Bischof Theotimus unterschrieben[141], beginnt eine theologische Entwicklung zur neunizänischen Orthodoxie hin, von der aber nicht bekannt ist, ob sie unter Valens andauerte[142].

Palaestina: Bis 365 oder 366 war Acacius, der führende homöische Theologe, als Bischof von Caesarea Metropolit von Palaestina. Auch sein Nachfolger, Euzoius, war Homöer und wurde erst unter Theodosius vertrieben[143]. In Jerusalem war die Lage dagegen verworren. Anstelle Kyrills hatte Acacius einen Nachfolger eingesetzt. Während der Herrschaft Julians war aber Kyrill die Rückkehr geglückt; anscheinend war es ihm sogar gelungen, seinen Bischofssitz wieder einzunehmen. Vom Metropoliten wurde er aber vermutlich nicht anerkannt. 367 oder 368 wurde Kyrill wieder aus Jerusalem vertrieben und ein homöischer Bischof eingesetzt[144]. Die übrigen Bischöfe von Palaestina scheinen fast alle Homöer gewesen zu sein[145]. In Antiochien unterschrieben 363 aus allen drei palästinischen Provinzen nur Irenaeus von Gaza, Petrus von Hippos und Eutychius von Eleutheropolis[146].

Die Dioecesis Oriens war bis in die Zeit Julians hinein das größte zusammenhängende homöische Gebiet überhaupt. Mit dem wahrscheinlich 362 aus dem

---

[140] Vgl. unten S. 237f. Zum ungebrochenen Heidentum in Heliopolis noch in der Mitte des vierten Jahrhunderts vgl. oben S. 122f.

[141] Sok., h. e. III 25,18; vgl. DEVREESSE, (1945) 129.

[142] In Seleukia hatten 359 auf der Seite der Homöer/Akakianer vier arabische Bischöfe unterschrieben; vgl. DEVREESSE, (1945) 128. Der Epiph., haer. 73,26,8 [HOLL III 301,8], genannte Arabio von Adraa ist wahrscheinlich mit dem Sok., h. e. III 25,18, als Unterzeichner der meletianischen Beschlüsse von Antiochien genannten Arabianus von Adraa identisch. Die wichtigen arabischen Bischofssitze Gerasa und Petra fehlen aber in Antiochien.

[143] Epiph., haer. 73,37,5; Hieron., vir. ill. 113.

[144] Die für Kyrill eingesetzten Bischöfe bei LE QUIEN, III 157–61; zum Fall des Kyrill vgl. auch oben S. 40ff.

[145] In Seleukia unterzeichneten das von Acacius formulierte homöische Bekenntnis (Epiph., haer. 73,26): Euseb von Sebaste, Charisius von Azotus, Germanus von Petra, Eutychius von Eleutheropolis, Petrus von Hippos und Elisäus von Diokletianopolis; vgl. DEVREESSE, (1945) 128. Skythopolis hatte nach dem Tod des Patrophilus mit Sicherheit wieder einen homöischen Bischof bekommen, wie der unter Julian zerstörte Kult des Patrophilus zeigte; vgl. oben S. 120f. Zu den Nachfolgern des Patrophilus vgl. LE QUIEN, III 686f.

[146] Petrus von Hippos und Eutychius von Eleutheropolis hatten schon in Seleukia die homöische Formel unterschrieben (vgl. vorige Anm.). Palästina zeigt besonders deutlich, daß die Nizäner um Meletius aus dem Kreis der Homöer der großen Reichssynode von Seleukia/Konstantinopel kamen.

Exil zurückgekehrten Meletius beginnt in Syrien unter bisherigen Vertretern
der homöischen Reichstheologie eine theologische Hinwendung zu den Beschlüssen von Nizäa, die mit Ausnahme Palästinas alle angrenzenden zur
orientalischen Diözese gehörigen Provinzen ergreift. Wie weit diese gerade
begonnene Entwicklung durch die wieder eindeutig homöische Politik des
Valens eingedämmt werden konnte, ist nicht klar. Daß einige dieser 23 Bischöfe, die 363 das Nizänum bekannt hatten, sich ohne große Mühe unter
Valens auch wieder zu den Beschlüssen von Konstantinopel bekennen konnten, ist anzunehmen[147]; Sokrates und Sozomenus vermuten das zum Beispiel
(m. E. in diesem Falle jedoch irrtümlich) für Acacius von Caesarea[148].

Dioecesis Aegyptus

Die kirchlichen Verhältnisse in Ägypten unterschieden sich vor allem dadurch von den anderen Diözesen, daß es hier eigentlich keine Metropoliten
gab, insoweit dem Abendland des vierten Jahrhunderts verwandt. Der Bischof von Alexandrien ist Oberbischof von ganz Ägypten und Libyen[149].
Die alexandrinischen Bischöfe pflegten ihre Rechte als Oberbischof der ganzen Diözese auch wirkungsvoll durchzusetzen, wie im Falle des Athanasius
allgemein bekannt ist. Waren unter Georg zahlreiche Homöer und sogar Anhänger des Aetius auf ägyptische und libysche Bischofsstühle gelangt, so ist
mit Sicherheit anzunehmen, daß Athanasius, der 362 den alexandrinischen
Stuhl wieder hatte einnehmen können[150], alle diese Bistümer mit Nizänern
und Männern seines Vertrauens besetzt hatte. Daß er homöische Bischöfe in
Ägypten oder Libyen geduldet hätte, ist schwer vorstellbar[151]. Die Dioecesis
Aegyptus war als einzige orientalische Diözese nizänisch[152].

---

[147] Eine Liste nur der dreiundzwanzig Bischöfe der Diözese Oriens, die in Antiochien
unterschrieben hatten, bei DEVREESSE, (1945) 129.

[148] Vgl. oben S. 175 f.

[149] Can. VI von Nizäa; vgl. dazu MÜLLER, TRE I 517–25; WEISS, TRE II 255.

[150] Vgl. oben S. 99.

[151] Vgl. TETZ, TRE IV 343. Homöische (oder sogar anhomöische) Bischöfe, die von Georg in der Augustamnica eingesetzt worden waren: Pancratius von Pelusium (LE QUIEN, II
532), Ptolemäus von Thumis (von Georg als Nachfolger des Serapion eingesetzt; vgl. LE
QUIEN, II 540), Theoctistus von Ostracine (LE QUIEN, II 545), Apollonius von Oxyryn-
chos (LE QUIEN, II 577), Heron von Theben (LE QUIEN, II 611), Heliodor von Sozysa (LE
QUIEN, II 617), Stephanus von Ptolemais (LE QUIEN, II 619), Seras von Paraetonicum (LE
QUIEN, II 633 f.).

[152] Vgl. Ath., ad Afros, wo Ägypten und Libyen wie selbstverständlich als nizänisch erscheinen; dazu MAY, (1973) 47.

Ergebnis

Aus den zum Teil sehr lückenhaften Nachrichten über die Bistümer der einzelnen orientalischen Provinzen ergibt sich für die Kirche der orientalischen Präfektur zu Beginn der Herrschaft des Valens folgendes Bild:

Die Reichshauptstadt Konstantinopel und die östliche Residenz Antiochien waren homöisch, ebenso die thrakische Diözese (mit Ausnahme der abgelegenen Scythia). Große Teile der Dioecesis Asiana, vor allem die West- und Südostprovinzen, waren homöusianisch; das zentral gelegene Phrygien dagegen weithin homöisch wie auch die wichtigen zur pontischen Diözese gehörigen Provinzen Bithynien und Galatien (mit entsprechender Ausstrahlung auf die nördlichen Nachbarprovinzen Honorias und Paphlagonia).

In Kappadokien, und hier besonders in Caesarea, beginnt für Kleinasien die theologische Neuorientierung am Nizänum und strahlt vor allem nach Armenien und den beiden pontischen Provinzen aus, also nach Osten und Norden, aber auch nach Pisidien/Lykaonien im Westen. Noch zur Zeit Julians muß auch Kappadokien als homöisch gelten.

In der Dioecesis Oriens beginnt um 363 eine ähnliche theologische Entwicklung wie in Kappadokien, von der allerdings Palästina ausgeschlossen bleibt.

Aus diesem Bild der kirchlichen Verhältnisse der orientalischen Präfektur nach dem Tode Kaiser Julians sind die Folgerungen für die Kirchenpolitik des Kaisers Valens zu ziehen. Als er im März 364 in Konstantinopel zum Augustus erhoben wurde, konnte er überhaupt nur die eine auf das Bekenntnis von Konstantinopel gegründete homöische Reichskirche des Konstantius kennen. Nizänisches Christentum gab es fast nur in Ägypten und Zypern in größerem Zusammenhang, in den westlichen Teilen der Dioecesis Asiana waren die Homöusianer stärker vertreten, ebenso in den pontischen und armenischen Provinzen der Dioecesis Pontus. Die wichtigsten Provinzen des Ostens erschienen noch rein oder zumindest weitgehend homöisch. Daß diese äußere Einheitlichkeit durch die gewaltsame Entfernung vieler vor allem homöusianischer Bischöfe durch Konstantius erreicht worden war, ist ein Problem, das sich für Valens so nicht stellte. Für ihn handelte es sich um rechtmäßig durch die Beschlüsse einer Reichssynode abgesetzte Bischöfe.

Unter Julian hatte Valens, wenn die homöische Überlieferung richtig berichtet[153], in Antiochien vor dem Apostaten sein Christenbekenntnis in rein homöischer Umgebung abgegeben. Die theologischen Debatten unter den Homöern, die dazu führten, daß ein Teil von ihnen das Nizänum annahm, hatte zu verfolgen Valens weder Anlaß noch vermutlich Neigung. 364 in Konstantinopel ist Valens wieder in rein homöischem Milieu; der Bischof seiner thrakischen Residenz Marcianopolis ist Homöer; Bithynien und sicher zum großen Teil Galatien (auch wenn der Metropolit Athanasius von Ankyra inzwischen das Nizänum

---

[153] Vgl. oben S. 126f.

angenommen hatte), die Provinzen, die der Kaiser auf seinem Weg nach Antiochien zunächst zu durchqueren hatte, waren homöisch, vor allem auch die
bithynische Residenz Nikomedien. Valens kam aus dem reichskirchlich homöischen Milieu des Ostens unter der Herrschaft des Konstantius und hat sich auch
als Kaiser fast nur in homöisch geprägtem kirchlichen Milieu aufgehalten[154].
Seine Parteinahme für die Homöer unter Führung der wichtigen Bischöfe von
Konstantinopel und Antiochien ist so keine Parteinahme für irgendeine kirchliche, nicht einmal mehrheitsfähige Partei, sondern als Nachfolger Konstantins
und Konstantius' übernimmt Valens den Schutz und die Unterstützung der
Reichskirche, die in den Beschlüssen von Konstantinopel die Grundlage ihres
Glaubens hatte. Nur von dieser Grundvoraussetzung ist die häufig als inkonsequent kritisierte Kirchenpolitik des Valens zu verstehen. Er sieht sich nicht als
Vertreter einer kirchlichen Partei, deren Ziele er notfalls mit Gewalt durchsetzt,
sondern ihm ist die Sorge für die Kirche anvertraut; er hat über ὁμόνοια und
εἰρήνη in dieser Kirche zu wachen. Die dogmatischen Auseinandersetzungen,
solange sie innerhalb dieser Kirche geschehen, sind daher für ihn – und hier steht
er stärker in der Tradition Konstantins als der des Konstantius – letztlich neben-
sächlich[155].

Schon von diesen kirchengeschichtlichen Voraussetzungen her mußte Valens
– natürlich auch beeinflußt durch Eudoxius und später Euzoius – das Entstehen
der neunizänischen Orthodoxie, die die Beschlüsse von Konstantinopel nicht
mehr akzeptieren konnte und wollte, als Abfall vom wahren Glauben ansehen[156]
und entsprechend in einigen Fällen auch mit Gewalt reagieren, wie es seine
Vorgänger Konstantin und Konstantius ebenso getan hatten, und wie in weit
größerem Ausmaß dann sein Nachfolger Theodosius handeln sollte[157]. Die
theologische Unmöglichkeit, angesichts neuer theologischer Fragestellungen
am homöischen Bekenntnis weiter festzuhalten, konnte der Kaiser – aus der
Tradition dieses Bekenntnisses und der von ihr geprägten Kirche stammend –
kaum wahrnehmen.

Valens wollte bis zu seinem Tode dem alten Glauben treu bleiben, in dessen

---

[154] Wie schon seine Vorgänger hat er als Augustus nie Ägypten besucht und nach dem
überlieferten Itinerar auch nie die homöusianisch geprägten Provinzen des westlichen Kleinasiens; vgl. Seeck, (1919) 214 ff.; Mommsen-Krüger, (1954) I 1, CCXL–CCLV.

[155] Zur Bewahrung von ὁμόνοια καὶ εἰρήνη in der Kirche als Aufgabe und Pflicht des
Kaisers vgl. die Adresse des antiochenischen Synodalbriefes an Jovian, Sok., h. e. III 25,11.

[156] Valens mußte also aus seiner Sicht genau umgekehrt wie die nizänischen Theologen
argumentieren; vgl. unten Anm. 158. In der Tat war die neunizänische Theologie der Meletianer in Syrien und der kappadokischen Theologen um Basilius auch grundsätzlich theologisch
etwas Neues; vgl. unten Anm. 157.

[157] Da Valens als *Arianer* und Ketzer in die christliche Tradition eingegangen ist, haben seine
Eingriffe in die Kirchenpolitik, auch wenn sie im ganzen wesentlich geringfügiger waren als die
Konstantins oder gar des großen Theodosius, ähnlich wie im Falle des Konstantius einen
wesentlich schärferen Protest der Kirchengeschichtsschreibung herausgefordert; vgl. z. B.
Ritter, (1965) 24 ff.

Tradition er aufgewachsen war und in dem er in der Katechumenenunterweisung bei Eudoxius unterrichtet worden war. Gegen jede, noch dazu in derartige philosophische Begrifflichkeit gehüllte neue Theologie, wie es die jungnizänische nun einmal war[158], mußte er nun auch von seiner Frömmigkeit her Abneigung empfinden. Daß das Neue im Grunde nur Abfall vom wahren Glauben sein kann, ist für ihn, wie auch für alle Theologen seiner Zeit, selbstverständliche Voraussetzung[159].

Bei dieser Sicht der ihm anvertrauten Kirche ist es ebenfalls selbstverständlich, daß Valens sich bei den ihm bisher eher fremden kirchlichen Angelegenheiten von Eudoxius, dem Bischof der Hauptstadt, beraten ließ, dem er allem Anschein nach großes Vertrauen entgegenbrachte[160]. Der persönliche Einfluß des Bischofs auf den Kaiser zeigt sich auch darin, daß Valens sich 367 vor Beginn des Gotenkrieges von Eudoxius taufen ließ, ein für die Zeit eher ungewöhnliches Zeugnis für die persönliche Frömmigkeit dieses Kaisers[161]. Man sollte allerdings

---

[158] Allein die trinitarische Differenzierung von οὐσία und ὑπόστασις setzte ein erhebliches Maß an philosophischer Kenntnis und theologischer Differenziertheit zum Verständnis dieses neuzinänischen Dogmas voraus; vgl. ABRAMOWSKI, (1979) 38–49; RITTER, (1982) 198–206. Wenn Ephraem, de fide 7–9; 13,1 u. ö. den Arianern (= Homöern) vorwirft, daß sie über die göttlichen Geheimnisse forschen und disputieren wollten, so unterschiebt auch er ihnen eine typisch anhomöische Position, mit der weder Valens noch die homöischen Theologen sich je identifiziert hätten, die ihnen dennoch immer wieder unterstellt wurde. Die Homöer vertraten einen schlichten und auch weithin undifferenzierten Biblizismus, der eben auf alles philosophische Gut verzichten will (sich allerdings dabei wahrscheinlich nicht klargemacht hat, wie sehr er dennoch von popularphilosophischen Axiomen abhängig war); vgl. schon die zweite sirmische Formel von 357; Hil. syn. 11 [PL 10,488 A]: *Quod vero quosdam aut multos movebat de substantia, quae graece usia appellatur, id est (ut expressius intelligatur), homousion, aut quod dicitur homoeusion, nullam omnino fieri oportere mentionem; nec quemquam praedicare ea de causa et ratione quod nec in divinis Scripturis contineatur, et quod super hominis scientiam sit, nec quisquam possit nativitatem Filii enarrare, de quo Scriptum est, Generationem ejus quis enarrabit?* Vgl. damit die Formel von Nike (Anhang IV, S. 247,27 ff.) und die Formel von Konstantinopel (Anhang VI, S. 248,19 ff.).

[159] Umgekehrt betrachten den homöischen Arianismus als Neuerung Bas., epp. 90,2; 242,3; Ephraem, de fide 13,1 f.

[160] Philost., h. e. IX 3 [BIDEZ-WINKELMANN, 116,11 f.]: Ὅτι Οὐάλης, φησίν, ἐκ τῶν Ἰλλυριῶν ἐπὶ τὴν Κωνσταντινούπολιν ἀφικόμενος, διὰ τιμῆς εἶχεν Εὐδόξιον. Greg. Nyss., c. Eun. I 122f., meint, Eudoxius habe den Kaiser durch Betrug für sich gewonnen, wobei völlig offen bleibt, worin der Betrug eigentlich bestanden haben könnte. Es handelt sich hier um typische Ketzerpolemik, die für die historischen Tatbestände keine Information hergibt. Vgl. auch Soz., h. e. VI 7,9, und Thdt., h. e. IV 12,4. Zum Einfluß des Eudoxius auf Valens Nagl, PW II 7,2,2132, die allerdings, der altkirchlichen Polemik folgend, Eudoxius für einen Anhomöer hält.

[161] Thdt., h. e. IV 12,1 f.; Sok., h. e. IV 1,6: Soz., h. e. VI 6,10; Theod. Anagn., Epit. 158. Die Kirchenhistoriker deuten die Taufe als Hinwendung zum Arianismus, auch wenn sie schon für die Zeit davor von einer homöischen Kirchenpolitik berichten, wie besonders Sokrates und Sozomenus. Zur Übernahme dieser altkirchlichen Interpretation der Taufe des Kaisers auch in die moderne Forschung vgl. oben S. 185.
Nach Thdt., h. e. IV 13,1, soll Valens bei der Taufe einen Eid abgelegt haben, alle Nichtarianer zu verfolgen [PARMENTIER-SCHEIDWEILER, 232,16–19]: τότε δὴ οὖν παρ' αὐτὸν τῆς

den kirchenpolitischen Einfluß des Eudoxius auf Valens nicht überschätzen[162]. Valens entschied in kirchenpolitischen Angelegenheiten eben nicht parteitaktisch, sondern nach dem für die kaiserliche Kirchenpolitik typischen Gesichtspunkt der Bewahrung von ὁμόνοια καὶ εἰρήνη. Es ist kaum vorstellbar, daß die kirchenpolitischen Entscheidungen des Valens immer die Zustimmung des Eudoxius oder später des Euzoius gefunden haben sollten[163]. Von Intrigenwirtschaft, wie sie die moderne Forschung der Kirchenpolitik des Valens vorwirft[164], findet sich in den Quellen im Grunde nichts.

Valens' Reichskirchenpolitik gliedert sich in zwei nicht nur zeitlich deutlich getrennte Phasen. Die erste Phase (etwa bis zur Taufe vor Beginn des ersten Gotenkrieges[165]), gilt der Konsolidierung der durch Julian in Erschütterung geratenen Reichskirche und muß in Kontinuität zur Kirchenpolitik des Jovian gesehen werden. Kirchenpolitisch hatte sich Valens in dieser Zeit in erster Linie mit den von der Konstantinopolitaner Synode abgesetzten homöusianischen Bischöfen auseinanderzusetzen, die natürlich die Revision der Urteile von Konstantinopel weiterhin anstrebten. Schon unter Jovian hatten ja die Homöusianer vergeblich versucht, die Beschlüsse dieser Reichssynode vom Kaiser aufheben zu lassen[166]. In diese erste Phase fallen auch die ersten und vorerst folgenlosen

---

μνήσεως τὸν καιρὸν ὅρκοις δεσμεῖ τρισάθλιον, ὥστε καὶ τῇ τοῦ δόγματος δυσσεβείᾳ προσμεῖναι, καὶ τοὺς τἀναντία φρονοῦντας πάντοθεν ἐξελάσαι. Hinter dieser polemisch formulierten Bemerkung steht vermutlich, daß Eudoxius Valens bei der Taufe auf die Beschlüsse und vor allem das Bekenntnis der Reichssynode von Konstantinopel verpflichtete. Ein Taufbekenntnis von Konstantinopel ist aus dieser Zeit nicht bekannt, liturgische Taufbekenntnisse beginnen überhaupt erst in dieser Zeit zu entstehen; vgl. v. Campenhausen, (1976) 133 f. Der von Theodoret berichtete Eid ist der bei Kyrill, Cat. V 12 f. [PG 33,520 B–524 B], überlieferten Verpflichtung des Täuflings auf das gelernte Bekenntnis zu vergleichen. Es wäre durchaus vorstellbar, daß Eudoxius das Bekenntnis von Konstantinopel (vielleicht in abgewandelter Form) als Taufbekenntnis benutzt hat. Er selbst war am Zustandekommen dieses Bekenntnisses maßgeblich beteiligt gewesen. Angesichts der Rolle des christlichen Kaisers in der Kirche lag es nahe für Eudoxius die aus Kyrill, Cat. V 12 f., bekannte Verpflichtung des Täuflings in diesem Fall auf das Bekenntnis der Reichskirche vorzunehmen. Valens hat also bei seiner Taufe keinen besonderen Eid geleistet, gegen Gegner des Eudoxius vorzugehen, wie Theodoret glauben machen will, sondern wurde als Täufling wie jeder andere Täufling verpflichtet, das mitgeteilte Bekenntnis zu bewahren. Im Falle der Taufe eines Kaisers schloß das natürlich in gewisser Weise die Verpflichtung ein, gegen Häretiker vorzugehen.

[162] Das scheint mir in der Forschung allgemein der Fall zu sein; vgl. Ritter, (1965) 25 ff.; May, (1973) 48; ders., (1976) 323.

[163] Zu vermuten ist das zumindest für die Anerkennung des Athanasius und des Basilius; vgl. unten S. 226 ff.; 236 ff.

[164] Gwatkin, (1900) 238; Ritter, (1965) 25.

[165] Der Gotenkrieg begann im Frühsommer 367; vgl. Seeck, (1919) 231. Zwischen der Usurpation des Prokop und dem Beginn des Gotenkrieges ist Valens in Konstantinopel nicht nachweisbar, kann aber Anfang 367 gut in Konstantinopel gewesen sein. Das Osterfest fiel auf den 1. April und käme als Tauftermin in Frage. Im Mai war Valens dann bereits in Marcianopolis; vgl. Seeck, (1919) 229 f.; Mommsen-Krüger, (1954) I 1, CCXLVI; zum ersten Gotenkrieg vgl. Nagl, PW II 7,2, 2106–2111.

[166] Vgl. oben S. 168.

Konfrontationen mit dem entstehenden nizänischen Lager[167] und das vor allem politisch motivierte Vorgehen gegen Eunomius[168]. Von 367 bis 370 war Valens durch den Gotenkrieg in Thrakien gebunden, und über diese Zeit schweigen unsere Quellen weitgehend[169].

Seit etwa 370 muß man von einer zweiten Phase der Kirchenpolitik des Valens sprechen. Sie ist an ihrem Beginn gekennzeichnet durch den Tod des Eudoxius von Konstantinopel und die Wahl des Basilius zum kappadokischen Metropoliten, beides im Jahre 370[170]. Diese zweite Phase der Kirchenpolitik des Valens ist in erster Linie durch die Auseinandersetzung mit der entstehenden neunizänischen Orthodoxie gekennzeichnet. Die wichtigste Persönlichkeit in dieser Auseinandersetzung und der einzige wirkliche kirchenpolitische Gegenspieler des Kaisers wurde nun Basilius, der Valens nur um wenige Monate überleben sollte[171].

Seit 372 residierte Valens dauernd in Antiochien[172], der Schwerpunkt der kaiserlichen Kirchenpolitik verlagerte sich damit ebenfalls von Kleinasien weg in den Osten.

c) Die Synode von Lampsakus und die Auseinandersetzungen um die Geltung der Beschlüsse der Reichssynode von Konstantinopel

Sokrates und Sozomenus berichten aus dem Synodikon des Sabinus, daß die homöusianischen Bischöfe darum baten, eine Synode über Glaubensangelegenheiten abhalten zu dürfen[173]. Beide Berichte weichen aber nicht unerheblich voneinander ab. Nach Sokrates[174] tragen die Makedonianer Valens in Konstantinopel ihre Bitte vor; nach Sozomenus, der manche Einzelheit über Sokrates hinaus bietet, bitten sie dagegen Valentinian, als er von Konstantinopel durch Thrakien nach Sirmium reiste, um die Genehmigung, eine Synode abhalten zu dürfen[175]. Valentinian aber lehnt es nach Sozomenus ab, sich in kirchliche Angelegenheiten einzumischen[176]. Vermutlich war man an beide Kaiser heran-

---

[167] Vgl. unten S. 212ff.

[168] Vgl. unten S. 212ff.

[169] SEECK, (1919) 229–239. Von Thrakien aus ging Valens, bei dem sich am Hoflager auch Eudoxius aufhielt, gegen Eunomius vor; vgl. unten S. 215.

[170] Noch im April 370 erfuhr Valens in Nikomendien vom Tod des Eudoxius, der am 9. April noch die Apostelkirche in Konstantinopel geweiht hatte; vgl. SEECK, (1919) 239. Basilius wurde wahrscheinlich im Herbst 370 zum Metropoliten von Kappadokien gewählt; vgl. HAUSCHILD, TRE V 304,42.

[171] Als Todestag gilt traditionell der 1. Januar 379; vgl. HAUSCHILD, TRE V 307,6f.

[172] SEECK, (1919) 243–51.

[173] Zur Herkunft aus dem Synodikon des Sabinus HAUSCHILD, (1970) 123–26.

[174] Sok., h. e. IV 2,2.

[175] Soz., h. e. VI 7,1.

[176] Soz., h. e. VI 7,2. Die Kirchenpolitik Valentinians, der sich auch im Abendland möglichst nicht in die theologischen Auseinandersetzungen einmischte, charakterisiert der Bericht des Hilarius von Poitiers über seine vergeblichen Versuche, Auxentius von Mailand durch Valenti-

getreten[177]. Im Frühsommer 364 versammelte sich so nach Genehmigung durch die Kaiser in Lampsakus in der Provinz Hellespont unter Leitung des Metropoliten, Eleusius von Kyzikos, eine Synode bithynischer und hellespontischer Bischöfe[178]. Nach zweimonatigen Beratungen annullieren sie die Beschlüsse der Reichssynode von Konstantinopel, bestätigen dagegen sowohl die dogmatischen als auch Personalangelegenheiten betreffenden Beschlüsse der homöusianischen Mehrheit der Synode von Seleukia. Das heißt, sie bestätigen erneut die zweite antiochenische Formel von 341 als Grundlage ihres Glaubens und fordern endlich die Durchführung ihrer damaligen Absetzungen und Exkommunikationen von Acacius, Eudoxius und deren Anhängern.

Außerdem fordern sie die Wiedereinsetzung der 360 in Konstantinopel abgesetzten Bischöfe und die Absetzung der damals an deren Stelle Eingesetzten[179]. Sozomenus berichtet noch, daß man von Eudoxius und seinen Anhängern ausdrücklich Buße verlangte und nach Abschluß der Sitzungen die Akten an alle Kirchen schickte[180].

Die Homöusianer verlangten also – wie schon unter Jovian[181] – nichts anderes als die Aufhebung aller Beschlüsse der Reichssynode von Konstantinopel, die für Valens als Grundlage der Kirche überhaupt galt. Derartige Beschlüsse, die die Struktur der Reichskirche tiefgreifend verändert hätten, waren nur durch den Kaiser exekutierbar. Deshalb schickten die Synodalen die Akten der Synode auf dem schnellsten Weg zu Valens, wahrscheinlich auch um eventuellen Gegen-

---

nian absetzen zu lassen, besonders deutlich. Vgl. Hil., c. Aux. [PL 10,609–18]; vgl. auch NAGL, PW II 7,2, 2198–2201. Hier kann allerdings auch eine Rolle gespielt haben, daß Valentinian sich nicht in die Angelegenheiten seines Bruders einmischen wollte.

[177] Beide Historiker datieren diese Bitte eindeutig in die Zeit des gemeinsamen Aufbruchs beider Kaiser aus der Hauptstadt, bzw. in die Zeit der gemeinsamen Reise in den Westen. Von März bis Mai 364 hatten sich die Kaiser in Konstantinopel aufgehalten und waren dann gemeinsam langsam nach Westen gezogen. Im August trennten sie sich in Sirmium; vgl. SEECK, (1919) 215. Daß Valens in einer allein den Osten angehenden Frage der Kirchenpolitik übergangen werden konnte, ist undenkbar; daß man neben Valens auch Valentinian als den ranghöheren Kaiser um die Genehmigung zu einer Synode bat, dagegen leicht vorstellbar.

[178] Sok., h. e. IV 4,1–3; Soz., h. e. VI 7,1–8. Die führende Rolle des Eleusius nach Sok., h. e. IV 4,5, und den später gegen ihn eingeleiteten Maßnahmen; vgl. dazu DE RIEDMATTEN, DHGE XV 145 und unten S. 216 ff. Die Teilnehmer waren wahrscheinlich größtenteils von Konstantius abgesetzte Bischöfe. Soz., h. e. VI 7,1, bezeichnet die Bischöfe fälschlich als Anhänger des ὁμοούσιον. Gegen HAUSCHILD, TRE V 304,16, scheint mir Bas., epp. 223,5; 226,2, eher gegen eine Teilnahme des Basilius in Lampsakus zu sprechen. Das Datum ergibt sich aus Soz., h. e. VI 7,3. 8. Zwei volle Monate hatte man in Lampsakus getagt; aber schon im September treffen die Legaten der Synode den Kaiser in Heraklea. So im Prinzip auch SIMONETTI, (1975) 395, Anm. 44. NORDBERG, (1963) 62, folgt der falschen Datierung der Synode bei Sok., h. e. IV 4,1, in das Ende des Jahres 365.

[179] Sok., h. e. IV 4,3; Soz., h. e. VI 7,3–7. Wenn nach Soz., h. e. VI 7,6, die Synode die Wiedereinsetzung der von den *Anhomöern* vertriebenen Bischöfe fordert, so ist das Polemik, die die Homöer mit den Anhomöern identifiziert.

[180] Soz., h. e. VI 7,7.

[181] Vgl. oben S. 173 ff.

maßnahmen des Eudoxius zuvorzukommen. Die Delegierten der Synode trafen den Kaiser auf dem Rückweg von Thrakien in Heraklea[182]. Die unmittelbare Reaktion des Valens, der nach der Reichsteilung nun selbständig den Osten beherrschte, ist nicht überliefert. Seit Dezember war der Kaiser wieder in Konstantinopel, wo er am 1. Januar 365 den Konsulat antrat[183]. In den kirchlichen Angelegenheiten hatte inzwischen Eudoxius das Vertrauen des Kaisers gewonnen[184]. In der Art, wie Valens die Beschlüsse der Synode von Lampsakus ablehnt, ist der Einfluß des Eudoxius auf diese Entscheidung des Kaisers noch deutlich zu spüren. Allerdings ist das einer der ganz wenigen Fälle bei den kirchenpolitischen Entscheidungen des Valens, in denen der Einfluß des Eudoxius wirklich deutlich wird[185]. Vermutlich hat Eudoxius den Kaiser mit aller Deutlichkeit darauf hingewiesen, welche Folgen die Durchführung der Beschlüsse von Lampsakus hätten. Die ganze Kirche würde in heillose Verwirrung geraten. Eudoxius mußte an der Fortführung der Kirchenpolitik des Konstantius interessiert sein; Valens teilte dieses Interesse, sah er sich doch als legitimer Nachfolger des Konstantius[186], auch wenn das in (heidnischen und auch christlichen) Kreisen der Oberschicht bezweifelt wurde[187]. Ihm selbst lag also daran, seine Legitimität durch Kontinuität zur Politik des überall hoch angesehenen Konstantius zu beweisen. So lehnte Valens die Beschlüsse von Lampsakus ab und verlangte von den Bischöfen Übereinstimmung im Glauben mit Eudoxius, dem Bischof der Reichshauptstadt[188]. Nur wer mit Eudoxius im Glauben übereinstimme, dürfe im Besitz der Kirchen sein[189].

---

[182] Soz., h. e. VI 7,8.

[183] SEECK, (1919) 221.

[184] Soz., h. e. VI 7,8 f.; vgl. auch Sok., h. e. IV 4,4 und oben S. 204 f. NORDBERGS Behauptung, (1963) 62, Valens habe Eudoxius am 16. 12. 364 auf Betreiben seiner Frau zu seinem theologischen und kirchenpolitischen Berater gemacht, kann nur auf einem Irrtum beruhen. Am 16. 12. 364 wurde der Konsulat für das Jahr 365 bekanntgegeben; vgl. SEECK, (1919) 219. Wie NAGL (oben Anm. 159) bezeichnet auch Nordberg in unkritischer Übernahme der Polemik eines Sabinus Eudoxius als Anhomöer.

[185] Nach Sok., h. e. IV 4,4, konnte Eudoxius wegen des bald beginnenden Bürgerkrieges nichts mehr unternehmen; vgl. unten S. 214 ff.

[186] Vgl. unten S. 239 ff.

[187] Prokop begründete seine Usurpation mit seiner Zugehörigkeit zur konstantinischen Dynastie und ließ seine Machtergreifung durch die Witwe des Konstantius legitimieren; vgl. unten S. 214.

[188] Soz., h. e. VI 7,9 [BIDEZ-HANSEN, 246,19 f.]: προσελθοῦσιν οὖν τοῖς ἐκ Λαμψάκου πρεσβευταῖς παρεκελεύσατο μὴ διαφέρεσθαι πρὸς Εὐδόξιον.

[189] Soz., h. e. VI 7,9 [BIDEZ-HANSEN, 246,21–24]: ἐπεὶ δὲ ἀντεῖπον καὶ τὴν ἐν Κωνσταντινουπόλει γενομένην ἀπάτην καὶ τὰ βεβουλευμένα κατὰ τῶν ἐν Σελευκείᾳ δεδογμένων Εὐδοξίῳ ἐμέμφοντο, κινηθεὶς πρὸς ὀργὴν τοὺς μὲν ὑπερορίαν οἰκεῖν προσέταξε, τὰς δὲ ἐκκλησίας παραδίδοσθαι τοῖς ἀμφὶ τὸν Εὐδόξιον. Der Name des Eudoxius steht hier für die verbindlichen Beschlüsse der Synode von Konstantinopel. Dieses Verfahren, die Übereinstimmung mit einem bestimmten Bischof als eine Art Normbischof verpflichtend zu dekretieren, hat dann Theodosius zugunsten der Nizäner dann von seinem Vorgänger übernommen und sogar in Gesetzesform gebracht; vgl. CTh XVI 1,2. 3.

Um direkt an die Kirchenpolitik des Konstantius anzuschließen und die Ergebnisse von Julians Politik endgültig rückgängig zu machen, befahl Valens in einem am 5. Mai 365 in Alexandrien publizierten Edikt, daß alle unter Konstantius abgesetzten und relegierten Bischöfe, die unter Julian in ihre Bistümer zurückgekehrt waren, erneut zu relegieren seien[190]. Als Antwort auf die Beschlüsse der Synode von Lampsakus bestätigt also Valens ausdrücklich sowohl die dogmatischen als auch die Personen betreffenden Beschlüsse der Reichssynode von Konstantinopel. Allein aus Alexandrien, wo Athanasius dann Opfer dieses Ediktes werden sollte, sind unmittelbare Reaktionen bekannt. Sokrates und Sozomenus wissen jedenfalls nichts von direkten Folgen für die in erster Linie von diesem Edikt betroffenen in Konstantinopel abgesetzten Homöusianer, auf die dieses Edikt auch zielte. Vermutlich hatten die meisten von ihnen, auch wenn sie unter Julian aus der Verbannung zurückgekehrt waren, ihre Bistümer nicht wieder in Besitz nehmen können, waren daher für die mit ihrer Vertreibung beauftragten Behörden schwer faßbar und konnten sich durch Reisen und Besuche einer förmlichen Ausweisung entziehen[191]. Sokrates berichtet sogar, daß die Homöusianer unter der Führung des berühmten und angesehenen Eleusius von Kyzikos (der von Julian wegen seines antiheidnischen Eifers aus Kyzikos vertrieben worden war und den das Edikt daher nicht betraf) nach der Synode von Lampsakus in Hellespont aufblühten, und zur größten kirchlichen Gruppe wurden[192].

---

[190] Hist. Ath. V 1 [MARTIN, 158 f.]: *Post Iouianum autem, citius ad imperium uocatis Valentiniano et Valente, ipsorum preceptum ubique manauit, quod etiam redditum est Alexandriae pachom die X, consulatu Valentiniani et Valentis, continens ut episcopi ⟨qui⟩ sub Constantio depositi et eiecti ⟨sunt⟩ ecclesiis, Iuliani autem imperii tempore sibi uindicauerunt et receperunt episcopatum, nunc denuo eiciantur ecclesiis.* Vgl. auch (chronologisch allerdings falsch eingeordnet) Soz., h. e. VI 12,5 [BIDEZ-HANSEN, 252,14–16]: ἐν μέρει δὲ τοῖς ἄρχουσι τῶν ἐθνῶν ἀπελαύνειν τῶν ἐκκλμσιῶν προσέταξε τοὺς ἐπὶ Κωνσταντίου καθαιρεθέντας ἐπισκόπους, αὖθις δὲ τὴν ἱερωσύνην ἀναλαβόντας ἐπὶ τῆς Ἰουλιανοῦ βασιλείας. Über das Edikt vgl. NOETHLICHS, (1971) 93; SIMONETTI, (1975) 395. Sogar Valentinian hat sich im Westen noch 370 ausdrücklich auf die kirchenpolitischen Entscheidungen des Konstantius berufen; vgl. CTh XVI 2,18.

[191] Zu den Reaktionen in Alexandrien Hist. Ath. V 2 ff. und unten S. 210 ff. Die (erfolglose) Petition der unter Konstantius abgesetzten Homöusianer (vgl. oben S. 206 ff.) läßt den Schluß zu, daß es den meisten nicht gelungen war, ihre Bistümer wieder in Besitz zu nehmen. Daher bestand in Kleinasien kaum die Notwendigkeit, das Edikt auch wirklich anzuwenden. Gegen SCHWARTZ, (1960) 52, nach dessen Auffassung Valens dieses Edikt aus Rücksicht auf seinen Bruder nur selten anwendete. Nach Soz., h. e. VI 8,1, dagegen verhinderte die Usurpation des Prokop vorerst eine Durchsetzung des Ediktes. Daß Valens sich durch militärische Aktionen nicht von kirchenpolitisch für notwendig erachteten Schritten abhalten ließ, bewies er später bei seinem Vorgehen gegen Eunomius vom Feldlager aus; vgl. unten S. 215.

[192] Soz., h. e. VI 4,5–7.

d) Das fünfte Exil des Athanasius 365/66

Um dieselbe Zeit, als Jovian an der bithynischen Grenze unerwartet starb, war Athanasius aus Antiochien nach Alexandrien zurückgekehrt[193]. Lucius, der homöische Nachfolger des Georg, hatte die Abwesenheit des Athanasius genutzt, sich in Alexandrien wieder zu etablieren. Obwohl die Homöer in Alexandrien gegenüber den Anhängern des Athanasius in der Minderzahl waren, gelang es Athanasius erst im folgenden Jahr das Caesareum, die Bischofskirche von Alexandrien, wieder in Besitz zu nehmen[194]. Das am 5. Mai 365 in Alexandrien bekanntgegebene Edikt des Kaisers über die Vertreibung der unter Julian zurückgekehrten Bischöfe löste in Alexandrien große Erregung aus[195]. Es gab eine Debatte darüber, ob dieses Edikt auf Athanasius überhaupt anwendbar war, der ja unter Julian erneut verbannt und von Jovian ausdrücklich rehabilitiert und als Bischof anerkannt worden war[196]. Der Präfekt Flavian konnte erst nach gut einem Monat die Ruhe in Alexandrien wiederherstellen, indem er dem Kaiser über diesen besonderen Fall referierte und so der alexandrinischen Bevölkerung eine direkt den Fall des Athanasius betreffende Entscheidung des Kaisers in Aussicht stellen konnte[197].

Als Anfang Oktober 365 die Bestätigung eintraf, daß dieses Edikt auch für Athanasius gelte, verließ der, offenbar rechtzeitig in Kenntnis gesetzt, nachts heimlich die Stadt und begab sich in eine in der Nähe gelegene Villa[198]. Da das Edikt nur befahl, Alexandrien zu verlassen, brauchte Athanasius sich offenbar in seinem stadtnah gelegenen Refugium nicht zu verstecken[199]. Vermutlich hat auch dieses Mal der Senat von Alexandrien gegen die Vertreibung des Bischofs beim Kaiser protestiert[200]. Die Usurpation des Prokop stellte Valens dann überhaupt vor neue Probleme[201]. Am 31. Januar 366 kam der Notarius Brasidas mit neuen Befehlen des Kaisers nach Alexandrien, die Athanasius nicht nur die

---

[193] Nach Hist. Ath. IV 4 kehrte Athanasius am 14. Februar 364 nach Alexandrien zurück, am 17. Februar starb Jovian in Dadastana; vgl. Seeck, (1919) 214, und oben S. 163 f.; 169 ff.

[194] Keph. XXXVI zum Osterfestbrief für 365.

[195] Hist. Ath. V 2 f.; vgl. Soz., h. e. VI 12,6 (Sozomenus ist von der *Historia Athanasii* abhängig).

[196] Hist. Ath. V 2; Soz., h. e. VI 12,7. Zur Vertreibung unter Julian und Rehabilitierung unter Jovian vgl. oben S. 169 ff.

[197] Hist. Ath. V 3; Soz., h. e. VI 12,8 f.

[198] Hist. Ath. V 4; ep. fest. Keph. XXXVII; Soz., h. e. VI 12,11 f. (12,12 ist legendarische Ausschmückung; vgl. auch Sok., h. e. IV 13,3 ff.). Nach Hist. Ath. V 4 verließ Athanasius die Stadt am 5. Oktober 365.

[199] Hist. Ath. V 5. 7. Der Aufenthaltsort des Athanasius scheint bekannt gewesen zu sein. Vgl. dagegen die Legende bei Sok., h. e. IV 13,4 (siehe auch Soz., h. e. VI 12,12), nach der sich Athanasius in einem Grab versteckt hielt.

[200] Widerstand der Bevölkerung deuten an Hist. Ath. V 3; Soz., h. e. VI 12,7. Zur Intervention des Senats von Alexandrien bei Julian gegen die Vertreibung des Athanasius vgl. Juln. Imp. ep. 110 f. und oben S. 104 f.

[201] Im Oktober, also unmittelbar nachdem Athanasius Alexandrien verlassen hatte, erfährt Valens in Caesarea von der Usurpation des Prokop; vgl. Seeck, (1919) 227.

Rückkehr in die Stadt erlaubten, sondern ausdrücklich anordneten, ihm als rechtmäßigem Bischof von Alexandrien die Kirchen zu übergeben[202]. Die Hintergründe sowohl der Vertreibung als auch der Wiedereinsetzung des Athanasius bleiben dunkel. Da aus Kleinasien keine konkreten Nachrichten über die Durchführung des Vertreibungsediktes erhalten sind[203], verwundert seine hartnäckige Durchsetzung in Alexandrien besonders. Die Vertreibung des Athanasius geht nun nicht auf einen übereifrigen Beamten oder fanatischen Anhänger des Lucius zurück, sondern auf ausdrücklichen kaiserlichen Befehl[204]. Da eine Anwendung des Edikts auf Athanasius nicht unbedingt zwingend war, scheint mir hier der Einfluß des Eudoxius noch einmal die entscheidende Rolle gespielt zu haben, dem zusammen mit Euzoius viel daran liegen mußte, ihren Parteigänger Lucius in Alexandrien durchzusetzen. Gerade das scheint aber nicht gelungen zu sein, die *historia Athanasii* berichtet jedenfalls nichts davon[205]. Über die Gründe, die Valens bewogen, Athanasius nicht nur die Rückkehr nach Alexandrien zu gestatten, sondern ihm auch ausdrücklich die Kirchen zu übergeben, kann man nur spekulieren. Sicher scheint allerdings, daß diese Entscheidung gegen Eudoxius gefallen ist. Wahrscheinlich traf Valens sie auf der Reise nach Antiochien, die er dann wegen der Usurpation Prokops in Caesarea[206] abbrechen mußte. Die Rückkehrerlaubnis für Athanasius als direkte Reaktion des Valens auf die Usurpation des Prokop (und damit die Bestätigung des Athanasius als rein politischen Akt) anzusehen, etwa um die Ruhe in Ägypten zu bewahren, ist zwar die übliche und auf den ersten Blick naheliegende Vermutung, läßt sich aber nicht beweisen. Zumindest scheint für Valens bei dieser Entscheidung eine Rolle gespielt zu haben, daß es offenbar nicht gelungen war, Lucius in Alexandrien zum Zuge kommen zu lassen.

Nach Sok., h. e. IV 13,5, befahl Valens die Übergabe der Kirchen an Athanasius, weil wegen der Vertreibung des angesehenen Bischofs ein Aufstand in Alexandrien drohte. Soz., h. e. VI 12,13, vermutet einerseits, daß Valens Athanasius aus Angst vor seinem Bruder Valentinian nach Alexandrien zurückkehren ließ, nimmt andererseits aber auch an (12,14–16), daß die Rückkehr des Athanasius durchaus im Sinne der Führer der homöischen Reichskirche war, die ihn lieber in Alexandrien wissen wollten, wo er jedenfalls keinen direkten Einfluß auf den Kaiser nehmen konnte. Also schon die Kirchenhistoriker des fünften Jahrhunderts waren in dieser Frage ausschließlich auf Vermutungen und Spekulationen angewiesen.

---

[202] Hist. Ath. V 6f.; Sok., h. e. IV 13,5; Soz., h. e. VI 12,13.

[203] Vgl. oben S. 208f.

[204] Hist. Ath. V 3.

[205] Ebenso Sokrates und Sozomenus. Offenbar hatte Lucius, nachdem Athanasius sich erst 365 des Caesareum hatte bemächtigen können, während der erneuten viermonatigen Abwesenheit des Bischofs trotz einigermaßen wahrscheinlicher staatlicher Unterstützung keine Gelegenheit gefunden, das Bistum an sich zu reißen.

[206] Da Valens im Oktober von der Usurpation erfuhr, vgl. oben Anm. 200, ist sicher, daß er die Wiedereinsetzung des Athanasius befahl, nachdem er von der Usurpation Prokops erfahren hatte.

Aber keine antike Quelle verbindet direkt die Rückkehrerlaubnis und Rehabilitierung des Athanasius mit der Usurpation des Prokop, von der für Ägypten auch keinerlei Gefahr ausging. Anders *Nordberg,* (1963) 63, *May,* (1973) 48. Im ganzen scheint Sokrates, auch wenn er sehr übertreibt, dem wirklichen Sachverhalt noch am nächsten zu kommen. Wie zur selben Zeit in Caesarea, so sind auch in Alexandrien ὁμόνοια καὶ εἰρήνη in der Kirche für Valens wichtiger als die reine Lehre im Sinne des Bekenntnisses von Konstantinopel und seines wichtigsten Verfechters, Eudoxius von Konstantinopel. Da Lucius in Alexandrien zu Lebzeiten des Athanasius offensichtlich nicht durchsetzbar war – und dies zu erreichen muß der Sinn der Vertreibung des Athanasius gewesen sein – konnte Athanasius sein Bistum wieder in Besitz nehmen.

e) Der erste Besuch des Valens in Caesarea und die Usurpation des Prokop; der Fall des Eunomius

Im Sommer 365, nach dem großen Seebeben vom 21. Juli, war Valens von Konstantinopel nach Antiochien aufgebrochen[207]. In seinem Gefolge befand sich eine größere Zahl homöischer Kleriker[208]. Eudoxius scheint den Kaiser auf dieser Reise aber nicht begleitet zu haben[209]. Ob Valens wirklich unterwegs in die kirchlichen Verhältnisse Bithyniens und Galatiens eingegriffen und Bischöfe abgesetzt und durch Homöer ersetzt hat, wie Gregor von Nazianz später andeutet, entzieht sich unserer Kenntnis[210]. Während des Herbstes verbrachte Valens längere Zeit in der kappadokischen Hauptstadt Caesarea[211]; sicher nicht, um die Kirche Caesareas zu „zerstören“, d. h. ihr einen homöischen Bischof zu geben[212]. Nach dem Bericht Gregors von Nazianz, der die Ereignisse in Caesarea

---

[207] SEECK, (1919) 225.

[208] Greg. Naz., or. XLIII 31.

[209] Eudoxius scheint sich während der Herrschaft des Prokop in Konstantinopel aufgehalten zu haben; vgl. unten S. 215, Anm. 235.

[210] Greg. Naz., or. XLIII 31 [PG 36,537C]: Συνεισβάλλει δὲ αὐτῷ καὶ στρατὸς ἄξιος, οἱ κακοὶ τῶν Ἐκκλησιῶν ἡγεμόνες, οἱ πικροὶ τετράρχαι τῆς ὑπ᾿αὐτὸν οἰκουμένης· οἱ τὸ μὲν ἔχοντες ἤδη τῶν Ἐκκλησιῶν, τῷ δὲ προσβάλλοντες, τὸ δὲ ἐλπίζοντες ἐκ τῆς τοῦ βασιλέως, ῥοπῆς καὶ χειρὸς, τῆς μὲν ἐπαγομένης, τῆς δὲ ἀπειλουμένης, ἧκον καὶ τὴν ἡμετέραν καταστρεψόμενοι, ... Vgl. Soz., h. e. VI 15,1. Man wird hieraus nicht unbedingt auf Absetzungen von Bischöfen schließen können. Οἱ τὸ μὲν ἔχοντες ἤδη τῶν Ἐκκλησιῶν kann sich ebenso auf Kirchen beziehen, die schon lange einen reichskirchlich-homöischen Bischof hatten. Gerade auch in Kap. 31 ist die Gattung der ganzen Rede zu beachten. Das Enkomion verlangt eine gebührende und übertreibende Unterstreichung der Gefahren, die dem Haupthelden drohen.

[211] SEECK, (1919) 227. MAY, (1973) 49, datiert den Besuch des Kaisers in das Frühjahr; BONIS, (1981) 301, in den Juli; beide ohne ihre Auffassung zu begründen. Am 30. Juli ist Valens noch in Konstantinopel nachweisbar; vgl. SEECK, (1919) 225; MOMMSEN-KRÜGER, (1954) I 1, CCXLIV; falsch NAGL, PW II 7,2, 2099,44 f.; zu der Reise allg. NAGL, l. c. 2100–2102.

[212] Diesen Eindruck will Gregor erwecken, or. XLIII 31 [PG 36,537CD]: ἧκον καὶ τὴν ἡμετέραν καταστρεψόμενοι. BONIS, (1981) 301, schließt daraus, daß der Kaiser eigens kam, um Euseb als Bischof von Caesarea und Metropoliten von Kappadokien abzusetzen und durch

miterlebte[213], muß es auf Anordnung und in Gegenwart des Kaisers zu einer theologischen Debatte zwischen dem kappadokischen Metropoliten und Bischof von Caesarea, Euseb, der inzwischen das Nizänum angenommen hatte, und den homöischen Theologen aus dem Gefolge des Kaisers gekommen sein[214]. Angesichts des unmittelbar bevorstehenden Kaiserbesuches hatte Gregor von Nazianz eine Versöhnung zwischen Euseb und seinem Presbyter Basilius erreicht und Basilius bewegen können, wieder nach Caesarea zu kommen, und dem theologisch eher unbedarften Euseb in dieser Situation beizustehen[215]. Der enkomiastische Bericht des Gregor darf allerdings nicht als historische Reportage des Geschehens angesehen werden, sondern muß aus der Gattung dieses Textes heraus interpretiert werden. Basilius geht hier als großartiger Sieger aus dem gefährlichen Kampf um die Kirche von Caesarea und Kappadokien hervor[216]. Weder Euseb noch Basilius fielen unter das Edikt vom 5. Mai[217], so daß eine Absetzung oder Vertreibung beider gar nicht zur Debatte standen. Es kann sich also lediglich um eine theologische Auseinandersetzung zwischen den besagten homöischen Theologen aus dem Gefolge des Kaisers, die wahrscheinlich die Beschlüsse von Konstantinopel verteidigten, und Euseb als einem Vertreter derer, die sich inzwischen von den Beschlüssen von Konstantinopel abgewandt hatten, gehandelt haben[218]. Als Metropolit von Kappadokien, das bisher ganz zur homöischen Reichskirche gestanden hatte, war Euseb für die Homöer natürlich wichtig. Leider hat Gregor nichts vom eigentlichen Inhalt dieser Diskussion überliefert. Für ihn handelt es sich eben nur um einen sehr gefährli-

---

einen Homöer zu ersetzen. Richtig dagegen MAY, (1973) 49, der die Durchsetzung der Beschlüsse von Konstantinopel als Ziel der kirchenpolitischen Aktion in Caesarea annimmt.

[213] Aus dem Schluß von Greg. Naz., ep. 19, ergibt sich, daß Gregor zumindest die Absicht hatte, mit Basilius nach Caesarea zu kommen [GALLAY, 20,12]: εἰ δὲ δοκεῖ παρεῖναι καὶ αὐτὸν ἐμὲ συνδιάξοντα καὶ συνοδεύσαντα, οὐδὲ τοῦτο φευξόμεθα. Vgl. auch ders., or. XLIII 31 [PG 36,540A]: ἀλλ' ὁμοῦ τε εἶδεν ἡμᾶς πρεσβεύοντας (κοινὸς γὰρ ἦν ὁ ἀγὼν ἀμφοτέροις ὡς τοῦ λόγου προβεβλημένοις).

[214] Greg. Naz., or. XLIII 31 f.

[215] Greg. Naz., ep. 19 ad Basilium. Zu den Versuchen Gregors, Basilius mit seinem Bischof auszusöhnen, vgl. epp. 16–18; or. XLIII 31; davon abhängig ist Soz., h. e. VI 15.

[216] Greg. Naz., or. XLIII 33 [PG 36,540C]: Οἱ μὲν οὖν οὕτως ἀπῆλθον ἄπρακτοι, καὶ κακοὶ κακῶς τέτε πρῶτον αἰσχυνθέντες καὶ ἡττηθέντες, καὶ μαθόντες μὴ ῥαδίως Καππαδοκῶν καταφρονεῖν, εἰ καὶ πάντων ἀνθρώπων ὧν οὐδὲν οὕτως ἴδιον, ὡς τὸ τῆς πίστεως ἀρραγὲς καὶ πρὸς τὴν Τριάδα πιστὸν καὶ γνήσιον· παρ' ἧς καὶ τὸ ἡνῶσθαι καὶ τὸ ἰσχύειν αὐτοῖς, ἃ βοηθοῦσι βοηθουμένοις, μᾶλλον δὲ, πολλῷ κρείττω καὶ ἰσχυρότερα. BONIS, (1981) 301, interpretiert gegen die Gattung den Text hier historisch und meint, daß nicht nur die Nachricht von der Usurpation Prokops, sondern der rhetorische Sieg des Basilius über die homöischen Theologen im Gefolge des Kaisers Valens aus Caesarea vertrieb.

[217] Euseb war 362 unter Julian Bischof geworden.

[218] Ob Euseb wirklich so unfähig war, wie Gregor hier behauptet, wird man dahingestellt sein lassen müssen. Die behauptete Unfähigkeit des Euseb läßt natürlich auch den Ruhm der Taten des Basilius um so herrlicher erstrahlen, und darauf kommt es in einem Enkomion an. Vgl. dagegen Greg. Naz., epp. 16–18 ad Eusebium und ep. 19 ad Basilium. Keine Frage dagegen ist, daß Gregor und Basilius Euseb als Theologen überlegen waren.

chen Angriff auf die Kirche, der vor allem durch Basilius abgewehrt werden konnte[219]. Ebensowenig hat Gregor berichtet, wer auf der Seite der Homöer an dieser Diskussion beteiligt war. Die Sorge Gregors, Euseb könne dieser Diskussion nicht gewachsen sein, läßt vermuten, daß bedeutende homöische Theologen Valens auf seinem Zug nach Osten begleiteten.

Nach Gregor muß Valens mit seinen Getreuen, durch den Glauben und die intellektuellen Fähigkeiten des Basilius besiegt, Caesarea verlassen[220]. In Caesarea aber erreichte Valens im Spätherbst die Nachricht von der Usurpation des Prokop, eines Verwandten der konstantinischen Familie. Allein dieses Ereignis zwang ihn, seine Pläne für die Reise nach Antiochien vorerst aufzugeben und nach Bithynien umzukehren[221]. Fünf Jahre sollten vergehen, bis er als Kaiser erstmals Antiochien betreten konnte[222].

Bei der Usurpation Prokops[223] handelte es sich nicht um den Versuch einer heidnischen Restauration in Fortführung des von Julian begonnenen Werkes, sondern um eine gegen den Barbaren Valens und seine Bevorzugung der Unterschichten gerichtete Revolte eines Teils der Oberschicht, die sich dabei auf die Tradition der konstantinischen Familie berief[224]. Faustina, die letzte Gemahlin des Konstantius, scheint Prokop kaiserliche Insignien überlassen zu haben[225]. Mit dem erst nach dem Tod des Konstantius geborenen Töchterchen der Faustina zeigt sich der Usurpator der Öffentlichkeit[226]; beide müssen ihn sogar während des Krieges gegen Valens in einer Sänfte im Felde begleiten[227].

Auch die heidnische Oberschicht erhoffte sich von der Beseitigung der Regierung des Valens Vorteile[228]. Daß Prokop aber selbst Heide war, läßt sich nicht belegen; Labarum und Christogramm auf den Münzen sprechen dagegen für sein Christentum[229]. Eine Parteinahme Prokops in den kirchlichen Auseinandersetzungen läßt sich nicht erkennen.

---

[219] Or. XLIII 31–33 schildert Gregor eben keine theologische Debatte, sondern eine Schlacht.

[220] Or. XLIII 33; vgl. oben Anm. 215.

[221] Nach Amm., XXVI 7,2, reiste Valens nicht wegen der Nachricht von der Usurpation des Prokop aus Caesarea ab, wie MAY, (1973) 49, unter Berufung auf Ammianus meint. Valens war offensichtlich bereits im Aufbruch nach Antiochien und änderte auf die Nachricht von der Usurpation hin nur die Richtung, statt nach Antiochien reiste er zurück nach Galatien.

[222] Vgl. SEECK, (1919) 241.

[223] ENSSLIN, PW XXIII 252–256; NAGL, PW II 7,2, 2100–2106. Auf die näheren Umstände der Usurpation Prokops ist hier nicht einzugehen, ich verweise auf meinen in Vorbereitung befindlichen Artikel „Valens" für ANRW.

[224] Amm., XXVI 7,13–17; 9,3; vgl. SCHULTZE, (1887) 189; ders., (1913) 61 f.; ENSSLIN, PW XXIII 255; KOPECEK, (1979) II 425. Zur angeblichen Designierung Prokops durch Julian (Amm., XXVI 6,2 f.; Zos., IV 4,2 f.) vlg. ENSSLIN, PW XXIII 253.

[225] Amm., XXVI 7,10.

[226] Ebenda.

[227] Amm., XXVI 9,3.

[228] Eunap., Frg. 31; NAGL, PW II 7,2, 2101. Gegen NAGL kann ich bei der Usurpation Prokops keinen heidnisch-christlichen Gegensatz entdecken.

[229] Beispiele bei COHEN, (1892) VIII 120–122, Nr. 1. 3. 8–10. Trotz der den christlichen

Allerdings wurde Eunomius in diese Usurpation verwickelt. Offenbar hatte er freundschaftliche Beziehungen zu Prokop, der sich vor seinem Putsch längere Zeit auf dem unweit der Hauptstadt bei Chalkedon gelegenen Gut des Eunomius aufgehalten hatte[230]. Nach der Übernahme der Macht durch Prokop hatte Eunomius sich mit ihm in Kyzikos getroffen, um Fürsprache für verhaftete Einwohner von Kyzikos einzulegen[231]. Aetius dagegen war auf Lesbos von Beamten des Prokop angeklagt worden, ein Anhänger des Valens zu sein. Ihm drohte nach Philostorgius sogar die Todesstrafe. Dem Einfluß des Eunomius bei Prokop gelang es nun sogar, nicht nur den Freund und Lehrer zu befreien, sondern mit ihm gemeinsam unter dem Schutz des Usurpators nach Konstantinopel zurückzukehren[232]. Dort ist Aetius dann noch während der Herrschaft des Prokop gestorben. Eunomius bereitete ihm ein feierliches Begräbnis[233].

Seine engen Verbindungen zu Prokop brachten Eunomius nach Valens' Sieg über den Usurpator in Konflikt mit dem Kaiser. Nur durch die Fürsprache der beiden homöischen Bischöfe Valens von Mursa und Domninus von Markianopolis entging er der Todesstrafe[234]. Eudoxius dagegen weigerte sich strikt, irgend etwas für seinen ehemaligen Schützling zu unternehmen[235]. Philostorgius berichtet, daß die führenden homöischen Theologen nun Eunomius und seine Anhänger von der Kanzel aus angriffen[236]. Auch Demophil von Beröa, der nach

---

Glauben Prokops eindeutig bezeugenden Münzen will SCHULTZE, (1887) 189, Prokop als Heiden ansehen.

[230] Philost., h. e. IX 5; vgl. ALBERTZ, (1909) 241–244; KOPECEK, (1979) II 425 ff.

[231] Philost., h. e. IX 6; vgl. KOPECEK, 426.

[232] Philost., h. e. IX 6; vgl. KOPECEK, 427 f.

[233] Philost., h. e. IX 6; vgl. KOPECEK, 429.

[234] Philost., h. e. IX 8; vgl. ALBERTZ, (1909) 243 f.; KOPECEK, 429.

[235] Philost., h. e. IX 7. Die Überlieferung liest anstelle des zu erwartenden τὸν Εὐνόμιον hier τὸν Ἀέτιον [BIDEZ-WINKELMANN, 118,31], vgl. den App. z. St. Valesius hatte das ohne jeden Kommentar in seiner Übersetzung korrigiert (PG 65,574B), wahrscheinlich deshalb hat Reading dieser Konjektur widersprochen (PG 65,573n (b)). KOPECEK, (1979) II 428 f., hat Philost., h. e. IX 7, kommentarlos der falschen Lesart folgend auf Aetius bezogen, ebenso schon LOOFS, RE V 599. KOPECEK nimmt an, daß Aetius gegen seine Vertreibung bei Eudoxius protestierte, weil dieser während der Herrschaft Prokops wieder freundliche Beziehungen zu ihm aufgenommen hatte, um so das Wohlwollen Prokops zu erlangen. Philost., h. e. IX 7, gibt zu diesen, die moralische Minderwertigkeit des Eudoxius nicht nur unterstellenden, sondern zum Interpretationsprinzip erhebenden Auslegung keinen Anlaß. Eunomius (um den allein es sich hier handeln kann, da IX 6 bereits der Tod des Aetius und sein Begräbnis in Konstantinopel berichtet wurde und Eunomius ein Landgut bei Chalkedon besaß) protestiert bei seinem ehemaligen Mentor gegen die Art und Weise seiner Vertreibung, die Eudoxius vom Hoflager in Markianopolis aus angeordnet hatte.

Die genaue Datierung dieser Vertreibung ist unklar. Valens (und mit ihm wohl Eudoxius) ist den ganzen Mai 367 in Markianopolis nachweisbar. Allerdings ist nicht mit Sicherheit auszuschließen, wenn auch wenig wahrscheinlich, daß Eunomius erst Ende 367, als Valens wohl wieder sein Winterquartier Markianopolis bezogen hatte, oder Anfang 368 aus Konstantinopel vertrieben wurde; vgl. SEECK, (1919) 231 ff. 370 wurde Eunomius erneut vertrieben, vgl. Philost., h. e. IX 11; ALBERTZ, (1909) 244; KOPECEK, (1979) II 429 f.; LOOFS, RE V 599 f.

[236] Philost., h. e. IX 3.

Eudoxius' Tod Bischof der Hauptstadt wurde, und Dorotheus von Heraklea, der 376 Euzoius auf dem Stuhl von Antiochien nachfolgte, haben die
strikt antieunomianische Politik ihrer Vorgänger fortgesetzt, bis sie von
Theodosius abgesetzt und vertrieben wurden[237].

f) Die homöische Reichskirche in der Auseinandersetzung mit den Homöusianern

Die Homöusianer hatten in Lampsakus definitiv die Beschlüsse der
Reichssynode von Konstantinopel verworfen und die Absetzung der führenden homöischen Bischöfe durch die Homöusianer in Seleukia im Jahre 359
bestätigt[238]. Über das Edikt vom 5. Mai 365 hinaus mußte nun aber die
Reichskirche unter Führung des Kaisers sich mit den an ihren Grundlagen
rüttelnden Beschlüssen der Synode von Lampsakus aktiv auseinandersetzen.
Die Kirchenhistoriker des fünften Jahrhunderts verlegen diese Auseinandersetzung in die Zeit nach der Niederwerfung der Usurpation des Prokop[239].
Aber wahrscheinlich noch vor der Abreise des Valens nach Antiochien, also
vor der Usurpation des Prokop versammelte sich auf seinen Befehl und unter Umständen sogar in seiner Gegenwart eine Synode homöischer reichskirchlicher Bischöfe in der nahegelegenen Residenz Nikomedien[240]. Eleusius
von Kyzikos, der hochangesehene Führer der Homöusianer, unter dessen
Leitung die Synode von Lampsakus stattgefunden hatte, mußte dort erscheinen[241]. Nach Verhandlungen, bei denen die Drohung, das Ausweisungsedikt
auch endlich anzuwenden, vermutlich eine wichtige Rolle gespielt hat[242], wi-
derruft Eleusius die Beschlüsse von Lampsakus und akzeptiert dagegen die
von Konstantinopel[243]. Mit dem Widerruf des Eleusius, dem sich sicher die
meisten Teilnehmer von Lampsakus anschließen würden, schien ein großer

---

237 Philost., h. e. IX 8; 14.
238 Vgl. oben S. 206 ff.
239 Sok., h. e. IV 6,1 f.; Soz., h. e. VI 8,4.
240 Sok., h. e. IV 6,3 f.; Soz., h. e. VI 8,5. Mit Sokrates und Sozomenus wird diese
Synode allgemein in die Zeit nach der Niederschlagung der Usurpation des Prokop datiert. Prokop war am 27. Mai 366 hingerichtet worden (SEECK, (1919) 229). Bereits am
24. September (SEECK, (1919) 228) verstarb in Rom Liberius. Die verschiedenen kirchenpolitischen Aktivitäten, die sich zwischen den Ereignissen um Eleusius und der Delegation
homöusianischer Bischöfe nach Rom abgespielt hatten, passen unmöglich alle in die Zeit
nach der Niederschlagung des Prokopputsches. So scheint die Synode von Nikomedien
mit der Vorladung des Eleusius eine sehr bald erfolgte Reaktion des Kaisers und der Homöer auf die Beschlüsse von Lampsakus gewesen zu sein.
241 Sok., h. e. IV 6,3; Soz., h. e. VI 8,5.
242 Sok., h. e. IV 6,5.
243 Ebenda [HUSSEY II 479]: τῇ Ἀρειανῇ δόξῃ συντίθεται. Vgl. Soz., h. e. VI 8,5 [BI-
DEZ-HANSEN, 247, 20 f.]: ἐβιάζετο κοινωνεῖν αὐτοῖς τῆς πίστεως. Bei Theod. Anagn.,
Epit. 164 [HANSEN, 64,11] wird daraus: Πάλιν ὁ Οὐάλης κινεῖται κατὰ τῆς πίστεως,
καὶ Ἐλεύσιον τὸν Κυζίκου ἠνάγκασεν ὁμολογῆσαι τὸ ἑτεροούσιον, was der Tendenz
entspricht, die Homöer als Anhomöer zu denunzieren.

kirchenpolitischer Sieg ohne Gewaltanwendung für die Homöer errungen zu sein.

Aber kaum war er nach Kyzikos zurückgekehrt, widerrief Eleusius alles, was er in Nikomedien zugestanden hatte, und bat seine Gemeinde sogar darum, an seiner Stelle einen neuen Bischof zu wählen, da er wegen der Vorfälle in Nikomedien dieses Amtes unwürdig sei. Die Christen von Kyzikos bewahrten aber ihrem in manchem kirchenpolitischen Kampf erprobten Bischof die Treue[244]. Sokrates und Sozomenus berichten, daß als Reaktion auf diese unerwartete Wendung eine schwere Verfolgung der Homöusianer begann, die sich nach Sozomenus auf Thrakien, Bithynien und Hellespont konzentrierte. Einzelheiten erwähnen beide nicht und können auch keine Namen von in diesem Zusammenhang eventuell abgesetzten Bischöfen nennen[245]. Eleusius selbst scheint unbehelligt geblieben zu sein[246].

Wohl mehr die Erfolglosigkeit aller ihrer Bemühungen, die Aufhebung der Beschlüsse von Konstantinopel besonders in den Personalangelegenheiten zu erreichen, als die nicht verifizierbaren Verfolgungsmaßnahmen veranlaßten nun die Homöusianer, sich an Valentinian zu wenden[247].

Die Abendländer hatten inzwischen überall die Beschlüsse von Rimini und Konstantinopel annulliert, und formal war Valentinian, der das akzeptiert hatte, der ranghöhere Kaiser, dem Valens – der Theorie nach – in grundsätzlichen Fragen zu folgen hatte. Über Valentinian wollen die Homöusianer die Anerkennung ihrer Beschlüsse von Lampsakus, und das heißt in erster Linie die Restitution in ihre Bistümer erlangen. Da dieses Ziel nur mit Hilfe auch der abendländischen Kirche erreichbar war, mußte irgendeine theologische Verständigung zwischen den Homöusianern und den abendländischen Nizänern gefunden wer-

---

[244] Sok., h. e. IV 6,6–8; Soz., h. e. VI 8,5f.

[245] Sok., h. e. IV 11,2. 6–8; Soz., h. e. VI 10,1.

[246] Sokrates und Sozomenus berichten im Anschluß an diese Ereignisse die Episode des Episkopats des Eunomius in Kyzikos (Sok., h. e. IV 7; Soz., h. e. VI 8,7f.) und erwecken so den Anschein, als wurde Eleusius von Kyzikos im Zusammenhang dieser Synode und ihrer Folgen von Valens abgesetzt (Sok., h. e. IV 7,1; Soz., h. e. VI 8). Zur falschen chronologischen Einordnung des Episkopats des Eunomius vgl. oben S. 63. Kaum einzuordnen ist Philost., h. e. IX 13. Wegen Demophil und Dorotheus muß diese Episode, die den Tod des Eleusius vorauszusetzen scheint, in die Zeit zwischen 370 und 381 datiert werden. Aber Eleusius hat 381 noch gelebt; vgl. DE RIEDMATTEN, DHGE XV 145. Bas., ep. 244,9, aus dem Jahre 376 erwähnt eine Synode, die im Sommer 376 in Kyzikos getagt haben muß und offenbar ein homöusianisches Bekenntnis verabschiedet hatte [COURTONNE III 83,20–24]: nach der nicht chronologischen Aufzählung verschiedener antinizänischer Bekenntnisse: νῦν πάλιν τὴν ἀπὸ Κυζίκου, ἧς τὰ μὲν ἄλλα οὐκ ἐπίσταμαι, τοσοῦτον δὲ ἀκούω ὅτι τὸ ὁμοούσιον κατασιγάσαντες, τὸ κατ' οὐσίαν ὅμοιον νῦν περιφέρουσι καὶ τὰς εἰς τὸ Ἅγιον Πνεῦμα βλασφημίας μετ' Εὐνομίου συγγράφουσι. Vgl. LOOFS, (1898) 17f. Man wird davon ausgehen können, daß diese Synode unter der Leitung des Eleusius stattfand. Der von Basilius mitgeteilte Inhalt der Beschlüsse entspricht ganz der von Eleusius vertretenen Theologie. Wenn Eleusius unter Valens abgesetzt worden wäre, hätte kaum eine Synode in Kyzikos so vollkommen mit der Theologie des Eleusius übereinstimmende Beschlüsse fassen können.

[247] Sok., h. e. IV 12,2; Soz., h. e. VI 10,3.

den[248]. Dazu hatten 365/66 zahlreiche homöusianische Synoden in Kleinasien stattfinden können – was allerdings gegen die von Sokrates und Sozomenus behauptete Verfolgung spricht. Nach Sabinus berichtet Sokrates von Synoden in Smyrna und wohl auch an anderen Orten der besonders homöusianisch geprägten Provinz Asia, in Pisidien (das Lykaonien noch mit einschloß), Isaurien und Lykien[249]. Diese Synoden akzeptierten die Beschlüsse von Nizäa und ausdrücklich auch das ὁμοούσιος in homöusianischer Interpretation[250] und sandten eine Delegation in den Westen, die auf dieser theologischen Basis die kirchliche Gemeinschaft zwischen dem Abendland und den Homöusianern herstellen sollte[251]. Eustathius von Sebaste, Silvanus von Tarsus und Theophil von Kastabala in Kilikien, die durch die Synode von Konstantinopel ihre Bistümer verloren hatten, reisten im Auftrag der Homöusianer in den Westen[252].

Festzuhalten ist, daß die Gruppe der ehemaligen Homöer um Meletius, die sich 363 in Antiochien ebenfalls zu den Beschlüssen von Nizäa bekannt hatte, an dieser Aktion nicht beteiligt war, wie Sokrates ausdrücklich betont[253]. Die Wiedereinsetzung der 360 abgesetzten Homöusianer hätte für einige der meletianischen Bischöfe den Verlust ihres Bistums zur Folge haben müssen, was das Zusammengehen beider Gruppen trotz grundsätzlicher theologischer Übereinstimmung natürlich nicht gerade erleichterte[254].

Valentinian, über den allein sie die Wiedereinsetzung der homöusianischen Bischöfe bei Valens erreichen konnten, traf die orientalische Delegation nicht

---

[248] Vgl. die eine gewisse Reserve andeutende Formulierung Sok., h. e. IV 12,2 [Hussey II 490]: δηλοῦντες, δεῖν ἐξ ἀνάγκης καταφεύγειν ἐπί τε τὸν ἀδελφὸν τοῦ βασιλέως, καὶ ἐπὶ Λιβέριον τὸν Ῥώμης ἐπίσκοπον, ἀσπάζεσθαί τε τὴν ἐκείνων πίστιν μᾶλλον ἢ κοινωνεῖν τοῖς περὶ Εὐδόξιον. Soz., h. e. VI 10,3 [Bidez-Hansen, 249,15–17]: οἱ δὲ δέει τῶν ἐπικειμένων κακῶν διαπρεσβευόμενοι πρὸς ἀλλήλους κατὰ πόλεις ἄμεινον ἐδοκίμασαν ἐπὶ Οὐαλεντινιανὸν καὶ τὸν Ῥωμαίων ἐπίσκοπον καταφυγεῖν κἀκείνοις μᾶλλον ἢ Εὐδοξίῳ καὶ Οὐάλεντι καὶ τοῖς ἀμφ' αὐτοὺς κοινωνεῖν τῆς πίστεως. In Lampsakus hatte eine theologische Verständigung mit dem Abendland noch keine Rolle gespielt.

[249] Sok., h. e. IV 12,2. 8. 10; Soz., h. e. VI 10,3.

[250] Sok., h. e. IV 12,10–12.

[251] Sok., h. e. IV 12,3 f.; Soz., h. e. VI 10,4.

[252] Ebenda. Zur Absetzung von Silvanus und Eustathius vgl. oben S. 54 ff. Unklar ist, ob auch Theophil von Kastabala unter Konstantius abgesetzt worden war. Er gehörte mit zu den Unterzeichnern der homöusianischen Petition an Jovian, bei der es ebenfalls um die Wiedereinsetzung von unter Konstantius abgesetzten Bischöfen ging; vgl. oben S. 168. Daher scheint es schon angesichts seines Metropoliten Athanasius von Anazarbus (vgl. oben S. 196) nicht unwahrscheinlich, daß auch Theophil von Kastabala unter Konstantius einst abgesetzt worden war und bisher sein Bistum nicht zurückerhalten hatte.

[253] Sok., h. e. IV 12,4 [Hussey II 490 f.]: Οὗτοι γράμματα τῶν ἐν Σελευκείᾳ διακριθέντων ἐπικομιζόμενοι τὴν παλαιὰν Ῥώμην κατέλαβον.

[254] Z. B. Athanasius von Ankyra, wahrscheinlich auch Pelagius von Laodicea und Acacius von Tarsus; vgl. oben S. 64.
Auch Meletius war etwa 358 auf die Stelle des abgesetztenEustathius gekommen, hatte sich dort allerdings nicht halten können, vgl. oben S. 66 ff.

an[255]. Die Verhandlungen mit Liberius von Rom gestalteten sich anfangs schwierig, da Liberius ihnen als *Arianern* zunächst jedes Gespräch verweigerte[256]. Erst nachdem Eustathius von Sebaste schriftlich die Zustimmung der Homöusianer zu den Beschlüssen von Nizäa und ihre Verdammung der Entscheidungen von Rimini und Konstantinopel bestätigt hatte, nahm Liberius sie in die Kirchengemeinschaft auf und gab ihnen einen entsprechenden Brief nach Hause mit[257]. Nachdem sie von einer sizilischen Synode ebenfalls in die kirchliche Gemeinschaft aufgenommen worden waren, kehrten sie nach Kleinasien zurück[258].

Seit der unheilvollen Synode von Serdika war es hiermit zum erstenmal wieder gelungen, zwischen den Abendländern und wenigstens einem Teil der aus origenistisch-eusebianischer Tradition kommenden Theologen des Ostens die Kirchengemeinschaft herzustellen. Athanasius hat dabei keine Rolle gespielt, ebensowenig Hilarius von Poitiers, von dem einige Jahre vorher die ersten Impulse zu derartigen Kontakten ausgegangen waren[259].

---

[255] Sok., h. e. IV 12,4; Soz., h. e. VI 10,5. Valentinian war inzwischen auf einem Feldzug in Gallien; vgl. SEECK, (1919) 226. 228. Von Januar bis Dezember war Valentinian in Belgien; am 24. September starb Liberius. Der Besuch der orientalischen Gesandten muß im Spätfrühling oder Sommer stattgefunden haben.

[256] Sok., h. e. IV 12,5.

[257] Sok., h. e. IV 12,6–9. 20; Soz., h. e. VI 10,5–7; 11,4. Der Text des von Eustathius vorgelegten Briefes Sok., h. e. IV 12,10–12; vgl. Soz., h. e. VI 11, 1–3 (ohne den bei Sok. mitgegebenen Text des Nizänum). Der Brief des Liberius an die homöusianischen Bischöfe des Ostens Sok., h. e. IV 12,20–37. Zum Ganzen vgl. SIMONETTI, (1975) 395–99.
Die dogmengeschichtlichen Probleme dieser Gesandtschaft in den Westen und des von Eustathius formulierten Briefes werden – soweit ich sehe – in der Literatur nirgends diskutiert. Nach Sok., h. e. IV 12,6, identifizieren die Homöusianer ihre klassische Formulierung ὅμοιος κατὰ πάντα mit dem bisher bekämpften ὁμοούσιος. Nach Soz., h. e. VI 10,6, ὅμοιος κατ' οὐσίαν mit ὁμοούσιος (so auch die Meletianer in ihrem Synodalschreiben an Jovian; vgl. Sok., h. e. III 25,14). Nach der bisherigen strikten Weigerung der Homöusianer, den Begriff ὁμοούσιος für die Relation zwischen Gott und Logos in der Trinität anzuerkennen (vgl. Anath. XIX von Ankyra [HAHN, 204]; ep. Sirm. bei Hil. syn. 81 und die mehrfache Betonung eines „Mittelweges" zwischen den Häresien des ὁμοούσιος und des ἀνόμοιος; dazu oben S. 109, Anm. 9, erstaunt die in diesem Briefe vorgetragene Interpretation der Beschlüsse von Lampsakus als nizänisch und die mehrfache Versicherung, immer nizänisch geglaubt zu haben (Sok., h. e. IV 12,11 f.). Die orientalischen Legaten interpretieren hier das Nizänum ganz homöusianisch und sehen sich – zumindest in ihrer Verwerfung jedes Arianismus – ganz in der Tradition von Nizäa. Ich möchte hier die Vermutung wagen, daß Eustathius bei der Formulierung seines für die Homöusianer erstaunlichen Briefes auf den Brief des Hilarius zurückgegriffen hat, den dieser unmittelbar vor der Reichssynode von Rimini/Seleukia an die homöusianischen Führer gerichtet hatte (Hil., syn. 78–91; vgl. BRENNECKE, (1984) 346–52). Eustathius gehörte zu den Adressaten des Briefes (Hil., syn. 90). Zur Einigung der Kirchen des Morgen- und Abendlandes empfahl Hilarius den von den Homöusianern in Rom 366 eingeschlagenen Weg. Hil., syn. 86 [PL 10,541A]: *Decernatur nihil differre, unius et similis esse substantiae.* Auf die dogmengeschichtlichen Hintergründe der homöusianischen Gesandtschaft in Rom, die hier nur gestreift werden können, werde ich an anderer Stelle zurückkommen.

[258] Sok., h. e. IV 12,38; Soz., h. e. VI 12,1.

[259] Vgl. JACOBS, (1968) und oben Anm. 257.

Die Homöusianer standen nun zwar in Kirchengemeinschaft mit den Abendländern, aber weder Valentinian noch Liberius haben sich erkennbar bei Valens
für sie eingesetzt.

Nachdem die Homöusianer oder ein großer Teil von ihnen das Nizänum in
einer homöusianischen Interpretation angenommen hatten, um die Kirchengemeinschaft mit dem Abendland wiederherzustellen, war eine Klärung des Verhältnisses zu den Meletianern dringend notwendig, mit denen gemeinsam sie
aus der orientalischen theologischen Tradition kamen, und von denen sie sich
erst vor wenigen Jahren in Seleukia und Konstantinopel theologisch und kirchenpolitisch getrennt hatten.

Euseb von Caesarea, der Metropolit von Kappadokien, versammelt in Tyana
eine meletianische Synode, auf der der Brief des Liberius an die Homöusianer
verlesen und von den Meletianern angenommen wird[260]. In einem Rundbrief
der Synode wird das den Kirchen mitgeteilt[261]. In Basilius, dem Presbyter und
Ratgeber des Euseb und zu dieser Zeit noch engen Freund des Eustathius von
Sebaste, wird man allerdings den spiritus rector nicht nur der Synode, sondern
auch ihrer Beschlüsse sehen müssen. Ihm war hiermit ein erster Schritt auf dem
Weg der Vereinigung der verschiedenen Gruppen gelungen, die sich zu Nizäa
bekannten[262].

Gemeinsam mit den Homöusianern verblieb man, zum Frühjahr 367 eine
homöusianisch-meletianische Synode nach Tarsus, der kilikischen Metropole,
einzuberufen, um dort ein gemeinsames Bekenntnis zum Nizänum abzulegen

---

[260] Soz., h. e. VI 12,2. Daß es sich um eine meletianische Synode gehandelt hat, geht nicht
nur eindeutig aus der Teilnehmerliste hervor (Athanasius von Ankyra, Pelagius von Laodicea,
Zenon von Tyrus, Paulus von Emesa, Otreus von Melitene, Gregor v. Nazianz d. Ä.), sondern
wird von Sozomenus ausdrücklich betont [BIDEZ-HANSEN, 251,18f.]: καὶ πολλῶν ἄλλων, οἳ
τὸ ὁμοούσιον πρεσβεύειν ἐψηφίσαντο ἐν Ἀντιοχείᾳ ἐπὶ τῆς Ἰοβιανοῦ βασιλείας. Athana-
sius von Ankyra und Pelagius von Laodicea waren auch Teilnehmer der Meletianersynode von
Antiochien gewesen (Sok., h. e. III 25,18). Als Bischof von Melitene hatte in Antiochien
Uranius, wahrscheinlich der Vorgänger des Otreus, unterschrieben (ebenda). Zu Uranius und
Otreus von Melitene LE QUIEN, I 441. Zeno von Tyrus war von Acacius von Caesarea 360 als
Nachfolger des Uranius eingesetzt worden; vgl. oben S. 64. Zu Evitos von Ephesus vgl. oben
S. 190, zu Athanasius von Ankyra S. 64, zu Pelagius von Laodicea S. 64. Der ältere Gregor war
zwar nicht bei der Meletianersynode in Antiochien gewesen, kam aber ebenfalls aus der Gruppe
der Vertreter der Beschlüsse der Reichssynode von Konstantinopel, wie das auch für Euseb von
Caesarea in Kappadokien zu vermuten ist; vgl. oben S. 59f. Anders HAUSCHILD, TRE V 304,24;
X 548, der die Synode von Tyana als Synode nizänisch gewordener Homöusianer ansieht.

[261] Soz., h. e. VI 12,3.

[262] So HAUSCHILD, TRE V 304. Über Basilius geht der Kontakt zu Eustathius, der nach Bas.,
epp. 226,3 und 244,7, ebenfalls nach Tyana gekommen war und den Brief des Liberius gebracht
hatte. Nach Bas., ep. 226,3, mußten Eustathius und seine Begleiter von der Synode von Tyana
erst in die kirchliche Gemeinschaft aufgenommen werden, was gegen HAUSCHILDS These von
einer homöusianischen Synode (vgl. vorige Anm.) spricht [COURTONNE III 27,15]: ὑφ' ἧς καὶ
παρεδέχθησαν.

und so eine Vereinigung zwischen Homöusianern und Meletianern auf der Basis der Synode von Nizäa zu vollziehen[263].

Valens, der hierin eine große Gegenbewegung zu seiner bei den Beschlüssen von Konstantinopel bleibenden Kirchenpolitik sah, verbot die geplante Synode kurzerhand[264]. Aber auch unter den Homöusianern regte sich Protest gegen die aller homöusianischen Tradition Hohn sprechenden Wendung ihrer Führer: Im karischen Antiochien trafen sich – wahrscheinlich Anfang 367 – vierunddreißig homöusianische Bischöfe der Dioecesis Asiana zur Vorbereitung der geplanten Synode von Tarsus und lehnten unter Hinweis auf die Beschlüsse der Homöusianer von Seleukia die Annahme des ὁμοούσιος und damit überhaupt der Entscheidungen der Synode von Nizäa ab – wie schon in Lampsakus unter Berufung auf die in Seleukia angenommene zweite antiochenische Formel, das angebliche Bekenntnis des Märtyrers Lukian[265]. Mit diesem Beschluß der Bischöfe der wichtigen und weithin homöusianisch geprägten DioecesisAsiana war die Vereinigung zwischen Homöusianern und Meletianern vereitelt, noch ohne daß das Verbot des Kaisers greifen konnte. Leider hat Sozomenus aus dem Synodikon des Sabinus keine Namen der an dieser Synode beteiligten Bischöfe überliefert. Daß Eleusius von Kyzikos, der Führer der Homöusianer in Lampsakus, ein Vertreter dieser Gruppe war, ist offensichtlich; man wird in ihm wahrscheinlich den Initiator jener Beschlüsse sehen dürfen[266]. Ob dadurch die Gemeinschaft mit dem Abendland wieder aufgehoben war, ist nicht klar. Überdies – Liberius war

---

[263] An verschiedenen Stellen in Kleinasien müssen Synoden stattgefunden haben, die – ähnlich der Synode von Tyana – den Brief des Liberius und die Annahme des Nizänum beschlossen; vgl. Sok., h. e. IV 12,39; Soz., h. e. VI 12,3.

[264] Sok., h. e. IV 12,40; Soz., h. e. VI 12,5. Nach dem Zeugnis beider Kirchenhistoriker hatte Eudoxius den Kaiser zu diesem Verbot gedrängt. Sozomenus ordnet in den Zusammenhang des Verbotes der Synode von Tarsus das Edikt über die Vertreibung der schon unter Konstantius abgesetzten Bischöfe und Kleriker chronologisch falsch ein; vgl. oben S. 206ff. Interessant ist die Wahl von Tarsus für die geplante Synode. Silvanus war 360 abgesetzt und durch Acacius ersetzt worden (Le Quien, II 872; vgl. oben 196). Eine derartige Synode wie die für Tarsus geplante konnte nicht ohne Zustimmung des dortigen Bischofs stattfinden. Von daher ist zu vermuten, daß Acacius von Tarsus ebenfalls zur Gruppe der nizänischen Bischöfe um Meletius gehörte; zu seiner wahrscheinlichen Teilnahme an der antiochenischen Synode von 363 vgl. oben S. 175f.

[265] Soz., h. e. VI 12,4. U. U. auf dieser Synode wurde die zweite antiochenische Formel erstmals als das Bekenntnis Lukians ausgegeben. Vor Sabinus ist die Verknüpfung dieser Formel mit dem antiochenischen Märtyrer Lukian nicht nachweisbar; vgl. Ath., syn. 23; Hil., syn. 29. Nur in den Sabinus-Exzerpten des Sozomenus taucht diese Behauptung auf. In den sechziger Jahren scheint die Verbindung der zweiten antiochenischen Formel mit dem Märtyrer Lukian dann offizielle homöusianische Lehre geworden zu sein; vgl. Hauschild, (1970) 105–26. Zur Frage nach der lukianischen Verfasserschaft der zweiten antiochenischen Formel die ältere Literatur zusammenfassend Bardy, (1936) 85–132.

[266] Eleusius ist auffälligerweise an den Kontakten mit dem Abendland nicht beteiligt und gehört auf der von Theodosius nach Konstantinopel einberufenen Synode zu den Homöusianern, die an der zweiten antiochenischen Formel festhalten und sich weigern, das Nizänum anzunehmen; vgl. Spanneut, DHGE XV 145.

inzwischen gestorben, und sein Nachfolger Damasus hatte noch weniger Interesse an kirchlicher Gemeinschaft mit den Orientalen[267].

Im Frühjahr 367 mußte Valens dann gegen die Goten nach Thrakien und Moesien ziehen, wo er beinahe drei Jahre bleiben sollte[268]. Aus dieser Zeit fehlen wieder genauere Nachrichten über kirchenpolitische Aktivitäten. Eudoxius von Konstantinopel scheint den Kaiser begleitet und sich zumindest teilweise am Hoflager in Markianopolis aufgehalten zu haben[269]. Bevor Valens zum Krieg gegen die Goten aufbrach, hatte er sich von Eudoxius taufen lassen. Die Kirchenhistoriker des fünften Jahrhunderts haben darin ein ausdrückliches Bekenntnis zum Arianismus sehen wollen[270]. Diese Sicht geht von der Situation des fünften Jahrhunderts aus, wo die Homöer eine eigene, von der Orthodoxie bekämpfte und verfolgte Kirche bildeten, die Taufe der orthodoxen Mehrheitskirche nicht anerkannten und die Wiedertaufe übten, die sie als Häretikertaufe verstanden[271]. Für die Zeit des Valens ist diese Sicht des fünften Jahrhunderts anachronistisch. Es gab nur eine Taufe innerhalb der Kirche mit all ihren verschiedenen Gruppierungen und Parteien. Daß Valens sich vom Bischof der Reichshauptstadt taufen ließ, bedeutet kein zusätzliches Bekenntnis zur homöischen Theologie des Eudoxius[272].

g) Zusammenfassung:

Die erste Phase der homöischen Reichskirchenpolitik unter Valens

Die alten Kirchenhistoriker haben von der ersten Phase der Kirchenpolitik des Valens das Bild einer permanenten Verfolgung der Homousianer und Homöusianer geprägt[273], in der überall die Bischöfe und Priester vertrieben wurden mit dem Ziel der endgültigen und vollständigen Durchsetzung des Arianismus[274]. Die Einzelanalyse zeigt die Dinge dann doch sehr anders: Valens sieht die Beschlüsse von Konstantinopel als die Grundlage der Reichskirche an, die nicht angetastet werden darf, was für ihn dogmatische Vielfalt innerhalb dieser

---

[267] Zu Damasus vgl. CASPAR, (1930) 196 ff.; VAN ROEY, DHGE XIV (1960) 48–53; PIETRI, I (1976) 729–884; ders., DizPat I (1983) 883–885.

[268] SEECK, (1919) 231–239; NAGL, PW II 7, 2, 2106–2111. Kurz vor Ostern 370 kehrte Valens nach Konstantinopel zurück; SEECK, (1919) 239.

[269] Die von Eudoxius veranlaßten Maßnahmen gegen Eunomius fallen in diese Zeit; vgl. Philost., h. e. IX 7 und oben S. 214 f.

[270] Vgl. oben S. 185.

[271] Opus imperf. in Matth. III [PG 56,653]; IV 13 [PG 56, 660]; VI 12 [PG 56,673]; XIX [PG 56,738]. Auch in der nichthomöischen Literatur ist die Wiedertaufe bei den seit der theodosianischen Gesetzgebung von der Großkirche getrennten Homöern vielfach bezeugt; vgl. MESLIN, (1967) 388–390.

[272] Vgl. oben S. 184 f.

[273] Hieron., chron. ad a. 366/67; Ruf., h. e. XI 2; Sok., h. e. IV 6,1; 9,1, 11,9; Soz., h. e. VI 10.

[274] Sok., h. e. IV 6,1 [HUSSEY II 478]: Ὁ δὲ βασιλεὺς εὐτυχῶς τότε πράξας αὖθις κατὰ τῶν χριστιανιζόντων θορύβους ἐκίνει, πᾶσαν θρησκείαν ἀρειανίζειν βουλόμενος.

Reichskirche – hier ganz der Politik Konstantins folgend – durchaus nicht auszuschließen scheint[275].

Nachdem in Lampsakus die Homöusianer erneut die Beschlüsse der Reichssynode von Konstantinopel und die führenden Repräsentanten der Reichskirche verurteilen[276], geht Valens gegen sie vor, indem er die erneute Vertreibung der unter Konstantius exilierten Bischöfe anordnet[277]. Von Folgen dieses Ediktes ist im Einzelfall nichts bekannt. Da die Bischöfe nicht an einen bestimmten Verbannungsort deportiert wurden, sondern sich lediglich nicht in ihrem früheren Bistum aufhalten durften, brauchte die Staatsgewalt offenbar kaum einzugreifen.

Völlig ungehindert können in dieser Zeit zahlreiche Synoden der Homöusianer in Kleinasien stattfinden und Kontakte mit dem Abendland geknüpft werden[278]. Kein einziger der angeblich zahllosen abgesetzten Bischöfe dieser Phase der Kirchenpolitik des Valens ist namentlich auszumachen. Allerdings ist davon auszugehen, daß freiwerdende Bischofssitze möglichst mit Homöern besetzt wurden.

Die noch im Entstehen begriffene Gruppe der östlichen Nizäner liegt noch nicht im Blickfeld der homöischen Kirchenpolitik des Kaisers. Zwischen ihnen und den Homöern, von denen sie zum Teil herkommen, ist bisher nur eine theologische Auseinandersetzung im Gange, wie die Ereignisse in Caesarea im Jahre 365 zeigen[279]. Die östlichen Nizäner hatten sich zwar theologisch in Antiochien 363 zu Nizäa bekannt und sich damit de facto von den Beschlüssen der Reichssynode von Konstantinopel losgesagt, diese aber nie ausdrücklich verdammt. Die Beschlüsse der Synode von Konstantinopel, die sie ja alle mitgetragen hatten, und denen mancher von ihnen erst sein Amt verdankte, wurden im Synodalbrief an Jovian mit keinem Wort erwähnt. Ebensowenig wurden die Repräsentanten der homöischen Reichskirche in Antiochien verurteilt[280]. Verurteilt wurden allein die Lehren des Arius, die auch die Homöer, besonders in der Form der Theologie des Aetius und des Eunomius, eindeutig verdammt hatten[281]. Juristisch gesehen hatten die Meletianer – bei wohlwollender Interpretation – die Beschlüsse von Konstantinopel noch nicht verlassen. Das Ausweisungsedikt traf auf sie – mit Ausnahme des Meletius – ohnehin nicht zu, da einige von ihnen anstelle der abgesetzten Homöusianer erst 360 oder später ihre Bistümer erhalten hatten[282].

---

[275] Vgl. oben S. 212 ff.
[276] Vgl. oben S. 206 ff.
[277] Vgl. oben S. 208 f.
[278] Vgl. oben S. 216 ff.
[279] Vgl. oben S. 212 ff.
[280] Vgl. den Synodalbrief, Sok., h. e. III 25,11–18. Auch auf der meletianischen Synode von Tyana erfolgte – im Gegensatz zu Lampsakus – keine ausdrückliche Verurteilung der Beschlüsse von Konstantinopel und der führenden Repräsentanten der homöischen Reichskirche.
[281] Sok., h. e. III 25,15.
[282] Vgl. oben S. 64 f. u. ö.

Die Novatianer wurden unter Valens nicht wegen ihrer Zustimmung zu den Beschlüssen von Nizäa verfolgt, wie Sokrates meint, sondern als Schismatiker[283]. Maßnahmen gegen Nizäner oder Homousianer wegen ihres Bekenntnisses lassen sich für die erste Phase der Regierung des Valens nicht nachweisen[284].

Drittes Kapitel

Valens und die homöische Reichskirche in der Auseinandersetzung mit der neunizänischen Orthodoxie (370–378)

1. Der Tod des Eudoxius

Nach der Rückkehr von der Donau konnte Valens am 9. April 370 die von Konstantin begonnene und von Konstantius fortgeführte Apostelkirche einweihen, die die Gräber seiner Vorgänger aus der konstantinischen Familie barg[1]. Unmittelbar danach brach Valens – mit fünfjähriger Verspätung – nach Antiochien auf[2]. Bereits in Nikomedien erreichte ihn die Nachricht vom Tod seines Vertrauten und Beraters, des Bischofs der Reichshauptstadt, Eudoxius[3]. Nach dem Tode des Eugenius von Nizäa war Eudoxius dorthin aufgebrochen, um einen neuen Bischof für Nizäa zu ordinieren. Auf der Reise verstarb er[4]. Auf

---

[283] Sok., h. e. IV 9. Valens folgte dabei ganz der seit Konstantin üblichen Behandlung der Novatianer. CTh XVI 5,2 (vom 25. September 326) hatte den Novatianern in der Folge der Synode von Nizäa noch einen Sonderstatus eingeräumt; vgl. can. VIII von Nizäa. Der Erlaß, den Euseb, v. C. III 64,1, überliefert, rechnet die Novatianer unter die Häretiker, ebenso CTh XVI 5,59 (vom 9. April 323 als Konstantin nur das Abendland beherrschte!). CTh XVI 5,65 (vom 30. Mai 428) räumt ihnen wieder einen Sonderstatus ein, Just. I 5,5 korrigiert CTh XVI 5,65 und zählt die Novatianer wieder zu den Häretikern. Die Gesetzgebung gegen die Novatianer ist also unabhängig davon, ob der Kaiser Nizäner war oder nicht und hat nichts mit dem nizänischen Bekenntnis der Novatianer zu tun. Über das Vorgehen nizänisch-orthodoxer Bischöfe und Beamten gegen Novatianer vgl. HARNACK, RE XIV 242.

[284] Vgl. dagegen ganz allgemein und ohne genauere Angaben Sok., h. e. IV 9,1 [HUSSEY II 486]: Ὁ μέντοι βασιλεὺς τοῦ διώκειν τοὺς τοῦ ὁμοουσίου φρονήματος οὐκ ἐπαύετο, Hieron., chron. ad a. 366/67 [HELM, 245,4f.]: *Ualens ab Eudoxio Arrianorum episcopo baptizatus nostros persequitur.* So im Prinzip die opinio communis der Forschung; vgl. NAGL, PW II 7,2, 2133; RITTER, (1965) 25 f.; MAY, (1973) 48. Daß die kirchenpolitischen Auseinandersetzungen in der ersten Phase der Herrschaft des Valens in erster Linie der Auseinandersetzung mit den von Konstantius abgesetzten Homöusianern galten, betont auch SIMONETTI, (1975) 390 f., relativiert dieses Ergebnis aber durch die Annahme eines ersten Exils des Meletius schon im Jahre 365. Zum Exil des Meletius vgl. unten S. 231 ff.

[1] Consularia Constantinopolitana [MOMMSEN, Chron. min. I 242] = Chron. pasch. [PG 92,760 B]; vgl. SEECK, (1919) 239.

[2] SEECK, (1919) 239.

[3] Sok., h. e. IV 14,1; Soz., h. e. VI 13,1.

[4] Philost., h. e. IX 8.

Befehl des Kaisers wurde Demophil von Beröa von Dorotheus von Heraklea, dem Metropoliten von Thrakien, zum neuen Bischof von Konstantinopel geweiht[5]. Aber der Wechsel im Bischofsamt war nicht ohne Unruhen in Konstantinopel abgegangen. Nach Sokrates und Sozomenus machten die Homousianer einen Euagrius zum Bischof. Eustathius von Antiochien soll ihn geweiht haben[6]. Sokrates und Sozomenus (beziehungsweise ihre gemeinsame Quelle) müssen hier irren. Eustathius von Antiochien war 370 schon lange tot, von einer eustathianischen Gemeinde in Konstantinopel ist außerdem nichts bekannt[7]. Vermutlich haben homöusianische Kreise versucht, die Vakanz zu nutzen und einen Bischof in Konstantinopel einzusetzen. Bei dem Ordinator Eustathius könnte man durchaus an Eustathius von Sebaste denken[8]. Sokrates, Sozomenus und Theodoret verbinden mit den wegen der Wahl eines neuen Bischofs ausgebrochenen Unruhen[9] das Martyrium von achtzig Klerikern und Laien, die gegen die Einsetzung des Demophil bei Valens Einspruch erheben wollten und auf Befehl des Modestus auf dem Schiff, mit dem sie nach Nikomedien kamen, den Feuertod erlitten[10]. Bei diesem Bericht vom grausamen Feuertod der achtzig Kleriker und Laien, der so gar nicht in die Kirchenpolitik des Valens paßt, kann

---

[5] Sok., h. e. IV 14,3; Soz., h. e. VI 13,1; Theod. Anagn., Epit. 174. Daß Demophil auf Befehl des Kaisers eingesetzt wurde, betont Philost., h. e. IX 8. Die Weihe durch Dorotheus von Heraklea, die noch die ursprüngliche kirchliche Abhängigkeit des alten Byzantion vom thrakischen Metropoliten deutlich macht, bei Philost., h. e. IX 10; vgl. DAGRON, (1974) 445 f.; zu Demophil von Beröa/Konstantinopel DE RIEDMATTEN, DHGE XIV 212–215.

[6] Sok., h. e. IV 14,3; Soz., h. e. VI 13,1.

[7] Eustathius von Antiochien muß vor 360 gestorben sein; vgl. LORENZ, TRE X 544. Gegen Eustathius von Antiochien als Ordinator schon Tillemont, VI 553 f.; vgl. auch SIMONETTI, (1975) 403, Anm. 6.

[8] Es kann sich nur um Homöusianer oder nizänisch gewordene Homöusianer gehandelt haben. In diesem Falle wäre Eustathius von Sebaste als Ordinator des sonst unbekannten Euagrius denkbar. Eustathius hatte überall in Kleinasien Anhang und war – da im Moment ohne Bistum – viel unterwegs, kann also 370 gut in Konstantinopel gewesen sein. Daß bei Sokrates und Sozomenus oder deren Quelle aus Eustathius von Sebaste bzw. einem ohne Ortsangabe überlieferten Eustathius der antiochenische Eustathius werden konnte, ist angesichts der orthodoxen Einschätzung des Eustathius von Sebaste einerseits, der Überlieferung vom nizänischen Bekenntnis des Ordinators des Euagrius andererseits leicht vorstellbar. Eustathius von Antiochien gilt in der Tradition als markantester Nizäner und Homousianer neben Athanasius. TILLEMONT, l. c., dem BARDY, Cath. IV 745 f., und AUBERT, DHGE XVI 107, folgen, hatte in Eustathius einen sonst unbekannten Bischof aus der Umgebung von Konstantinopel sehen wollen.

[9] Sok., h. e. IV 15,1 f.; Soz., h. e. VI 13,3 f. setzte Valens Militär gegen die Anhänger des Evagrius ein.

[10] Sok., h. e. IV 16; Soz., h. e. VI 14; Thdt., h. e. IV 24; Theod. Anagn., Epit. 175 (= Theophan. chron. [DE BOOR I 58,28–31]); Leo Grammaticus [BEKKER, 99]; Zon. XIII 16 [PG 134, 1164 A]; Synax. Cpel. zum 18. Mai. Greg. Naz., or. XLIII 46; Or. XXV 10 dagegen weiß nur von einem auf dem Meer verbrannten Priester; vgl. zu der Affäre SIMONETTI, (1975) 403, Anm. 6. Die Zahl „achtzig" taucht noch einmal im Zusammenhang der kirchenpolitischen Maßnahmen des Valens auf: Nach Thdt., h. e. IV 18, wurden achtzig Kleriker aus Edessa und Umgebung nach Thrakien verbannt.

es sich nur um eine unhistorische Märtyrerlegende handeln, wie schon *Gwatkin* überzeugend nachgewiesen hat[11].

2. Basilius von Caesarea und die Kirche Kappadokiens

Im Herbst 370, nach dem Tod des Euseb, etwa zu der Zeit, als Valens zum erstenmal als Kaiser in Antiochien weilte, wurde gegen Widerstände der Oberschicht Basilius zum Metropoliten von Kappadokien geweiht. Auswärtige Bischöfe, unter ihnen vor allen der Vater seines Freundes Gregor, der ältere Gregor von Nazianz, hatten Basilius als Bischof von Caesarea durchgesetzt[12]. Mit der Wahl des Basilius war entschieden, daß die Kirche von Kappadokien von nun an konsequent nizänisch sein würde. Über das große kirchenpolitische Ziel des Basilius, alle Nizäner zu vereinen (das in erster Linie an der Intransigenz Roms und Alexandriens, viel weniger dagegen an der homöischen Kirchenpolitik des Kaisers scheiterte), ist hier nicht zu berichten, ebensowenig über Basilius' theologische Auseinandersetzung mit Eustathius, die zur endgültigen Trennung von dem einst verehrten Lehrer und Freund führte[13], und über seine in mancher Hinsicht durchaus problematische Art des Kirchenregiments in Kappadokien[14].

Hier ist nur zu fragen, wie die in jeder Hinsicht vom Kaiser protegierte homöische Reichskirche auf einen kappadokischen Metropoliten reagierte, der sich die Vereinigung der verschiedenen nizänischen Gruppen des Orients zum Ziel gesetzt hatte, um dann gemeinsam mit dem Abendland auf eine nizänische Reichskirche hinzuarbeiten[15].

Daß Valens nicht einfach Basilius abgesetzt und durch einen homöischen Bischof ersetzt hat, begründet in der modernen Forschung das verbreitete Urteil

---

[11] Gwatkin, (1900) 276 f.

[12] Greg. Naz., epp. 41–43; ders. or. XVIII 35 f.; or. XLIII 37–39; vgl. Hauschild, TRE V 304.

[13] Vgl. Loofs, (1898); Hauschild, (1973) 1–17; ders. TRE V 301–13; X 547–50; May, (1973); ders. (1976); Vischer, (1953) 85–105. 116–166; Schwartz, (1960) 52. Die Interpretation der Ereignisse durch Schwartz leidet darunter, daß er den Konflikt zwischen Basilius und Eustathius nicht als einen theologischen Konflikt begreifen kann und will. Für Schwartz handelt es sich allein um eine kirchenpolitische Auseinandersetzung: für die Einheit der Nizäner braucht Basilius die Gemeinschaft mit Meletius und muß deswegen Eustathius, den alten Feind des Meletius, opfern. So überzeugend Schwartz auch auf den ersten Blick argumentiert, diese Sicht stellt die Dinge auf den Kopf. Selbst bei Unterstellung ausschließlich politischer Motive für den Bruch zwischen Basilius und Eustathius kann Schwartzens Argumentation angesichts der Ablehnung des Meletius durch Ägypten und das gesamte Abendland nicht überzeugen. In der Auseinandersetzung zwischen Basilius und Eustathius ging es aber um die Theologie des dritten Artikels und damit um eine Grundfrage des Glaubens. Die persönlichen und politischen Dinge treten bei dieser Auseinandersetzung weitgehend in den Hintergrund, ohne allerdings je ganz zu verschwinden. Für die historische Rekonstruktion bleibt allerdings Schwartz unentbehrlich.

[14] Knorr, (1968) 63–162; vgl. auch die in der vorigen Anm. genannten Arbeiten von Schwartz und May.

[15] Hauschild, TRE V 303–307.

über Valens' Kirchenpolitik als inkonsequent, schwach und ziellos[16]. Andererseits ist dieses auf den ersten Blick so erstaunliche Faktum zum Ausgangspunkt der Legende von der Standhaftigkeit des Basilius gegen schlimmste Drohungen und Verfolgungen geworden[17]. Natürlich kann keine Rede davon sein, daß Basilius als einziger nizänischer Bischof unter Valens sein Bistum behalten durfte, während alle anderen angeblich vertrieben wurden[18].

Der erhaltene Briefwechsel des Basilius, der ziemlich genau die Zeit der Herrschaft des Valens von 364–378 umfaßt[19], wie auch die gleichzeitigen Werke und Briefe seines Freundes Gregor von Nazianz[20] erlauben für diesen Zeitraum über die Verhältnisse in Kappadokien differenziertere Aussagen als sie von irgendeiner anderen Provinz möglich sind.

Die Briefe und Reden Gregors von Nazianz aus den sechziger und siebziger Jahren enthalten kaum Hinweise auf die kirchliche Lage. Nichts deutet auf die Situation einer Verfolgung hin. Das Verhältnis zur Obrigkeit scheint völlig entspannt. Gregors Bruder Caesarius, zu dem er ein herzliches Verhältnis hat, ist hoher Beamter des Valens[21]. Aus epp. 64–66 erfahren wir dann allerdings von der Vertreibung Eusebs von Samosata und aus epp. 72–74, 76 Gregors von Nyssa aus ihren Ämtern[22]. Epp. 41–43, von Gregor im Auftrage seines Vaters geschrieben[23], zeigen, wie wichtig es für die kappadokischen Nizäner war, den Stuhl von Caesarea mit einem der ihren zu besetzen, und so den Hoffnungen der Homöer zuvorzukommen, die natürlich versuchten, den kappadokischen Metropolitansitz in ihre Hand zu bekommen. Daß dies ihnen nicht gelang, ist für die Situation in Kappadokien bezeichnend und zeigt, daß das dramatische Gemälde, das Gregor von Nazianz nach dem Tode des Basilius und unter politisch völlig veränderten Verhältnissen in seinem Enkomion auf den toten Freund

---

[16] Vgl. RITTER, (1965) 26; MAY, (1973) 48 f.

[17] Greg. Naz., or. XLIII, ist die Grundlage aller diesbezüglichen Legendenbildung um Basilius; vgl. or. XLIII 44–55 mit Greg. Nyss., c. Eunom. I 120–143; Ruf., h. e. XI 9; Sok., h. e. IV 26,16 ff.; Soz., h. e. VI 16; Thdt., h. e. IV 19.

[18] Ruf., h. e. XI 9 [MOMMSEN, 1016, 17–19]: *sic accidit, ut cum omnes catholicos expulerit Valens, Basilius usque ad vitae exitum intemerato communionis sacramento in ecclesia perduraret;* vgl. auch Thdt., h. e. IV 19,1; Soz., h. e. VI 12,16; 14,1.

[19] Ed. COURTONNE I–III. Nach COURTONNE, der in der Datierung den Maurinern folgt, gehören in die Zeit vor Beginn der Herrschaft des Valens epp. 1–19.

[20] Epp. (11) 12–75; or. VII–XIX. Zur Datierung der Briefe GALLAY, (1969) XV–XXII; zur Datierung der in Frage stehenden Reden, von denen es noch keine kritische Ausgabe gibt, vgl. PG 35,755 ff. die notae jeweils bei den Titeln der einzelnen Reden.

[21] HAUSER-MEURY, (1960) 48–50; PLRE I 169 f.: Caesarius 2.

[22] Epp. 64–66 an Euseb von Samosata; epp. 72–74; 76 an Gregor von Nyssa; vgl. dazu WITTIG, (1981) 246, Anm. 177 und 190. Zu den Vertreibungen Gregors und Eusebs unten S. 228 f.; 234.

[23] GALLAY, (1969) XVII f.; WITTIG, (1981) 243, Anm. 129–135.

entworfen hat, in erster Linie von den rhetorischen Gesetzen des Enkomions her zu verstehen ist und nicht als historischer Bericht[24].

Im Herbst 371 war Valens auf seinem zweiten Zug nach Osten wieder nach Caesarea gekommen und hatte hier längere Zeit zugebracht[25]. Modestus, der Praefectus Praetorio per Orientem und damit höchste Zivilbeamte der orientalischen Präfektur, versuchte den erst seit etwa einem Jahr als Bischof von Caesarea und Metropolit von Kappadokien amtierenden Basilius für die reichskirchliche Kirchenpolitik zu gewinnen[26]. Als dies nicht gelang, und Basilius fest bei den Beschlüssen von Nizäa blieb, akzeptierte der Kaiser das[27]. Am 6. Januar 372 nahm er sogar am Epiphaniasgottesdienst des Metropoliten teil, dem sich ein langes persönliches Gespräch zwischen Valens und Basilius anschloß[28]. Schließlich bestätigte Valens Basilius als Metropoliten von Kappadokien[29] und erteilte ihm bald darauf sogar den Auftrag, die kirchlichen Verhältnisse in den armenischen Provinzen neu zu ordnen[30]. In den folgenden Jahren hat Basilius sein Amt als Metropolit von Kapadokien weitgehend unbelästigt von Versuchen der Homöer, Kappadokien doch noch in ihre Hand zu bekommen, verwaltet[31].

Gelegentliche Versuche der Homöer, gegen Basilius direkt beim Kaiser zu intervenieren und ihn nach Antiochien vor eine homöische Synode zu zitieren, scheiterten daran, daß Valens bis zu seinem Tode an seiner Bestätigung des Basilius festhielt und trotz der eindeutig gegen die homöische Reichskirche gerichteten Politik des Metropoliten nicht gegen ihn vorging[32].

---

[24] Greg. Naz., or. XLIII. Der Epitaphios folgt ganz den rhetorischen Gesetzen des Enkomion; vgl. THALHEIM, PW VI 218f.; PAYR, RAC V 332–343 (Literatur), bes. 342.

[25] Ein dramatischer und eben ganz nach den Regeln des Enkomion stilisierter Bericht, der die Gefahr in der Basilius sich befand, ebenso wie Mut und Standhaftigkeit gebührend hervorhebt, bei Greg. Naz., or. XLIII 44–55, und Greg. Nyss., c. Eunom. I 127ff. Eine ausführliche Behandlung aller mit dem Besuch des Kaisers in Caesarea zusammenhängenden Probleme bei MAY, (1973) 49–57; vgl. ders., (1976) 323f. In der Datierung der Ereignisse folge ich MAY, (1973) 50 (zu anderen Datierungsversuchen ebenda, 50, Anm. 11).

[26] Greg. Naz., or. XLIII 48–51; Ruf., h. e. XI 9; Sok., h. e. IV 26,16ff.; Soz., h. e. VI 16,1–6; Thdt., h. e. IV 19,1–3. Nach Thdt., h. e. IV 19,3, betont Modestus Basilius gegenüber die Geringfügigkeit des dogmatischen Unterschiedes; vgl. unten S. 240, Anm. 123. Zu Modestus PLRE I 605. Zum Versuch des Präfekten, Basilius für die homöische Reichskirchenpolitik zu gewinnen, vgl. MAY, (1973) 50. 54–58. MAY hält allerdings den Bericht Gregors im wesentlichen für zuverlässig. Der höfliche und fast freundschaftliche Verkehr zwischen Basilius und Modestus in den folgenden Jahren zeigt, daß die von Gregor berichteten Drohungen nicht überbewertet werden dürfen; vgl. unten S. 229 mit Anm. 39.

[27] Greg. Naz., or. XLIII 51; MAY, (1973) 50.

[28] Greg. Naz., or. XLIII 52; MAY, (1973) 50. 56f.

[29] Bas., ep. 94; Greg. Naz., or. XLIII 53; MAY, (1973) 57f.

[30] MAY, (1973) 58–61; HAUSCHILD, TRE V 305; KNORR, (1968) 177–194. Auf Einzelheiten ist hier nicht weiter einzugehen.

[31] Diesen Eindruck erweckt der Briefwechsel im ganzen, so auch HAUSCHILD, TRE V 305.

[32] Bas., epp. 213,2; 120; 129; vgl. MAY, (1973) 61f. Zu der nicht sicher zu datierenden ep. 71 (vgl. auch ep. 156,3) vgl. MAY, (1973) 56, Anm. 36. HAUSCHILD, TRE V 305, betont, daß es sich bei dem ep. 213,2 beschriebenen Versuch, Basilius zu einer homöischen Synode nach Antiochien zu holen, um die einzige ernsthafte Bedrohung seiner Stellung gehandelt habe.

Unter dem Vikar Demosthenes[33] wurden nach 375 in Kappadokien die nizänischen Bischöfe von Doara, Parnassus und Nyssa abgesetzt, letzterer war Basilius' jüngerer Bruder Gregor, den er selbst zum Bischof gemacht hatte[34]. Die Stellung des Basilius, der als Metropolit gegen das eigenmächtige Vorgehen des Vikars energisch, wenn auch erfolglos protestierte, blieb von diesen völlig vereinzelten Maßnahmen gleichwohl unberührt[35]. In Armenia prima und in den pontischen Provinzen, die allerdings Basilius nicht direkt unterstanden, konnten die Homöer in den letzten Jahren der Herrschaft des Valens trotz des Engagements des kappadokischen Metropoliten Erfolge verbuchen, als Eustathius von Sebaste, der über die Auseinandersetzung um den dritten Artikel vom ehemaligen Freund zum schlimmsten Feind des Basilius geworden, das Lager der Nizäner verließ[36]. Durch weitere Aktivitäten des Basilius außerhalb seiner Provinz jedoch erhielt Lykaonien in Amphilochius ebenfalls einen nizänischen Metropoliten[37]. Aus Lykaonien sind aus dieser Zeit keinerlei Auseinandersetzungen mit der kaiserlichen Kirchenpolitik bekannt[38]. Seine Briefe zeigen im allgemeinen ein sehr gutes Verhältnis zur Obrigkeit, gerade auch zum Praefectus Praetorio Modestus[39], den Gregor von Nazianz in seinem Enkomion geradezu als Ungeheuer geschildert hat[40].

Bei der Einsetzung von Bischöfen in seinem eigenen Machtbereich weiß sich Basilius gegen die Homöer fast immer durchzusetzen[41]. Völlig ungehindert hält er regelmäßig Synoden ab[42]. Die jährlich am Gedenktag des Märtyrers Eupsychios stattfindende große Synode versammelt regelmäßig auch Bischöfe aus anderen Provinzen und hat fast den Charakter einer Generalsynode der nizänischen Bischöfe von ganz Pontus[43].

Wenn nun allerdings Basilius in einigen Briefen über die trostlose Lage der Kirche und ihre fast gänzliche Zerstörung durch die Homöer spricht, so steht das zunächst in befremdlichem Gegensatz zu den durch die übergroße Mehrheit seiner Briefe bezeugten Verhältnissen in Kappadokien und den angrenzenden

---

[33] PLRE I 249; vicarius Ponticae 375/76.

[34] Bas., epp. 225; 231 f.; 237; 239; Greg. Naz., epp. 72; 74; MAY, (1973) 62 f.; ders., (1976) 326 f.; SCHWARTZ, (1960) 59 f.; BALÁS, TRE XIV 174.

[35] Bas., ep. 225 an Demosthenes.

[36] SCHWARTZ, (1960) 61 ff.; MAY, (1973) 63 f.; HAUSCHILD, TRE X 548. Der allgemein angenommene Wechsel zu den Homöern scheint mir unsicher, vgl. unten S. 230 Anm. 45.

[37] HOLL, (1904); LOOFS, RE I 463 f.; KNORR, (1968) 163 ff.

[38] HOLL, (1904) 24–26; vgl. oben S. 191.

[39] Bas., epp. 63–65; 74–78; 94; 96 f.; 99; 104; 109–112; 137; 142; 144; 152 f.; 163; 175; 186 f.; 192; 214; 228; 230; 279–81; 284–86 (an Modestus direkt epp. 104; 110; 279–81); vgl. HAUSCHILD, TRE V 305; MAY, (1973) 64.

[40] Greg. Naz., or. XLIII 48–51.

[41] So epp. 62; 102 und die Einsetzung seines Bruders Gregor und des Amphilochius zu Bischöfen in Nyssa und Ikonium wie auch den Versuch, Gregor von Nazianz zum Bischof von Sasima zu machen; vgl. MAY, (1976) 326; KNORR, (1968) 144 ff.

[42] Epp. 92; 95; 98; 191; 202; 205.

[43] Epp. 100; 176; 252.

Provinzen und zu seiner eigenen, ebenfalls in seinen Briefen sich widerspiegeln-
den Tätigkeit als Metropolit. Bei der Beurteilung dieser Briefe und ihrer höchst
dramatischen Darstellung der Lage im Osten ist allerdings zu beachten, daß sie
alle an die Kirchen des Abendlandes oder die Kirche Ägyptens adressiert sind
und Ägypten und das Abendland für das Werk der Vereinigung aller Nizäner
gegen die kaiserliche homöische Kirchenpolitik gewinnen wollen und man die
Vorbehalte der Abendländer gegenüber den Orientalen gar nicht überschätzen
kann[44]. Für Basilius ist die Zerrissenheit der Nizäner und die Auseinandersetzung mit den Pneumatomachen um seinen ehemaligen Freund Eustathius eine
viel größere Gefahr für die Kirche als die Versuche der Homöer, mit Hilfe des
Kaisers die Kirche zu regieren[45].

Die Frage, warum Basilius in Kappadokien beinahe ungehindert die nizänische Kirche organisieren konnte, ohne daß Valens dagegen einschritt, pflegt man
gewöhnlich mit der Plan- und Ziellosigkeit des völlig von seinen homöischen
Hofbischöfen abhängigen Kaisers zu beantworten[46]. Wenn Euzoius, der Bischof
der östlichen Residenz Antiochien, einen so großen Einfluß auf den willenlosen
Kaiser gehabt hätte, wie die Forschung allgemein annimmt, wäre Basilius sicher
nicht von Valens bestätigt und mit der Neuordnung der kirchlichen Verhältnisse
in den armenischen Provinzen betraut worden. Die in der Forschung allgemein
verbreiteten Erklärungsmuster für Valens' Verhalten gegenüber Basilius schließen einander aus. Den knapp ein Jahr amtierenden und nur gegen große Widerstände gerade der Oberschicht durchgesetzten Metropoliten hätte Valens ohne
weiteres absetzen und aus Caesarea verbannen können, ohne Sorge vor Unruhen
haben zu müssen. Politisches Kalkül oder gar Angst scheiden als Motive des
Kaisers also aus. Wichtig war, daß Basilius persönlich ohne Zweifel einen
großen Eindruck auf den Kaiser gemacht hat, wie das übrigens auch von

---

[44] Epp. 66; 70; 80; 82; 90–92; 243. Die verschiedenen (gescheiterten) Versuche des Basilius,
das Abendland für die Angelegenheiten des Ostens und für das große Werk der Vereinigung der
Nizäner zu gewinnen, können hier nicht behandelt werden; vgl. LIETZMANN, (1961) 11–20;
SCHWARTZ, (1960) 65–88; MAY, (1973) 64–67; HAUSCHILD, TRE V 305–307.

[45] Dieses Thema nimmt in seinen Briefen einen weit wichtigeren Platz ein als die homöische
Kirchenpolitik des Kaisers; vgl. auch *de spiritu sancto* XXX. Zur angeblichen Wendung des
Eustathius zu den Homöern vgl. Bas., epp. 130; 226; 244; 250f.; LOOFS, (1898) passim;
HAUSCHILD, TRE X 548. Seine Teilnahme an einer homöusianischen Synode von Kyzikos 376
zeigt ihn allerdings in Gemeinschaft mit den ebenfalls in Opposition zur homöischen Reichskir-
che stehenden Homöusianern; vgl. HAUSCHILD, ebenda.

Nach LOOFS, (1898) 79, hatte Eustathius sich nur kirchenpolitisch und nur zeitweilig gegen
Basilius mit den Homöern verbündet. Es scheint mir durchaus vorstellbar, daß es sich bei der
Behauptung des Basilius, Eustathius habe sich mit den Homöern verbündet, ausschließlich um
die polemisch zugespitzte Folgerung des Basilius aus ihrem theologischen Zerwürfnis über die
Frage der Homousie des Geistes handelt. Vgl. dazu auch den aufschlußreichen Vorwurf des
Basilius gegenüber der (homöusianischen) Synode von Kyzikos, ep. 244,9 [COURTONNE III
83,22–24]: τὸ κατ' οὐσίαν ὅμοιον νῦν περιφέρουσι καὶ τὰς εἰς τὸ Ἅγιον Πνεῦμα βλασφημίας μετ' Εὐνομίου συγγράφουσι, vgl. oben S. 217, Anm. 246.

[46] RITTER, (1965) 26; MAY, (1973) 48; ders., (1976) 327 f.

Paulinus, dem eustathianischen Bischof von Antiochien bezeugt ist[47]. Zweifellos hatte auch Basilius einflußreiche Freunde beim Hof und in hohen Verwaltungsämtern[48]. Ein ausschlaggebender Faktor für die unangefochtene Stellung des Basilius scheint mir allerdings darin zu liegen, daß die von Basilius einberufenen und geleiteten Synoden nie die Führer der homöischen Reichskirche offiziell exkommuniziert oder abgesetzt haben; jedenfalls ist kein derartiger Beschluß überliefert[49]. Ganz anders als Athanasius zur Zeit des Konstantius, hielten sich Basilius und Gregor von Nazianz mit persönlicher Polemik gegen Valens oder führende Homöer ganz zurück. Gegenüber Euseb von Samosata kann Basilius sogar die echte Frömmigkeit Demophils von Konstantinopel, von der man ihm berichtet hatte, lobend erwähnen[50]. Euzoius von Antiochien wird in den Briefen des Basilius nur einmal, sozusagen intern, in einem Brief an seine Mönche erwähnt, wo Basilius Eustathius' angebliche Wendung zu den Homöern seinen Mönchen gegenüber mit dem Wunsch des Eustathius begründet, dem Euzoius gefallen zu wollen[51].

Polemik – und dann gleich maßlose – gegen Valens und seine homöische Kirchenpolitik findet sich erst in den unter der Herrschaft des Theodosius entstandenen Werken Gregors von Nazians und Gregors von Nyssa[52].

---

[47] Greg. Naz. or. XLIII 51–53; vgl. MAY, (1973) 64. Zu Valens' Verehrung des Paulinus Sok., h. e. IV 2,5; Soz., h. e. VI 7,10.

[48] MAY, ebenda.

[49] Vgl. vor allem auch den Brief einer überregionalen orientalischen Synode an die Bischöfe Italiens und Galliens, Bas., ep. 92, der sich in besonderem Maße mit den Zuständen im Osten auseinandersetzt. Natürlich darf man nicht folgern, daß Basilius und seine Anhänger mit den Führern der homöischen Kirche in Gemeinschaft standen, aber er hat sie nach den zur Verfügung stehenden Quellen nie ausdrücklich exkommuniziert.

[50] Ep. 48 an Euseb von Samosata [COURTONNE I 129,14–20]: Ἡ δὲ Κωνσταντινούπολις ἔχει τὸν Δημόφιλον πολὺν ἤδη χρόνον, ὡς καὶ αὐτοὶ οὗτοι ἀπαγγελοῦσι καὶ προκεκήρυκται πάντως τῇ ὁσιότητί σου. Καί τι περὶ αὐτὸν πλάσμα ὀρθότητος καὶ εὐλαβείας παρὰ πάντων συμφώνως τῶν ἀφικνουμένων θρυλεῖται, ὡς καὶ τὰ διεστῶτα τῆς πόλεως μέρη εἰς ταὐτὸν συνελθεῖν καὶ τῶν πλησιοχώρων τινὰς ἐπισκόπων τὴν ἕνωσιν καταδέξασθαι. Greg. Naz., or. XVIII 37 [PG 35,1036 A] spricht einmal von der βασιλικὴ ἀσέβεια.

[51] Ep. 226,3. Es handelt sich hier aber ausschließlich um Polemik gegen Eustathius! Aus ep. 226,2 wird die Distanz des Basilius zu den auch die Führer der homöischen Reichskirche verurteilenden Beschlüssen der homöusianischen Synode von Lampsakus deutlich [COURTONNE III 25,11–17]: Οἱ γὰρ τὰς πολυθρυλήτους ἐκείνας ἐπιστολὰς κατὰ Εὐδοξίου καὶ πάσης αὐτῶν τῆς μερίδος συγγράφοντες καὶ περιπέμποντες πάσαις ταῖς ἀδελφότησι καὶ διαμαρτυρόμενοι φεύγειν τὴν κοινωνίαν αὐτῶν ὡς ὄλεθρον τῶν ψυχῶν καὶ διὰ τοῦτο μὴ καταδεξάμενοι τὰς ἐπὶ τῇ καθαιρέσει αὐτῶν ἐξενεχθείσας ψήφους, ἐπειδὴ παρ' αἱρετικῶν ἦσαν γενόμεναι, ὡς ἔπειθον ἡμᾶς τότε. Basilius spielt hier auf die mehrfache Verurteilung der Führer der homöischen Reichskirche durch die Homöusianer an; vgl. oben S. 206 ff.

[52] Greg. Naz., or. XLIII; Greg. Nyss., c. Eunom. I 120 ff.

3. Die homöische Kirchenpolitik in der Dioecesis Oriens

Nach Sokrates und Sozomenus war Valens schon 365 im Anschluß an seinen
Aufenthalt in Caesarea nach Antiochien gekommen, hatte Meletius aus der Stadt
vertrieben und eine große, grausame Verfolgung der Bekenner des Glaubens
von Nizäa in Gang gesetzt[53]. Obwohl feststeht, daß Valens 370 zum erstenmal
nach Antiochien kam[54] und die Vertreibung des Meletius für alle Quellen eng
mit dem Aufenthalt des Kaisers in Antiochien verbunden ist, hat die Hypothese
von einer doppelten Vertreibung des Meletius unter Valens ihren festen Platz in
der modernen Forschung behaupten können[55], obwohl *Eduard Schwartz* schon
1935 überzeugend nachgewiesen hat, daß Meletius bis zur endgültigen Übersiedlung des Kaisers nach Antiochien ungehindert in der Hauptstadt der orientalischen Diözese leben konnte[56].

Bis 371/72 ist von kirchenpolitischen Maßnahmen in der Diözese Oriens
nichts bekannt. Euzoius hatte nach den Ereignissen während der Herrschaft
Julians wohl in Antiochien hohes Ansehen genossen und sich mit kirchenpolitischen Aktionen offenbar zurückgehalten. Namentlich die antiochenische Eu-
stathianergemeinde unter Paulinus genoß sogar seinen Schutz[57]. Das Edikt von
365 gegen die in den Augen des Valens illegal zurückgekehrten Bischöfe spielte –
anders als in Kleinasien – hier keine Rolle; soweit bekannt, waren davon nur
Meletius und Kyrill von Jerusalem betroffen[58].

Meletius lebte vorerst in Antiochien als Leiter des ihm bei seiner Absetzung
treugebliebenen Teils der antiochenischen Christen, die inzwischen eine Sondergemeinde mit eigener Organisation gebildet hatten und natürlich Euzoius nicht
anerkannten. Kyrill hatte während der Herrschaft Julians sein Bistum wieder in
Besitz nehmen können[59]. Nach dem Tode des Acacius versuchte er sogar, den
Bischofssitz der Metropole Caesarea über Männer seines Vertrauens – einer

---

[53] Sok., h. e. IV 2,4–7; Soz., h. e. VI 7,10. Nach Sokrates, den Sozomenus verkürzt wieder-
gibt, wurden (abgesehen von den Anhängern des von Valens verehrten Paulinus) alle, die die
Gemeinschaft mit Euzoius verweigerten, aus der Stadt vertrieben, viele von ihnen sogar im
Orontes ertränkt.

[54] SEECK, (1919) 239; MOMMSEN-KRÜGER, (1954) I 1, CCXLIX, bezieht allerdings Sok., h. e.
IV 14; 17f. = Soz., h. e. VI 15–18 auf diese Reise. Zum Itinerar des Kaisers vgl. MAY, (1973)
50–53. Valens war 370, nachdem er in Bithynien im April die Nachricht vom Tode des
Eudoxius bekommen hatte, bereits am 30. 4. in Antiochien. Bis Oktober schlug er sein
Sommerlager in Hierapolis auf, im Oktober ist er noch einmal in Antiochien nachweisbar, am
8. Dezember schon wieder in Konstantinopel.

[55] CAVALLERA, (1905) 133; AMANN, DTC X 1,526; LOOFS, RE XII 556; GWATKIN, (1900) 243;
LE BACHELET, DTC II 1836–1838; ENSSLIN, PW XV 1,501 f.; SCHULTZE, (1930) 124; LIÉBAERT,
Cath. VIII 1119; SIMONETTI, Diz. Pat. II 2205 f.; KOPECEK, (1979) II 423.

[56] Jetzt SCHWARTZ, (1960) 54 mit Anm. 2. Zur Korrektur der falschen Chronologie bei
SCHWARTZ vgl. MAY, (1973) 50 ff.

[57] Vgl. oben S. 108, Anm. 3.

[58] Vgl. oben S. 54 ff.

[59] Die Hintergründe sind nicht aufklärbar; vgl. BARDY, DHGE XIII 1181–85; ders., Cath. III
412–14; YARNOLD, TRE VIII 261.

davon war sein Neffe Gelasius – in die Hand zu bekommen, um so die Oberho-
heit Caesareas über Jerusalem zumindest faktisch abzuschütteln[60]. Das gelang
aber nicht; die Homöer stellten auch den zweiten Nachfolger des Euseb, einen
gewissen Euzoius, von dem selbst die nizänisch-orthodoxe Tradition nichts
Tadelnswertes zu berichten weiß[61]. Anläßlich dieser Affäre aber scheint man
wieder auf Kyrill aufmerksam geworden zu sein. Jetzt wurde das Edikt von 365
gegen ihn angewandt, und Kyrill mußte Jerusalem verlassen, wohin er erst nach
dem Tode des Kaisers zurückkehren konnte. Der genaue Zeitpunkt seiner Vertreibung aus Jerusalem ist nicht feststellbar[62].

Schon bevor Valens 372 endgültig seine Residenz in Antiochien bezog[63], hatte
also auch Meletius die Stadt verlassen müssen[64]. Bei den von den Kirchenhistorikern berichteten fürchterlichen Verfolgungen aller Nizäner in ganz Syrien und
besonders in Antiochien sollen unendlich viele Menschen den Tod erlitten
haben[65]. Die Berichte über diese Verfolgung sind ausnahmslos als Legenden
anzusehen. Nachdem Meletius Antiochien verlassen und sich in seine Heimat
Armenien begeben hatte, leiteten Diodor und Flavian die meletianische Gemeinde in Antiochien weiter, die nun allerdings keine Kirche mehr hatte, sondern

---

[60] Vgl. oben S. 40 ff.

[61] Epiph., haer 73,37,5; Hieron., vir. ill. 113.

[62] YARNOLD, TRE VIII 261. Es ist anzunehmen, daß Kyrill erst nach dem Tode des Acacius
aus Jerusalem vertrieben wurde, nachdem er versucht hatte, den Stuhl von Caesarea in die Hand
zu bekommen; vgl. NAUTIN, DHGE fasz. 115/116, 299–301.

[63] Zur Chronologie MAY, (1973) 51–53.

[64] Die genaue Datierung bereitet Schwierigkeiten. Allgemein wird die Flucht des Meletius
mit der Ankunft des Kaisers in Antiochien nach dem Treffen mit Basilius in Caesarea angenommen und auf den Beginn des Jahres 371 datiert (so ENSSLIN, PW XV 1,501; SCHWARTZ, (1960)
54 f.; AMANN, DTC X 1,526; HAUSCHILD, TRE V 305. In das Jahr 369 datiert SIMONETTI, Diz.
Pat. II 2006, dieses Exil; LOOFS, RE XII 556, auf Ende 371, Anfang 372. Nach der von MAY,
(1973) 50 ff., erarbeiteten Chronologie war Valens Frühjahr und Herbst 370 in Antiochien, dann
erst wieder nach dem Epiphaniasfest 372. Da die Flucht des Meletius nach Sok., h. e. IV 2,6;
Soz., h. e. VI 7,10; Thdt., h. e. IV 13,2 (zur falschen chronologischen Einordnung bei Sokrates/
Sozomenus in das Jahr 365 vgl. oben 231 f.) offenbar mit der Anwesenheit des Kaisers in
Antiochien im Zusammenhang steht, kommen dafür nur die Aufenthalte 370 oder 372 in Frage.
Gegen 372 spricht vor allem Bas., ep. 68, der allgemein auf 371 datiert wird und das Exil des
Meletius voraussetzt, ebenso ep. 48 von Anfang 371 (LOOFS, (1898) 30 f.; SCHWARTZ, (1960) 55).
Demnach muß Meletius während des Aufenthaltes des Kaisers in Antiochien im Jahre 370 ins
Exil gegangen sein. Am wahrscheinlichsten scheint, daß Meletius die Stadt bereits im Frühjahr
verlassen mußte. Unmittelbar nach dem Tode des Eudoxius hatte Valens sich gezwungen
gesehen, einen gegen den von ihm anerkannten neuen Bischof der Reichshauptstadt, Demo-
phil, aufgestellten Gegenbischof zu vertreiben und tat nun in Antiochien das gleiche. Festzuhal-
ten ist, daß nach dieser Datierung das Exil des Meletius gut eineinhalb Jahre vor der Begegnung
zwischen Basilius und Valens anzusetzen ist.
Meletius ging in seine armenische Heimat, wo er sich offenbar völlig frei bewegen konnte.
Während dieser Zeit ist er Adressat von Bas., epp. 68; 89; 120; 129; 216. Ob Bas., ep. 57,
Meletius im Exil voraussetzt, läßt sich nicht entscheiden. Über Meletius im armenischen Exil
SCHWARTZ, (1960) 54 ff.

[65] Sok., h. e. IV 2,6; 17,1–3; Soz., h. e. VI 7,10; 18,1; Thdt., h. e. IV 13,2; 24,4; vgl. Theod.
Anagn., Epit. 177.

sich außerhalb der Stadt auf einem Exerzierplatz versammeln mußte[66]. Johannes Chrysostomus und Theodor von Mopshouestia haben in dieser Zeit ihre erste theologische Ausbildung in Antiochien unter Diodor erhalten[67]. Wahrscheinlich mußte dann auch irgendwann Diodor Antiochien verlassen und ging zu Meletius nach Armenien[68]. Im Gegensatz zu den übrigen, ursprünglich aus der Gruppe der Homöer stammenden syrischen Nizänern, war Meletius durch das Edikt von 365 betroffen, weil er unter Julian aus dem Exil nach Antiochien zurückgekehrt war und seither in Antiochien in Opposition zur reichskirchlichen Gemeinde des allein vom Kaiser anerkannten Euzoius gestanden hatte und Anspruch auf den Bischofssitz erhob[69]. Aus Syrien wurden außer Meletius noch Euseb von Samosata und Pelagius von Laodicea vertrieben, beide Anhänger des Meletius[70], auf die das Edikt von 365 gar nicht anwendbar war. Für Pelagius ist über den Anlaß der Vertreibung nichts bekannt, die Ursache war wohl die Opposition gegen den Metropoliten Euzoius.

Euseb von Samosata war nach Theodoret in Syrien und Palästina als Soldat verkleidet herumgereist und hatte – in homöischen Bistümern wie man annehmen muß – heimlich nizänische Priester und Diakone geweiht[71]. Dieses – nicht nur in den Augen homöischer Bischöfe unkanonische – Verfahren konnte Euzoius unmöglich dulden; es mußte Konsequenzen für Euseb haben. An seiner Stelle wurde zuerst ein Eunomius[72], dann ein gewisser Lucius eingesetzt, bei dem es sich aber nicht um Lucius von Alexandrien gehandelt haben kann[73].

Unbekannt ist, wie viele von den dreiundzwanzig Bischöfen der Dioecesis Oriens, die 363 das Nizänum angenommen hatten[74], den Beschlüssen von Antiochien auch nach 364 treu blieben.

Für Mesopotamien berichten die späten, in Edessa entstandenen Schriften Ephraems von großen theologischen und kirchenpolitischen Auseinandersetzungen zwischen Homöern und Nizänern[75]. Barses von Edessa war noch 361 von Konstantius als Vertreter der kaiserlichen Kirchenpolitik in Edessa eingesetzt worden und hatte inzwischen wie auch Ephraem das Nizänum angenom-

---

[66] Thdt., h. e. IV 24f.; vgl. ABRAMOWSKI, DHGE XIV 497, die allerdings das Exil des Meletius schon für 365 annimmt; SCHÄUBLIN, TRE VIII 763.

[67] QUASTEN, (1960) 401; 424f.

[68] ABRAMOWSKI, DHGE XIV 497; vgl. auch Bas., epp. 99,3; 140.

[69] Vgl. oben S. 99.

[70] Thdt., h. e. IV 13,2f.

[71] Thdt., h. e. IV 13,4.

[72] Thdt., h. e. IV 15,4.

[73] Thdt., h. e. IV 15,1–7. H. e. IV 13,4–15,11 ist eine eigene, in sich geschlossene Eusebüberlieferung mit legendarischen Elementen. Basilius war 374 aus Samosata verbannt worden; vgl. HAUSCHILDS anhand der Basiliusbriefe erarbeitete Chronologie, (1973) 14f., die durch Greg. Naz., epp. 64–66, gestützt wird. Seit dem Tode des Athanasius war der alexandrinische Lucius wieder in seiner Heimatstadt und kann nicht mit dem von Theodoret genannten homöischen Bischof von Samosata identisch sein.

[74] Vgl. oben S. 173ff.

[75] Ephr., carm. Nisib. XXV–XXXIV; de fide.

men. Wie bei allen anderen ist auch bei ihnen unklar, aus welcher Motivation diese theologische Entwicklung stattgefunden hat[76]. Vielleicht schon bald nach 363 sind in Edessa und Umgebung Auseinandersetzungen zwischen Nizänern unter Führung des Barses und Vertretern der homöischen Beschlüsse von Konstantinopel erkennbar[77], wobei die Homöer offenbar die stärkere Partei bildeten[78]. Noch 370 hatte Barses das neue Baptisterium von Edessa weihen können[79]. Ephraem hat bis zu seinem Tode im Jahre 373, jedenfalls nach seinen erhaltenen Schriften, keinerlei Verfolgung oder überhaupt Eingriffe des Staates erlebt[80]. Für ihn geht es bei der Auseinandersetzung zwischen Homöern und Nizänern noch durchaus um eine innertheologische und innerkirchliche Debatte um die rechte Theologie. Ephraem hofft noch auf Einigung mit den Homöern[81], deren echtes Suchen nach Gott er ausdrücklich anerkennt[82].

Erst nach dem Tode Ephraems mußte auch Barses, wahrscheinlich 374, ins Exil, wo er dann mit Basilius im Briefwechsel stand[83]. Der dramatische Bericht vom Besuch des Kaisers in Edessa, bei dem es beinahe zu einem Blutbad kam, und der zum Exodus der nizänischen Bevölkerung aus der Stadt geführt hatte, taucht zuerst bei Rufin auf und ist zumindest in seinen Einzelzügen Legende[84]. Allerdings berichtet auch die edessenische Chronik, daß mit Bar-

---

[76] Chron. Edess. XXIV (XXV) [GUIDI, 5,22 f.]; vgl. HALLIER, (1892) 98.

[77] Ephr., carm. Nisib. XXVII 5 [BECK, 76,11]. BECK, 76, Anm. 6, datiert carm. XXXVII von der Voraussetzung her, daß die Auseinandersetzungen mit dem Edikt von 365 begonnen hatten, in das Jahr 371. Es gibt keinerlei Hinweis darauf, daß dieses Edikt in den sechziger Jahren in Edessa irgendwelche Bedeutung gehabt hätte. Ephraem sagt hier auch nichts von Auseinandersetzungen mit dem Staat. Seit 363/64 sind die theologischen Auseinandersetzungen im reichskirchlich-homöischen Lager erkennbar, die zur Entstehung der neunizänischen Orthodoxie führen. Der Hymnus, nach Ephraem sechs Jahre nach Beginn dieser Auseinandersetzungen verfaßt, ist demnach zwischen 369 und 373 zu datieren. Zur Opposition der Homöer von Edessa gegen Barses vgl. carm. Nisib. XXIX 3; 7–10; zur Auseinandersetzung zwischen Homöern und Nizänern in Haran carm. Nisib. XXXI 27 ff. (vgl. XXXIII).

[78] Ephr., de fide 60.

[79] Chron. Edess. XXIX [GUIDI, 5,30]; vgl. HALLIER, (1892) 100: 369 oder 370.

[80] Auch die edessenische Chronik läßt den Konflikt zwischen Valens und der nizänischen Kirche von Edessa unter Führung des Barses erst nach dem Tode Ephraems beginnen; vgl. chron. Edess. XXX ff.; anders DRIJVERS, TRE IX 285, der die Vertreibung des Barses und den Besuch des Kaisers in Edessa noch zu Lebzeiten Ephraems annimmt. HALLIER, (1892) 100 f., folgt dagegen den Angaben der Chronik; vgl. auch KIRSTEN, RAC IV 573.

[81] Carm. Nisib. XXVI.

[82] Carm. Nisib. XXVIII 5 f.

[83] Chron. Edess. XXXI [GUIDI, 5,32]; Thdt., h. e. IV 16 (sehr legendarisch); Theod. Anagn., Epit. 206 = Theophan. chron. [DE BOOR, I 61,19–21] (von Thdt. abhängig); vgl. oben Anm. 81.

[84] Ruf., h. e. XI 5; Sok., h. e. IV 18; Soz., h. e. VI 18; Thdt., h. e. IV 17 f. (Kap. 18 eine erbauliche Geschichte von achtzig aus Edessa vertriebenen Klerikern). Ein Besuch des Kaisers in Edessa ist nicht nachweisbar, aber für Herbst 373 nicht unwahrscheinlich. Valens hielt sich zu dieser Zeit in seinem nicht sehr weit von Edessa gelegenen Sommerlager Hierapolis auf; vgl. SEECK, (1919) 245; HALLIER, (1892) 101.

ses ein Teil der Bevölkerung wegen der Arianer die Stadt nach dem Tode Ephraems verlassen habe[85].

Für die Dioecesis Oriens ist insgesamt allein die Vertreibung von fünf Bischöfen wirklich zu belegen, wobei in den Fällen von Meletius, Kyrill und Euseb von Samosata andere Gründe als ihr nizänisches Bekenntnis zumindest vorgeschoben werden konnten.

4. Der Kampf um die Nachfolge des Athanasius in Alexandrien

Am 3. Mai 373[86] war nach fünfundvierzigjährigem Episkopat Athanasius in Alexandrien gestorben. Seit Valens ihn als Oberhirten von Ägypten und Libyen anerkannt hatte, waren diese Regionen bis zum Tode des Athanasius von allen kirchenpolitischen Auseinandersetzungen verschont geblieben[87]. Aus den Schriften des alten Athanasius verschwindet die Auseinandersetzung mit dem homöischen Arianismus der Reichskirche ebenso wie die Polemik gegen deren theologische und kirchenpolitische Führer[88]. In dem Synodalschreiben einer von neunzig Bischöfen besuchten ägyptischen Synode unter Leitung des Athanasius[89] werden die Beschlüsse von Rimini heftig attackiert[90] und wird das Abendland[91] aufgefordert, endlich Auxentius von Mailand abzusetzen; über die kirchlichen Verhältnisse im Osten kein Wort.

Als Lucius, der 361 als Nachfolger des ermordeten Georg geweihte[92] homöische Bischof, 367 heimlich nach Alexandrien kam, gingen die staatlichen Behörden gleich gegen ihn vor; nach wenigen Tagen mußte er die Stadt verlassen[93].

366 war es zu heidnischen Tumulten gekommen, bei denen das Caesareum in Flammen aufgegangen war[94]. Auf direkten Befehl des Kaisers hatte Athanasius 368 mit dem Wiederaufbau begonnen[95].

Mit dem Tod des Athanasius mußte es aber zu neuen Auseinandersetzungen

---

[85] Chron. Edess. XXXI [GUIDI, 5,33f.]; vgl. HALLIER, (1892) 101. Zu eventuellen Maßnahmen gegen andere Bischöfe und Kleriker der Osrhoëne KIRSTEN, RAC IV 573.

[86] Hist. Ath. V 14; ep. fest. Keph. XLV; vgl. MARTIN, (1985) 212, Anm. 172; ALBERT, (1985) 304, Anm. 108.

[87] Hist. Ath. V 9; Sok., h. e. IV 20. Diesen Eindruck vermitteln auch Hist. Ath. V 9–14 und die Kephalaia zu den Festbriefen ab 365.

[88] Nach der *epistula ad Jovianum* ist keine Polemik des Athanasius gegen die Führer der homöischen Reichskirche mehr überliefert.

[89] Ep. ad Afros [OPITZ, 309–319 = PG 26,1029–1048] vgl. die Anmerkungen von OPITZ, 309,12ff.

[90] Ep. ad Afros 1,3; 10,3 u. ö.

[91] Ep. ad Afros 10,3. Es geht in diesem Synodalbrief aus Ägypten ausschließlich um abendländische Angelegenheiten. Die kirchlichen Verhältnisse in Ägypten sind nach 1,2 gesund. Der ganze Brief ist eine große Apologie des Nizänum.

[92] Sok., h. e. III 4,2; IV 1,14; vgl. oben S. 108.

[93] Hist. Ath. V 11; ep. fest. Keph. XXXIX.

[94] Ep. fest. Keph. XXXVIII ad a. 366.

[95] Ep. fest. Keph. XL ad a. 368.

kommen, da Valens nur ihn persönlich als Bischof bestätigt hatte. In der Person des Lucius war nun ein ordinierter alexandrinischer Bischof da, der selbstverständlich angesichts der Vakanz Anspruch auf sein Bistum erhob. Athanasius hatte vor seinem Tod Petrus zu seinem Nachfolger designiert oder gar geweiht, was zwar nicht unüblich, dennoch gegen alle canones war[96]. Gegen Petrus' unkanonische Ordination konnte Lucius, unterstützt von Euzoius in Antiochien, nun seinen Anspruch auf die Kathedra der ägyptischen Hauptstadt anmelden[97].

Die Berichte der Kirchenhistoriker über die dramatischen Ereignisse, die sich nach dem Tode des Athanasius in Alexandrien abspielten und zur Flucht des Petrus nach Rom führten, basieren alle auf einem Brief, den Petrus in Rom über die Vorfälle in Alexandrien verfaßt hatte, und von dem Theodoret den mittleren Teil, wie er ausdrücklich sagt, im Wortlaut mitteilt[98]. Aus diesem Teil des überaus polemischen und wenig sachlichen Briefes geht hervor, daß nach dem Tode des Athanasius Tumulte unter den Heiden ausbrachen, wie sie für Alexandrien auch sonst recht häufig belegt sind[99]. Heidnischer Pöbel besetzte die Theonaskirche[100]. Petrus mußte vor dem heidnischen Terror flüchten[101]. Lucius kam in Begleitung des Euzoius und übernahm mit Hilfe des mitgeführten Militärs die Kirchen, und stellte so die Ordnung in der Stadt wieder her. Petrus dagegen versteht es in seiner Darstellung die Dinge so geschickt miteinander zu vermischen, daß der Leser den Eindruck eines gemeinsamen heidnisch-homöischen Komplotts gegen Petrus und die nizänische Gemeinde von Alexandrien hat und sicher auch haben soll[102].

Bei dem stark von Athanasius geprägten ägyptischen Episkopat, Klerus und Mönchtum mußte es, nachdem Lucius das Bischofsamt übernommen hatte, zu schweren Auseinandersetzungen kommen, wie sie ja auch aus der Zeit des Athanasius bekannt sind, der ebenfalls Episkopat und Klerus gnadenlos säuberte. Eine größere Anzahl von Bischöfen und Klerikern wurde nach Palästina deportiert; auch gegen das besonders mit Athanasius verbunden gewesene

---

[96] Hist. Ath. V 14; Ruf., h. e. XI 3; Sok., h. e. IV 20,2; Soz., h. e. VI 19,1 f.; Thdt., h. e. IV 20; Hieron., chron. ad a. 373. Zum Verfahren bei Bischofswahlen vgl. can IV von Nizäa.

[97] Ruf., h. e. XI 3; Sok., h. e. IV 21; Soz., h. e. VI 19,1 f.; Thdt., h. e. IV 21,3; 22,9 f.

[98] Thdt., h. e. IV 21,14; der von Theodoret dann überlieferte Teil des Briefes h. e. IV 22. Von diesem Brief und legendarischer Lokalüberlieferung sind abhängig Thdt., h. e. IV 21; Sok., h. e. IV 21 f. 24; Soz., h. e. VI 19 f.; Ruf., h. e. XI 3; 6. Eine Reaktion auf diesen Rundbrief ist nach HAUSCHILD, (1973) 166, Anm. 124, wahrscheinlich Bas., ep. 139.

[99] Thdt., h. e. IV 22,1–8; vgl. auch die Ermordung Georgs (oben S. 116 ff.), ep. fest. Keph. XXXVIII die Niederbrennung der Bischofskirche im Jahre 366; vgl. MARTIN, (1985) 101–103.

[100] Thdt., h. e. IV 22,2.

[101] Thdt., h. e. IV 22,9. Nach Sok., h. e. IV 21,4 und Soz., h. e. VI 19,1 f., die den Brief des Petrus kennen (Sok., h. e. IV 22,2), wurde Petrus von Lucius und Euzoius verhaftet und flieht aus dem Gefängnis.

[102] Thdt., h. e. IV 22,9; vgl. vor allem den die Ankunft des Lucius mit dem heidnischen Pogrom verbindenden Satz [PARMENTIER-SCHEIDWEILER, 252,9]: ἡμέτερος δῆθεν ἀποστέλλεται διάδοχος (es folgt ein sehr negatives Charakterbild des Lucius). V. HAEHLING, (1978) 567 f., hat diese Sicht eines heidnisch-homöischen Zusammenwirkens gegen Petrus übernommen.

Mönchtum scheint Lucius vorgegangen zu sein, wobei ihm ein Gesetz des Valens sehr hilfreich war, das es verbot, sich dem Militärdienst zu entziehen, indem man Mönch oder Einsiedler wurde[103].

Die im Zusammenhang mit den ägyptischen Ereignissen berichteten furchtbaren Verfolgungen, über die besonders Theodoret viele Geschichten kennt – sie sollen im einzelnen hier nicht untersucht werden –, gehören zum größten Teil ins Reich der erbaulichen Legende[104]. Theodoret und Sozomenus berichten durchaus von vielen ägyptischen und anderen Mönchen gerade dieser Zeit, die offenbar überhaupt nicht behelligt wurden[105]. Didymus der Blinde konnte, wie sogar die Kirchenhistoriker zugeben, völlig unbehelligt auch zur Zeit des Episkopats des Lucius seine Tätigkeit in Alexandrien ausüben[106].

Die Unruhen und Verfolgungsmaßnahmen in Ägypten sind ausschließlich an die Frage der Nachfolge des Athanasius geknüpft. Valens und die Reichskirche sahen nach dem Tode des Athanasius in Lucius den rechtmäßigen Bischof von Alexandrien. Durch die fast einheitliche nizänische (man könnte in diesem Falle geneigt sein zu sagen: athanasianische) Prägung des ägyptischen Episkopats kam es hier zu stärkerem Widerstand gegen den homöischen Bischof Lucius, dessen Rechtmäßigkeit als Bischof von Alexandrien Valens offensichtlich jetzt nach dem Tode des Athanasius anerkannt hatte[107]. Die heidnischen Pogrome, denen Petrus hatte weichen müssen, boten eine recht günstige Gelegenheit, den Anspruch des Lucius auf den Bischofssitz gegen Petrus durchzusetzen, ohne selbst gegen ihn vorgehen zu müssen[108].

---

[103] Hieron., chron. ad a. 375 [HELM, 248,1–4]: *Multi monachorum Nitriae per tribunos et milites caesi. Valens lege data, ut monachi militarent, nolentes fustibus iussit interfici.* Ein derartiges Gesetz des Valens ist nicht überliefert; vgl. aber die zahlreichen unter Valens erlassenen Gesetze *de Tironibus* (CTh VII 13,2–7).

[104] Petrus von Alex. bei Thdt., h. e. IV 22,11ff. Davon abhängig sind Ruf., h. e. XI 4; 6; Sok., h. e. IV 22,4f. 24; Soz., h. e. VI 20 (vgl. 27,10); Thdt., h. e. IV 21,5ff. Sok., h. e. IV 24,1 (= Soz., h. e. VI 19,6) weiß von einem Edikt, das alle Anhänger des nizänischen Glaubens aus Ägypten auswies. Nach dem Brief des Petrus wurden elf ägyptische Bischöfe und Kleriker nach Neocaesarea verbannt, andere Kleriker nach Heliopolis (Thdt., h. e. IV 22,35; vgl. bas., ep. 265 an ägyptische Kleriker, die nach Palästina verbannt waren). Der Brief des Petrus will vor allem Lucius als Arianer und illegitimen Bischof erweisen, der die Kathedra von Alexandrien usurpiert hat (Thdt., h. e. IV 22,9–13); dem entspricht auch die Charakterisierung des Lucius als eines genuinen Arianers (Thdt., h. e. IV 22,13–18). Bei den Kirchenhistorikern des fünften Jahrhunderts wird Lucius geradezu zum Monster; Ruf., h. e. XI 3 [MOMMSEN, 1004,1f.]: *Lucius vero tamquam materia sibi crudelitatis ablata saevior erga ceteros efficiebatur et ita ibat in sanguinem.* Damit schwer in Übereinstimmung zu bringen ist das vorsichtige, fast ängstliche Auftreten des Lucius in der Tradition über Moses und die Sarazenenmission Ruf., h. e. XI 6; Sok., h. e. IV 36; Soz., h. e. VI 38; Thdt., h. e. IV 23.

[105] Sok., h. e. IV 23; Soz., h. e. VI 28–30 (vgl. auch 31–34).

[106] Sok., h. e. IV 25; Soz., h. e. VI 20,12; 30,1; Thdt., h. e. IV 29,1. 3; vgl. LEIPOLDT, (1905) 5; BIENERT, (1972) 5–7; KRAMER, TRE VIII 741f.; VAN ROEY, DHGE XIV 416f.

[107] Thdt., h. e. IV 22,9–11.

[108] Lucius hat also den von Athanasius zu seinem Nachfolger eingesetzten Petrus nicht etwa abgesetzt, wie vor allem Sokrates und Sozomenus nahelegen (oben Anm. 98), sondern hat nach

5. Zusammenfassung: Die Haupttendenzen der Reichskirchenpolitik unter Kaiser Valens

Die Kirchengeschichtsschreibung hat von der Herrschaft des Valens das Bild einer besonders grausamen, eineinhalb Jahrzehnte andauernden Verfolgung in erster Linie aller Anhänger des Bekenntnisses von Nizäa gezeichnet[109]. Die Zeitgenossen selbst relativieren dieses Bild erheblich, wie besonders am Beispiel der großen kappadokischen Theologen Gregor von Nazianz, Basilius von Caesarea, Amphilochius von Ikonium und Gregor von Nyssa deutlich wurde[110], obwohl Gregor von Nyssa selbst zu den Opfern der Kirchenpolitik des Valens zählte und aus seinem Bistum hatte fliehen müssen[111]. In Alexandrien kann Didymus der Blinde auch nach dem Tode des Athanasius und den Wirren um seine Nachfolge, die durch die Übernahme des alexandrinischen Bischofssitzes durch den Homöer Lucius ausgelöst wurden, seine Arbeit ungestört fortsetzen[112]. In Antiochien wird zwar Meletius als Bischof seiner Sondergemeinde vertrieben, aber Diodor und Flavian können, wenn auch unter erschwerten Bedingungen, diese Gemeinde weiterhin leiten und theologische Impulse geben, wie Johannes Chrysostomus und Theodor von Mopshouestia zeigen[113]. Völlig ungehindert von der Politik der homöischen Reichskirche kann der entschiedene Alt-Nizäner Epiphanius während der Herrschaft des Valens sein Amt als Metropolit von Zypern antreten und bis zum Tode des Kaisers ungehindert ausüben[114].

In der bewußten Anknüpfung an die Kirchenpolitik des Konstantius stellt sich Valens auf den Boden der Beschlüsse der Reichssynode von Konstantinopel und hinter die sie vertretenden Führer der Homöer. Nur wo diese Grundlage der Reichskirche und ihre theologischen Führer offen verdammt werden, wie durch die Homöusianer auf der Synode von Lampsakus, greift der Kaiser zugunsten seiner homöischen Reichskirche unter Umständen auch gewaltsam ein[115]. Insofern ist seine Kirchenpolitik entgegen der Meinung der Forschung in sich schon

---

dessen Flucht die Ordnung in der Stadt wiederhergestellt mit Hilfe des staatlichen Armes und die Stadt als ihr (eigentlich seit dem Tode Georgs rechtmäßiger) Bischof wieder in Besitz genommen. Die unkanonische Ordination des Petrus existierte für ihn gar nicht. Wie vorher in Athanasius, so sah Valens nun in ihm das geistliche und weltliche Oberhaupt Ägyptens. Die Maßnahmen gegen die Anhänger des Petrus sind aus der Sicht des Lucius Maßnahmen gegen Aufrührer.

[109] Ruf., h.e. XI 2–13; Sok., h.e. IV; Soz., h.e. VI; Thdt., h.e. IV; vgl. oben S. 224ff. Die Kirchengeschichtsschreibung ist stark von Greg. Naz., or. XLIII beeinflußt, ebenso von den ein dramatisches Bild der Ereignisse bietenden Briefen des Basilius nach Ägypten und in den Westen (epp. 70; 80; 82; 90–92; 242f.).

[110] Vgl. oben S. 226ff.

[111] Vgl. oben S. 228f.

[112] Vgl. oben S. 236ff.

[113] Vgl. oben S. 231ff.

[114] Vgl. oben S. 197.

[115] Vgl. oben S. 206ff.; 216ff.

konsequent, gerade da, wo sie unlogisch erscheinen will[116]. Vor allem sollte man den Einfluß der sogenannten „Hofbischöfe", die es in dieser Form bei Valens gar nicht gegeben hat, nicht überschätzen[117]. Die Anerkennung des Basilius als Bischof von Caesarea und Metropolit von Kappadokien sowie die Bestätigung des Athanasius als Papas von Ägypten wird nicht die freudige Zustimmung der homöischen Führer gefunden haben, konnte doch Lucius wegen der Anerkennung des Athanasius sein Bistum nicht einnehmen[118]. Valens hat in seiner unmittelbaren Umgebung höchste Beamte, die enge und freundschaftliche Kontakte zu den neunizänischen Theologen um Basilius haben, vielleicht selbst als Nizäner anzusehen sind, nicht nur geduldet, sondern auch selbst neu ernannt[119].

Valens' Kirchenpolitik ist in erster Linie als der Versuch zu werten, die Kirchenpolitik fortzusetzen, die Konstantius nach der Synode von Konstantinopel betrieben hatte, und die nach den harten Maßnahmen dieser Synode gegen führende Homöusianer auf eine Befriedung der Kirche ausgerichtet war[120]. In vieler Hinsicht ist die Kirchenpolitik des Valens der des Konstantin fast näher als der des Konstantius. Ὁμόνοια scheint mir – ganz gegen das Bild, das die Kirchenhistoriker des fünften Jahrhunderts von der Regierung des Valens gezeichnet haben – als das wichtigste Stichwort seiner Kirchenpolitik gelten zu müssen. Durch eineinhalb Jahrzehnte hindurch hatte Valens es vermieden, von den Bischöfen eine offizielle Zustimmung zu den Beschlüssen von Konstantinopel zu verlangen[121], wohl weil ihm bewußt war, welche Folgen ein solcher Schritt für die Einheit der Kirche haben würde. Ebensowenig hat er je eine Reichssynode einberufen; von ihm sind keine Ketzergesetze überliefert[122]. Die theologische Debatte innerhalb der Reichskirche und ihrer Gruppen spielte für ihn, wie schon für Konstantin, keine Rolle, handelte es sich doch dabei für den Kaiser nur um Nebensächlichkeiten, die seinen Glauben, den er sehr ernst genommen haben muß, nicht betrafen[123]. Dadurch aber war eine theologische

---

[116] Anders RITTER, (1965) 26; MAY, (1973) 48.

[117] Die Historiker des fünften Jahrhunderts berichten nur vom Einfluß des Eudoxius, und auch der ist nur in wenigen Einzelfällen deutlich. Über irgendwelchen Einfluß Demophils von Konstantinopel oder auch des Euzoius, der seit 372 der Residenzbischof des Valens war, sind keine Nachrichten überliefert.

[118] Vgl. oben S. 236.

[119] V. HAEHLING, (1978) 561–68. Zu diesen nizänisch gesinnten hohen Beamten gehörte auch der comes et dux Armeniae, Terentius, ein enger Freund des Basilius; vgl. PLRE I 881.

[120] Vgl. oben S. 56 ff.; 81 ff.

[121] Abgesehen von der Affäre um Eleusius von Kyzikos (vgl. oben S. 216 ff.) hat Valens – soweit bekannt ist – bei Synoden nicht selbst eingegriffen wie Konstantin oder Konstantius. Sein Interesse an kirchlichen Fragen dürfte allein schon anhand der Ereignisse um den Jahreswechsel 371/72 in Caesarea feststehen; vgl. oben S. 277 f.

[122] NOETHLICHS, (1971) 95–97.

[123] Vgl. den PPO Modestus bei seinem Gespräch mit Basilius nach Thdt., h. e. IV 19,3 [PARMENTIER-SCHEIDWEILER, 243,11–14]: (ὁ ὕπαρχος) . . . καὶ λόγοις πρὸς αὐτὸν ἠπίοις ἐχρή-σατο, εἶξαί τε τῷ καιρῷ παραινῶν καὶ μὴ προέσθαι τοσαύτας ἐκκλησίας δι' ὀλίγην

Diskussion und Entwicklung möglich, die zur Entstehung der neunizänischen Orthodoxie führte. Das für die Zukunft wichtigste kirchengeschichtliche Ereignis seiner Regierungszeit, die Entstehung der neunizänischen Orthodoxie, dürfte ihn als Ergebnis innertheologischer Diskussion kaum interessiert haben. Seine schlichte Frömmigkeit konnte dagegen die berühmten Asketen bewundern, egal welcher theologischen Gruppe sie sich selbst im einzelnen zuordneten[124]. Wie schon Konstantin – und am Ende seines Lebens auch Konstantius – ging es Valens allein um die Einheit der Kirche, die auf der Basis eines dogmatischen Minimalkonsenses bewahrt werden mußte. Wo Valens gegen Vertreter der neunizänischen Orthodoxie vorging, geschah das nur, weil im betreffenden Fall die Einheit der Kirche demonstrativ in Frage gestellt worden war, wie durch Meletius und Euseb von Samosata[125]. – Daß es sich bei Valens um eine andere Vorstellung von „Einheit" der Kirche handelte als bei Basilius, liegt gleichwohl auf der Hand. Im ganzen hat Valens das Ziel seiner Kirchenpolitik erreicht, nur war es ein Scheinsieg, der von einer falschen und untheologischen Vorstellung von „Einheit" ausging. Unter anderen politischen Verhältnissen mußte das System dieser Reichskirche zusammenbrechen, auch wenn sie in ihrer Prägung durch die homöische Theologie den religiösen Bedürfnissen großer Teile der christlichen Bevölkerung zweifellos entsprach[126]. Wenn Basilius im Schlußkapitel seiner Schrift *de spiritu sancto* den zerrütteten Zustand der Kirchen in dem dramatisch gestalteten Bild einer großen Seeschlacht darstellt, wo jeder gegen jeden kämpft, dann hätte Valens in diesem Bild seine Reichskirche, so wie er sie verstand, sicherlich nicht wiedererkannt[127].

Es wird berichtet, daß Valens vor Beginn des zweiten Gotenkrieges allen aus ihren Städten vertriebenen Klerikern die Rückkehr gestattete[128]. Leider ist diese Nachricht nicht überprüfbar; noch weniger sind die eventuellen Motive für diese Entscheidung deutbar[129].

δογμάτων ἀϰρίβειαν. Unabhängig von der fragwürdigen Überlieferung dieses Satzes gibt er die Einstellung des Modestus wie sicher auch des Valens zu den dogmatischen Fragen wahrscheinlich korrekt wieder. Im ganzen scheint die Fassung des Theodoret über dieses Gespräch glaubwürdiger als die des Gregor von Nazianz, or. XLIII 48–50; vgl. auch Greg. Nyss., c. Eunom. I 131 ff.

[124] Wahrscheinlich bewunderte Valens Basilius auch als Asketen; vgl. seine Bewunderung des Paulinus von Antiochien (Sok., h. e. IV 2,5; V 5,1).

[125] Vgl. oben S. 231 ff.

[126] Zur homöischen Mehrheit in Antiochien vgl. ELTESTER, (1937) 275, und oben S. 196. Gregor von Nazianz hatte noch 380 große Schwierigkeiten mit der homöischen Mehrheit in Konstantinopel; vgl. carm. 583–606; 653–678; MOSSAY, (1977); ders., TRE XIV 166. Zur weiten Verbreitung der Homöer noch unter Theodosius vgl. MAY, (1966) 111 ff.

[127] Bas., de spir. sanct. XXX.

[128] Ruf., h. e. XI 13.

[129] Nach Sok., h. e. IV 32,3/Soz., h. e. VI 36,5, hat Themistius in einer Rede Valens zu mehr Toleranz aufgefordert. Diese Rede des Themistius ist nicht erhalten; Themist., or. XII, ist eine anhand der Notiz bei Sokrates und Sozomenus hergestellte Fälschung des 16. Jahrhunderts; vgl. ENSSLIN, PW II 5,2 1660.

Das schreckliche Ende des Valens in der Schlacht bei Adrianopel[130] hat Ambrosius als Strafe Gottes für den Abfall des Valens zum Arianismus gedeutet[131]. Gerade in diesen Goten, denen das römische Heer des Valens bei Adrianopel unterlag und durch die Valens selbst sein Leben verlor, sollte in Zukunft seine homöische Kirche weiterleben. Nach einer langen Vorgeschichte des Christentums unter den Goten[132] hatte ein gotischer Teilverband unter Fritigern, den Valens militärisch gegen seinen Rivalen Athanarich unterstützt, etwa 373/375 das Christentum in der Form, wie es die Reichskirche unter Valens vertrat, angenommen[133].

Theodosius, der neue Herrscher des Ostens, den die inzwischen gefestigte neunizänische Orthodoxie für sich gewinnen konnte, hat mit allen Mitteln, die einem Kaiser zur Verfügung standen, die homöische Reichskirche auszurotten versucht. Die homöischen Bischöfe wurden überall vertrieben und an ihrer Stelle nizänische eingesetzt[134], die neunizänische Lehre zur verbindlichen Reichstheologie erklärt[135] und die Homöer, die nun offiziell als Ketzer galten, durch immer wieder erneuerte Gesetze verfolgt[136], wie es Vergleichbares unter den homöischen Kaisern Konstantius und Valens nie gegeben hatte: Die Gegner der homöischen Kirchenpolitik mußten hier teilweise mit harten disziplinarischen Maßnahmen rechnen, unterlagen aber nie Ketzergesetzen!

Die homöische Reichskirche, die in erster Linie auf die Zustimmung der Kaiser und deren Engagement gegründet war, theologisch dagegen auf einem sehr schwachen Fundament stand, konnte bei einem derartigen Wechsel der kaiserlichen Politik nicht mehr überleben.

---

[130] Am 9. August 378; SEECK, (1919) 251. Zur Schlacht bei Adrianopel und ihre Rolle in der Spätantike vgl. STRAUB, (1972) 195–219; PAVAN, (1979).

[131] Amb., de fide II 16,136 ff.; vgl. STRAUB, (1972) 196–98, dort auch die verwandte Deutung des Hieronymus.

[132] SCHÄFERDIEK, RAC X 497–504.

[133] SCHÄFERDIEK, RAC X 504–506; ders., (1979). Über die Ausbreitung des homöischen Christentums unter den später ins Reich eindringenden germanischen Völkern vgl. SCHÄFERDIEK, RAC X 506–27.

[134] Chron. pasch. [PG 92,756 B]; Ruf., h. e. XI 19; Philost., h. e. IX 19; vgl. ENSSLIN, (1976); LIPPOLD, (1980) 21 ff.; 123 ff.

[135] Nachdem das Edikt *cunctos populos* (CTh XVI 1,2) noch ganz aus abendländischer Sicht stammte, korrigierte Theodosius sich in dem Edikt CTh XVI 1,3 (30. Juli 381) nun zugunsten der neunizänischen Orthodoxie; vgl. LIPPOLD, l. c.; RITTER, (1965) 21–23.

[136] Allein aus der Regierungszeit des Theodosius stammen die Gesetze CTh XVI 5,6. 8. 11. 12. 13. 16.

Anhänge

Anhang I

Die IV. sirmische Formel
Ath. syn. 8,3–7 (Opitz, 235,21–236,15)

Ἐξετέθη ἡ πίστις ἡ καθολοκὴ ἐπὶ παρουσίᾳ τοῦ δεσπότου ἡμῶν τοῦ εὐσεβεσ-
τάτου καὶ καλλινίκου βασιλέως Κωνσταντίου Αὐγούστου τοῦ αἰωνίου Σεβα-
στοῦ ὑπατείᾳ Φλαυΐων Εὐσεβίου καὶ Ὑπατίου τῶν λαμπροτάτων ἐν Σιρμίῳ τῇ
πρὸ ια' καλανδῶν Ἰουνίων.

Πιστεύομεν εἰς ἕνα τὸν μόνον καὶ ἀληθινὸν θεὸν πατέρα παντοκράτορα καὶ   5
κτίστην καὶ δημιουργὸν τῶν πάντων, καὶ ἕνα μονογενῆ υἱὸν τοῦ θεοῦ, τὸν πρὸ
πάντων τῶν αἰώνων καὶ πρὸ πάσης ἀρχῆς καὶ πρὸ παντὸς ἐπινοουμένου χρόνου καὶ πρὸ πάσης καταληπτῆς γεγεννημένον ἀπαθῶς ἐκ τοῦ θεοῦ, δι' οὗ οἵ τε
αἰῶνες κατηρτίσθησαν καὶ τὰ πάντα ἐγένετο, [1] γεγεννημένον δὲ μονογενῆ, μόνον
ἐκ μόνου τοῦ πατρός, θεὸν ἐκ θεοῦ, ὅμοιον τῷ γεννήσαντι αὐτὸν πατρὶ κατὰ τὰς   10
γραφάς, οὗ τὴν γένεσιν οὐδεὶς ἐπίσταται εἰ μὴ μόνος ὁ γεννήσας αὐτὸν πατήρ.
τοῦτον ἴσμεν τοῦ θεοῦ μονογενῆ υἱόν, νεύματι πατρικῷ παραγενόμενον ἐκ τῶν
οὐρανῶν εἰς ἀθέτησιν ἁμαρτίας καὶ γεννηθέντα ἐκ Μαρίας τῆς παρθένου καὶ
ἀναστραφέντα μετὰ τῶν μαθητῶν καὶ πᾶσαν τὴν οἰκονομίαν πληρώσαντα κατὰ
τὴν πατρικὴν βούλησιν, σταυρωθέντα καὶ ἀποθανόντα καὶ εἰς τὰ καταχθόνια   15
κατελθόντα καὶ τὰ ἐκεῖσε οἰκονομήσαντα, ὃν „πυλωροὶ ᾅδου ἰδόντες" ἔφριξαν
καὶ ἀναστάντα ἐκ νεκρῶν τῇ τρίτῃ ἡμέρᾳ καὶ ἀναστραφέντα μετὰ τῶν μαθητῶν
καὶ πᾶσαν [1] τὴν οἰκονομίαν πληρώσαντα καὶ πεντήκοντα ἡμερῶν πληρουμένων
ἀναληφθέντα εἰς τοὺς οὐρανοὺς καὶ καθεζόμενον ἐκ δεξιῶν τοῦ πατρὸς καὶ
ἐλευσόμενον ἐν τῇ ἐσχάτῃ ἡμέρᾳ τῆς ἀναστάσεως τῇ δόξῃ τῇ πατρικῇ ἀποδιδόν-   20
τα ἑκάστῳ κατὰ τὰ ἔργα αὐτοῦ. καὶ εἰς τὸ ἅγιον πνεῦμα, ὃ αὐτὸς ὁ μονογενὴς
ἐπηγγείλατο πέμψαι τῷ γένει τῶν ἀνθρώπων, τὸν παράκλητον, κατὰ τὸ γεγραμ-
μένον· „ἀπέρχομαι πρὸς τὸν πατέρα μου καὶ παρακαλέσω τὸν πατέρα καὶ ἄλλον
παράκλητον πέμψει ὑμῖν τὸ πνεῦμα τῆς ἀληθείας, ἐκεῖνος ἐκ τοῦ ἐμοῦ λήψεται
καὶ διδάξει καὶ ὑπομνήσει ὑμᾶς πάντα". τὸ δὲ ὄνομα τῆς οὐσίας διὰ τὸ   25
ἁπλούστερον παρὰ τῶν πατέρων τεθεῖσθαι, ἀγνοούμενον δὲ ὑπὸ τῶν λαῶν
σκάνδαλον φέρειν, διὰ τὸ μήτε τὰς γραφὰς τοῦτο περιέχειν ἤρεσε τοῦτο
περιαιρεθῆναι καὶ παντελῶς μηδεμίαν μνήμην οὐσίας ἐπὶ θεοῦ εἶναι τοῦ
λοιποῦ διὰ τὸ τὰς θείας γραφὰς μηδαμοῦ περὶ πατρὸς καὶ υἱοῦ οὐσίας μεμνῆσθαι. ὅμοιον δὲ λέγομεν τὸν υἱὸν τῷ πατρὶ κατὰ πάντα ὡς καὶ αἱ ἅγιαι γραφαὶ   30
λέγουσί τε καὶ διδάσκουσι.

Anhang II

Die IV. antiochenische Formel
Ath. syn. 25,2–5 (Opitz, 251,1–16)

Πιστεύομεν εἰς ἕνα θεόν, πατέρα παντοκράτορα, κτίστην καὶ ποιητὴν τῶν   2
πάντων, „ἐξ οὗ πᾶσα πατριὰ ἐν οὐρανοῖς καί ἐπὶ γῆς ὀνομάζεται". καὶ εἰς τὸν   3
μονογενῆ αὐτοῦ υἱὸν τὸν κύριον ἡμῶν Ἰησοῦν Χριστόν, τὸν πρὸ πάντων τῶν
αἰώνων ἐκ τοῦ πατρὸς γεννηθέντα, θεὸν ἐκ θεοῦ, φῶς ἐκ φωτός, δι' οὗ ἐγένετο τὰ
5   πάντα ἐν τοῖς οὐρανοῖς καὶ ἐπὶ τῆς γῆς, τὰ ὁρατὰ καὶ τὰ ἀόρατα, λόγον ὄντα
καὶ σοφίαν καὶ δύναμιν καὶ ζωὴν καὶ φῶς ἀληθινόν, τὸν ἐπ' ἐσχάτων τῶν
ἡμερῶν δι' ἡμᾶς ἐνανθρωπήσαντα καὶ γεννηθέντα ἐκ τῆς ἁγίας παρθένου, τὸν
σταυρωθέντα [I] καὶ ἀποθανόντα καί ταφέντα καὶ ἀναστάντα ἐκ νεκρῶν τῇ τρίτῃ
ἡμέρᾳ καὶ ἀναληφθέντα εἰς οὐρανὸν καὶ καθεσθέντα ἐν δεξιᾷ τοῦ πατρὸς καὶ
10 ἐρχόμενον ἐπὶ συντελείᾳ τοῦ αἰῶνος κρῖναι ζῶντας καὶ νεκροὺς καὶ ἀποδοῦναι ἑκάστῳ κατὰ τὰ ἔργα αὐτοῦ, οὗ ἡ βασιλεία ἀκατάλυτος οὖσα διαμένει εἰς
τοὺς ἀπείρους αἰῶνας· ἔσται γὰρ καθεζόμενος ἐν δεξιᾷ τοῦ πατρὸς οὐ μόνον ἐν
τῷ αἰῶνι τούτῳ, ἀλλὰ καὶ ἐν τῷ μέλλοντι. καὶ εἰς τὸ ἅγιον πνεῦμα, τουτέστι τὸν   4
παράκλητον, ὅπερ ἐπαγγειλάμενος τοῖς ἀποστόλοις μετὰ τὴν εἰς οὐρανοὺς   5
15 αὐτοῦ ἄνοδον ἀπέστειλε διδάξαι αὐτοὺς καὶ ὑπομνῆσαι πάντα, δι' οὗ καὶ ἁγια-
σθήσονται αἱ τῶν εἰλικρινῶς [I] εἰς αὐτὸν πεπιστευκότων ψυχαι. τοὺς δὲ λέγον-
τας ἐξ οὐκ ὄντων τὸν υἱὸν ἢ ἐξ ἑτέρας ὑποστάσεως καὶ μὴ ἐκ τοῦ θεοῦ καὶ 'ἦν
ποτε χρόνος ὅτε οὐκ ἦν' ἀλλοτρίους οἶδεν ἡ καθολικὴ ἐκκλησία.

Anhang III

Das Bekenntnis des Akakios in Seleukia
Epiph., haer. 73,25f. (Holl III 298–301)

25. Οἱ συνελθόντες ἐπίσκοποι ἐκ διαφόρων ἐπαρχιῶν ἐν Σελευκείᾳ τῆς   25,1
Ἰσαυρίας κατὰ πρόσταγμα τῆς εὐσεβείας τοῦ θεοσεβεστάτου βασιλέως ἡμῶν
Κωνσταντίου. Τάδε διελαλήσαμεν ἡμεῖς οἱ συναχθέντες ἐν Σελευκείᾳ τῆς
Ἰσαυρίας κατὰ βασιλικὸν βούλημα·
5   Τῇ χθὲς ἡμέρᾳ, ἥτις ἦν πρὸ πέντε καλανδῶν Ὀκτωβρίων, πᾶσαν σπουδὴν   2
εἰσηνεγκάμεθα μετὰ πάσης εὐταξίας τὴν εἰρήνην τῇ ἐκκλησίᾳ διαφυλάξαι καὶ
⟨περὶ⟩ τῆς πίστεως εὐσταθῶς διαλαβεῖν, ὡς προσέταξεν ὁ θεοφιλέστατος βασιλεὺς ἡμῶν Κωνστάντιος, κατὰ τὰς προφητικὰς ⟨καὶ εὐαγγελικὰς⟩ φωνὰς καὶ
μηδὲν παρὰ τὰς θείας γραφὰς παρεισενέγκαι τῇ ἐκκλησιαστικῇ πίστει. ἐπειδὴ δὲ
10 ἐν τῇ συνόδῳ τινὲς τοὺς μὲν ἡμῶν ὕβρισαν, τοὺς δὲ ἐπεστόμισαν, οὐ συγχωροῦν-   3
τες λαλεῖν, τοὺς δὲ ἀπέκλεισαν ἄκοντας καὶ τοὺς καθηρημένους δὲ ἐκ διαφόρων
ἐπαρχιῶν εἶχον μεθ' ἑαυτῶν καὶ τοὺς παρὰ κανόνα κατασταθέντας ἦγον μεθ'
ἑαυτῶν, ὡς πανταχόθεν θορύβου πλῆρες γενέσθαι τὸ συνέδριον, καθὼς καὶ ὁ
λαμπρότατος κόμης Λεωνᾶς καὶ ὁ λαμπρότατος ἡγούμενος τῆς ἐπαρχίας Λαυ-

15 ρίκιος αὐτοψίᾳ παρέλαβε, τούτου ἕνεκεν διαλαλοῦμεν, ὡς οὐ φεύγομεν τὴν
⟨ἐκτεθεῖσαν⟩ αὐθεντικὴν πίστιν ἐν τοῖς ἐγκαινίοις τοῖς κατὰ Ἀντιόχειαν, προκο-
μίζοντες ⟨αὐτήν⟩, ᾗ καὶ αὐτοὶ μάλιστα οἱ πατέρες ἡμῶν κατ' ἐκεῖνο καιροῦ πρὸς
τὸ ὑποκείμενον τῆς ζητήσεως συνέδραμον · ἐπειδὴ ⟨δὲ⟩ πολλοὺς ἐθορύβησε τὸ
ὁμοούσιον καὶ τὸ ὁμοιοούσιον ἐν τοῖς παρελθοῦσι χρόνοις καὶ μέχρι νῦν, ἀλλὰ
20 καὶ ἕως ἄρτι λέγεται καινοτομεῖσθαι ὑπό τινων τὸ ἀνόμοιον υἱοῦ πρὸς πατέρα,   4
τούτου χάριν τὸ ὁμοούσιον ὡς ἀλλότριον τῶν γραφῶν ἐκβάλλομεν, τὸ δὲ
ἀνόμοιον ἀναθεματίζομεν, καὶ πάντας, ὅσοι τοιοῦτοι τυγχάνουσιν, ἀλλοτρίους ἡγούμεθα τῆς ἐκκλησίας, τὸ δὲ ὅμοιον τοῦ υἱοῦ πρὸς πατέρα σαφῶς   5
ὁμολογοῦμεν, κατὰ τὸν ἀπόστολον τὸν λέγοντα περὶ τοῦ υἱοῦ „ὅς ἐστιν εἰκὼν τοῦ
25 θεοῦ τοῦ ἀοράτου".

ὁμολογοῦμεν δὲ καὶ πιστεύομεν εἰς ἕνα θεόν, πατέρα παντοκράτορα, τὸν   6
ποιητὴν οὐρανοῦ καὶ γῆς, ὁρατῶν τε καὶ ἀοράτων. πιστεύομεν δὲ καὶ εἰς τὸν
κύριον ἡμῶν Ἰησοῦν Χριστόν, τὸν υἱὸν τοῦ θεοῦ, τὸν ἐξ αὐτοῦ γεννηθέντα   7
ἀπαθῶς πρὸ πάντων αἰώνων, θεὸν λόγον, θεὸν ἐκ θεοῦ μονογενῆ, φῶς, ζωήν,
30 ἀλήθειαν, σοφίαν, δύναμιν, δι' οὗ τὰ πάντα ἐγένετο, τὰ ἐν τοῖς οὐρανοῖς καὶ   C
τὰ ἐπὶ τῆς γῆς, εἴτε ὁρατὰ εἴτε ἀόρατα, τοῦτον πιστεύομεν ἐπὶ συντελείᾳ τῶν   8
αἰώνων εἰς ἀθέτησιν ἁμαρτίας σάρκα ἀνειληφέναι ἐκ τῆς ἁγίας παρθένου καὶ
ἐνανθρωπήσαντα, παθόντα ὑπὲρ τῶν ἁμαρτιῶν ἡμῶν καὶ ἀναστάντα καὶ
ἀναληφθέντα εἰς οὐρανοὺς καθέζεσθαι ἐν δεξιᾷ τοῦ πατρὸς πάλιν ἐρχόμενον ἐν
35 δόξῃ κρῖναι ζῶντας καὶ νεκρούς. πιστεύομεν δὲ καὶ εἰς ἓν ἅγιον πνεῦμα, ὃ καὶ   9
παράκλητον ὠνόμασεν ὁ σωτὴρ καὶ κύριος ἡμῶν Ἰησοῦς Χριστός, ἐπαγγειλάμενος μετὰ τὸ ἀνελθεῖν αὐτὸν πέμψαι τοῖς μαθηταῖς τοῦτο, ὃ καὶ ἀπέστειλεν,
δι' οὗ καὶ ἁγιάζει τοὺς ἐν τῇ ἐκκλησίᾳ πιστεύοντας καὶ βαπτιζομένους ἐν
ὀνόματι πατρὸς καὶ υἱοῦ καὶ ἁγίου πνεύματος.
40   τοὺς δὲ παρὰ ταύτην τὴν πίστιν ἄλλο τι κηρύττοντας ἀλλοτρίους οἶδεν ἡ
καθολικὴ ἐκκλησία.

ὅτι δὲ ταύτῃ τῇ πίστει ἰσοδυναμεῖ καὶ ἡ ἐν Σιρμίῳ πρώην ἐκτεθεῖσα πίστις ἐπὶ   10
τῆς εὐσεβείας τοῦ βασιλέως ἡμῶν, γνωρίζουσιν οἱ ἐντυγχάνοντες.

26. τῇ πίστει ὑπέγραψαν οἱ παρόντες · Βασίλειος, Μάρκος καὶ Γεώργιος ὁ τῆς   **26,1**
45 Ἀλεξανδρείας ἐπίσκοπος, Παγκράτιος καὶ Ὑπατιανὸς καὶ οἱ πλεῖστοι ἐπίσκοποι τῆς δύσεως.

Γεώργιος ἐπίσκοπος Ἀλεξανδρείας ἐξεθέμην τὴν πίστιν · οὕτως ὁμολογῶ φρο-
νεῖν ὡς πρόκειται.

Ἀκάκιος ἐπίσκοπος Καισαρείας ἐξεθέμην τὴν πίστιν · οὕτως ὁμολογῶ φρο-
νεῖν ὡς πρόκειται.

5 Οὐράνιος ἐπίσκοπος Τύρου,
Εὐτύχιος ἐπίσκοπος Ἐλευθεροπόλεως,
Ζωῖλος ἐπίσκοπος Λαρίσσης τῆς Συρίας,
Σέρας ἐπίσκοπος ἐκ Παραιτωνίου τῆς Λιβύης,
Παῦλος ἐπίσκοπος Ἐμίσης,   3
10 Εὐστάθιος ἐπίσκοπος Ἐπιφανίας,
Εἰρηναῖος ἐπίσκοπος Τριπόλεως τῆς Φοινίκης,
Εὐσέβιος ἐπίσκοπος Σελευκείας τῆς Συρίας,
Εὐτυχιανὸς ἐπίσκοπος Πατάρων τῆς Λυκίας,
Εὐστάθιος ἐπίσκοπος Πινάρων καὶ Σιδύμων,

15   Βασίλειος ἐπίσκοπος Καυνίων τῆς Λυδίας,   4
     Πέτρος ἐπίσκοπος Ἵππου Παλαιστίνης,
     Στέφανος ἐπίσκοπος Πτολεμαΐδος τῆς Λιβύης,
     Εὐδόξιος ἐπίσκοπος ⋆,
     Ἀπολλώνιος ἐπίσκοπος Ὀξυρύγχου,
20   Θεόκτιστος ἐπίσκοπος Ὀστρακίνης,
     Λεόντιος ἐπίσκοπος ⟨Τριπόλεως τῆς⟩ Λυδίας,
     Θεοδόσιος ἐπίσκοπος Φιλαδελφίας τῆς Λυδίας,   5
     Φοῖβος ἐπίσκοπος Πολυχαλάνδου τῆς Λυδίας,
     Μάγνος ἐπίσκοπος Θεμισῶν τῆς Φρυγίας,
25   Εὐάγριος ἐπίσκοπος Μιτυλήνης τῶν νήσων,
     Κυρίων ἐπίσκοπος Δολίχης,   6
     Αὔγουστος ἐπίσκοπος Εὐφράτης,
     [Μάγνος ἐπίσκοπος Θεμισῶν τῆς Φρυγίας,]
     Πολυδεύκης ἐπίσκοπος ⋆ ἐπαρχίας δευτέρας Λιβύης,
30   Παγκράτιος ἐπίσκοπος Πηλουσίου,
     Φιλίκαδος ἐπίσκοπος Ἀγουσταδῶν Φρυγίας ἐπαρχίας,   7
     Σεραπίων ἐπίσκοπος Ἀντιπύργου τῆς Λιβύης,
     Εὐσέβιος ἐπίσκοπος Σεβαστῆς τῆς Παλαιστίνης,
     Ἡλιόδωρος ἐπίσκοπος Σωζούσης τῆς Πενταπόλεως,
35   Πτολεμαῖος ἐπίσκοπος Θμούεως Ἀγουστονίκης,
     Αὔγαρος ἐπίσκοπος Κύρου Εὐφρασίας,   8
     Ἐξερέσιος ἐπίσκοπος Γεράσων,
     Ἀραβίων ἐπίσκοπος Ἀδράων,
     Χαρίσιος ἐπίσκοπος Ἀζώτου,
40   Ἐλισσαῖος ἐπίσκοπος Διοκλητιανουπόλεως,
     Γερμανὸς ἐπίσκοπος Πέτρων,
     Βαρόχιος ἐπίσκοπος Ἀραβίας.
     ὁμοῦ ἐπίσκοποι μγ.

Anhang IV

Die Formel von Nike
Thdt. h. e. II 21,3–7 (Parmentier-Scheidweiler, 145,3–146,12)

Πίστις ἐκτεθεῖσα ἐν Νίκῃ τῆς Θρᾴκης.

     Πιστεύομεν εἰς ἕνα καὶ μόνον ἀληθινὸν θεὸν πατέρα παντοκράτορα, ἐξ οὗ τὰ   3
5   πάντα, καὶ εἰς τὸν μονογενῆ υἱὸν τοῦ θεοῦ, τὸν πρὸ πάντων αἰώνων καὶ πρὸ
     πάσης ἀρχῆς γεννηθέντα ἐκ τοῦ θεοῦ, δι᾽ οὗ τὰ πάντα ἐγένετο, τά τε ὁρατὰ καὶ
     ἀόρατα, γεννηθέντα δὲ μονογενῆ, μόνον ἐκ μόνου τοῦ πατρός, θεὸν ἐκ θεοῦ,
     ὅμοιον τῷ γεγεννηκότι αὐτὸν πατρί, κατὰ τὰς γραφάς, οὗ τὴν γέννησιν οὐδεὶς
     οἶδεν εἰ μὴ μόνος ὁ γεννήσας αὐτὸν πατήρ. τοῦτον οἴδαμεν μονογενῆ θεοῦ υἱὸν
10   πέμποντος τοῦ πατρὸς παραγεγενῆσθαι ἐκ τῶν οὐρανῶν, καθὼς γέγραπται, εἰς   4

καθαίρεσιν ἁμαρτίας καὶ θανάτου, καὶ γεννηθέντα ἐκ πνεύματος ἁγίου καὶ
Μαρίας τῆς παρθένου, καθὼς γέγραπται, κατὰ σάρκα, καὶ συναναστραφέντα
μετὰ τῶν μαθητῶν, καὶ πάσης τῆς οἰκονομίας πληρωθείσης κατὰ τὴν βούλησιν
τοῦ πατρὸς σταυρῷ προσηλωθέντα, ἀποθανόντα καὶ ταφέντα καὶ εἰς τὰ κατα-   5
15 χθόνια κατελθόντα, ὃν αὐτὸς ὁ ᾅδης ἐτρόμασε, καὶ ἀνελθόντα ἀπὸ τῶν νεκρῶν
τῇ τρίτῃ ἡμέρᾳ, συναναστραφέντα μετὰ τῶν μαθητῶν τεσσαράκοντα ἡμερῶν
πληρουμένων καὶ ἀναληφθέντα εἰς τοὺς οὐρανοὺς καὶ καθεζόμενον ἐκ δεξιῶν
τοῦ πατρός, ἐρχόμενον δὲ τῇ ἐσχάτῃ ἡμέρᾳ τῆς ἀναστάσεως μετὰ δόξης πα-
τρικῆς ἀποδοῦναι ἑκάστῳ κατὰ τὰ ἔργα αὐτοῦ· καὶ εἰς πνεῦμα ἅγιον, ὅπερ   6
20 αὐτὸς ὁ μονογενὴς τοῦ θεοῦ υἱὸς Ἰησοῦς Χριστὸς θεὸς καὶ κύριος ἐπηγγείλατο
ἀποστεῖλαι τῷ γένει τῶν ἀνθρώπων, τὸν παράκλητον, καθὼς γέγραπται, τὸ
πνεῦμα τῆς ἀληθείας, ὅπερ καὶ αὐτὸς ἀπέστειλεν ἀνελθὼν εἰς τοὺς οὐρανοὺς
καὶ καθίσας ἐν δεξιᾷ τοῦ πατρός, ἐκεῖθεν δὲ ἐρχόμενος κρῖναι ζῶντας καὶ
νεκρούς. τὸ δὲ ὄνομα τῆς οὐσίας, ὅπερ ἁπλούστερον ἐνετέθη ὑπὸ τῶν πατέρων,   7
25 ἀγνοούμενον δὲ τοῖς λαοῖς σκάνδαλον ἔφερε διὰ τὸ ἐν ταῖς γραφαῖς τοῦτο μὴ
ἐμφέρεσθαι, ἤρεσε περιαιρεθῆναι καὶ παντελῶς μηδεμίαν μνήμην οὐσίας τοῦ
λοιποῦ γίνεσθαι, διὰ τὸ μάλιστα τὰς θείας γραφὰς μηδαμοῦ περὶ τοῦ πατρὸς καὶ
τοῦ υἱοῦ οὐσίας μεμνῆσθαι, μήτε μὴν δεῖν ἐπὶ προσώπου πατρὸς καὶ υἱοῦ καὶ
ἁγίου πνεύματος μίαν ὑπόστασιν ὀνομάζεσθαι. ὅμοιον δὲ λέγομεν τῷ πατρὶ τὸν
30 υἱὸν καθὼς καὶ αἱ θεῖαι γραφαὶ λέγουσι καὶ διδάσκουσι. πάσας δὲ τὰς αἱρέσεις
τὰς ἤδη πρότερον καθαιρεθείσας, ἢ καὶ εἴ τινες νεωστὶ ἀνεφύησαν ὑπεναντίαι
ταύτης τῆς γραφῆς τῆς ἐκτεθείσης, ἀνάθεμα ἔστωσαν."

Anhang V

Das Glaubensdekret der Synode von Rimini (2. Sessio)
Hieron., adv. Lucif. 17 (PL 23,179)

Credimus in unum verum Deum Patrem omnipotentem. Credimus in unigenitum
Dei Filium, qui ante omnia saecula et ante omne principium natus est ex Deo, natum
autem unigenitum solum ex solo Patre, Deum ex Deo, similem genitori suo patri
secundum scripturas, cuius nativitatem nullus novit nisi qui solus eum genuit pater.
Qui de coelo descendit, conceptus est de Spiritu sancto, natus ex Maria virgine,
crucifixus a Pontio Pilato, tertia die resurrexit (a mortuis) ascendit in coelum, sedet ad
dexteram Dei patris, venturus judicare vivos et mortuos.

Anhang VI

Die Formel von Konstantinopel
Ath. syn. 30,2–10 (Opitz, 258,26–259,20)

Πιστεύομεν εἰς ἕνα θεόν, πατέρα παντοκράτορα, ἐξ οὗ τὰ πάντα, καὶ εἰς τὸν μονογενῆ υἱὸν τοῦ θεοῦ, τὸν πρὸ πάντων αἰώνων καὶ πρὸ πάσης ἀρχῆς γεννηθέντα ἐκ τοῦ θεοῦ, δι' οὗ τὰ πάντα ἐγένετο, τὰ [I] ὁρατὰ καὶ τὰ ἀόρατα, γεννηθέντα δὲ μονογενῆ, μόνον ἐκ μόνου τοῦ πατρός, θεὸν ἐκ θεοῦ, ὅμοιον τῷ γεννήσαντι αὐτὸν πατρὶ κατὰ τὰς γραφάς, οὗ τὴν γένεσιν οὐδεὶς γινώσκει εἰ μὴ μόνος ὁ 5
γεννήσας αὐτὸν πατήρ. τοῦτον οἴδαμεν μονογενῆ θεοῦ υἱὸν πέμποντος τοῦ πατρὸς παραγεγενῆσθαι ἐκ τῶν οὐρανῶν, ὡς γέγραπται, ἐπὶ καταλύσει τῆς ἁμαρτίας καὶ τοῦ θανάτου καὶ γεννηθέντα ἐκ πνεύματος ἁγίου, ἐκ Μαρίας τῆς παρθένου τὸ κατὰ σάρκα, ὡς γέγραπται, καὶ ἀναστραφέντα μετὰ τῶν μαθητῶν καὶ πάσης τῆς οἰκονομίας πληρωθείσης κατὰ τὴν πατρικὴν βούλησιν σταυρω- 10
θέντα καὶ ἀποθανόντα καὶ ταφέντα καὶ εἰς τὰ καταχθόνια κατεληλυθέναι, ὅντινα καὶ αὐτὸς ὁ ᾅδης ἐπτηξεν, ὅστις καὶ ἀνέστη ἐκ τῶν νεκρῶν τῇ τρίτῃ ἡμέρα καὶ διέτριψε μετὰ τῶν μαθητῶν, καὶ πληρωθεισῶν τεσσαράκοντα ἡμερῶν ἀνελήφθη εἰς τοὺς οὐρανοὺς καὶ καθέζεται ἐν δεξιᾷ τοῦ πατρὸς ἐλευσό-
μενος ἐν τῇ ἐσχάτῃ ἡμέρα τῆς ἀναστάσεως ἐν τῇ πατρικῇ δόξῃ, ἵνα ἀποδῷ 15
ἑκάστῳ κατὰ τὰ ἔργα αὐτοῦ. καὶ εἰς τὸ ἅγιον πνεῦμα, ὅπερ αὐτὸς ὁ μονογενὴς τοῦ θεοῦ υἱὸς ὁ Χριστὸς ὁ κύριος καὶ ὁ θεὸς ἡμῶν ἐπηγγείλατο πέμπειν τῷ γένει τῶν ἀνθρώπων παράκλητον, καθάπερ γέγραπται· „τὸ πνεῦμα τῆς ἀληθείας", ὅπερ αὐτοῖς ἔπεμψεν, ὅτε ἀνῆλθεν εἰς τοὺς οὐρανούς. τὸ δὲ ὄνομα τῆς οὐσίας, ὅπερ ἁπλούστερον ὑπὸ τῶν πατέρων ἐτέθη, ἀγνοούμενον δὲ τοῖς λαοῖς σκάνδαλον 20
ἔφερε, διότι μηδὲ αἱ γραφαὶ τοῦτο περιέχουσιν, ἤρεσε περιαιρεθῆναι καὶ παντελῶς μηδεμίαν μνήμην τοῦ λοιποῦ γίνεσθαι, ἐπειδήπερ καὶ αἱ θεῖαι γραφαὶ οὐδαμῶς ἐμνημόνευσαν περὶ οὐσίας πατρὸς καὶ υἱοῦ. καὶ γὰρ οὐδὲ ὀφείλει ὑπόστασις περὶ πατρὸς καὶ υἱοῦ καὶ ἁγίου πνεύματος ὀνομάζεσθαι. ὅμοιον δὲ λέγομεν τῷ πατρὶ τὸν υἱόν, ὡς λέγουσιν αἱ θεῖαι γραφαὶ καὶ διδάσκουσι. πᾶσαι δὲ 25
αἱ αἱρέσεις, αἵ τε ἤδη πρότερον κατεκρίθησαν, καὶ αἵτινες ἐὰν καινότεραι γένωνται, ἐναντίαι τυγχάνουσαι τῆς ἐκτεθείσης ταύτης γραφῆς, ἀνάθεμα ἔστωσαν.

Literaturverzeichnis

1. Quellen (in Auswahl vgl. das Stellenregister)

Acta Dometii: AB 19 (1900) 286–320.

Acta Sanctorum: Zweite Auflage, Paris 1863 ff.

Das alte Martyrium des Artemius: (BHG 169yz) BIDEZ-WINKELMANN, Philostorgius, Kirchengeschichte, 166 ff.

Anonymus Arianus: Fragmente eines anonymen arianischen Historiographen, ed. JOSEPH BIDEZ, BIDEZ-WINKELMANN, Philostorgius, Kirchengeschichte, 202 ff. (Anhang VII)

Ammianus Marcellinus: Römische Geschichte, lateinisch und deutsch und mit einem Kommentar versehen von WOLFGANG SEYFARTH I⁵ Berlin 1983; II⁵ Berlin 1983; III² Berlin 1978; IV Berlin 1971.

Artemii Passio: s. Johannes von Damaskus

Athanasius von Alexandrien:
Werke, Band II/1: Die Apologien. Hrsg. HANS-GEORG OPITZ, Berlin 1935 ff.
– Vita s. Antonii, PG 28 (1887) 835 ff.
– Epistula ad Jovianum, PG 28 (1887) 813 ff.
– Werke, Band III: Urkunden zur Geschichte des Arianischen Streites 318–328, hrsg. HANS-GEORG OPITZ, Berlin/Leipzig 1934
– Index syriaque des lettres festales, ed. MICHELINE ALBERT (SC 317) Paris 1985 (s. Historia Athanasii)

(Ps.) Athanasius von Alexandrien: Refutatio hypocrisis Meletii et Eusebii Samosatensis, adversus Consubstantialitatem, PG 28 (1887) 85–90.

Basilius von Caesarea:
Contra Eunomium libri quinque, PG 29 (1886) 468 ff.
– Liber de spiritu sancto, PG 32 (1886) 67 ff.
– Über den heiligen Geist, eingeleitet und übersetzt von MANFRED BLUM (Sophia, 8), Freiburg 1967.
– Epistolae, PG 32 (1886) 219 ff.
– Saint Basile, lettres I–III, ed. YVES COURTONNE, Paris 1957–1966.
– Unseres heiligen Vaters Basilius des Grossen, Erzbischofs zu Caesarea in Kappadokien, Briefe (Sämmtliche Werke der Kirchenväter aus dem Urtext in das Teutsche übersetzt, Band 25/26), Kempten 1841–42.
– Briefe, 2. Teil, eingeleitet, übersetzt und erläutert von WOLF-DIETER HAUSCHILD (BGL 3), Stuttgart 1973.

Les Canons des concils oecumeniques: ed. PÉRICLÈS-PIERRE JOANNOU (Fonti IX, Disciplin général antique (IVe–IXe s.; Tom. I, 1), Rom 1962.

Cassiodorus-Epiphanius: Historia ecclesiastica tripartita, ed. WALTER JACOB, RUDOLF HANSLIK (CSEL 71), Wien 1952.

Chronica Minora I: ed. IGNATIUS GUIDI (CSCO 2), Louvain 1955.

Chronica Minora I–III: ed. THEODOR MOMMSEN (MGH aa IX, XI, XIII), Berlin 1892–98 (ND München 1981).

Chronicon Miscellaneum ad annum Christi 724 pertinens: ed. ERNST WALTER BROOKS, JEAN-BAPTISTE CHABOT (CSCO 2), Louvain 1955, 61 ff.
Chronicon Edessenum: ed. IGNATIUS GUIDI (CSCO 2), Louvain 1955, 1 ff.
Chronicon Paschale: ed. LUDWIG DINDORF, PG 92 (1865).
Codex Theodosianus: Theodosiani libri XVI cum constitutionibus Sirmondianis, I 1; I 2, ed. PAUL KRÜGER, THEODOR MOMMSEN, Berlin 1954² (= CTh)
(Ps.) Codinus: Πάτρια Κωνσταντινοπολέως; s. Scriptores originum Constantinopolitanum.
Collectio Avellana: Epistulae imperatorum pontificum aliorum inde ab a. CCCLVII usque ad a. DLIII datae. Avellana quae dicitur collectio, ed. OTTO GUENTHER (CSEL 35), Wien 1895.
Consularia Constantinopolitana: ed. THEODOR MOMMSEN, Chronica minora I 197−247 (MGH aa IX).
Ecclesiae Occidentalis Monumenta: Ecclesiae occidentalis monumenta iuris antiquissima. Canonum et conciliorum graecorum interpretationes latine... ed. CUTHBERT HAMILTON TURNER, Oxford 1899 ff. (= Turner, EOMIA).
Ephraem Syrus:
   Des heiligen Ephraem des Syrers Hymnen de fide, übers. EDMUND BECK (CSCO 155), Louvain 1955.
 − Des heiligen Ephraem des Syrers Hymnen de Paradiso und contra Julianum, übersetzt von EDMUND BECK (CSCO 175), Louvain 1957.
 − Des heiligen Ephraem des Syrers Hymnen contra Haereses, übers. von EDMUND BECK (CSCO 170), Louvain 1957.
 − Des heiligen Ephraem des Syrers Carmina Nisibena I, übersetzt von EDMUND BECK (CSCO 219), Louvain 1961.
Epiphanius von Salamis: Adversus octoginta haereses (panarion), PG 45 (1983)
 − Ancoratus und Panarion: III. Panarion haer. 65−80. de fide, ed. KARL HOLL, 2. Aufl. bearbeitet von JÜRGEN DUMMER, Berlin 1985.
Eunapius: Eunapius Sardianus Fragmenta, ed. CHARLES MUELLER (FHG IV), Paris 1851, 7 ff.
Eunomius:
   Eunomii impii Apologia (prima), PG 30 (1888) 835 ff.
   Eunomius The extant Work. Text and Translation by RICHARD PAUL VAGGIONE [OECT] Oxford/New York 1987
Eusebius von Caesarea:
   Gegen Marcell, über die kirchliche Theologie, Die Fragmente Marcells, ed. ERICH KLOSTERMANN, GÜNTHER CHRISTIAN HANSEN, Euseb, Werke 4. Band (GCS), Berlin 1972².
 − Kirchengeschichte. Kleine Ausgabe, ed. EDUARD SCHWARTZ, Berlin 1955⁵.
 − Über das Leben des Kaisers Konstantin, ed. FRIEDHELM WINKELMANN, Euseb Werke I 1 (GCS) Berlin 1975.
Eutropius: Eutropi breviarium ab urbe condita, ed. HANS DROYSEN (MGH aa II), Berlin 1879.
Foebadius von Agennum: Foebadi Aginnensis liber contra Arianos, cura et studio R. DEMEULENAERE (CCh 64), Turnholt 1985, 5−52.
Gregor von Nazianz:
   Epistolae, PG 37 (1862) 21 ff.
 − Briefe, ed. PAUL GALLAY (GCS 53), Berlin 1969.
 − Briefe. Eingeleitet, übersetzt und mit Anmerkungen versehen von MICHAEL WITTIG (BGL 13), Stuttgart 1981.
 − de vita sua (carm.), ed. CHRISTOPH JUNGCK, Heidelberg 1974.
 − Orationes, PG 35/36 (1885).
 − Discours 1−3, ed. JEAN BERNARDI (SC 247), Paris 1978.
 − Discours 4−5, ed. JEAN BERNARDI (SC 309), Paris 1983.
 − Discours 20−23, ed. JUSTIN MOSSAY (SC 270), Paris 1980.
 − Discours 24−26, ed. JUSTIN MOSSAY, GUY LAFONTAINE (SC 284), Paris 1981.
 − Ausgewählte Schriften des heiligen Gregor von Nazianz I, hrsg. JOHANN RÖHM, Kempten 1874.

- Des heiligen Gregor von Nazianz Reden, Rede 1–20, hrsg. PHILIPP HÄUSER (BKV 59), München 1928.

Gregor von Nyssa:
  Contra Eunomium libri. pars prior libri I et II (vulgo I et XII B), ed. WERNER JAEGER (Gregorii Nysseni opera I), Leiden 1960.
- Oratio funebris in Meletium episcopum (BHG 1244), ed. ANDREAS SPIRA (Gregorii Nysseni opera IX), Leiden 1967, 441 ff.

Hieronymus:
  Die Chronik des Hieronymus. Hieronymi Chronicon, ed. RUDOLF HELM, URSULA TREU, Eusebius Werke VII (GCS), Berlin 1984³.
- Dialogus contra Luciferianos, PL 23 (1883) 163–192.
- Vita s. Hilarionis, PL 23 (1883) 29–54.
- De viris inlustribus, ed. WILHELM HERDING, Leipzig 1924.

Hilarius von Poitiers:
  Collectanea antiariana Parisina, ed. ALFRED LEONARD FEDER (CSEL 65), Wien 1916, 43 ff.
- Liber ad Constantium imperatorem, ed. ALFRED LEONARD FEDER (CSEL 65), Wien 1916, 197 ff.
- Liber contra Constantium, PL 10 (1845) 571 ff.
- Contre Constance, ed. ANDRÉ ROCHER [SC 334] Paris 1987.
- Liber de synodis seu de fide Orientalium, PL 10 (1845) 471 ff.
- Liber contra Arianos vel Auxentium, PL 10 (1845) 605 ff.

Historia Athanasii (Historia Acephalaia): Histoire „acéphale" et Index syriaque des lettres festales d'Athanase d'Alexandrie, ed. ANNIK MARTIN et MICHELINE ALBERT (SC 317), Paris 1985.

(Ps.) Hippolyt: De consummatione mundi, ed. HANS ACHELIS (GCS 1,2), Leipzig 1897, 289 ff.

Johannes von Antiochien: Fragmenta, ed. CHARLES MUELLER (FHG IV), Paris 1851, 535–622.

Johannes Chrysostomus:
  Homilia encomiastica in S. patrem nostrum Meletium (BHG 1244), PG 50 (1862) 515–520.
- De sancto Hieromartyre Babyla, PG 50, 527 ff.
- Liber in sanctum Babylam, contra Julianum, et contra gentiles, PG 50, 533 ff.
- Juventinum et Maximinum martyres, PG 50, 571 ff.

Johannes Cassianus: De incarnatione Domini contra Nestorium libri VII, ed. MICHAEL PETSCHENIG (CSEL 17), Wien 1888, 235 ff.

Johannes von Damaskus: S. Artemii passio, PG 96 (1891) 1251 ff.

Johannes Malalas: Chronographia, PG 97 (1865) 65 ff.

Johannes von Nikiou: Chronique de Jean, évêque de Nikiou. texte éthiopien publié et traduit par HERMANN ZOTENBERG, Paris 1883.

(Ps.) Iovianus Augustus: Epistula ad Athanasium, PG 28 (1887) 813 f.

Isidor von Pelusium: Epistolarum libri quinque, PG 78 (1864) 177 ff.

Julian:
  Imp. Caesaris Flavii Claudii Iuliani epistulae, leges, poemata, fragmenta varia, ed. JOSEPH BIDEZ, FRANZ CUMONT, Paris 1922 (= BIDEZ-CUMONT)
- L'empereur Julien oevres complètes:
  I 1 Discours de Julien César, ed. JOSEPH BIDEZ, Paris 1932.
  I 2 Lettres et fragments, ed. JOSEPH BIDEZ, Paris 1960².
  II 1 Discours de Julien empereur, ed. GABRIEL ROCHEFORT, Paris 1963.
  II 2 Discours de Julien empereur, ed. CHRISTIAN LACOMBRADE, Paris 1964.
- Briefe. Griechisch-deutsch ed. BERTOLD K. WEIS, München 1973.
- Iuliani imperatoris librorum contra Christianos quae supersunt, ed. KARL JOHANNES NEUMANN, Leipzig 1880.
- Kaiser Julians Bücher gegen die Christen nach ihrer Wiederherstellung übersetzt von KARL JOHANNES NEUMANN, Leipzig 1880.

Kedrenos: Georgii Cedreni compendium historiarum, PG 121 (1894).

Kyrill von Jerusalem: Catecheses, PG 33 (1893) 331 ff.

Legendum der heiligen Notare: ed. Pio Franchi de Cavalieri, AB 64 (1946) 169–175.

Leo Grammaticus: Leonis Grammatici chronographia ex recognitione Immanuelis Bekkeri (CSHB 44), Bonn 1842.

Libanius:
Opera, rec. Richard Foerster:
vol. II: Orationes XII–XXV, rec. Richard Foerster, Leipzig 1904 (ND Hildesheim 1963).
vol. X: Epistulae 1–839, rec. Richard Foerster, Leipzig 1921 (ND Hildesheim 1985).
vol. XI: Epistulae 840–1544 etc., rec. Richard Foerster, Leipzig 1922 (ND Hildesheim 1985).
– Briefe. Griechisch-deutsch, in Auswahl herausgegeben, übersetzt und erläutert von Georgios Fatouros und Tilman Krischer, München 1980.

Μαρτύριον τοῦ Ἁγίου μάρτυρος Μερκουρίου: ed. Hippolyte Delehaye, Les légendes grecques des saints militaires, Paris 1909, 234–58.

Μαρτύριον τοῦ Ἁγίου μάρτυρος Αἰμιλιανοῦ: ed. François Halkin, AB 90 (1972) 30–35.

Μαρτύριον τῶν ἁγίων καὶ ἐνδόξων τοῦ Χριστοῦ μαρτυρῶν Εὐγενίου καὶ Μακαρίου: ed. François Halkin, AB 78 (1960) 40–52.

Martyrologium Hieronymianum: ad recensionem Henrici Quentin O.S.B. qua continetur Hippolyte Delehaye Commentarius perpetuus in Martyrologium Hieronymianum (AS Novembris II 2), Brüssel 1931.

Martyrologium Romanum: ed. H. Delehaye, P. Peeters, M. Coens, B. de Gaiffier, P. Grosjean, F. Halkin (Propylaeum ad Acta Sanctorum Decembris), Brüssel 1940.

Martyrologium Syriacum: ed. François Nau, PO X (1912) 5–26.

Michael Syrus: Chronique de Michel le Syrien (1166–99). Ed. et trad. par Jean-Baptiste Chabot, T. I–IV, Paris 1899–1924.

Nicephorus Callistus Xanthopulus: Historia Ecclesiastica, PG 145–146 (1904/1865).

Opus imperfectum in Matthaeum: PG 56 (1862) 611 ff.

Orosius (Paulus): Historia, ed. Carl Zangenmeister (CSEL 5), Wien 1882.

Passio Basilii Presb. Anc. (BHG 242): AS März III 12*–15*.

Passio ss. Bonosi et Maximiliani martyrum: ed. Theodoricus Ruinhard, AS Aug. IV 431 f.

Passio Mercurii, ed. Hippolyte Delehaye, Les légendes greques des saint militaires, Paris 1909, 232 ff.

Petitiones Arianorum: PG 28 (1887) 819–24.

Philostorgius: Historia ecclesiastica, PG 65 (1864) 459–638.
– Kirchengeschichte. Mit dem Leben des Lucian und den Fragmenten eines arianischen Historiographen hrsg. von Joseph Bidez, Friedhelm Winkelmann (GCS), Berlin 1972².

Phoebadius von Agennum: s. Foebadius

Rufinus: Historiae ecclesiasticae X–XI, ed. Theodor Mommsen (GCS 9,2 = Euseb Werke 2,2), Leipzig 1908.

Scriptores originum Constantinopolitanum: Rec. Theodorus Preger I/II, Leipzig 1901/07.

Serdika, Bekenntnis der Homoousianer: ed. Friedrich Loofs, AAB 1909, Nr. 1,1–39.

Socrates Scholasticus:
Historia ecclesiastica, PG 67 (1864)
Socratis Scholastici Ecclesiastica Historia I–III, ed. Robert Hussey, Oxford 1853.
– The Ecclesiastical History of Socrates Scholasticus. Revised with notes by A. C. Zenos (NPNF II 2), Grand Rapids/Mich. 1976.

Sozomenus:
Hermiae Sozomeni Historia ecclesiastica, PG 67 (1864).
– Kirchengeschichte, ed. Joseph Bidez, Günther Christian Hansen (GCS 50), Berlin 1960.
– The Ecclesiastical History of Sozomen comprising a History of the Church from A.D. 323 to A.D. 425 translated from the Greek revised by Chester D. Hartranft (NPNF II 2), Grand Rapids/Mich. 1976.

Suda: Suidae Lexicon I–V, ed. ADA ADLER, Leipzig 1928–1938.
Sulpicius Severus: Chronica, ed. CARL HALM (CSEL 1), Wien 1866.
Synaxarium ecclesiae Constantinopolitanae: ed. HIPPOLYTE DELEHAYE (Propylaeum ad Acta Sanctorum Novembris), Brüssel 1902.
Syn. Rimini: Damnatio blasphemii Arii: PL 10 (1845) 698. Ed. YVES-MARIE DUVAL, RBen 82 (1972) 11 f.
Themistius: Themistii orationes quae supersunt: I ed. HEINRICH SCHENKL, GLANVILLE DOWNEY, Leipzig 1965; II ed. GLANVILLE DOWNEY, A. F. NORMAN, Leipzig 1971.
Theodoret
  Kirchengeschichte, ed. LÉON PARMENTIER (GCS 19), Leipzig 1911
– Kirchengeschichte, ed. LÉON PARMENTIER, FELIX SCHEIDWEILER (GCS 44), Berlin 1954².
– Des Bischofs Theodoret von Cyrus Kirchengeschichte. Aus dem Griechischen übersetzt und mit Einleitung und Anmerkungen versehen von ANDREAS SEIDER (BKV 51), München 1926.
Theodorus Anagnostes (= Theodorus Lector): Kirchengeschichte (Historia tripartita – Epitome), ed. GÜNTHER CHRISTIAN HANSEN (GCS), Berlin 1971.
Theophanes Confessor: Chronographia, ed. CARL DE BOOR, 2 vol. Leipzig 1883/1885.
– Chronographia, PG 108 (1863).
Theophylactus: Martyrium ss. quindecim illustrium martyrum, PG 126, 151–222.
Zonaras: Annales, PG 134/135 (1864/87).
Zosimus: Historia nova, ed. FRANÇOIS PASCHOUD I–II 1/2, Paris 1971–79.

2. Literatur

ABRAMOWSKI, LUISE: Diodore de Tarse, DHGE XIV (1960) 496–504.
– Eunomius, RAC VI (1966) 936–947.
– Trinitarische und christologische Hypostasenformeln, ThPh 54 (1979) 38–49.
ACHELIS, HANS: Der älteste deutsche Kalender, ZNW 1 (1900) 308 f.
ALBERT, MICHELINE: s. Historia Athanasii.
ADLER, MICHAEL: Kaiser Julian und die Juden, in: R. Klein (Hrsg.), Julian Apostata, 48 ff.
ALBERTZ, MARTIN: Untersuchungen über die Schriften des Eunomius, Diss. Halle, Wittenberg 1908.
– Zur Geschichte der jung-arianischen Kirchengemeinschaft, ThStKr 82 (1909) 205–278.
AMANN, ÉMILE: Lucifer de Cagliari, DTC IX 1 (1927) 1032–44.
– Mélèce d'Antioche, DTC X 1 (1928) 520 ff.
– Semi-Ariens, DTC XIV 1 (1941) 1790–96.
– Sirmium (conciles et formules de), DTC XIV 2 (1941) 2176–2183.
ANTIOCH ON THE ORONTES: II. The Excavations 1933–36, ed. Richard Stillwell, Princeton, London, Den Haag 1938.
AUBERT, ROGER: Eupsychius, DHGE XV (1963) 1419 f.
– Eusèbe, évêque de Césarée de Cappadoce, DHGE XV (1963) 1436 f.
AVI-YONAH, MICHAEL: Geschichte der Juden im Zeitalter des Talmud, Berlin 1962.
BALDI, DONATO/BAGATTI, BELLARMINO: Saint Jean-Baptiste dans les souvenirs de sa patrie. Franz. von A. STORME (Studium Biblicum Franziscanum, Collectio minor 27), Jerusalem 1980.
BALAS, DAVID L.: Gregor von Nyssa, TRE XIV (1985) 173 ff.
BALDUCCI, CARLO ALBERTO: Aspetti religiosi e politici del concilio di Rimini, ADSPR 11 (1964) 51–79.
BARDY, GUSTAVE: Recherches de Lucian d'Antioch et son école. Paris 1936.
– s. Histoire de l'église, ed. Fliche-Martin.
– Cyrille de Jérusalem, DSp 2 (1953) 2683–87.
– Cyrille de Jérusalem, DHGE XIII (1956) 1181–85.

– Cyrille (Saint) de Jérusalem, Cath. III (1954) 412–14.
– Laodicée (concile et canons de), DDC VI (1957) 338–343.
BASIL OF CAESAREA: Basil of Caesarea, Christian, Humanist, Ascetic. A 1600 Anniversary Symposium, ed. Paul Jonathan Fedwick, 2 vol. Toronto 1981.
BATIFFOL, PIERRE: Fragmente der Kirchengeschichte des Philostorgius, RQ 3 (1889) 252–89.
– Etude d'Hagiographie Arienne: Parthénius de Lampsaque, RQ 6 (1892) 35–51.
– Un historiographique anonyme arien du IVe siècle, RQ 9 (1895) 57–97.
– Le synodicon de S. Athanase, ByZ 10 (1901) 128–143.
BAUS, KARL: Meletius von Antiocheia, LThK VIII (1962) 256 f.
BECK, EDMUND: s. Ephraem Syrus. Ephraem Syrus, RAC V (1962) 520–31.
BERNARDI, JEAN: s. Gregor von Nazianz, Discours 1–3; 4–5.
BIBLIOTHECA HAGIOGRAPHICA LATINA: I–II, ed. Socii Bollandini, Brüssel 1898–1901.
BIBLIOTHECA HAGIOGRAPHICA GRAECA: I–III, ed. François Halkin, Brüssel 1957³.
BICKELL, GUSTAV: S. Ephraemi syri Carmina Nisibena, Leipzig 1866.
BICKERMAN, ELIAS: Ritualmord und Eselskult, in: E. Bickerman, Studies in Jewish and Christian History II 225–255 (Arbeiten zur Geschichte des antiken Judentums und des Urchristentums), Leiden 1980.
BIDEZ, JOSEPH: s. Philostorgius, Kirchengeschichte, ed. Bidez-Winkelmann.
– Julian der Abtrünnige, deutsch von H. Rinn, München 1940.
– s. Julian, ed. Bidez-Cumont.
– s. L'empereur Julien oevres completes.
– s. Sozomenus, Kirchengeschichte, ed. Bidez-Hansen.
BIENERT, WOLFGANG A.: „Allegoria" und „Anagoge" bei Didymus dem Blinden von Alexandria (PTS 13), Berlin 1972.
BIRD, H. W.: Recent Research on the Emperor Julian, Class. Views 26 N. S. 1 (1982) 281–296.
BLANCHETIERE, F.: Julien Philhellène, philosémite, antichrétien. L'affaire du temple de Jérusalem (363), Jour. of Jew. Studies 31 (1980) 61–81.
BLOND, GEORGE: L'héresie encratite vers le fin du IVe siècle, ScR 32 (1943) 157 ff.
BONIS, KONSTANTINOS GEORGIOS: Basilios von Caesarea und die Organisation der christlichen Kirche im vierten Jahrhundert, in: Basil of Caesarea, ed. Fedwick, Bd. I 281 ff.
BORRIES, EMIL VON: Iulianos (Apostata), PW X (1919) 26–91.
BOWERSOCK, GLEN WARREN: Julian the Apostate, London 1978.
BRAUN, RENÉ: Julien et le christianisme, in: L'empereur Julien, 159–188.
BRECKENRIDGE, JAMES: Julian and Athanasius. Diss. Univ. of Southern Calif. 1968.
BRENNECKE, HANNS CHRISTOF: Hilarius von Poitiers und die Bischofsopposition gegen Konstantius II (PTS 26), Berlin 1984.
– Zum Prozess gegen Paul von Samosata: Die Frage nach der Verurteilung des Homoousios, ZNW 75 (1984) 270 ff.
BROCK, S. P.: The Rebuilding of the Temple under Julian. A new Source, Pal. Exp. Quart. 108 (1976) 3.
BROWNING, ROBERT: Julian der abtrünnige Kaiser. Aus dem Englischen von Ulla Leippe, München 1977.
BROX, NORBERT: Häresie, RAC XIII (1984) 255 ff.
CAMELOT, PIERRE THOMAS: Hilarion (Saint), Cath. V (1963) 736.
– Laodicée (Concile de), Cath. VI (1968) 1818 f.
– Die ökumenischen Konzile des vierten und fünften Jahrhunderts, in: Das Konzil und die Konzile, 53–87.
CAMPENHAUSEN, HANS FREIHERR VON: Das Bekenntnis Eusebs von Caesarea (Nizea 325), ZNW 67 (1976) 123–139.
CASPAR, ERICH: Geschichte des Papsttums I, Tübingen 1930.
CAVALLERA, FERDINAND: Le schisme d'Antioche (IVe–Ve siècle), Paris 1905.

CHADWICK, HENRY: The Origen of the title „oecumenical council", JThSt 23 (1972) 132—35.
Enkrateia, RAC V (1962) 343 ff.

COHEN, HENRY: Description historique des monnaies. VIII Paris/London 1892².

CONGAR, YVES: Der Primat der ersten vier ökumenischen Konzile, in: Das Konzil und die Konzile, 89—130.

COURTONNE, YVES: s. Basilius von Caesarea

DAGRON, GILBERT: Naissance d'une capitale. Constantinople et ses institutions de 330 à 451, Paris 1974.

DELEHAYE, HIPPOLYTE: Les légendes greques des saints militaires, Paris 1909.
 – Saints de Thrace et de Mésie, AB 31 (1912) 161—300.
 – Les origenes du culte des martyrs (Subsidia Hagiographica 20), Brüssel 1933².
 – Commentarius perpetuus in Martyrologium Hieronymianum, s. Martyrologium Hieronymianum.
 – ed. Synaxarium ecclesiae Constantinopolitanae.

DEMEULENAERE, R.: s. Foebadius

DEVOS, PAUL: La vie syriaque de saint Eusèbe de Samosate, AB 90 (1972) 360—62.

DEVREESSE, ROBERT: Le patriarcat d'Antioche depuis la paix de l'Eglise jusqu'à la conquête arabe, Paris 1945.

DIEKAMP, FRANZ: Doctrina patrum de incarnatione verbi. Ein griechisches Florileg aus der Wende des 7. und 8. Jahrhunderts. Hrsg. von Basileios Phanourgakis und Evangelos Chrysos, Münster 1981².
 – Literargeschichtliches zu der Eunomianischen Kontroverse, ByZ 18 (1909) 1—13.

DINSEN, FRAUKE: Homoousios. Die Geschichte des Begriffs bis zum Konzil von Konstantinopel (381), Diss. theol. Kiel 1976.

DOBSCHÜTZ, ERNST VON: Christusbilder. Untersuchungen zur christlichen Legende (TU 18), Leipzig 1899.

DOERRIE, HEINRICH: Gregor III (Gregor von Nyssa), RAC XII (1983) 863—95.

DONNER, HERBERT: Pilgerfahrt ins heilige Land, Stuttgart 1979.

DOWNEY, GLANVILLE: A History of Antioch in Syria from Seleucus to the Arab Conquest, Princeton 1961.
 – The Shrines of St. Babylas, in: Antioch on the Orontes II 45—48.

DREWERY, BENJAMIN: Antiochien II, TRE III (1978) 103 ff.

DRIJVERS, HENDRIK J. W.: Edessa, TRE IX (1982) 277—88.

DUCHESNE, LOUIS: Histoire ancienne de l'Eglise. II Paris 1907; III Paris 1910².

DUMMER, JÜRGEN: „Flavius Artemius dux Aegypti", Archiv für Papyrusforschung 21 (1971) 121 ff.

DUVAL, YVES-MARIE: Une traduction latine inédite du symbole de Nicée et une condemnation d'Arius à Rimini. Nouveau fragment historique d'Hilaire ou pièces des actes du concil? RBen 82 (1972) 7—25.
 – La „manoevre frauduleuse" de Rimini. A la recherche du liber adversus Ursacium et Valentem, in: Hilaire et son temps, Actes du Colloque de Poitiers 29 septembre—3 octobre 1968 (Etudes Augustiniennes), Paris 1969, 51—103.

EISSFELD, OTTO: Baalbeck, RAC I (1950) 1113—18.

ELTESTER, WALTHER: Die Kirchen Antiochias im IV. Jahrhundert, ZNW 36 (1937) 251—286.

L'EMPEREUR JULIEN:, 2 vol. ed. J. Richer, Paris 1981.

ENSSLIN, WILHELM: Kaiser Julians Gesetzgebungswerk und Reichsverwaltung, Klio 18 (1923) 104—199.
 – Meletius 3, PW XV 1 (1931) 500 ff.
 – Modestus, PW XV 2 (1932) 2323 ff.
 – Themistios 2, PW II 5,2 (1934) 1642 ff.
 – Prohairesios, PW XXII 1 (1957) 30—32.
 – Prokopius 2. Usurpator, PW XXIII 1 (1957) 252—256.

– Die Religionspolitik des Kaisers Theodosius des Großen, in: Gerhard Ruhbach (Hrsg.) Die Kirche angesichts der konstantinischen Wende, Darmstadt 1976, 87 ff.

ERMONI, VINCENT: Acaciens, DHGE I (1912) 249 f.

FATOUROS, GEORGIOS: s. Libanios, Briefe.

FEDER, ALFRED LEONHARD: Studien zu Hilarius von Poitiers I. Die sogenannten ‚Fragmenta historica' und der sogenannte ‚Liber I ad Constantium imperatorcm' nach ihrer Überlieferung, inhaltlichen Bedeutung und Entstehung, SAW 162,4, Wien 1910.

– Studien zu Hilarius von Poitiers II. Bischofsnamen und Bischofssitze bei Hilarius, kritische Untersuchungen zur kirchlichen Prosopographie und Topographie des vierten Jahrhunderts, SAW 166,5, Wien 1911.

FEDWICK, PAUL JONATHAN: Hrsg. Basil of Caesarea, Toronto 1981.

FLEMING, JOHN: A Commentary on the so-called „Opus historicum" of Hilary of Poitiers, Diss. Durham 1951.

FLUSS, MAX: Moesia, PW XV 2 (1932) 23500 ff.

FRANCHI DE CAVALIERI, PIO: Una pagina di storia bizantina del secolo IV. Il martirio dei santi notari, AB 69 (1946) 132–175.

FRITZ, GEORGES: Seleucie d'Isaurie (concile de), DTC XIV 2 (1941) 1786–90.
    Rimini (concile de), DTC XIII 2 (1937) 2708–11.

GAIFFIER, BALDOUIN DE: Sub Juliano Apostata, AB 74 (1956) 5 ff.

GALLAY S. Gregor v. Nazianz, Briefe.

GEFFCKEN, JOHANNES: Der Ausgang des griechisch-römischen Heidentums, Heidelberg 1929 (ND Darmstadt 1972).

GIET, STANISLAS: Saint Basile et le concile de Constantinople de 360, JThSt 6 (1955) 94 ff.

GIRARDET, KLAUS MARTIN: Kaisergericht und Bischofsgericht. Studien zu den Anfängen des Donatistenstreites (313–315) und zum Prozess des Athanasius von Alexandrien (328–346) (Antiquitas I 21), Bonn 1975.

GLÄSER, PETER PAUL: Phoebadius von Agen, Diss. kath. Theol. Augsburg 1978.

GENTZ, GÜNTER: Die Kirchengeschichte des Nikephorus Callistus Xanthopulus und ihre Quellen. Überarbeitet und erweitert von Friedhelm Winkelmann (TU 98), Berlin 1966.

GÖRRES, FRANZ: Ritter St. Georg in Geschichte, Legende und Kunst, ZWTh 30 (1887) 54 ff. (= 1887¹)

– Arianer im offiziellen Martyrologium der römischen Kirche, ZWTh 30 (1887) 220 ff. (= 1887²)

GORCE, D.: Georges de Cappadoce, DHGE f. 115 f. (1983) 602–10.

GRIERSON, PHILIP: The Tombs and Obits of the Byzantine Emperors (337–1042); with an Additional Note by Cyril Mango and Ihor Sevcenko, DOP 16 (1962) 1 ff.

GRÜTZMACHER, GEORG: Hilarion, der Heilige, RE³ VIII (1900) 54–56.

GRYSON, ROGER: Les citations scripturaires des oevres attribuès à l'évêque arien Maximinus, RBen 88 (1978) 45–80.

– Les scolies ariennes du Paris. lat. 8709 (Amarium codicum insignium 1) Turnhout 1980 [Gryson, (1980¹)].

– Littérature Arienne latine I. Débat de Maximinus avec Augustin. Scolies ariennes sur le concile d'Aquilée. Concordance et index. Louvain-la-Neuve 1980 [Gryson, (1980²)].

GSTREIN, HEINZ: Amphilochius von Ikonium. Der vierte „Große Kappadokier", JÖBG 15 (1966) 133–45.

GUIDI, IGNATIUS: ed. Chronica Minora I.

GUMMERUS, JOKKO: Die homöusianische Partei bis zum Tode des Konstantius, Leipzig 1900.

GWATKIN, HENRY MELVILL: Studies of Arianism, Cambridge 1900².

HAASE, FELIX: Altchristliche Kirchengeschichte nach orientalischen Quellen, Leipzig 1925.

HAEHLING, RABAN VON: Ammians Darstellung der Thronbesteigung Jovians im Lichte der heidnisch christlichen Auseinandersetzung, FS Johannes Straub, 1977, 347–58.

– Die Religionszugehörigkeit der hohen Amtsträger des Römischen Reiches seit Constantins I. Alleinherrschaft bis zum Ende der Theodosianischen Dynastie (Antiquitas III 23), Bonn 1978.

HAHN, AUGUST: Bibliothek der Symbole und Glaubensregeln der Alten Kirche. Hrsg. G. Ludwig Hahn mit einem Anhang von Dr. Adolf Harnack, Breslau 1897³ (ND Hildesheim 1962).

HALKIN, FRANÇOIS: ed. Bibliotheca Hagiographica Graeca.

– Une vie grecque d'Eusèbe de Samosate, AB 85 (1967) 5–15.

– Le dossier syriaque de S. Eusèbe de Samosate, AB 85 (1967) 195–240.

– Saint Émilien de Durostorum Martyr sous Julien, AB 90 (1972) 26–35.

HALLER, LUDWIG: Untersuchungen über die Edessenische Chronik (TU 9,1), Leipzig 1893.

HANSEN, GÜNTHER CHRISTIAN: ed. Sozomenus, Kirchengeschichte (Bidez–Hansen).

– ed. Theodorus Anagnostes, Historia tripartita – Epitome.

HARDY, B. CARMON: Kaiser Julian und sein Schulgesetz, in: Richard Klein (Hrsg.), Julian Apostata, 387 ff.

HARNACK, ADOLF (VON): Novatian, RE³ (1904) 223 ff.

– Lehrbuch der Dogmengeschichte II, Tübingen 1909⁴ (ND Darmstadt 1980).

HAUBRICHS, WOLFGANG: Georg, Heiliger, TRE XIII (1982) 380–85.

HAUSCHILD, WOLF-DIETER: ed. Basilius von Caesarea, Briefe.

– Die Pneumatomachen. Eine Untersuchung zur Dogmengeschichte des vierten Jahrhunderts, Diss. theol. Hamburg 1967.

– Die antinizänische Syndolaktensammlung des Sabinus von Herakles, VigChr 24 (1970) 105–126.

– Basilius von Caesarea, TRE V (1980) 301–313.

– Eustathius von Sebaste, TRE X (1982) 547–50.

HAUSER-MEURY, MARIE-MADELAINE: Prosopographie zu den Schriften Gregors von Nazianz (Theophaneia 13), Bonn 1960.

HEFELE, CARL JOSEPH VON: Conciliengeschichte I, Freiburg 1873².

– Histoire des conciles d'après documents. Nouvelle traduction francaise corrigée et augmentée par Henri Leclercq. I 2 Paris 1907 (ND Hildesheim 1973).

HENNECKE, EDGAR: Laodicea, Synode um 360, RE³ XI (1902) 281.

HOLL, KARL: Amphilochius von Ikonium in seinem Verhältnis zu den großen Kappadoziern, Tübingen 1904.

JACOBS, ALAN DARWIN: Hilary of Poitiers and the Homoeusians. A Study of the Eastern Roots of his Ecumenical Trinitarism, Diss. Atlanta 1968.

JANIN, RAYMOND: La Géographie ecclésiastique de l'empire byzantin
I Le siège de Constantinople et le patriarcat
Tom. 3: Les églises et les monastères, Paris 1954.

JONES, ARNOLD HUGH MARTIN: s. The Prosopography

JOANNOU, PÉRICLÈS-PIERRE: ed. Les canons des conciles Oecumenique.

JUNGCK, CHRISTOPH: ed. Gregor von Nazianz, De vita sua.

JUGIE, MARTIN: Eudoxe, DTC V 2 (1913) 1484–88.

KANNENGIESSER, CHARLES: Le témoignage des „lettres festales" de Saint Athanase sur la date de l'apologie contre les paiens sur l'incarnation du verbe, RSR 52 (1964) 91–100.

– La date de l'apologie d'Athanase „contre les paiens" et „sur l'incarnation du verbe", RSR 58 (1970) 383–428.

KELLY, J. N. D.: Altchristliche Glaubensbekenntnisse – Geschichte und Theologie. Aus dem Englischen von K. Dockhorn unter Mitarbeit von Adolf Martin Ritter, Berlin 1971.

KETTENHOFEN, ERICH: Östlicher Mittelmeerraum und Mesopotamien. Spätrömische Zeit (337–527) (TAVO B VI 4), Wiesbaden 1984.

KIRSTEN, ERNST: Edessa, RAC IV (1959) 552 ff.

KLEIN, KARL KURT: Die „Dissertatio Maximini" als Quelle der Wulfilabiographie, Zeitschr. f. dt. Altertum u. dt. Lit. 83 (1951) 239 ff.
– Der Auxentiusbrief als Quelle der Wulfilabiographie, Zeitschr. f. dt. Altertum u. dt. Lit. 84 (1952/53) 99 ff.
KLEIN, RICHARD: Constantius II. und die christliche Kirche, Darmstadt 1977.
– Hrsg. Julian Apostata, Darmstadt 1978.
– Kaiser Julians Rhetoren- und Unterrichtsgesetz, RQ 76 (1981) 73–94.
KNORR, UWE WALTER: Basilius der Grosse. Sein Beitrag zur christlichen Durchdringung Kleinasiens, Diss. ev. theol. Tübingen 1968.
KOCH, W.: Comment l'empereur Julien tâcha de fonder une église paienne, RBPH 6 (1927) 123–146; 7 (1928) 49–82. 511–550. 1363–1385.
DAS KONZIL UND DIE KONZILE: Ein Beitrag zur Geschichte des Konzilslebens in der Kirche. Aus dem Französischen von Käthe Friederike Krause und Franz Richard Ryschawy. Stuttgart 1962.
KOPECEK, THOMAS A.: A History of Neo-Arianism I/II (Patristic Monograph Series, No. 8), Philadelphia 1979.
KOPP, CLEMENS: Die heiligen Stätten der Evangelien, Regensburg 1964².
KRAMER, BÄRBEL: Didymus von Alexandrien, TRE VIII (1981) 741 ff.
KRETSCHMAR, GEORG: Die Konzile der alten Kirche, in: Hans Jochen Maqull (Hrsg.), Die Konzile der Christenheit, Stuttgart 1961, 13–74.
KRISCHER, TILMAN: ed. Libanios, Briefe.
KRÜGER, GUSTAV: Lucifer Bischof von Calaris und das Schisma der Luciferianer, Leipzig 1886 (ND Hildesheim 1969).
KRÜGER, PAUL: ed. Codex Theodosianus.
LABRIOLLE, PIERRE DE: s. Julian, Oevre II 2.
LACOMBRADE, CHRISTIAN: s. Julian, Oevre II 2.
LAFONTAINE, GUY: ed. Gregor von Natianz, Discours 20–23; 24–26.
LAMINSKI, ADOLF: Der Heilige Geist als Geist Christi und Geist der Gläubigen. Der Beitrag des Athanasios von Alexandrien zur Formulierung des trinitarischen Dogmas im 4. Jahrhundert [EThS 23] Leipzig 1969.
LAMPE, G. W. H.: A Patristic Greek Lexicon, Oxford 1961.
LASSUS, JEAN: L'église cruciforme de Kaoussié, in: Antioche on the Orontes II 5–44.
LEBON, JOSEPH: La position de saint Cyrill de Jérusalem dans les luttes provoquées par l'arianisme, RHE 20 (1924) 81–210. 357–86.
LE BACHELET, XAVIER-MARIE: Cyrill (Saint), évêque de Jérusalem, DTC III 2 (1923) 2527–77.
– Acaciens, DTC I (1923) 290 f.
– Arianisme, DTC II (1923) 1779–1863.
LEIPOLD, JOHANNES: Didymus der Blinde von Alexandria (TU 29, N.F. 14,3), Leipzig 1905.
LE QUIEN, MICHAELIS: Oriens Christianus I–III, Paris 1740 (ND Graz 1958).
LEROUX, J.-M.: Acace, évêque de Césarée de Palestine (341–365), Stud. Pat VIII 2 (TU 93), Berlin 1966, 82–85.
LEVENQ, G.: Athanase, évêque d'Ancyre, DHGE IV (1930) 1351 f.
LIDDELL, HENRY GEORGE/SCOTT, ROBERT: A Greek-English Lexicon, Oxford 1977. (= Liddell-Scott).
LIÉBAERT, JACQUES: Mélèce (Saint), Cath. VIII (1980) 1116–22.
LIETZMANN, HANS: Apollinaris und seine Schule I, Tübingen 1904.
– Geschichte der alten Kirche III. Die Reichskirche bis zum Tode Julians, Berlin 1961³.
LIPPOLD, ADOLF: Ulfila, PW II 9,1 (1961) 512–31.
– Theodosius der Große und seine Zeit, München 1980².
LIPPOLD, ADOLF/KIRSTEN, ERNST: Donauprovinzen, RAC IV (1959) 147–89.
LÖHR, WINRICH: Die Entstehung der homöischen und homöusianischen Kirchenparteien – Studien zur Synodalgeschichte des 4. Jahrhunderts. Diss. theol. Bonn 1986.

LOOFS, FRIEDRICH: Eustathius von Sebaste und die Chronologie der Basiliusbriefe, Halle 1898.
- Amphilochius von Iconium, RE³ I (1896) 463 f.
- Eudoxius von Germanicia, RE³ V (1898) 577–80.
- Eusebius von Samosata, RE³ V (1898) 620–22.
- Georg von Laodicea, RE³ VI (1899) 539–41.
- Gregorius von Nazianz, RE³ VII (1899) 138–46.
- Meletius von Antiochien, RE³ XII (1903) 552–59.
- Arianismus, RE³ II (1897) 6–45; XXIII (1913) 113–115.
- Das Glaubensbekenntnis der Homoousianer von Serdica, AAB 1909 Nr. 1,1–39.
LORENZ, RUDOLF: Arius judaizans? Untersuchungen zur dogmengeschichtlichen Einordnung des Arius, Göttingen 1980.
- Eustathius von Antiochien, TRE X (1982) 543–46.
MALLEY, WILLIAM: Hellenism and Christianity (AnGr 210), Rom 1978.
MAROT, DOM HILAIRE: Vornizänische und ökumenische Konzile, in: Das Konzil und die Konzile, 23–51.
MARTIN, ANNIK: s. Historia Athanasii.
MARTINDALE, J. R.: s. The Prosopography.
MAY, GERHARD: Basilios der Große und der römische Staat, in: Bernd Moeller/Gerhard Ruhbach (Hrsg.), Bleibendes im Wandel der Kirchengeschichte, Tübingen 1973, 47–70.
- Gregor von Nyssa in der Kirchenpolitik seiner Zeit, JÖBG 15 (1966) 105 ff. Die großen Kappadokier und die staatliche Kirchenpolitik von Valens bis Theodosius, in: G. Ruhbach (Hrsg.), Die Kirche angesichts der konstantinischen Wende, 322–37.
MEINHOLD, PETER: Pneumatomachoi, PW XXI (1951) 1066–1101.
MESLIN, MICHEL: Les ariens d'occident (335–430) (Patristica Sorbonensia 8), Paris 1967.
MILLAR, FERGUS: Paul of Samosate, Zenobia and Aurelian: The Church, Local Culture and Political Allegiance in Third-Century Syria, JRS 61 (1971) 1 ff.
MOMMSEN, THEODOR: ed. Chronica Minora I–III.
MOMMSEN–KRÜGER: ed. Codex Theodosianus.
MOREAU, JAQUES: Constantius II, JAC 2 (1959) 162–79.
MORRIS, J.: s. The Prosopography.
MOSSAY, JUSTIN: Gregor von Nazianz in Konstantinopel (379–381 A.D.), Byz. 47 (1977) 223–38.
- ed. Gregor von Nazianz, Discours 20–23; 24–26.
  Gregor von Nazianz, TRE XIV (1985) 164–73.
MÜHLENBERG, EKKEHARD: Apollinaris von Laodicea, TRE III (1978) 362–71.
MÜLLER, CASPAR DETLEF GUSTAV: Ägypten IV, TRE I (1977) 512–33.
- Alexandrien I, TRE II (1978) 248 ff.
MÜLLER KARL: Kirchengeschichte I 1, hrsg. Hans Freiherr von Campenhausen, Tübingen 1941³.
MURRAY, ROBERT: Ephraem Syrus, TRE IX (1982) 755–62.
NAGL, ASSUNTA: Valens 3, PW II 7,2 (1948) 2097–2137.
- Valentinian I., PW II 7,2 (1948) 2158–2204.
NARDI, CARLO: Laodicea (concili), Diz. pat. II (1983) 1898 f.
NAUTIN, PIERRE: Rez. M. Meslin, Les ariens d'occident, RHE 177/78 (1970/71) 70–89.
- Epiphane (Saint) de Salamine, DHGE XV (1963) 617 ff.
- Georges, évêque de Laodicée de Syrie, DHGE f. 115 f. (1983) 629 f.
- Gélase, évêque de Césarée de Palestine, DHGE f. 115 f. (1983) 299–301.
NEUMANN, KARL JOHANNES: ed. Julian, contra Christianos.
NOETHLICHS, KARL-LEO: Die gesetzgeberischen Maßnahmen der christlichen Kaiser des vierten Jahrhunderts gegen Häretiker, Heiden und Juden, Diss. phil. Köln 1971.
NORDBERG, HENRIC: Athanasius and the Emperor (Soc. Sc. Fennica, Commentationes Humanarum Litterarum XXX,3), Helsinki 1963.

NORRIS, FREDERICK W.: Paul of Samosata: Procurator Ducenarius, JThSt 35 (1984) 50–70.

OPITZ, HANS-GEORG: ed. ATHANASIUS, Werke II (Apologien).

– ed. ATHANASIUS, Werke III (Urkunden zur Geschichte des arianischen Streites).

PARMENTIER, LEON: ed. THEODORET, Kirchengeschichte.

PASCHOUD, FRANÇOIS: ed. ZOSIMUS, historia nova.

– Trois livres récents sur l'empereur Julien, REL 58 (1980) 107–123.

PAYR, THERESIA: Enkomion, RAC V (1962) 332–343.

PAVAN, M.: La battaglia di Adrianopel (378) e il problema gotico nel-l'impero romano, Studi Romani 27 (1979) 153–65.

PEETERS, P. P.: La date de la fête des SS Juventin et Maximin, AB 42 (1924) 77–82.

PIEPER, MAX: Zwei Blätter aus dem Osterfestbrief des Athanasius vom Jahre 364 (Pap. Berol. 11948), ZNW 37 (1938) 73–76.

PIETRI, CHARLES: Roma Christiana I/II Rom 1976.

PIGANIOL, ANDRE: L'empire chrétien (325–395), Paris 1972².

THE PROSOPOGRAPHY OF THE LATER ROMAN EMPIRE (PLRE): Vol. I A. D. 260–395, ed. ARNOLD HUGH MARTIN JONES, JOHN ROBERT MARTINDALE, J. MORRIS, Cambridge 1971.

QUASTEN, JOHANNES: Patrology III 1960.

RAEDER, HANS: Kaiser Julian als Philosoph und religiöser Erneuerer, in: Richard Klein (Hrsg.), Julian Apostata, 206 ff.

RAMSAY, WILLIAM MITCHELL: The Historical Geography of Asia Minor, London 1890 (ND Amsterdam 1962).

REITZENSTEIN, RICHARD: Das iranische Erlösungsmysterium, Bonn 1921.

RICHER, J. (Hrsg.): L'empereur Julien I/II, Paris 1981.

RIEDMATTEN, HENRI DE: Démophil de Bérée, DHGE XIV (1960) 212–15.

– Eleusius de Cyzique, DHGE XV (1963) 144 f.

RITTER, ADOLF MARTIN: Das Konzil von Konstantinopel und sein Symbol. Studien zur Geschichte und Theologie des II. Ökumenischen Konzils, Göttingen 1965.

– Arianismus, TRE III (1978) 692–719.

– Eunomius, TRE X (1982) 525–528.

– Dogma und Lehre in der Alten Kirche, in: Carl Andresen (Hrsg.), Die Lehrentwicklung im Rahmen der Katholizität (Handbuch der Dogmen- und Theologiegeschichte I), Göttingen 1982.

ROCHEFORT, GABRIEL: ed. JULIAN, Oevre, II 1.

ROCHER, ANDRÉ: ed. Hilarius, Contra Constantium.

ROSEN, KLAUS: Beobachtung zur Erhebung Julians 360–361 n. Chr., in: Richard Klein (Hrsg.), Julian Apostata, 409–447.

SEECK, OTTO: Constantius II, PW IV 1 (1901) 1044 ff.

– Hekebolios 1, PW VII (1912) 2800.

– Iovianus, PW IX (1916) 2006 ff.

– Die Briefe des Libanius (TU 30,1, N. F. 15), Leipzig 1906.

– Regesten der Kaiser und Päpste für die Jahre 311 bis 476 n. Chr. Vorarbeiten zu einer Prosopographie der christlichen Kaiserzeit, Stuttgart 1919 (ND Frankfurt 1964).

– Geschichte des Untergangs der antiken Welt, IV, Stuttgart 1922²; V Berlin 1913.

SEEL, OTTO: Die Verbannung des Athanasius durch Julian (Zur Chronologie und Interpretation von Jul. epist. 6; 26 und 51), Klio 32 (1939) 175–88.

SEYFARTH, WOLFGANG: ed. AMMIANUS MARCELLINUS.

SIEBEN, HERMANN JOSEPH: Die Konzilsidee der Alten Kirche (Konziliengeschichte, Reihe B: Untersuchungen), Paderborn/München/Wien/Zürich 1979.

SILVESTRE, H.: A propos d'une récente édition de la »Damnatio Arrii«, RHE 68 (1973) 102 ff.

SIMONETTI, MANLIO: Arianesimo latino, Studi medievali, 3ᵉ sér. 8 (1967) 663–744.

– La crisi ariana nel IV seculo (Studi ephemeridis Augustinianum 11), Rom 1975.

– Melezio di Antiochia, Diz. pat. II (1983) 2205 f.

SPANNEUT, MICHEL: Eudoxe, DHGE XV (1963) 1337–40.
– Eunomius de Cyzique, DHGE XV (1963) 1399–1405.
– Eusèbe de Samosate, DHGE XV (1963) 1473–75.
– Euzoius, DHGE XVI (1967) 98–101.
SCHÄFERDIEK, KNUT: Zeit und Umstände des westgotischen Übergangs zum Christentum, Historia 28 (1979) 90 ff. (= 1979¹).
– Wulfila. Vom Bischof von Gotien zum Gotenbischof, ZKG 90 (1979) 253–293 = Von Konstantius zu Theodosius, FS Wilhelm Schneemelcher, 107–144 (= 1979²).
– Germanenmission, RAC X (1977) 492–548.
SCHÄUBLIN, CHRISTOPH: Diodor von Tarsus, TRE VIII (1981) 763 ff.
SCHEIDWEILER, FELIX: ed. THEODORET, Kirchengeschichte (Parmentier-Scheidweiler).
SCHERMANN, THEODOR: Propheten- und Apostellegenden nebst Jüngerkatalogen Dorotheus und verwandter Texte (TU 31/3), Leipzig 1907.
SCHINDLER, ALFRED: Häresie II. Kirchengeschichtlich, TRE XIV (1985) 318–41.
SCHNEEMELCHER, WILHELM: Epiphanius, RAC V (1962) 909 ff.
SCHULTZE, VIKTOR: Geschichte und Untergang des griechisch-römischen Heidentums I. Staat und Kirche im Kampfe mit dem Heidentum, Jena 1887.
– Die Christusstatue in Paneas, ZNW 24 (1925) 51–56.
– Altchristliche Städte und Landschaften
  I. Konstantinopel, Leipzig 1913,
  II 1. Kleinasien 1. Hälfte, Gütersloh 1922,
  II 2. Kleinasien 2. Hälfte, Gütersloh 1926,
  III Antiocheia, Gütersloh 1930.
SCHWARZ, EDUARD: Zur Kirchengeschichte des vierten Jahrhunderts, ZNW 34 (1935) 129–213 = GS IV, Berlin 1960, 1–110.
– Über die Sammlung des Codex Veron. LX, ZNW 35 (1936) 1–23.
STEIN, ERNST: Geschichte des spätrömischen Reiches I, Wien 1928.
STRAUB, JOHANNES: Die Wirkung der Niederlage bei Adrianopel auf die Diskussion über das Germanenproblem in der spätrömischen Literatur, in: J. Straub, Regeneratio Imperii, Darmstadt 1972, 195 ff.
STUDER, BASIL: Der Personenbegriff in der frühen kirchenamtlichen Trinitätslehre, ThPh 57 (1982) 161 ff.
– Gott und unsere Erlösung im Glauben der Alten Kirche, Düsseldorf 1985.
TELFER, WILLIAM: Paul of Constantinople, HThR 43 (1950) 31–92.
TETZ, MARTIN: Eudoxius-Fragmente? Stud. Pat. III (Tu 78), Berlin 1961, 314–23.
– Über nikäische Orthodoxie, ZNW 66 (1975) 194 ff.
– Athanasius von Alexandrien, TRE IV (1979) 333–349.
TIETZE, WALTER: Lucifer von Calaris und Religionspolitik Constantius II, Diss. phil. Tübingen 1976.
TILLEMONT, M. LENAIN DE: Memoires pour servir à l'histoire ecclésiastique des six premiers siècles, VII, Venedig 1732².
TREUCKER, BARNIM: Politische und sozialgeschichtliche Studien zu den Basiliusbriefen, Diss. phil. Frankfurt/Main 1961.
TURNER, CUTHBERT HAMILTON: S. ECCLESIAE OCCIDENTALIS MONUMENTA.
VAGGIONE, RICHARD PAUL: S. Eunomius.
VAN ROEY, ALBERT: Didyme l'aveugle, DHGE XIV (1960) 416 ff.
VISCHER, LUCAS: Basilius der Große, Basel 1953.
WEBER, WILHELM: Studien zur Chronik des Malalas, in: FS Adolf Deissmann, Tübingen 1927, 20–66.
WEIS, BERTOLD KARL: ed. JULIAN, Briefe.
– Das Restitutions-Edict Kaiser Julians, Diss. phil. Heidelberg 1933.

262 *Literaturverzeichnis*

WICKHAM, LIONEL RALPH: The Date of Eunomius' „Apology": a Reconsideration, JThSt 20 (1969) 231–40.

WIRTH, GERHARD: Julians Perserkrieg. Kriterien einer Katastrophe, in: R. Klein (Hrsg.), Julian Apostata, 455 ff.

– Jovian. Kaiser und Karikatur, in: Vivarium, FS Theodor Klauser (JAC Erg. Bd. 11), Münster 1984.

WITTIG, MICHAEL: ed. GREGOR VON NAZIANZ, Briefe.

WOLFRAM, HERWIG: Die Goten, München 1979.

WYSS, BERNHARD: Gregor II (Gregor von Nazianz), RAC XII (1983) 794–863.

YARNOLD, EDWARD J.: Cyrillus von Jerusalem, TRE VIII (1981) 261–266.

ZAHN, THEODOR: Geschichte des neutestamentlichen Kanons II, Leipzig 1890.

ZEILLER, JAQUES: Les origines chrétiennes de la province romaine de Dalmatie, Paris 1906.

– Les origines chrétiennes dans les provinces danubiennes de l'empire romain, Paris 1918.

Stellenregister

Personenregister

Register der modernen Autoren

Beiträge zur historischen Theologie

Herausgegeben von Johannes Wallmann

J.C.B. Mohr (Paul Siebeck) Tübingen